"十二五"普通高等教育本科国家级规划教材

住房和城乡建设部"十四五"规划教材

21世纪高等院校工程管理专业教材

U0674932

# 房地产投资分析

## FANGDICHAN TOUZI FENXI

（第七版）

刘秋雁 编著

东北财经大学出版社 大连
Dongbei University of Finance & Economics Press

**图书在版编目（CIP）数据**

房地产投资分析 / 刘秋雁编著. —7版. —大连：东北财经大学出版社，2024.8. —（21世纪高等院校工程管理专业教材）. —ISBN 978-7-5654-5289-5

Ⅰ.F293.35

中国国家版本馆 CIP 数据核字第 2024H2D116 号

东北财经大学出版社出版

（大连市黑石礁尖山街 217 号　邮政编码　116025）

网　　址：http://www.dufep.cn

读者信箱：dufep@dufe.edu.cn

大连雪莲彩印有限公司印刷　　　东北财经大学出版社发行

幅面尺寸：170mm×240mm　字数：561 千字　印张：27.25　插页：1

2024 年 8 月第 7 版　　　　　　　　　　　2024 年 8 月第 1 次印刷

责任编辑：李　彬　王芃南　　　　　　　责任校对：一　心

封面设计：张智波　　　　　　　　　　　版式设计：原　皓

定价：59.00 元

教学支持　售后服务　联系电话：（0411）84710309

版权所有　侵权必究　举报电话：（0411）84710523

如有印装质量问题，请联系营销部：（0411）84710711

# 21世纪高等院校工程管理专业教材编写委员会

**主　任**

王立国　教授，博士生导师

**委　员**

（以姓氏笔画为序）

马秀岩　王全民　王来福　刘　禹　刘秋雁
李　岚　张建新　宋维佳　武献华　梁世连

# 总 序

19年前，我们依照建设部高等院校工程管理专业学科指导委员会制定的课程体系，组织我院骨干教师编写了"21世纪高等院校工程管理专业教材"。目前，这套教材已出版的有《工程经济学》《可行性研究与项目评估》《工程项目管理学》《房地产经济学》《项目融资》《工程造价》《工程招投标管理》《工程建设合同与合同管理》《城市规划与管理》《国际工程承包》《房地产投资分析》《土木工程概论》《投资经济学》《建筑结构——概念、原理与设计》《物业管理理论与实务》等。

上述教材的出版，既满足了校内本科教学的需求，也满足了其他院校和社会上实际工作者的需要。其中，一些教材出版后曾多次印刷，深受读者的欢迎；一些教材还被选入"普通高等教育'十一五'国家级规划教材、'十二五'普通高等教育本科国家级规划教材及高等教育住房和城乡建设部'十四五'规划教材"。从总体上看，"21世纪高等院校工程管理专业教材"已取得了良好的效果。

为进一步提升上述教材的质量，加大工程管理专业学科建设的力度，新一届编委会决定，对已出版的教材逐本进行修订，并适时推出本科教学急需的新教材。

组织修订和编写新教材的指导思想是：以马克思主义经济理论和现代管理理论为指导，紧密结合中国社会主义市场经济的实践，特别是工程建设的管理实践，坚持知识、能力、素质的协调发展，坚持本科教材应重点讲清基本理论、基本知识和基本技能的原则，不断创新教材编写理念，大力吸收工程管理的新知识和新经验，力求编写的教材融理论性、操作性、启发性和前瞻性于一体，更好地满足高等院校工程管理专业本科教学的需要。

多年来，我们在组织编写和修订"21世纪高等院校工程管理专业教材"的过程中，参考了大量的国内外已出版的相关书籍和刊物，得到了中华人民共和国国家发展和改革委员会、中华人民共和国住房和城乡建设部等部门的大力支持。同时，东北财经大学出版社有限责任公司的领导、编辑也为这套系列教材的及时出版提供了必要的条件，做了大量的工作，在此一并致谢。

编写一套高质量的工程管理专业的系列教材是一项艰巨、复杂的工作。由于编著者的水平有限，书中的缺点与不足在所难免，竭诚欢迎同行专家与广大读者批评指正。

王立国

# 第七版前言

非常感谢全国50多所高校使用本教材。感谢业内读者对本教材的厚爱。

呈现在读者面前的这部教材,初版于2003年,出版后十分畅销,使用量已逾6万册。现在第六版也已于2020年修订完成。至2023年6月,本教材已印刷20次,在这20年中,房地产投资活动持续不断地对我们的社会产生重大的影响,本书也在持续不断地进行修改和完善。本次印刷认真汲取了党的二十大关于高等教育和房地产的各项精神,同时增加了思政内容。

本版前言想要说明以下问题:

一、由于"营改增"政策的施行,案例项目中涉及"营改增"后增值税的计算,均采用了"房地产老项目、一般纳税人、简易计税方法"的设定或选择。

二、本教材使用的角度。本教材主要讲授如何对房地产项目进行投资分析,从而判定项目是否可行、是否值得投资。因此,本教材中所指的咨询分析主要是站在投资者的角度进行分析的,目的是帮助投资者作出明智的投资决策,但同时也会坚持咨询中的谨慎原则进行分析。

三、房地产市场、政策等变化较快,修订本版教材时,作者尽可能地核查了书中的全部信息,对一些数字、法律新规等进行了更新。

四、对第六版使用过程中发现的问题进行了修改和纠正。

五、具体项目具体分析是房地产投资分析的灵魂。本书有关章节的案例分析是在现实案例的基础上进行的压缩,实际项目的投资咨询报告要比本书提供的案例更详细。房地产的独一无二性要求房地产投资分析人员在实际工作中不能机械模仿本教材中的案例计算步骤以及分析框架,应依据国家有关规定、结合所在城市的实际、相关学科的理论与方法以及投资分析人员的经验和专业能力,对房地产投资项目进行科学、谨慎的分析和判断,从而得出正确的结论。

写出一本优秀的教材并服务于中国的房地产投资实践,一直是我的夙愿。但房地产投资分析工作实践性很强,涉及的学科也很多,作为教材既要满足理论难度适中又要达到实用够用的要求,把握起来难度较大。因本人学识和能力的局限,教材中难免会有疏漏或不妥之处,诚恳期待来自使用者各方的真诚意见、批评与指正。

刘秋雁

2024年5月于东北财经大学

# 第五版前言

《房地产投资分析》一书自2003年6月出版以来，目前已是第五版，这说明本教材是可持续的、有生命力的。另外，本教材在2013年1月和2014年5月分别入选辽宁省首批和第二批"十二五"普通高等教育本科省级规划教材；2014年9月入选第二批"十二五"普通高等教育本科国家级规划教材，这说明，该教材获得了各方面的肯定和认可。

多年来，本教材深受读者的好评，服务了一批又一批的学生及房地产开发、研究领域的咨询人员，为读者全面而充分地理解房地产投资分析提供了基本的理论和实践基础。

本教材第五版继承了前四版的传统，保持了体系完善、案例特色突出、思路连贯、内容丰富、信息量大、数据来源清晰、可操作性强的特点。出于创新性、实践指导性的需要，本教材所选案例可以初步指导学生进行相关课程的课内实验和毕业设计；也可以指导读者对房地产开发投资项目、置业投资项目进行初步的和具体的投资分析。编者希望本教材不仅能够支持教学与科研，也能够支持我国房地产项目的投资实践。

中国房地产市场一直在动荡中前进，很多政策呈现出极强的动态性，开发理念、投资理念、住房理念的变化也令人目不暇接，房地产本身的不可移动性也导致各地房地产市场的区域性和差异性，这给房地产投资的计算和分析带来了一定难度。所以，读者必须将理论知识与市场实际灵活结合，才能做好投资分析。

房地产投资分析领域还有很多问题有待于我们进一步探索，编者的水平有限，还需要来自使用者各方的真诚意见、批评与指正。对此，编者寄予诚恳期待。

刘秋雁

2017年2月于东北财经大学

# 第四版前言

许多人非常期待本书的第四版，包括一些高校的老师、房地产开发商和房地产咨询机构的朋友和读者。这些期待，让作者在每次修订时都很慎重，作者充分尊重和采纳读者的有益建议和来信要求，也充分关注市场前沿信息及政策变化，使本书能得到有效和及时的更新。

除了保留第三版的结构、内容和特点外，本版教材新增的特点有：

1.本版的案例特色更加明显。

本版教材或是自己编写案例，或是引用他人案例，都是在实际项目的基础上进行了压缩，因为教材容量的限制使其无法展开，但本书案例尽量做到要点详细、突出，并且尽量按照教材的结构体系进行，与理论指导相呼应。另有许多高校教师和从业人员更希望看到案例中一些数字的来源过程，本书的案例较多关注了这一想法。

2.本版增加了计算题和案例分析题的参考答案。

这是本版教材最大的亮点。多年来，读者非常希望作者提供课后计算题及案例分析题的答案，作者在本次修订时增加了计算题和案例分析题的参考答案。

3.增加了配套的PPT课件（需要此课件的读者可以与出版社联系）。

4.增加了第十一章"房地产开发项目可行性分析报告的撰写"。

作者越来越感觉到，判断是否掌握了前10章的理论和实务知识，应该有一种检验方法，那就是能否完成房地产项目可行性分析报告（房地产投资分析是在各个可行的项目中找出最终要投资的项目的过程，所以，可行性分析是其中的重点）。通过该报告的写作过程，可以发现很多自以为掌握但并没有掌握的问题。该报告能够把整个课程内容或体系很好地融合在一起，成为提升学生或读者的操作能力、分析能力、归纳和总结能力、逻辑判断能力以及文字整合能力的一种综合手段。有了这一章，房地产投资分析的能力才算基本具备，不然，各章所形成的知识总感觉是孤立的、平面的，没有建立起空间上的相互联系。

有了第四版的上述特点，希望读者阅读本书时更觉方便、更易理解、更有兴趣，同时作者期待得到读者更多、更好的建议。

刘秋雁

2014年2月

# 第三版前言

我们知道，房地产投资是通过牺牲现在的某些利益来换取未来的预期收益，但这种收益是与风险并存的。每一个房地产投资者都希望以最少的投资换取最大的收益。那么，到底能否获取收益？获取多少收益？这些收益的取得又以承担多少风险为代价？同时，还有没有别的方案可以选择？处于市场经济发展中的我国，一直都面临着资源短缺的问题，所以任何浪费，任何"使得总支出超过未来净现金流量现值"的草率的投资行为都是不能容忍的。应该说，"房地产投资分析"这门学科就是为解决这个问题而产生和发展起来的。

写作本书第三版的目的，与2003年写作本书第一版时一样，即房地产投资活动持续不断地对我们的社会和生活产生重大的影响，希望有一本书，能够随着房地产市场的变化而不断更新，为房地产投资分析人员或从事房地产投资活动的人员提供较全面的决策参考。

许多人非常期待本书的第三版，包括一些高校的老师、房地产开发商和房地产咨询机构的朋友和读者。

读者现在看到的本书第三版，弥补了前两版书中存在的不足，并根据上述使用者的反馈意见和实际需要，进行了很多调整、修改、完善和提高。本版书的特点有：

1.综合考虑了2000年建设部发布的《房地产开发项目经济评价方法》与2006年国家发展改革委和建设部发布的《建设项目经济评价方法与参数》（第3版）的内容。由于房地产项目本身的开发体制、开发程序、开发经营期等有别于其他行业，使得一般的投资项目评价方法不能完全适用于房地产开发项目，因此作者致力于推动前者的实施；但因前者过于粗略，有时不利于操作，作者除了按照自己的理解进行了细化以外，也尽可能学习和吸取了后者中适合房地产项目经济评价的方法和规定。这种综合，表明了作者的一种创新，希望得到读者的认可。

2.继续从读者的角度进行认真的更新和完善。例如，对案例中的数据出处予以特别标注，以使读者明白投资分析中的重要数值是如何计算出来的。第四章（原第5章）增加了一些小型案例；第五章（原第6章）强调了各表中的数据来源（这常常是学生在学习中的困惑之处）；第九章（原第10章）的开发投资分析在引用他人案例时，调整了一些已知条件，并指出了分析过程中的相对不足，以提醒学生在操作中应注意之处；第十章（原第11章）的置业投资分析中的某些案例，在净现金流量中增加了项目持有期末的净转售收入。以往对此的忽略，导致我们对置业投资项目的现金流量分析是不够准确的。此外，重要章节除了复习思考题之外还增加了相应的案例分析题，给读者以动手练习的机会。

3.对一些重要概念试图解释清晰并试图运用得当。比如在房地产投资分析过程中，针对房地产租售项目经营成本的结转，运营费用、折旧、净转售收入、财务费用的估算，投资计划与资金筹措计划的确定等问题一直困扰着大家，本书对此做了一些探讨和定性。仅比较新版与原版的目录，也许读者还看不出什么，但仔细阅读其中内容，读者会发现很多概念甚至一些图表比以往更清晰，更便于理解和使用。

4.融资前分析与融资后分析有很大的区别，本书注意到了这种区别对房地产投资的影响。针对融资前分析的项目投资现金流量表中，以往的书籍或教材使用的数据多数都没有剔除财务费用的影响，使分析出的项目投资净现值指标和内部收益率指标多少有些不够严谨。作者在本版中对该表中的土地增值税和所得税进行了调整，剔除了财务费用的影响，以真实地反映在没有融资的情况下项目的收益情况，为是否融资提供决策依据。

5.考虑了不同投资者的需要。通过传统的财务分析与现代的财务分析的结合，为两类投资人——开发投资者和置业投资者，提供了大量复杂或简便的分析方法，具体体现在第五章、第九章和第十章中。这些案例或分析方法对两类投资者有着较大的实用价值。因此，作者希望本书的内容既能为开发投资者提供投资决策的参考，也能为小型置业投资者（个人置业或企业置业）提供简便的分析手段。而以往同类教材中针对开发投资分析的较多。

6.注重理论与实际的结合。本书全面系统地论述了房地产投资全过程中各环节应当研究和分析的主要问题及操作方法。既有定性分析，也有定量分析；既有理论上的深入探索，也有实务上的具体操作。例如，为能充分说明所述理论，第四章、第五章、第九章和第十章充分运用案例形式把前面的内容贯穿起来，让读者有一定的感性认识，以便能充分利用所学理论来解决开发项目与置业项目的投资分析问题。

7.内容具有启发性。本书共分10章，在每章结束后都有小结，扼要概括每章的主要内容；各章还有大量的复习思考题（这些题目的编制或选用都经过了作者慎重的考虑）；有时还会摘录一些不同的观点供大家参考；书后还有必要的附表。这些内容不仅能够启发大家思考，也能够加深读者对基本理论的理解。

8.删掉了上一版中的第3章和第12章。这两部分的存在原是为了增加本书在体系上和内容上的完整性，对这两部分的删除并不影响读者对房地产投资分析的基本方法与原理的掌握，因此作者对原有目录和结构进行了调整。

9.编写本书时，作者尽可能地更新了书中的全部信息，对数字、涉及的新政策、案例等也进行了更新。

本书想给读者这样一个思路：

第一章：介绍房地产投资分析中的基本问题，让读者了解房地产投资分析的目的、内容、任务，了解有关投资分析中的基本概念及其他需要考虑的基本问题。这是做好房地产投资分析咨询的前提。

第二章：介绍房地产市场与市场研究。认识市场并对市场加以研究是实现项目投资价值的前提条件。理性的房地产投资决策不能不认识到市场研究的重要性。一个项目是否值得投资，很大程度上取决于其销售收入和租金收入。而项目在经营期间的租金价值和出售时的市场价值，都由市场决定，所以了解房地产市场并对这个市场加以研究是必要的。

第三章：介绍区位对房地产投资项目的影响，这种影响是可变的。因此本书指出，绝对区位论是不可取的，如果一个投资项目仅依靠区位而不研究市场、不研究风险、不研究管理和经营方式等问题，也不一定能成功。

第四章：介绍基础数据如何测算，它既是上一阶段市场分析的结果，也是下一阶段财务分析的前提。

第五章：介绍房地产投资项目财务分析。第四章介绍的基础数据仅是我们在前一阶段的预测结果，只有将这些预测结果转化成为决策指标，才能使这些预测具有更深意义。本章为评价投资行为所提供的传统和现代的财务分析指标、基本报表及基本分析方法，使得这些数据与现在的收益之间更具有可比性。

第六章：进行房地产投资项目的不确定性分析。很多因素具有不确定性，分析这些不确定因素在什么范围内变化，又怎样影响到主要经济指标的结果，使投资者知道项目是否有承受这种变化的能力，这是本章要解决的问题。

第七章：进行风险分析。未来是不可知的，唯一无疑的是实际的投资结果将有别于期望值。本章通过对可能的投资结果的各种估计，对风险及其回报水平进行预测，使投资者作出更为合理的投资决策。

第八章：进行房地产投资决策分析。在经过了前面几章的分析之后，本章开始把前面介绍的指标和方法应用到各种投资决策类型当中，以便能从众多的投资方案中选择出投资者能够接受的并且值得投资的方案。

到此为止，以上八章是房地产投资分析的理论过程。

第九章：房地产开发投资项目案例分析。

第十章：房地产置业投资项目案例分析。

这两章安排了多组案例，通过运用各种传统和现代的财务分析方法，综合前面几部分中所讲述的分析过程来解决实际中的投资分析问题。

以上为本书基本体系，它由房地产投资分析的理论和实务两大部分构成。

本书的编写目的，是为学生或读者提供相关的研究方法和工具，帮助其有效地了解房地产开发投资和置业投资的分析过程和一些实际的基本常识。本书主要供工程管理、房地产专业或房地产方向的高年级本科生使用。因为这些学生至少修过一门经济学原理类的课程，具有一定的经济学基础和高等数学基础。

本书的编写宗旨在于系统地介绍房地产投资分析的基本理论与实务，因此，除了可以作为高等院校工程管理专业、房地产专业或房地产方向学生的学习教材外，也可以作为开发商在房地产投资前进行市场分析和财务分析的模拟工具，还可以作为房地产领域的各类从业者，包括咨询人员、经纪人员、营销人员和一般投资者了解房地产投资分析过程的参考读物。本书的第三版，一定还存在很多不足，欢迎本领域的专家、学者和读者批评指正，以使本书更好地满足各位老师的教学需要，满足房地产投资分析人员的社会实践需要，更好地为我国的房地产投资项目服务。

刘秋雁

2011年7月于东北财经大学

# 目 录

# 第一章

# 房地产投资分析中的基本问题

□ 学习目标

  本章对本书所涉及的基本问题做了概括的介绍。通过本章学习，要求学生掌握房地产投资、房地产投资分析的概念以及一些重要的基本术语；熟悉房地产投资的目的、特性、类型；了解房地产投资分析的意义、任务和内容，同时了解房地产投资分析与可行性分析的不同。学完本章，学生应能对房地产投资分析有一个全面的认识。

## 第一节　房地产投资概述

### 一、房地产投资的含义

  投资是指以一定资源投入某项计划，以获取所期望的报酬。这里的资源既可以是资金，也可以是土地、人力、技术、管理经验或其他资源，所以"投资"一词从广义上来说，既用来指特种资金，又用来指特定的经济活动。

  一项投资活动应该具备以下条件：第一，要有投资主体，即政府、企业或个人；第二，必须有预期的投资目的，即预期获得比原投资更大的经济收益，当然，一项成功的投资还应兼顾其社会效益和环境效益等；第三，投资要通过一定的手段和方式进行，或直接投资或间接投资，或开发投资或置业投资等；第四，投资是一种周而复始的连续性经济活动，资金的投入仅仅是投资的开始，投资的一般过程包括资金的筹集、使用、回收和增值。

  房地产投资是指经济主体以获得未来的房地产资产增值或收益为目的，预先垫付一定数量的货币与实物，直接或间接地从事或参与房地产开发与经营活动的经济行为。

房地产投资的对象从广义上来说，包括房地产资产和房地产资产权益。投资前者拥有的是实物资产，进行的是直接投资（如房地产开发投资和房地产置业投资等）；投资后者拥有的是权益资产，进行的是间接投资（如购买房地产企业发行的股票、债券，以及购买房地产资产支持的证券或债券等）。

由于具有抗通货膨胀、风险适中等特点，房地产投资逐渐成为国外最有吸引力的投资方式之一。而在我国，近年来随着工业化和城市化的不断发展，房地产投资也愈来愈引起人们的重视。

## 二、房地产投资的类型

### （一）从投资房地产的形式来说，房地产投资分为直接投资和间接投资两类

1.直接投资

房地产直接投资是指投资者直接参与房地产开发或购买房地产的过程并参与有关的管理工作，包括从购地开始的开发投资和物业建成前后的置业投资两种形式。

（1）房地产开发投资是指投资者从购买土地使用权开始，经过项目策划、规划设计和施工建设等过程获得房地产商品，然后将其推向市场，转让给新的投资者或使用者，并通过转让过程收回投资，实现开发商收益目标的投资活动。房地产开发投资包括商品房开发投资和土地开发投资。

商品房开发投资是指房地产开发企业开发建设供出售、出租用的商品住宅、标准厂房、写字楼、商场、购物中心、酒店等房屋工程及其配套的服务设施的投资活动。

土地开发投资是指房地产开发企业进行土地开发，如进行场地平整、道路、给水、排水、供电、供热、供气、通信等工程的投资活动。

房地产开发投资通常属于中短期投资，它形成了房地产市场上的增量供给。开发投资的目的主要是赚取开发利润，风险较大但回报也比较丰厚。房地产开发投资者将建成后的房地产用于出租（如写字楼、公寓、别墅、货仓等）或经营（如商场、酒店等）时，短期开发投资就转变成了长期置业投资。

（2）房地产置业投资①是购置物业以满足自身生活居住或出租经营需要，并在不愿意持有该物业时可以获取转售收益的一种投资活动。置业投资的对象可以是开发后新建成的物业（市场上的增量房地产，现房）或尚未建成的物业（期房），也可以是房地产市场上的二手房（市场上的存量房地产）。这类投资的目的一般有两个：一是满足自身生活居住或生产经营的需要；二是作为投资将购入的物业出租给最终的使用者，获取较为稳定的经常性收入。置业投资一般从长期投资的角度出发，可获得保值、增值、收益和消费四个方面的利益。比如，某投资者以200万元购入一处新建的200平方米的写字楼，然后以其中的100平方米作为公司办公自

---

① 关于房地产置业投资的类型参见第十章的相关内容。

用，将另100平方米出租出去，每年扣除维修管理费用后的净租金收入是20万元。6年后，由于业务需要，该投资者将200平方米写字楼全部转售，扣除销售费用、税费等支出，获得净销售收入220万元。从案例可知，该投资者的置业投资先后达到了保值（200万元）、增值（20万元）、获取经常性收益（20万元）和自用消费四个方面的目的。

金融和保险等机构投资者的发展，尤其是房地产投资信托基金的出现，使得房地产置业投资活动日益频繁，交易金额也越来越大。一般来说，房地产机构投资者在进行置业投资时有两种类型：缺乏房地产投资管理经验且具有低风险偏好的投资者，往往倾向于购买处于黄金地段的优质成熟物业，这类物业的购买价格高、收益水平较低但风险也低；而具备房地产投资管理经验的机构投资者，更倾向于购买处于优良区位的新竣工甚至未竣工的物业，这类物业的初始价值和收益水平较低，但随着投资者的持续投入和培育，物业价值和收益能力逐步提升，当达到成熟状况时，投资者可以继续持有，也可以转让给前一类投资者。

随着房地产市场的发展，对房地产置业投资的需求不断增长，许多房地产企业正在从单一的房地产开发业务模式发展为开发投资和置业投资相结合的业务模式，以提升企业投资经营活动的稳定性，降低单一开发业务模式带来的潜在风险。

2.间接投资

房地产间接投资主要是指将资金投入与房地产相关的权益或证券市场的投资活动。房地产的间接投资者通常不需直接参与有关投资管理工作，具体投资形式包括：购买房地产开发投资企业的债券、股票；购买房地产投资信托基金和房地产抵押贷款证券等。

（1）购买房地产开发投资企业的债券、股票。为了降低融资成本，越来越多的大型房地产开发投资企业希望通过资本市场直接融资，以支持其开发投资计划。例如，碧桂园、万科等通过公司上市融资，招商地产、绿地集团通过发行公司债券解决了房地产开发所面临的资金短缺问题，购买万科股票或其他房地产企业债券的投资者，也会分享部分房地产投资收益，成为间接的房地产投资者。

（2）购买房地产投资信托基金。房地产投资信托基金（REITs），是一种以发行受益凭证的方式，汇集特定多数投资者的资金，由专业投资机构进行房地产投资经营管理，并将投资综合收益按比例分配给投资者的信托基金。作为一种融资方式，它在1992年才开始成为美国房地产业吸纳资金的方法。它的出现，使得投资者可以把资金投入到由专业房地产投资管理者经营管理的房地产投资组合中，该公司将其收入现金流的主要部分分配给作为投资者的股东，而本身仅起到一个投资代理作用。由于有专业投资管理者负责经营管理，其收益水平也大大高于一般的股票收益水平。因而，REITs往往成为个人投资者以及大型机构投资者（包括退休基金、慈善基金、保险公司、银行信托部门和共同基金等）间接投资房地产的重要工具。

投资者将资金投入REITs有很多优点：一是可以使投资者以相对较少的投资持

有多元化的房地产投资组合；二是投资者的收益相对稳定，因为 REITs 的投资收益主要来源于其所拥有物业的经常性租金收入；三是如果其管理者做得明智的话，投资者有机会得到资金增值；四是投资的流动性很好，投资者很容易将持有的 REITs 股份转换为现金，因为 REITs 股份可在主要的交易场所交易，买卖 REITs 的资产或股份比在市场上买卖房地产更容易。

中国房地产市场的发展需要拓展房地产直接融资渠道，以摆脱过分依赖商业银行融资的局面。REITs 作为一种创新的房地产金融工具，越来越得到政府和产业界的认同。

我国 REITs 的落脚点近年来主要体现在两个方面：一是住房租赁市场；二是公共基础设施领域。

2008 年 12 月 20 日发布的《国务院办公厅关于促进房地产市场健康发展的若干意见》中明确表示要"开展房地产投资信托基金试点"。2009 年 3 月 18 日，中国人民银行等发布的《关于进一步加强信贷结构调整促进国民经济平稳较快发展的指导意见》中进一步指出，支持资信条件较好的房地产企业开展房地产投资信托基金试点，全国众多企业提出了面向公共租赁住房和商用房地产的多种 REITs 方案。

2017 年，国家层面出台了《关于在人口净流入的大中城市加快发展住房租赁市场的通知》《利用集体建设用地建设租赁住房试点方案》《关于规范金融机构资产管理业务的指导意见（征求意见稿）》等文件。这些政策与 REITs 关系密切，集中体现在住房租赁市场。2017 年以来，各地传统开发商与创业长租公寓企业纷纷布局，长租公寓 REITs 模式、新派公寓类 REITs、保利租赁住房 REITs 在市场引起广泛反响。

2018 年 2 月 2 日，"中联前海开源-碧桂园租赁住房一号资产支持专项计划"获得深圳证券交易所审议通过，由碧桂园控股有限公司联合中联前源不动产基金管理有限公司共同实施，通过并购/开发-自持-运营模式获取房源，以自持租赁住房为基础资产，产品规模达 100 亿元，成为国内首单达到百亿元规模的 REITs 产品。截至 2018 年 2 月 5 日，交易所已挂牌发行 29 只类 REITs 证券化产品，总发行规模为 643.99 亿元。这意味着中国 REITs 将借住房租赁市场得到规模化、纵深化发展。

2020 年 4 月 30 日，中国证券监督管理委员会（以下简称证监会）、国家发展改革委（以下简称发改委）发布《关于推进基础设施领域不动产投资信托基金（REITs）试点相关工作的通知》，证监会发布《公开募集基础设施证券投资基金指引（试行）》（征求意见稿），2020 年 7 月 31 日，发改委办公厅发布《关于做好基础设施领域不动产投资信托基金（REITs）试点项目申报工作的通知》，标志着公募房地产投资信托基金市场正式启动。基础设施 REITs 试点工作是基础设施投融资机制改革的重大创新，此举打通了资本市场与基础设施的连接通道。

REITs 的到来，对企业而言是机遇也是挑战。虽然不是所有的企业最终都会走向 REITs，但是，正确地认识 REITs 的意义和要求，对于资产管理者提高自身管理水平具有重要的指导意义。

随着中国相关法律制度和房地产市场体系的完善，REITs 会逐渐成为中国投资者的投资工具。

（3）购买住房抵押贷款证券。住房抵押贷款证券化，是把金融机构持有的个人住房抵押贷款债权转化为可供投资者持有的住房抵押贷款支持证券，然后通过出售证券融通资金的一种活动。购买该证券的投资者成为房地产间接投资者。其主要做法是，银行将持有的个人住房抵押贷款债权出售给专门设立的有特殊目的的公司，由该公司将其汇集重组成抵押贷款集合，每个集合内贷款的期限、计息方式和还款条件大体一致，通过政府、银行、保险公司或担保公司等担保，转化为信用等级较高的证券出售给投资者。购买抵押贷款证券的投资者可以间接地获取房地产投资的收益。

住房抵押贷款证券化兴起于 20 世纪 70 年代，现已成为美国、加拿大等市场经济发达国家住房金融市场上的重要筹资工具，新兴国家和地区如泰国、韩国、马来西亚、中国香港等也开始了住房抵押贷款证券化的实践。随着中国住房金融市场的迅速发展，在中国推行住房抵押贷款证券化的条件已日趋成熟。中国建设银行进行了"建元 2005-1"和"建元 2007-1"个人住房抵押贷款证券化的试点；2015 年开始，上海、武汉、苏州、杭州等地住房公积金管理中心先后发行了 20 多款公积金贷款证券化产品。从趋势上看，住房抵押支持证券也将成为一种重要的房地产间接投资工具。

需要说明的是，本书的投资分析主要以直接投资为对象。

**（二）从投资房地产的用途来说，房地产投资分为住宅房地产投资、商业房地产投资、工业房地产投资、酒店和休闲娱乐房地产投资、特殊物业投资等**

1.住宅房地产投资

住宅包括保障性住房和商品住房。保障性住房又可细分为面向低收入家庭出租的廉租住房，面向中低收入家庭租售的公共租赁住房、经济适用住房以及面向中等收入家庭出售的限价商品住房等。商品住房又可细分为商品住宅、高档公寓和别墅等多种类型。

住宅房地产投资主要表现为开发投资，将建成后的住房出售给购买者，而购买者大多是以满足自用为目的，也有少量的作为投资，出租给租户使用。随着人们生活水平的提高和支付能力的增强，人们的住房需求一般不会削减，而投资住宅房地产，既可直接出售，也可租赁经营。所以，住宅房地产投资市场最具潜力，投资风险相对较小。

2.商业房地产投资

商业房地产也称经营性物业、收益性物业或投资性物业，是指能出租经营、为投资者带来经常性现金流收入的房地产，投资对象包括写字楼、零售商业用房（店铺、超市、购物中心等）、宾馆酒店和经营性公寓等。

随着房地产市场的发展，商业房地产投资的"开发-出售"模式，即将建成后的商业房地产分割产权销售的模式越来越缺乏生命力，而"开发-持有"或整体出售给机构投资者统一持有的模式越来越成为一种趋势。商业房地产投资的收益主要来自物业出租经营收入和物业资产升值，更适合作为长期投资，且收益水平与投资管理商业房地产的能力密切相关。

商业房地产的交易涉及的资金量巨大，所以常在机构投资者之间进行。商业房地产投资者对于区位、房地产功能设计、服务范围、档次、物业服务应特别重视。这类房地产主要以出租经营为主，收益较高，但同时承担的风险也较大。由于商业房地产经营者的效益在很大程度上受其与市场或客户接近程度的影响，所以位置对于这类房地产有着特殊重要性。良好的物业管理有利于商业房地产的保值增值，所以，物业管理对于商业房地产投资显得尤其重要，是防范投资风险的主要手段。

### 3.工业房地产投资

工业房地产是指为人类生产活动提供空间的房地产，包括工业厂房、仓储用房、高新技术产业用房、研究与发展用房（工业写字楼）等。工业房地产投资既有开发-出售模式，也有开发-持有出租模式。用于出租经营的工业房地产常出现在工业开发区、工业园区、科技园区和高新技术产业园区。

一般来说，重工业厂房由于其建筑物的设计需要符合特定工艺流程的要求和设备安装的需要，通常只适合特定用户使用，因此不容易转手交易。高新技术产业用房和研究与发展用房则有较强的适应性。轻工业厂房介于上述两者之间。随着物流行业的发展，传统的以自用为主的仓储用房也越来越多地用于出租经营，成了工业房地产的重要组成部分（但这样的经营性物流用房通常按商业用途对待）。

### 4.酒店和休闲娱乐房地产投资

酒店和休闲娱乐房地产是为人们的商务或公务旅行、会议、旅游、休闲、康体娱乐活动提供入住空间的建筑，包括酒店、休闲度假中心、康体中心等。严格地说，这类投资也属于商业房地产投资，但其在经营管理服务活动上的特殊性，又使得其成为一种独立的投资类型。对酒店和休闲娱乐房地产而言，其开发投资活动和经营管理活动的关联更加密切。以酒店为例，在其初始的选址和规划设计阶段，负责未来运营管理的机构和人员就会成为开发队伍的重要成员。

### 5.特殊物业投资

特殊物业是指物业空间内的经营活动需要得到政府特殊许可的房地产，包括高尔夫球场、汽车加油站、飞机场、车站、码头、高速公路、桥梁、隧道等。特殊物业的市场交易很少，这类物业投资多属长期投资，投资者靠日常经营活动的收益来回收投资、获取投资收益。

房地产虽然具有用途多样的特性，但现实中房地产投资的用途并不是可以随意决定的。房地产的利用一方面要符合城市规划等的规定，另一方面存在着不同用途以及利用方式之间的竞争和优选问题。在市场经济中，房地产拥有者趋向于将房地产用于预期可以获得最高收益的用途和利用方式。从经济角度看，土地利用价值由高到低的顺序一般是：商业、办公、居住、工业、耕地、牧场、放牧地、森林、不毛荒地等。

**（三）从投资房地产的经营方式来说，房地产投资分为出售型房地产项目投资、出租型房地产项目投资和混合型房地产项目投资**

1.出售型房地产项目投资

这类房地产项目以预售或开发完成后出售的方式回收开发资金、获取开发收益，以达到盈利的目的。

2.出租型房地产项目投资

这类房地产项目以预租或开发完成后出租的方式回收开发资金、获取经营收益，以达到盈利的目的。

3.混合型房地产项目投资

这类房地产项目以预售、预租或开发完成后出售、出租、自营的各种组合方式回收开发资金、获取开发及经营收益，达到盈利的目的。

上述各种分类，都考虑了本书的需要。或者说，本书在讲述房地产投资分析时，经常会使用到上述各类划分。当然，由于各种著作编写的出发点不同，不同的书籍对房地产投资会有不同的划分。例如，房地产投资也可以按房地产投资的主体不同，分为国家投资、企业投资、个人投资和外商投资等。因此，具体使用哪一种划分方法，要看研究内容的需要。

### 三、房地产投资的目的

从前面我们知道，房地产投资是将资金或实物投入房地产开发、经营、管理和服务中去，以期获得较高收益的一种经济活动。所以，投资者进行房地产投资的目的，就是通过开发和经营等过程获取未来收益，使其财富最大化。而这些未来收益的来源渠道是多样的，可以来自租赁经营，也可以通过房地产融资得以实现，还可以是用房地产免税项目抵补其他纳税收入所得到的收益，当然也可以是来自房地产转售的净利润。这些未来的收益具体包括：销售收益、现金流量收益、避税收益等。

#### （一）销售收益

房地产投资的销售收益是指房地产销售收入减去房地产开发、经营成本之后的差额。它是房地产投资者在卖出房地产时得到的房地产投资收益。在所有房地产投资收益中，销售收益通常是最大的。销售收益既可以来自房地产开发投资，也可以来自房地产置业投资。

对于房地产开发投资者来说，其投资的主要目的是获取销售开发利润，此时，销售收益就变成了销售利润（有的书中也称"开发商利润"）。所以什么时候出售房地产，以什么价格出售房地产，所获得的销售利润可能不同，因此，销售时机非常重要。对于开发商来说，如果开发的时机不适宜，可能造成开发的房地产销售不出去，或者卖不上好价格，就会带来很小或负的销售利润，从而导致亏损。

对于房地产置业投资者来说，投资的主要目的是获取现金流量收益，也就是将投资购入的物业出租给最终的使用者，获取较为稳定的经常性收入（即具有多年的现金流量）。这种投资的另一个特点是，在投资者不愿意继续持有该项置业投资时，可以将其转售给其他的置业投资者，转售收入扣除相应的销售税金和交易成本后就是销售收益。

$$\begin{aligned}\text{开发投资项目的净销售}\atop\text{利润（税后利润）}&=\text{销售}\atop\text{收入}-\text{总成本}\atop\text{费用}-\text{增值税和}\atop\text{税金及附加}-\text{土地}\atop\text{增值税}-\text{所得税}\\&=\text{利润总额（或税前利润）}-\text{所得税}\end{aligned}$$

式中：所得税的计算公式为：

所得税=利润总额×所得税税率

置业投资项目的净转售收益=转售收入-增值税和税金及附加-交易成本-所得税

式中：所得税的计算公式为：

$$\text{所得税}=\left[{\text{转售}\atop\text{收入（含装修成本）}}-{\text{购置成本}\atop\text{费用}}-\text{折旧}-{\text{增值税和税金}\atop\text{及附加}}-{\text{交易}\atop\text{成本}}\right]\times{\text{所得税}\atop\text{税率}}$$

在置业者拥有房地产时，要想把现金流量收益转化成销售收益，应当是在房地产产生正现金流量的高峰期，或者在房地产已无法获得避税收益的时间（可以理解为折旧结束或利息付清时）将其销售出去。当然，如果房地产不具有产生现金流量收益的可能，或现金流量收益较小，也售不出好价格，也就不能产生较大的销售收益。

这两种情况下的销售收益都是卖掉房地产所获得的收入减去纳税和有关成本后的余额。所以要增加销售收益，重要的还是在开发建设前期或购置房地产时，就注意房地产的地段和质量，这一点对房地产开发后的出售和置业后的转售都有很大意义。

**（二）现金流量收益**

现金流量收益一般是拥有房地产的投资者因为出租或经营房地产而获取的租金、经营收入中扣除各种支出后的余额。房地产投资者可通过租赁经营取得房地产的租金、经营收入，同时也必须支付各种运营费用。又因为房地产投资中会有一部分来源于银行借款等债务融资，所以每年的债务偿还也是必须支出的一项内容。租金收入减去营运费用，再减去偿还借款的费用，剩余的金额就是税前现金流量；再扣除所得税，就是税后现金流量。因此，房地产投资的税前现金流量的大小主要取决于以下三个因素：

第一，房地产租金总额。租金水平除了取决于同类房地产的市场供求关系，还取决于房地产的种类、地段、质量等。租金收入的保证程度主要取决于房地产租赁用户的信誉状况，也取决于租赁合同的质量。

第二，房地产的总运营费用。房地产在营运时需要支出一定的管理、维护、服务费用，它们只能靠租金收入来弥补。合理地降低运营费用，节约支出，提高房地产的功能，对于增加现金流量收益具有重要的意义。

第三，投资借款的偿还方式和数额。利率的高低直接影响筹资成本。借款总额的大小及其占投资总额的比重，对投资回收速度有重要影响。

对于拥有房地产的投资者来说，典型的税前和税后现金流量的计算模型如下所示。它们向读者说明了现金流量计算的一般步骤。

1.第1年现金流量分析

潜在毛租金收入（可出租的面积×月租金水平×12个月）-空置或租金损失[1]+
其他收入[2]

=有效毛收入[3]

　　-运营费用

=净经营收入

　　-年还本付息额

=税前现金流量[4]

　　-所得税

=税后现金流量

2.多年现金流量分析

一些小项目的购买投资只使用第1年的分析，而较大房地产项目的投资者通常使用多年的分析。这时，要估计项目在持有时期内每一年的现金流量。典型的多年的分析期是5年、10年、15年或20年。

给出一组关于未来的租金、空置、运营费用、偿还贷款和税收方面变化的假设，房地产分析人员就能估计出投资项目在各持有期内每个年份的税后现金流量。

要注意，在进行多年现金流量分析时，借助于表格来完成将更为清晰（我们将会在后面的相关章节看到这些表格）。根据具体情况，多年的现金流量分析可以使用税前现金流量，也可以使用税后现金流量。

## （三）避税收益

1.房地产投资避税收益原理分析

房地产投资避税收益是指因提取房地产折旧而降低纳税基数给投资者带来的收益。它是房地产投资者因拥有房地产而间接获得的收益。

房地产投资的所得税是以净经营收入扣除贷款利息、建筑物折旧后的应纳税收入为基数乘以税率征收的。从会计的角度来说，建筑物随其已使用年限的增长，每年的收益能力都在下降，所以税法中规定的折旧年限相对于建筑物的自然寿命和经济寿命来说要短得多，这就使建筑物每年的折旧额要比房地产年收益能力的实际损失高得多，致使投资者账面上的净经营收益减少，相应地，也就减少了投资者的纳税支出。

假设某物业重置价格为1 000万元；年经营收入为300万元，运营费用为100万

---

① 租金损失是指未收到的租金。
② 其他收入是指租金以外的收入项目，如自动售货机的收入、停车场的收入等。
③ 有效毛收入有时也称有效总收入、实际总收入等。
④ 税前现金流量有时也称净现金流量、利润总额、税前利润等。

元，增值税和税金及附加①为经营收入的5.5%；税法规定的折旧年限为25年，物业的自然寿命为60年；所得税税率为25%（假定无借款、不计残值、折旧时不考虑土地价值）。物业每年的所得税计算公式为：

所得税=应纳税所得额×所得税税率

应纳税所得额=净经营收入-折旧-利息

净经营收入=年经营收入-增值税和税金及附加-运营费用

　　　　　　　=300-300×5.5%-100

　　　　　　　=183.5（万元）

折旧：按税法规定，该物业的年折旧额=1 000÷25=40（万元）

则应纳税所得额为：183.5-40=143.5（万元）

年所得税为：143.5×25%=35.88（万元）

该物业虽然按税法规定每年计提40万元的折旧费，但这笔钱并没有被提出来支付给其他任何人，仅仅是账面减少。实际上，该物业每年损耗为：1 000÷60=16.67（万元）（按自然寿命60年计算年折旧值）。若用实际损耗计算所得税，则应纳税所得额为：183.5-16.67=166.83（万元），年所得税为：166.83×25%=41.71（万元）。

从以上分析可以看出，按物业实际损耗计算的所得税为41.71万元，比按税法规定的折旧年限实际缴纳的所得税35.88万元多了5.83万元，即物业投资在税收方面得到了5.83万元的收益。

房地产每年计提折旧，并不影响现金流量，因而可以说，房地产折旧是一项隐性开销。如果投资于其他领域，则没有折旧或折旧额小于房地产折旧，所以，房地产投资比起其他投资而言，所需缴纳的所得税少，这就是房地产投资的避税收益。房地产投资的好处之一就是利用折旧来避税。由于避税是一种资金节约，所以，避税收益也是房地产投资收益的一个组成部分。

另外，每年因融资而偿付的利息也可在税前扣减，这无疑也可达到很好的节税效果。

西方的投资者特别重视房地产投资的节税效果，这与西方的税负制度、折旧制度有关。比如在美国，政府允许房地产所有者选择加速折旧方法计提折旧，并允许在所得税前列支。

房地产折旧的计算方法有很多，比如直线折旧法、年数总和法、双倍余额递减法等。不同折旧方法的折旧速度不一样，直线折旧法属于匀速折旧，年数总和法和双倍余额递减法属于加速折旧法，加速折旧法比匀速折旧法的避税效果更好。

仍然按上例，若采用年数总和法计算折旧，则物业每年折旧额为：

第1年折旧额：$\dfrac{25}{1+2+3+\cdots+25}\times 1\,000=76.92$（万元）

第2年折旧额：$\dfrac{24}{1+2+3+\cdots+25}\times 1\,000=73.85$（万元）

⋮

---

① 详见第四章第二节"二、（一）增值税和（二）税金及附加"。

第 25 年折旧额：$\dfrac{1}{1+2+3+\cdots+25}\times 1\,000=3.08$（万元）

则每年缴纳的所得税为：

第 1 年所得税：［300－300×5.5%－（100+76.92）］×25%=26.65（万元）

第 2 年所得税：［300－300×5.5%－（100+73.85）］×25%=27.41（万元）

　　　　　　　⋮

第 25 年所得税：［300－300×5.5%－（100+3.08）］×25%=45.11（万元）

从以上计算可以看出，若采用加速折旧法，则物业经营前些年的所得税将更少，如第 1 年为 26.65 万元，时间越往后，所得税将越多。尽管二者计算出来的应缴纳所得税总额相等，但采用加速折旧时，缴纳所得税的时间延后，从而使得房地产投资者获取了延后缴纳所得税的时间收益。

当折旧大于偿还借款时，一些收入就可以获得避税；当折旧大于税前现金流量和偿还借款之和时，经营所得小于零，于是其他所得可能被纳入避税之中。投资者能以置业投资的亏损来冲抵其他投资的净收入，在总体上获得少缴纳所得税的好处（这种少缴纳所得税的好处，可以看成是"税收节约"），从而延后或暂时地逃避缴纳部分税金，同时还可以积累一定的财富。

由于房地产开发项目的租售收入和成本投入是逐年实现的，其租售比例与投入的比例又不一定匹配（例如第 1 年预售 40%，但成本费用只投入 30%；或第 1 年预售 20%，但成本费用已投入 25%），所以，这给房地产投资者根据需要安排应纳税所得额提供了可能。这是房地产投资避税收益的又一可能机会。

可见，在有关政策和法规允许的范围内，加速折旧法是扩大避税收益的基本途径之一。

下列所得税的计算公式，说明了避税收益如何来自折旧和利息。

第一种计算方法：

（净经营收入－利息－折旧）×所得税税率=应纳税所得额×所得税税率

=所得税

第二种计算方法：

（税前现金流量+偿还借款本金－折旧）×所得税税率=应纳税所得额×所得税税率

=所得税

上述两种方法，虽然计算方式不同，但原理和计算结果是一致的。

这两种方法计算出来的所得税，如果是正数，则构成了税收的支付，此时税后现金流量将小于税前现金流量；如果是负数，则构成了税收节约，此时税后现金流量将大于税前现金流量。

需要说明的是，税收节约不是所得税的实际逃避，这笔税款或迟或早总要缴纳。但是，税收节约之所以存在，是因为将税收的支付从现在推迟到将来的某一时间，这样，投资者就可以在短期内使用这笔资金，相当于投资者从政府手里得到了一笔无息贷款。

2.提高房地产投资避税收益的途径

由于每一个房地产投资者所处条件不同，提高房地产投资避税收益的具体做法也不相同，可以说是各显神通。提高房地产投资避税收益的主要途径通常有：

（1）扩大房地产投资规模。房地产投资规模越大，提供避税收益的潜力越大，越容易实现提高避税收益的目的。当然，也要注意规避规模过大带来的投资风险。

（2）争取加速折旧。房地产加速折旧可以使得所得税延期缴纳，加速度越大，延期缴纳效果越明显，越容易实现提高避税收益的目的。

（3）调整应纳税所得额。通过调整收入总额和经营成本等支出费用，使得应纳税所得额按预期变化，从而实现提高避税收益的目的。

（4）控制开始获利年度。通过控制第一年度的亏损额来实现控制开始获利年度的目的，并进一步实现提高避税收益的目的[①]。

## 四、房地产投资的特性

房地产投资，由于其投资对象的特殊性，存在着不同于其他投资类型的特点。认识和掌握这些特点，对进行房地产投资决策分析十分重要。

### （一）投资区位的选择非常重要

房地产具有的不可移动性，决定了房地产不能脱离周围的环境而单独存在，房地产投资的收益和风险不仅受地区社会经济发展水平和发展状况的束缚，还受到所处区位及周边市场环境的影响。所以，房地产投资者在选择房地产项目的区位时，应注意以下几点：

（1）选择的房地产区位，在当前必须对开发投资者、置业投资者以及未来的租客都具有吸引力。也就是说，它能使开发投资者（即开发商）通过开发投资获取适当的利润，使置业投资者能获取合理、稳定的经常性收益，使租客能方便地开展经营活动以赚取正常的经营利润并具备支付租金的能力。

（2）选择的房地产区位，在未来必须具有增值潜力。房地产投资价值的高低，在很大程度上取决于其所处地区物业的升值潜力，而不仅仅是当前收益水平。有一些物业当前租金水平很高，但已没有了上升的空间，投资者从其中所能获得的利润或收益将很难得到增长。

（3）投资者还必须重视房地产项目所处区位的变化情况。投资者肯定不愿意在自然环境日益恶化、人口逐渐流失、城市功能日渐萎缩、经济面临衰退的地区进行房地产投资。另外，投资者通过对城市规划的了解和分析，可以发现未来该地区环境、交通及土地级别等方面的可能变化，这样就可以做到正确地和有预见性地选择投资地点。

需要注意的是，区位也具有相对性，表现在两方面：一是对一种类型的用地来说是优越的区位，对另外一种用地来说却不一定。如临街的土地对商业来说是很好

---

① 武永祥. 房地产投资分析［M］. 北京：中国建筑工业出版社，1993：204-206.

的区位，而对居住用地来说则不一定是优越的区位。二是区位的优劣可以随着周围环境的改变而改变，经济活动对于区位本身的影响是巨大的。如交通站点的变迁对周围土地的影响就是典型的例子。

### （二）宜进行长期投资

房地产商品跟其他商品相比，使用期很长。首先，土地不可再生，同时也不能灭失。按照我国的法律，投资在土地上所拥有的权益通常在40年以上，而且拥有此项权益的时间还可以依法延长。其次，地上的建筑物及其附属设施也都具有很好的耐久性。因此，房地产投资非常适合作为一种长期投资。

房地产同时具有自然寿命和经济寿命。其较长的自然寿命①可以使投资者从一项置业投资中获取几个经济寿命②。这样，投资者就可以用比重新购置另外一宗房地产少得多的投资，继续获取可观的收益。但前提是，房地产的维护状况要好。房地产投资者从开发建设开始，就应重视其长期投资价值的创造、维护和保持，以使得房地产投资项目在全寿命周期内的收益最大化。

不过，也正因为其开发经营期和使用期长，导致了房地产投资者的资金压力加大（见第七个特性）。

### （三）房地产的异质性导致投资价值难以判断

房地产的位置固定性，客观上决定了此地与彼地（或此处与彼处）的房地产不可能完全相同，这就是房地产的异质性。异质性有时也被称为独一无二性、独特性、非同质性、个别性。由于受区位和周围环境的影响，土地不可能完全相同；紧邻的两宗房地产，也由于此时投资与彼时投资而不一样。即使同时同地，也会由于设计者、施工者、装修标准、销售代理及物业管理等方面的不同而不同。房地产市场上的产品不可能做到标准化，房地产的价格也会千差万别，房地产交易也难以采取样品交易的方式（即使是新建的商品房有样板房、样板间、位置图、平面图等），而应到实地查看，感受或体验。这种差异，往往最终反映在两宗物业的租金水平和出租率等方面。

从这种意义上讲，每一宗物业在房地产市场中的地位和价值都是不一样的。这就给判断房地产市场价值和投资价值带来了许多困难。因此房地产投资者除了需要聘请专业房地产估价师帮助其进行价值判断以外，还要结合自身的眼光、能力和经验进行独立判断，因为相同市场价值的房地产却有着因人而异的投资价值。

此外，主观上，开发投资后取得物业所有权的业主和置业投资中的租客，也不希望其所拥有或承租的物业与附近其他物业雷同。房地产的异质性本身就造就了较强的吸引力，使业主和租客从心理感受上产生良好反应。投资者应该充分认识到，房地产投资租金收入或经营收入的很大一部分取决于对房地产异质性的运用。异质性所带来的与其他房地产的不同，有时可以获得竞争优势，不管它是自然的还是人

---

① 自然寿命是指从建筑物竣工之日开始，到建筑物的主要结构构件和设备因自然老化或损坏而不能继续保证建筑物安全使用为止的持续时间。

② 经济寿命是指从建筑物竣工之日开始，在正常市场和运营状态下，经营收入大于运营费用，即净收益大于零持续的时间。

为创造出来的。

**（四）易受政策影响**

房地产投资容易受到政府宏观调控和市场干预政策的影响。由于房地产在社会经济中的重要性，政府对房地产市场十分关注，经常会有新的政策措施出台，以调整房地产商品在开发建设、交易和使用过程中的法律关系和经济利益关系。而房地产不可移动等特性的存在，使得房地产很难规避这些政策调整所带来的影响。政府用来调控房地产市场的政策主要表现在土地供给、公共住房、城市规划、地价、税收、房地产金融等方面，这些政策或制度均会对房地产的市场价值进而对房地产投资意愿、投资效果产生影响。这一点既说明了房地产投资的风险性，也说明了政府制定长远房地产政策的重要性。

**（五）依赖专业管理**

对房地产直接投资而言，房地产投资对专业管理的依赖性较强。房地产开发投资需要投资者在获取土地使用权、规划设计、融资贷款、施工管理、市场营销等方面具有管理经验和能力。置业投资也同样需要投资者考虑租客、租约、维修、安保等问题。即使是置业投资者委托了专业物业管理机构，也要有能力审查、批准物业资产管理机构的管理计划，与物业管理人员一起制定有关的市场策略和经营中的指导原则。此外，房地产投资还需要房地产估价师、会计师、律师等提供专业服务，以确保投资的收益最大化。

相对来说，间接投资不太需要投资者的特别关注。如果是把资金投入到与房地产相关的证券市场，购买房地产公司的股票、债券或房地产投资信托基金，这种投资通常不需要投资者对投资房地产进行专业管理。小额投资者通常可以采用间接投资形式进行房地产投资。

**（六）投资收益易受周边环境变化的影响**

房地产投资的收益状况受其周边物业、城市基础设施与市政公用设施和环境变化的影响。在某个区域范围内，房地产的投资价值往往与周边情况的好坏有关。政府在道路、公园、学校等公共设施方面加大投资，往往能显著提高附近房地产的投资价值和收益水平。比如，如果某房地产开发项目附近有一所或新建了一所好的中、小学校，那么该项目就会受到热捧，"学区房"就成了该项目的巨大卖点。反之，一个地区的衰落和冷清，也会导致附近房地产价值的降低。如果投资者通过市场调查，准确预测到政府在某区域将进行大型公共设施的投资建设，并在附近预先投资，他就有可能从公共设施的改善和政府的投资中获取较大的利益。有些相邻房地产项目投资的成功，也会影响其他房地产投资者的决策；反之，如果周围都是烂尾楼，一个明智的投资者通常不会与其为邻。

所以，一宗房地产的投资价值不仅与其自身的状况直接相关，而且与周围房地产的状况密切相关，受其邻近房地产利用及周边环境变化的影响。①

---

① 参见第三章第三节"3.邻区影响可能会面临改变"。

### （七）房地产投资额巨大，风险也高

房地产投资需要大量资金垫付，没有雄厚的资金实力或一定的筹资能力，就不能投资于房地产。一个投资项目少则需要几百万元，多则需要上千万元，甚至数亿元。一般说来，这样大的资金需求量，完全靠自有资金是不可能的，除非是政府投资的项目。因此，筹集资金就成为房地产投资的重要经济活动。

另外，如前所述，房地产项目的开发期较长，少则数月，多则数年。投资者把资金投入房地产市场，往往需要经过土地投资、综合开发、建筑施工和房地产交易等过程，才能获得利润。一般来说，完成这样一次完整的过程需要 1～5 年的时间。而置业投资通常是靠楼宇出租的租金或净经营收入来回收投资，需要的时间就更长。所以，要承受这么长时间的资金压力和市场风险，对投资者资金实力的要求是很高的。

房地产投资开发的每一个过程均存在不确定性因素，因而投资风险是明显存在的。如在获取土地阶段，要受到土地的自然特性、土地的使用特性、地方规划部门认可的土地使用性质和范围的制约；在房屋建造阶段，又要受到建设成本波动的影响。在经营阶段，租金和投资收益也存在不确定性。由于市场上各种不确定因素的作用，使投资可能会朝着与投资者愿望相反的方向发展，最后出现投资者不愿意看到的结果——损失。不管是乐观的投资者还是谨慎的投资者，都不愿接受这样的结果。否则，当初投资者就不会投资。没有一个投资者是为了损失而投资的。然而市场上各种影响投资的因素是客观存在的，这就决定了投资的过程复杂多变、难以把握，从而投资的结果也就难以确定。

### （八）房地产投资的变现性差

变现性差是指房地产投资在短期内无损变现的能力差，这与房地产资产的弱流动性特征密切相关。虽然房地产资产证券化水平在逐渐提高，但也不能从根本上改变房地产资产流动性差的弱点。凡是能够随时、迅速转换为现金且没有损失或者损失较小的，称为变现能力强，反之，称为变现能力弱，或变现性差、流动性差。

房地产资产变现性差的原因，与房地产和房地产市场的本质特性密切关联。一方面，由于具有价值较大、独一无二、不可移动等特性，加上交易手续复杂、交易税费较高等原因，使得同一宗房地产的买卖不会频繁发生，一旦需要买卖，通常需要进行多次搜寻才能实现物业与购买者偏好的匹配，即经过一个较长的时间才能脱手；另一方面，对于同一物业而言，不同卖方和买方的心理承受价格存在差异，因此只有经过一段时间的比较、谈判和议价，实现买卖双方心理承受价格的匹配，才有可能达成交易。而房地产价值量大所导致的买卖双方交易行为的谨慎，以及房地产市场中交易分散、信息不完备程度高等特点，又进一步延长了搜寻时间。当房地产权利人急需而不得不将房地产快速转换为现金时，只有以相当幅度的降价为代价才能实现；有时即使作了相当幅度的降价，可能在短期内也找不到合适的买者。

房地产变现性差，往往会使房地产投资者因为无力及时偿还债务而破产。

**（九）房地产投资具有保值与增值性**

众所周知，通货膨胀能使货币贬值。人们为了在今后相当长的时间内避免由于通货膨胀给自己带来损失，必须寻求某种保值的方法，通常选择保值的方法有三种：一是选择购买金融资产，如股票、债券等；二是购置固定资产，如不动产和其他实物；三是选择储蓄。但是由于储蓄利率太低，尽管银行曾推出保值储蓄业务，仍不能起到真正的保值作用；若购买股票、债券，尽管收益可观，但风险较大。在此情况下，人们认为选择购买实物保值，如购买各种日常耐用消费品、珠宝、贵金属以及房地产等是让货币保值的较好方法。随着社会的发展、人口的增多、经济的繁荣，人们对土地的需求日益增长，房地产的价格总体呈不断上升趋势。所以从长远来看，投资房地产是避免通货膨胀损失的最好保值方法。

另外，由于土地资源的不可再生性和稀缺性，以及房地产的耐用性和使用价值上的广泛性，人们对房地产需求的迫切性也日益增长，使房地产在相当长时期内成为供不应求的商品，房地产价格不断上升。虽然房地产投资具有风险性，但与其他投资方式（如股票、债券投资等）相比，其风险相对要小得多。由于房地产具有上述一些特征，从长期看，投资于房地产，是一种比较可靠的增值手段。

房地产投资的保值增值特性是从房地产价格变化的总体趋势来讲的，是波浪式上升的，但不排除以下情况：房地产价格随着社会经济发展的波动而波动，房地产本身的功能变得落后或者环境景观变化导致房地产贬值，甚至过度投机、房地产泡沫破灭后房地产价格的大幅度下落。在某些情况下，房地产价格出现长时期的连续下降也是可能的。

以上所述，均是对一个正常的房地产市场而言的。在不正常的市场状况下，房地产投资的增值性可能会被夸大，或者事实上增值性也非常高，但需要注意这种投资增值能维持多久，是否保持在一个合理的水平上。如果不是，这种增值可能是投机带来的，而非真正的投资结果。明显超出投资价值的增值有时只具有计算价值，并没有实际意义。[①]

# 第二节　房地产投资分析概述

## 一、为什么要进行房地产投资分析

房地产投资的形式多种多样。比如一个普通的个人投资者，可以用4万元的首付款运作一个20万元的置业投资项目；一个不愿意参与房地产直接管理的投资者，可以用1万元购买房地产公司的股票、债券；一个房地产开发企业可以投资数百万

---

① 比如之前购入的50万元的住宅，两年就增值到100万元。此时你若以100万元卖掉后重新购买，加上装修费和各种税费，在相同地段可能要用远超出100万元的价格才能买到相同品质的房子。明显地，所谓50万元的增值（暂未考虑其他支出）并没有实现。

元或数千万元建造一幢写字楼；而一个地方政府可以花费数亿元新建一个车站和交通系统。所有这些都牵涉房地产投资决策问题。尽管它们表现形式各异，但它们都有一个共同的特点，即通过牺牲现在的某些利益换取预期收益。要强调的是，"现在的某些利益"是指即期的、确定性的利益，预期收益却要到未来才能实现，而且这种未来收益在时间和总量上都难以精确预测。

在上述以及其他各种投资决策中，估算总成本和利润的同时，还应考虑时间因素。只有在比较项目收益和支出的总量与时间的基础上，并考虑到预测的置信水平，才有可能作出合理的决策。

由于多种投资机会往往同时存在，其中诱人的投资机会又往往不止一个，而投资者可以利用的资源却是有限的，所以投资者必须在确定的即期支出与不确定的未来收益之间作出慎重的选择。这就需要对各种投资方案进行评估，帮助投资者在各种限制条件下，如可承受的风险、所要求的投资收益率以及城市规划的约束等，获得最大的投资效益。

投资的收益需要预测；收益获得的时间不同需要校正；收益的置信程度即风险需要考虑；面临多种投资机会但资源有限。上述种种原因要求我们必须通过房地产投资分析才能作出正确决策。

## 二、房地产投资分析的任务

房地产投资分析是一项高知识含量的工作，需要分析人员为投资者提供解决诸如投资方向、运作方式、投资收益、投资风险等方面问题的方法。这是房地产投资分析要完成的基本任务。

### （一）为投资者提供投资方向

投资者在准备投资前，往往面临投资方向问题，诸如地域、地址选择，物业种类选择，规模、期限选择，合作伙伴选择等。投资者有可能是最初进入该市场或是投资新手，对投资环境一无所知，需要房地产投资分析人面面俱到地阐述；也可能是已选好地址，要解决其余问题。投资分析人员要为投资者解决的应是全部问题。他要从头开始考证，包括投资者已认可的问题。这样做，往往可以发现问题，熟悉情况，达到意想不到的效果。因此，一个良好的分析报告应对投资方向涉及的诸问题作出全面、可信的论证。

### （二）为投资者提供运作方式

一项投资活动的运作包括许多方面，如投资者欲选择地块兴建商业设施出租经营，他将面临如何取得土地使用权、如何取得建筑开工许可证、如何筹集资金、如何保证开发建设工期、如何选择合作伙伴等问题。这些问题中有些属于技术问题，取得经验后即可解决；有些则属于技巧问题，不可因循守旧，自以为是。分析人员可以提供的投资运作方式，往往代表了投资分析的水平。

### （三）为投资者预测投资收益

投资收益是投资者关心的根本问题，是投资者的投资目的所在。投资者要详细了解全部投资额、自有资金及贷款额、资金投入进度、贷款偿还期及利率、投资回收期及贴现率、税费比率、项目内部收益率、成本利润率等资料，还要了解全部资金利润率和自有资金利润率以确定贷款比例。其中投资者最关心的是税后纯利润与投资额的比例。也有一些投资者更关心投资的社会效益问题，如企业形象、人际关系等，但都属于"欲擒故纵"的经营技巧，与他的投资目的并不矛盾。

**（四）为投资者描述风险及提供避险方法**

投资分析人员仅仅为投资者预测投资收益是不够的，还要告诉投资者投资风险；仅仅告之有风险也是不够的，还要告之如何规避风险。如果投资者被投资收益冲昏头脑，视风险不顾或不愿视之，将有可能遭受巨大损失；如果投资分析人员懒于分析风险或报喜不报忧，则是有悖职业道德或失职的行为。

除上述任务外，分析人员还须就投资项目可能引发的社会问题、环境问题加以阐述。房地产投资的主要目标是获取高额利润，但并不意味着不考虑投资的社会效益和环境效益。因为一个社会效益和环境效益不好的房地产投资项目，不可能获得政府的批准。例如1996年初，国家民航总局作出了暂停海南省海口市机场夜航的决定，原因是该市在机场附近建造的两座高层建筑影响了飞机起降。由此可见，忽视社会效益和环境效益的投资项目，一旦建成，造成的损失可能是巨大的，分析人员不可掉以轻心。

房地产投资分析的实质是为投资者出谋划策。一份好的分析报告可为投资者节省资金和谋取利益。而一份不好的分析报告可能会使投资者误入歧途。所以分析人要对自己的分析结果负责，但是这种责任又通常仅仅是技术和道义上的。因为归根到底，投资决策是投资者自己的事情，分析人员既不分享投资成功的多余报酬，也不承担投资失败的法律责任。何况投资环境千变万化，操作方法各不相同，也不能要求分析人员承担责任。但是分析人员要对分析的技术数据和技术手段负责。这方面，我国法律尚未规定，需要逐步完善。

## 三、房地产投资分析的内容

房地产投资分析的最终目的，是使房地产投资项目在既定的目标和既定的资源条件下，选择最佳方案以获取最好的经济效益。要达到这个目的和完成上述任务，对下述内容进行分析是必要的。

**（一）市场分析**

房地产投资项目在投资决策确定之前，调查市场情况、项目背景资料，辨识投资风险，选择投资机会的过程，称为房地产投资项目的市场分析。市场分析包括对房地产市场的调查与预测。这一部分应该解释拟建或拟投资物业所处的市场的总体情况以及市场发展的方向和强度。作为市场分析的一个部分，供求分析应从供给和需求两方面展开广泛的研究。供给方面的分析包括现时竞争物业的供给量、在建项目和拟建项目的数量；需求方面的分析包括现房空置率、现行市场条件下的吸纳速率以及未来吸纳速率的发展趋势等。在此基础上，预测未来的租金和价格。这些都是市场分析工作的内容。

### （二）区位条件分析

在很多情况下，房地产销售价格和租金水平主要是由其区位因素决定的，对某一区位的需求越大，该区位房地产的租金和价格水平就越高。所以区位条件的优劣对房地产投资项目的收益有着重要的影响。

某一具体的地块常在很大程度上受其所在城市区域内的经济、社会和政治力量的影响。不过，通常只有对投资分析产生直接影响的区域和其经济、社会、政治方面的城市信息才需要在报告中体现。现实中许多分析人员喜欢把他们了解的或他们能看到、找到的所有材料都写到报告中去，而不管这些东西与项目可行性有无直接关联。

对投资项目构成影响的区位条件还包括该项目所在地址的自然和法律特征。比如，地块宽度和深度、地貌、排水、地质构造、基础设施等内容；同时还应包括相关的法律因素，如附属建筑物、规划、建筑后退红线要求和其他影响地块利用的限制规定等。

### （三）基础数据估算分析

通过市场分析我们会得到许多信息，除了那些定性分析的结论以外，还包括许多定量的调查或预测结果，如项目的投资、成本与费用、税金和利润、租售价格、资金的筹措、可获得的融资额以及进度的安排等，这些基础数据的大小既取决于前面所述的区位条件，也取决于市场分析中涉及的投资环境与市场状况，同时与政府对房地产开发的管理也有关。所以，它既是前面各项分析的结果，又是后面各项分析的基础。这些数据如果不够准确（当然是相对的），那么后面据此得出的结论就值得商榷。

需要指出的是，房地产投资分析活动是在投资的前期进行的，因而，上述很多基础数据来源于对房地产市场主观或客观的预测或估计。有时，作为房地产投资分析人员，想要对开发成本、租金、费用和销售价格等重要数据的未来变化作出准确的估计，是比较困难的。因此，有经验的投资分析人员有时会使用较为保守的估计值，并且在投资分析报告上作出"这些数字仅仅是估计而不能加以保证"的声明。

### （四）财务分析

基础数据的估算为财务分析提供了重要的帮助。财务分析是对项目的盈利能力、偿债能力、资金平衡能力等进行的分析。这一部分将利用第四章估算出的各项基础数据编制必要的财务报表、计算相应的技术经济指标，从而得出财务上是否可行的结论。财务分析使用的指标有不同的分类形式，每一种分类形式都从不同角度说明了项目的财务情况。

### （五）不确定性分析

在房地产投资项目的经济分析中，运用了大量的技术经济数据，如销售单价、成本、收益、贷款、利率、工期等。由于这些数据都是投资分析人员根据资料对未来的可能性作出的某种估计，所以必然带有一定程度的不确定性。房地产投资项目一般都需要较长的投资建设和经营期，在此期间，主客观条件的变化，会使这些数据也发生变化。通过临界点分析、敏感性分析对这些不确定性因素进行分析，可以揭示项目所能达到的盈利水平和面临的风险。所以，不确定性分析在房地产投资分析中具有重要意义。

### （六）风险分析

前述的不确定性分析主要是分析开发项目评估中所选变量的估计值与实际情况存在差异时，该项目盈利能力发生的变化或变化的程度。但不确定性分析无法对投资者所承担的风险进行定量估计，它只能起到定性说明的作用。而风险分析可以根据各种变量的概率分布，推求投资项目在不同风险条件下获利的可能性大小。这种可能性描述了房地产项目在特定收益状态下的风险程度，进而为投资者决策提供可靠依据。因此，这一部分主要是解决房地产投资项目风险的含义、风险的类型以及如何通过概率分布判断项目的风险大小等问题。

### （七）决策分析（方案比选分析）

某些时候，投资者需要从各种投资方案中选择一个或几个投资方案，用于投资活动，而可供选择的方案都应是经过可行性分析后认可的方案。当投资者资源有限的时候，就需要对投资方案再进行比选。比如有些方案是互斥的，应选择哪一个？有些方案是相互依存的，应怎么选择？当然，如果是独立方案，选择收益最大的即可。决策分析主要探讨项目方案比选的方法，并试图通过这些方法选择最佳方案。

至此，一项完整的房地产投资分析过程才算完结。通常情况下，大部分的投资项目只是做到房地产投资的方案比选分析阶段。

从第二章起将以上述内容为主线分别讲解。当然，为了更好地理解本书的体系，这其中还设置了相关内容，希望此线索能使读者更好地了解房地产投资分析这个学科的内容。

## 四、房地产投资项目可行性分析与投资分析的不同

### （一）二者的含义

可行性分析也称可行性研究，它是在投资决策前，对项目在技术上、财务上、法律上的可行性进行论证、研究、评价的分析过程。可行性分析的主要目的和任务是要明确是否值得投资于这个项目，即目标项目在技术上是否先进、是否实用及可靠，财务上是否能盈利，法律上是否允许，并通过具体的指标进行评价和判断（这是判断项目是否可行的过程）。

房地产投资分析是指在房地产投资活动的前期，投资者运用自己及投资分析人员的知识与能力，全面地调查投资项目的各方制约因素，对所有可能的投资方案进行比较论证，从中选择最佳方案并保证投资有较高收益水平的分析活动（这是从诸多可行项目中作出决策的过程）。

可行性分析所研究的问题是在可用的资源和具体的限制条件下，某项行动方案是否有可能实现个人或企业的目标。关键的问题是项目在技术、财务和法律上的可行性。可行性最经常涉及的问题是某个特定位置最适当的用途、某个预定用途最合适的位置，或者资金最合适的投资渠道。

**（二）可行性分析的步骤**

可行性分析是一个重复和持续的过程，它通常包括以下10个步骤：

（1）判断某个地块的物理和法律的特点；

（2）进行市场研究，主要是对拟投资项目的市场供需情况、市场价格问题、竞争情况的调查分析；

（3）规划研究和进度安排；

（4）估算开发、购置或改建的成本；

（5）估算借贷资金的成本和可获得的借款额；

（6）估算项目的销售收入、收益及税金；

（7）编制现金流量表、利润表、资金来源运用表等；

（8）进行项目的经济评价（是指通过财务分析、盈亏平衡分析、敏感性分析和概率分析等，对项目不确定因素进行估算及评价）；

（9）进行项目的社会及环境效益评价；

（10）得出结论，即对项目的可行性得出结论，对研究过程中发现的问题提出解决办法。

**（三）二者的区别**

可行性分析要解决的是一个项目成功的可能性问题，任何项目在投资前都会面临着技术、财务和法律方面的各种限制。在具体的限制条件下，如果分析人员认为某一方面能够实现一个令人满意的、明确的目的，这时就可以认为该项目是"可行的"。

可行性分析要研究的不仅是一个方案，而是同时研究多个方案，最终要回答的是这些投资方案中哪些能实现投资者最低的投资目标。

对于开发项目而言，可行性分析要研究的是开发成本和销售收入之间的关系是否能够实现开发商可接受的最低的投资目标；对于置业投资项目而言，可行性分析要研究的是项目的出租、经营收入是否足以清偿抵押贷款或转售价格是否能够实现投资者可接受的最低投资目标。

我们说一个方案可行，并不是说这一方案就一定是合适的。有时几个方案可能都是可行的，甚至都很具有吸引力。可行性分析仅仅是投资分析的一个起点，回答的只是投资者能做什么，而不是应该做什么的问题。后者应该由投资分析来解决。

面对市场上众多的投资机会，通过可行性分析，可以找出多个可行方案。而由于资源有限，投资分析将帮助投资者在多个可行方案中，通过收益、时间、风险的排序找出一个方案作为投资者的最后选择。

也就是说，房地产投资分析关心的是从多个预选方案中选择最适合投资者目的的一个方案。

可行性分析是投资分析中的一个重要阶段，它是进行项目投资分析的前提和基础。

所以，可行性分析要回答的是：这能行吗？这能做吗？即某个具体行为过程获得成功实现预期目标的可能性。

房地产投资分析要回答的是：面对以上那些能做的，你应该做什么，做哪个。

换句话说，"可行性分析的主要任务是报告，而不是评估，更不是'指南'……相比之下，投资分析更关注从各种行动方案中作出选择，以期最完美地实现投资人的目标"。[①]

不过，在实际工作中，当投资人只面临一个投资机会或者一种投资方案，比如土地市场上只有一块地可供选择、这宗地上政府规定只能建一种用途的项目、经营方式上又只能采取"销售"一种方式时，这时，该项目几乎没有多方案比较和选择的过程。此时，投资分析人员为其所做的房地产投资分析报告就变成了可行性分析报告，一个方案要进行可行性分析，多方案中的每一个方案也是从可行性分析做起，所以，本书对可行性分析过程进行了详细的介绍。

### （四）可行性分析应该注意的问题

#### 1.选好可行性分析的主角

如果一份项目可行性分析报告十分肯定地告诉投资者将来能赚多少钱，那么这绝不会是一份实事求是的报告。一个成熟可信的可行性研究分析报告必须方法与观点客观、正确，格式过程规范，数据客观准确。这就要求研究和编写的主角必须是业内的专家，是"时刻将手搭在市场脉搏上"的行家。一般来讲，应由这样几种人来主持分析：

（1）经济专家，可以是中介咨询机构的专家、政府的经济专家、大学里的教授，但都必须是时刻关注市场的人士。

（2）工程师（包括工艺工程师、土木工程师）和财务专家（如经验丰富的造价工程师、注册会计师、房地产估价师等）。

#### 2.防止先入为主的可行性分析

在房地产投资实践中，房地产投资项目的成败似乎绝大部分都是开始就注定的。失败项目的投资者总是认为有诸多的不可预见因素影响了项目的成功，但仔细研究这些项目的"可行性研究报告"，发现差不多都是一种模式，即从各方面引经据典去论证这个项目的乐观前景，却不去分析项目可能遇到的不利因素，这样的可行性分析，自始至终都是为了证明该项目是"可行"的，这就走入了可行性研究的误区，在投资决策上犯了重大错误。

过去房地产项目的可行性分析往往流于形式，一方面，市场的繁荣掩盖了操作

---

的失误，项目决策未经过系统的研究，随意、盲目的投资同样收到了成果；另一方面，政策法规、监管不规范，给项目提供了较大的回旋空间，使"可行性研究报告"仅仅成为一纸说辞。

3.投资决策的结论首先取决于市场分析的结果

在项目可行性分析中，我国的一些房地产投资者（尤其是开发商）普遍认为可行性研究就是对技术或财务方面的分析。实际上，可行性分析首先要解决的是项目在市场上的可行性，其次才是对项目技术和财务方面的研究[①]。对于任何一个项目的投资设想，要证明其是否可行，首先要看它有没有市场，如果没有，则不必去研究其技术或财务上是否可行。

可行性分析中的市场研究工作往往易被忽视，它对选择投资方向、初步确定开发目标与开发方案有着举足轻重的作用，往往关系到开发项目的成败，应引起高度重视。

国内不少失败的房地产投资项目都是由一些可预见的因素造成的，比如同一时间同一城市同类楼盘供应量过大而需求短缺；建设成本远远超过预算造成资金短缺；一条新建的高架桥拦腰而过使楼盘商铺优势丧失等。这些项目的开发商或投资者在谈起这些问题时通常都会感叹"真没想到"，其实应该是早该想到的。如果能做好市场调查和市场分析，并通过一定的预测和判断能力进行理性决策，失败是可以避免的。

4.可行性分析工作通常是由浅入深的渐进过程

可行性分析是在投资前期所做的分析工作。

这项工作一般分为三个分析阶段：

（1）投资机会分析阶段。这个阶段，投资分析人员要根据投资人的投资意向，寻找有利的投资机会，对投资方向提出建议。例如投资什么性质和用途的项目？在哪个城市做？这个城市的市场情况、资源条件、劳动力状况、社会条件、地理环境如何？项目建成后对该地区的社会和环境影响如何等等。

投资者有可能是初入房地产行业或初入某地域，对行业风险、当地的投资环境等并不了解。所以投资分析人员要为投资者对上述问题进行分析和论证，从而帮助其选择或确认投资机会。

如果投资机会分析认为项目是可行的，就可以进行下一阶段的工作。

（2）初步可行性分析阶段。初步可行性分析主要是进一步判断投资机会分析的结论是否正确，是否可以投资，同时也决定是否进行后续的详细可行性分析。该阶段介于投资机会分析和详细可行性分析之间。但是，有些不需要进行投资机会分析的项目，如已经拟定的开发项目，就可以直接进行初步可行性分析。这就是说，初步可行性分析有些是在投资机会分析的基础上进行的，有些则不是。

初步可行性分析的内容包括：预估项目用地的获取成本；项目所在地的投资

---

[①]　有时，国家还规定对某些项目必须进行环境评价或交通评价，所以项目评价的内容要依情况和要求而定。

环境、市场竞争及需求状况、经济发展状况；项目区位及其周围环境、项目的规划条件、项目投资总额、销售收入与税金的估算、项目财务分析、不确定性分析等。

初步可行性分析的深度和广度都比投资机会分析进了一步。其分析内容基本上与详细可行性分析相同，但在深度上与最终可行性分析相比仍然是比较粗略的。当认为某些部分对项目取舍有决定性作用时，可以对这一部分进行独立的专题分析，比如对出让地块的可能获取成本的分析、未来租售价格的分析、开发产品定位分析、市场供求分析等。

项目的初步可行性分析应在尚未签署任何正式协议之前进行，以便投资者有充分的时间和自由度来考虑有关问题。

初步可行性分析阶段对开发建设投资估算的精度误差允许在±20%范围内。初步可行性分析报告可以为投资人提供初步的投资决策参考意见。

（3）详细可行性分析阶段。详细可行性分析即通常所说的可行性研究。

如果已经获取土地，项目立项报告已批复，投资人与承包商、融资方、设计单位等相关各方已签订各种合同，项目详规已获批，土地、规划、市政、交通和环境等专业咨询意见已具备，随着前期准备工作的深入及各项开发手续的完成（比如"四证"已获取），投资项目已经拥有更多可靠数据，此时就应进行详细可行性分析：对投资总额再次估算、对租售价格再次评估、对一些政策或市场变化带来的影响再次考量等等。

所以，详细可行性分析是在初步可行性分析的基础上，采用最新的资料和数据，对房地产开发项目进行深入的技术经济论证，对开发项目是否可行作出判断，对项目实施提出建议的过程。

这一阶段对开发建设投资估算的精度误差允许在±10%范围内。详细可行性分析报告可以为投资人确定是否投资提供关键参考依据。

在实际工作中，根据项目规模大小和复杂程度以及实际情况，可以实行三阶段分析，也可以只进行两阶段或一阶段分析，但详细可行性分析是不可缺少的。一般来说，规模较小的项目和简单的项目，只做详细可行性分析。

若投资机会、初步可行性、详细可行性三个阶段均进行了分析，则哪一个阶段发现不可行都应当放弃研究或重新调整投资期望和投资方案。

本教材中的案例大多属于项目的建设用地使用权尚未获取或刚刚获取的情况，所以所做分析基本限于初步可行性分析，分析的框架与详细可行性研究大体相同，但分析的深度、广度以及方案设计的复杂程度有别。因教材容量的限制，开发案例中并未设计方案的比选环节。读者在实际咨询工作中应根据项目的实际情况注意可行性分析内容的深化与完善。

## 五、房地产投资咨询的依据与原则

在实际工作中，房地产投资分析也被称为房地产投资咨询。房地产投资咨询的依据和原则如下：

**（一）咨询依据**

（1）国家有关法律、法规、政策。

（2）国家规定的相关经济参数和指标。

（3）有关部门发布的房地产开发项目咨询标准、规范。

（4）有关部门发布的工程技术方面的标准、规范、指标等资料。

（5）国家与地方的经济和社会发展规划、城乡规划、土地利用规划、住房建设规划以及行业发展规划。

（6）"国有建设用地使用权出让合同"或国有建设用地使用权证书、出让文件、土地出让公告。

（7）项目合作各方签订的协议书或意向书。

（8）委托方的委托咨询协议或委托书。

（9）委托方提供的咨询所需资料。

（10）咨询方和咨询人员搜集的咨询所需资料等。

如果是初步可行性分析阶段，某些资料尚未取得，咨询依据就会少些。

**（二）咨询原则**

一般来说，咨询方在咨询时可以有两种立场：一种是代表委托方，另一种是代表咨询方。前一种立场下所提供的咨询报告，代表了委托方的观点，涉及的价值是投资价值，是建立在委托方主观的、个人因素基础上的价值；后一种立场下所提供的咨询报告，其观点和结论应该独立、客观，涉及的价值是市场价值。

房地产项目咨询的目的是为委托方（房地产开发商或投资人）提供房地产项目投资决策的参考依据。投资决策是指决定项目做与不做；而做与不做的依据是咨询报告中"项目是否可行""项目值不值得投资"的结论。毕竟最终决策是由委托方作出，因此，一般来说，咨询分析过程是站在委托方的角度来进行的，但这并不意味着咨询方必须附和委托方一些不合理的想法或判断，也不会因为某投资者特别想投资该项目就把研究结论做成"可行"的。咨询结果要能体现咨询方的专业素养、实际经验和技能水平。

咨询分析应坚持以下原则：

1.合法原则

合法原则，是指咨询不仅要依据国家及有关部门的法律、行政法规，还要依据咨询对象所在地的有关地方性法规和政策。咨询分析往往是投资前期的工作，项目还未开始进行，咨询时应考虑到项目每一个环节在未来的合法性，比如土地的取得途径应合法、项目的开发程序应合法、未来的经营方式应合法（如预售符合国家和地方预售制度的规定），甚至停车场与户数比的安排都要符合当地政府的规定等。只有在这个前提下作出的咨询结论才有效，才能成为投资决策的参考依据，并依法为委托人争取最大的合法权益。

2.咨询时点原则

房地产市场是不断变化的，影响投资项目的政策因素、价格因素、成本费用因素、环境因素等也是不断变化的，针对咨询对象是否值得投资、是否可行的分析，不同的时间会有不同的结论。所以，需要为咨询对象确定一个特定的时间点，这个时间点就叫咨询时点（一般用公历年、月、日来表示）。没有咨询时点，后续的咨询工作就难以进行。

在初步可行性分析时，把这个时点定在获取房地产开发用地时间（出让土地使用权摘牌之日）比较合适。它也是在经济评价中为进行动态分析所设定的计算期的起点，所有预测的现金流量都要折现到这一时点。在详细可行性分析时，咨询时点可以根据实际情况确定，但该咨询时点前后所发生的现金流量都应折算到同一时间上（直接或最终折算到咨询时点上），再计算净现金流量。咨询分析中涉及的租售收入可能会发生在未来，但咨询时点不会定在未来，因为你无法知道未来的租售价格如何，而当前类似项目的租售价格是看得见的，咨询对象的租售价格是可以通过合适的估价方法评估出来的，这样就能预估出咨询时点的租售收入。如果未来租售价上涨，对项目有利，就不用再分析；但如果未来租售价下降，则应在敏感性分析中分析这种下降对咨询结论带来的影响。

房地产领域中的政策变化频繁，确定了咨询时点，咨询工作就应依据咨询时点最新的政策或有效的政策来进行。

3.最高最佳利用原则

从前面对可行性分析的定义可知，可行性分析是在投资决策前对项目在技术上、财务上、法律上的可行性进行论证、研究、评价的分析过程。

最高最佳利用，是指房地产在法律上允许、技术上可能、经济上可行，经过充分合理的论证，使咨询对象产生最高价值的利用，包括最佳的用途、最佳的规模、最佳的档次等。

最高最佳利用原则，要求经可行性分析得出的结论是咨询对象在最高最佳利用状况下的结论。

咨询对象要做到最高最佳利用从而发挥最大价值，要从以下几方面进行分析和判定：

（1）法律上是否允许，即检查咨询对象是否为法律法规、城市规划和出让合同等所允许。如果是不允许的，则应放弃。

（2）技术上是否可行，即检查咨询对象在技术上能否实现，包括建筑材料性能、施工技术手段等能否满足要求。如果不能实现，则应放弃。

（3）财务上是否可行。对于法律上允许、技术上可行的每种利用，要预测咨询对象的未来现金流量，再将这些现金流量进行折现，只有当这些现金流量的现值之和大于或等于零的时候，最高最佳利用才具有经济可行性，否则应放弃。

（4）价值是否最大化。在所有财务上可行的利用中，能够使咨询对象的价值达到最大的利用，便是最高最佳利用。

可行性分析之所以要遵循最高最佳利用原则，是因为在现实的房地产利用中，每个房地产投资人都试图采取最高最佳利用方式充分发挥其房地产的潜力，以获取最大的经济利益。

4.替代原则

在房地产投资咨询中，替代原则主要用在咨询对象租售价格以及开发成本各要素的确定上。由于房地产的独一无二性，使得我们难以找到各方面状况均与咨询对象相同的房地产。但在同一个房地产市场上，相似的房地产会有相似的租售价格或成本。我们会寻找那些与咨询对象具有一定替代性的相似的房地产，然后将它们与咨询对象进行比较，根据它们与咨询对象之间的差异对其租售价格进行适当的修正和调整，对其成本进行替代。

因为在现实房地产交易中，任何理性的买方和卖方，都会将其拟买或拟卖的房地产与市场上相似的房地产进行比较，从而任何理性的买方不会接受比市场上相似的房地产的正常价格过高的价格；任何理性的卖方不会接受比市场上相似的房地产的正常价格过低的价格。这种相似的房地产之间价格相互牵制的结果，是它们的价格相互接近。替代原则要求咨询结果不能不合理偏离与咨询对象相似的房地产在同等条件下的正常价格。

房地产开发成本等数据也适用替代原则，比如建安工程成本的估算，其采用的类似工程比较法就是运用了替代原则。一般来说，如果开发商已有关于这些成本费用的经验数据或最新实际数据，当市场变化不大的时候可以直接采用。如果没有，可能需要通过相似项目的数据来进行替代，但要评估其与市场偏离的合理程度。采用替代原则寻找或评估这些数据时，需要用到房地产估价规范，遵循其估价中的替代原则。

5.谨慎原则

参数的选用与基础数据的估算应坚持谨慎性原则。项目的经济评价工作需要在大量预测的基础上进行，存在各种不确定性，在不能准确估计项目效益时宁可低估效益，而在不能准确估计项目成本时宁可高估成本[①]。

理解谨慎原则的关键，是要搞清楚在存在"不确定因素"的情况下，当估计未来的收入可能会高也可能会低时，应采用保守的、较低的租售价格的估计值；当估计未来的投资额可能会增加也可能会减少时，应采用较高的投资额的估计值。比如，在运用比较法确定项目的销售价格时，不应选取成交价格明显高于市场价格的交易实例作为可比实例。

需要说明的是，在房地产投资项目的经济分析中，各评价参数的选取和基础数据的估算往往会受到投资者个人的影响。比如，参数之一"基准收益率"，我们通常把它称作投资者要求的最低收益率。但多少为"最低"，这里可能会有两种取

---

① 国家发展改革委，建设部. 建设项目经济评价方法与参数 [M]. 3版. 北京：中国计划出版社，2006：191.

值。一种是咨询方从客观立场可能认为 $i_c$ 取 15% 就比较符合当前大多数投资人的最低收益要求。但另一种是，委托方从其投资者个人的立场，认为 $i_c$ 取 16% 才符合他的最低要求；或者投资者比较保守，认为 $i_c$ 取 14% 才是最低要求。由于委托方并不认为大多数人的选择就应该是他的选择，咨询方也是接受委托方的委托对项目进行分析并得出是否值得投资、是否可行的结论，因此，如果委托方坚持自己的观点，咨询方应该尊重委托方的意愿。

再比如，当咨询人员经认真分析确定了项目比较符合市场实际的租售价格时，委托方会觉得这个价格与他的预期价格不符。此时，咨询方可以考虑委托方的意见，但不是绝对地迎合。咨询人员应对委托方的预期价格与市场合理租售价格的偏离程度进行分析。因为偏高的预期可能导致租售进度延后，甚至难以在合理期限内完成租售计划。

出现上述情况的时候，咨询方尊重或考虑委托方的看法，不代表可以放弃作为咨询人员的职业责任。$i_c$ 过高或过低、委托方的预期价格远远偏离市场合理价格，都不利于对项目作出正确的评价，咨询人员有必要遵循谨慎原则进行提醒或纠正。所以站在委托人的立场，也不能出具虚假咨询报告、有重大遗漏或重大差错的咨询报告。

因此，咨询分析人员应熟知、正确理解并恰当运用这些咨询原则。

## 六、房地产投资分析的发展趋势

过去，在我国传统的投资管理体制下，投资主体为了使项目投资获得批准，必须依次编制项目建议书、项目可行性研究报告、开工报告，其中项目可行性研究报告是核心所在，为了获得项目立项批准，研究报告委托编制单位都会尽量使研究分析结果可行。

2004 年，《国务院关于投资体制改革的决定》出台，对于投资核准类项目，只需要报项目申请报告就可办理投资核准申请，改变了过去的项目可行性研究报批模式，政府对于投资管理更加宏观化，更注重社会、环境等公众利益，而不再进行微观管理。项目在经济上是否可行，政府不再参与决定，由投资人自行分析决策。

但是，投资核准类项目的做法并不意味着所有项目都是如此，随着投资主体的多元化和资金渠道的多样化，房地产投资分析所需服务的对象也发生了深刻的变化。各类投资主体均需要对项目进行深入的投资分析，由此作出稳妥的决策，防范投资风险。特别是资金提供方，由于项目开发并不是由自己进行，加之很多资金提供方对房地产开发知识并不能很好地把握，这就需要专业的房地产投资分析机构为其提供帮助。

基于以上形势的变化，现在的房地产投资分析更强调专业性、实用性、准确性，并不再局限于房地产开发投资分析，而是已经扩展到房地产开发项目收购、企业股权收购、股票和债券分析、房地产资产运营管理等多个方面。比如一些资产管理公司拟收购某栋写字楼进行出租经营，这就需要投资分析机构对拟收购对象进行市场分析、成本分析、收益预测并给出投资建议，以帮助资产管理公司作出更科学的决策。[①]

# 第三节　房地产投资分析常用术语[②]

资金投入的时间不同或者收益产生的时间不同，对项目投资价值的影响也不同。作为房地产投资者，其投资可能来源于自有资金、银行贷款、预售收入或其他融资渠道，其收益可能来源于出售、出租或自营，但在进行投资决策时，都无一例外地要把所有的支出和收入都折算到同一时间点，并通过一系列投资效果评价指标的计算，在各种可能的投资方案之间进行比较、分析。因此，进行房地产投资分析时，必须准确把握与其相关的投资价值、现金流量、投资与成本、财务杠杆的概念及投资经济效果评价指标。有的概念和公式在专业基础课里已做过介绍，为了本书体系的完整和知识的衔接，在此只做简单过渡，不做详细阐述或推导。

## 一、投资价值

一个开发项目的投资价值在于开发完成后的价值大于其投入的成本费用，并在一定的利润水平之上；一个置业项目的投资价值在于持有期内各年净现金流量的现值大于其初始现金支出。当然，不同投资者对同一个项目投资价值的认识不同，这取决于很多因素，比如能够获得的抵押贷款的额度、市场上其他投资机会的收益水平以及投资者对风险的态度等。

由于房地产市场是一个不完全竞争市场，因此房地产市场中的成交价格可能高于或低于完全竞争市场下的成交价格。因此，房地产的市场交易价格与房地产的价值可能并不一致。

下面介绍几个与房地产投资价值相关的概念。

1.交易价格

通常交易价格是指实际交易过程中发生的历史价格，即实际发生的成交价，是由买卖双方通过议价过程决定的。实际交易价格常常是人们预测未来交易价格的基础。但随着两次交易相距期间的延长，交易价格的参考作用便会下降。

2.最可能销售价格

最可能销售价格是对未来交易中成交价的一种可能性估计。它是指在现行的市

---

① 延伸阅读：2005年，香港瑞安集团、摩根大通、大连亿达集团联手，共同收购亚洲金融危机后因资金问题停建了6年的房地产开发项目——大连希望大厦（写字楼，韩国现代集团投资建设）后，续建、改造并出租运营的案例。

② 作者认为，本节所涉及的概念是本书中非常重要的内容，是进行房地产投资分析所需要的最基础、最常识性的问题，建议读者认真理解之后，再进行后续学习。

场条件下，按照目前的销售条件，在合理的时间范围内，对某一物业未来交易价格所作的预测。但房地产的买方与卖方各自掌握的信息不同，因此对同一房地产的最可能销售价格的预测结果可能是不一致的。

3.市场价格

市场价格[①]是指在一个具备公平销售所需要的一切条件下的竞争开放市场中，某一物业公开销售时的最可能成交价格。一般由房地产估价师利用专业知识，根据市场信息加以评估，从而得出相当接近市场价格的估计值。

市场价格概念给出的前提是假定买卖双方的议价能力相等（包括态度上的理智、知识水平的相近等），而最可能销售价格却认识到交易过程中议价能力的相对差异。也就是说，市场价值概念的基础是"谨慎投资者"的概念，并将交易过程中议价双方放在相等的位置上。最可能销售价格认为买卖双方在知识和议价能力方面多数是不相等的，价格有时会受到任何一方感情冲动的影响。

4.交易区间

卖方在出售物业时会为该物业的交易价格设置一个较低的价格下限，而买方则将为此设置一个较高的价格上限，实际成交价格总是落在这两个极限之间，这就是交易区间。

交易区间是如何确定的呢？

从业主即未来的卖方角度考虑，根据对剩余未来收益的估计计算得出的投资价值（$V_s$），是卖方在物业交易过程中所愿意接受的最低出售价格。低于这一下限，业主将拒绝出售。只有当业主认为最可能销售价格（$V_p$）高于其物业的投资价值（$V_s$）的情况下，交易才有可能发生，如图1-1所示。

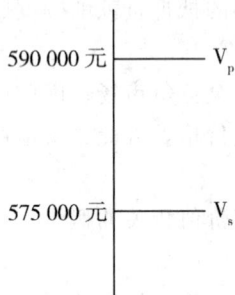

590 000 元 —— $V_p$

575 000 元 —— $V_s$

**图1-1　卖方观点**

从潜在买方考虑，根据对未来收益的估计计算得出的投资价值（目前的）（$V_b$）是他愿意支付的最高购买价格。高于这一上限，买方将拒绝购买。只有在买方认为投资价值（$V_b$）高于最可能销售价格（$V_p$）时，交易才有可能发生，如图1-2所示。

---

① 本书中，市场价格与市场价值的含义基本相同，在一般情况下可以混用，因此下文在对投资价值与市场价格进行比较的时候，使用了"市场价值"的概念。

$$610\,000\,元 \begin{array}{c} \rule{3cm}{0.4pt} \end{array} V_b$$

$$580\,000\,元 \begin{array}{c} \rule{3cm}{0.4pt} \end{array} V_p$$

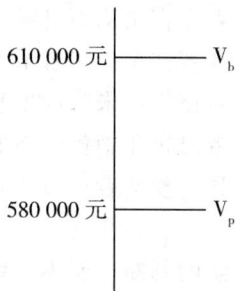

**图1-2　买方观点**

但是，卖方和买方对最可能销售价格的看法并不一致。在图1-1和图1-2中，卖方可能认为最可能销售价格可以达到590 000元，而潜在买方则可能认为这一价格为580 000元。

双方对该物业的投资价值的看法也不一致。卖方认为该物业的投资价值为575 000元，而买方认为该物业的投资价值为610 000元。

如果一项交易要成功，买方所认为的投资价值必须大于卖方。买方所考虑的重点是他将要支付的最高价格，而卖方所考虑的重点是他可接受的最低价格。这两者的结合，构成了交易价格的可能区间。每一方都只知道价格区间的一端，并且也都试图了解对方的另一端。如图1-3所示，实际成交价格将总是落在这两个极限之间（575 000～610 000元）的某一位置。只有当买方所愿意支付的最高价格高于或等于卖方所愿意接受的最低价格时，交易才可能达成。至于交易价格在这一区间的哪个位置，取决于交易双方的议价能力和技巧，以及该种房地产市场是处于卖方市场还是买方市场。在卖方市场下，交易价格往往是偏高的；在买方市场下，交易价格往往是偏低的。

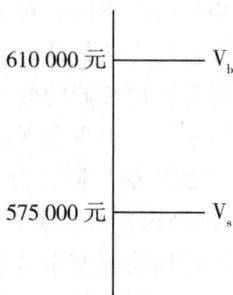

$$610\,000\,元 \begin{array}{c} \rule{3cm}{0.4pt} \end{array} V_b$$

$$575\,000\,元 \begin{array}{c} \rule{3cm}{0.4pt} \end{array} V_s$$

**图1-3　价值关系：交易区间**

这个概念通常对置业投资者更有用。

5.投资价值

通过上述分析我们可以知道，投资价值是预期的未来收益的价值，它是潜在购买者愿意为某一物业支付的最高价格，或者是潜在卖方愿意接受的最低价格。也可以理解为，投资价值是根据项目所能产生的税前或税后现金流量和投资者所能接受的最低收益率，计算得到的投资者购置该资产所愿意支付的最大款额。但某一特定物业的投资价值对于不同的投资者而言结论不是唯一的。因为它不是一个现实的价值而是一个预期的价值，其中夹杂着许多投资者个人因素的影响。

这些个人因素包括：投资者对该物业未来产生利润或收益能力的预期；投资者对物业可能持有期的假定；投资者对物业销售价格的判断；投资者在所得税负担方面的不同；投资者融资能力的差异；投资者对市场其他投资机会的考虑；投资者对投资风险的态度等。

由于不同的投资者对上述因素的判断可能不一致，对时间和不确定性因素的校正方法也可能不一致，投资决策是主观的，所以，对同一宗物业，每一个投资者估算的投资价值也可能不相同。

6.投资价值与市场价值的不同

投资价值一词从广义上说有两种含义：一是指值得投资，例如人们在为某个项目或资产做销售宣传时，经常称其具有投资价值；二是指从某个特定的投资者（即某个具体的投资者）的角度来衡量的经济价值。本书所讲的投资价值指的是后者，它是该投资者基于个人需要或意愿，对某物业所估计的价值或作出的评价。

而该物业的市场价值，是该物业对于一个典型的投资者（他代表了市场上大多数人的观点）的经济价值，即市场价值来源于市场参与者的共同价值判断，是一个客观的、非个人的价值，通俗点说，这个客观价值是指目前某物业该值多少钱就值多少钱，不会因为个人的喜好而改变。而投资价值是建立在主观的、个人的因素基础上的价值。

在某一时点，市场价值是唯一的，而投资价值因投资者不同而不同。同一物业之所以对不同的投资者有不同的投资价值，是因为不同的投资者可能在开发建设成本或经营费用方面的优势不同、纳税状况不同、对未来的信心不同等。所有这些因素都会影响投资者对该物业未来收益能力的估计，从而影响投资者对该物业或房地产价值的估计。如果所有的投资者都作出相同的假设，也面临相同的环境状况，则投资价值与市场价值就会相等，但实际上很少出现这种情况。

投资价值与市场价值的评估方法可能相同，但其中参数选取的立场可能不同。例如，都可以采用收益法——价值是未来净收益的现值之和，但在评估市场价值时，收益法中的折现率是与该物业的风险程度相对应的社会一般收益率（即典型的投资者所要求的报酬率），而在评估投资价值时，该折现率是某个具体的投资者所要求的最低收益率（通常称为最低期望收益率）。这个投资者所要求的最低收益率可能高于也可能低于与该物业的风险程度相对应的社会一般收益率。

另外，不同投资者对未来净收益的估计，有的可能是乐观的，有的可能是悲观的。如果预期的净收益是乐观的，那么投资者就会赋予这个物业很高的价值；如果预期的收益是悲观的，那么投资者就会认为这个物业的价值较低。而评估市场价值时，要求对未来净收益的估计是客观的。

投资者评估的物业的投资价值，或者说消费者对物业的评价，大于或等于该物业的市场价格，是其投资行为或交易能够实现的基本条件。当投资价值大于市场价格时，说明值得投资购买；反之，说明不值得投资购买。换一个角度讲，每个房地产投资者对物业都有一个心理价位，投资价值可以看成这个心理价位。当市场价格低于其心理价位时，投资者趋向于增加投资；相反，他们将向市场出售过去所投资的房地产。

相对而言，投资价值常为房地产投资分析人员使用；市场价值（或市场价格）常为房地产估价人员使用。不过，现实生活中，房地产估价人员为开发项目或置业项目进行投资价值的分析，提供房地产市场分析报告、房地产项目的可行性研究报告，也是常见的事。例如，政府举行土地使用权拍卖、招标出让，有意购买者可以委托房地产估价人员为其评估能够承受的最高购买价格，这也是一种投资价值评估。

## 二、现金流量

从货币形态来看，房地产投资表现为投入一定量的资金，通过房屋销售或出租获得一定量的货币收入。对于房地产投资项目这样一个特定的经济系统而言，投入的资金、花费的成本和获取的收益，都可以看成货币形式（包括现金和其他货币支付形式）体现的资金流出或资金流入。通常，把某一项投资活动作为一个独立的系统，把各个时间点上实际发生的资金流出或流入叫作现金流量。

房地产投资分析的目的，就是要根据特定房地产投资项目所要达到的目标和所拥有的资源条件，考察项目在不同运行模式下或技术方案下的现金流出和现金流入，选择合适的运作模式或技术方案，以获取最好的经济效果。

1.现金流量的相关概念

从房地产投资项目分析的角度来看，现金流量是指由于房地产投资项目实施而引起的资金收支的改变量。

现金流量分为现金流入量、现金流出量和净现金流量。

资金的收入称为现金流入，相应的数额称为现金流入量。现金流入量具体是指由于投资项目实施而引起的资金收入的增加或资金支出的减少。

资金的支出称为现金流出，相应的数额称为现金流出量。现金流出量具体是指由于投资项目实施而引起的资金支出的增加或资金收入的减少。

现金流入通常表示为正现金流量，现金流出通常表示为负现金流量。净现金流量是指某一时点上的正现金流量与负现金流量的代数和，即：

净现金流量=现金流入量−现金流出量

配套使用的概念通常还有现金流量图、现金流量表等。

现金流量图是用以反映项目在计算期内流入和流出的现金的简化图示。现金流量表是反映项目在计算期内的现金流入与流出按发生的时间列入相应时期的一种表格。现金流量图和现金流量表直观地表示了现金流量与时间的关系，是协助投资分析人员进行复利计算和投资分析的有效工具。

2.开发后出售房地产项目的现金流量

对于一个房地产开发项目，有时开发企业为了分散投资风险、减轻偿债压力，在项目建设前或建设过程中就通过预售的形式落实了买方。有些情况下，开发企业也有可能在项目完工或接近完工时，才开始进行项目的销售工作。这两种情况下的房地产投资项目的现金流量，与项目的投资和销售收入（含期房销售收入和现房销售收入）有关，则项目的净现金流量（即税前现金流量或利润总额）是项目销售收入扣除总投资（或总成本费用）、增值税和税金及附加、土地增值税等之后的余额。

3.开发后持有房地产项目的现金流量

对一个房地产开发项目，有时开发商也可能根据市场情况决定把项目出租或自营，这样开发投资实际上就变成了长期置业投资，因为出租也好，自营也好，短期内不可能把投资收回。这种时候的净现金流量主要与净租金收入或净经营收入有关，同时还要考虑每年还本付息因素。这些净租金收入与净经营收入都是未来的、预期的，这就意味着这些收入或收益如果要成为衡量投资价值的因素，就需要对它们进行折现。在持有期或经营期结束后，可能还会有转售收益或固定资产余值回收，这些也构成了其现金流量的一部分。

4.置业投资项目的现金流量

如果是房地产置业投资，投资者可以购买开发商新建成的物业（现房）或尚未建成的物业（期房），也可以购买房地产市场上的二手房。购买之后通常是将物业出租给最终的使用者，获取较为稳定的经常性收入。前面说过，这种投资的另一个特点是，在投资者不想继续持有该物业时，可以将其转售给其他置业投资者，并获取转售收益。这样，置业投资的现金流量通常由两部分构成：一部分是持有期间内物业每年的净现金流量（可以计算税前的，也可以计算税后的，根据需要来决定）；另一部分是持有期末物业的净转售收益（即剔除交易成本及相关税费后的现金流量）。

不管是开发后出售、出租还是自营，也不管置业后是出租还是自营，其净现金流量往往来自对项目未来年份经营情况的预测，因此，当对项目进行投资分析以判断其投资价值的时候，有些动态指标需要考虑折现因素，即把上述的净现金流量折现到项目投资的起始点，然后对项目的投入和支出进行比较，从而判断项目在财务上的可行性。

开发后持有房地产项目的现金流量和置业投资项目的现金流量，在计算时可以分为三步：第1年现金流量分析、多年（持有期或经营期）现金流量分析、持有期末转售物业时的现金流量分析。

## 三、投资与成本

对于房地产开发投资活动来说，投资、成本、销售收入、出租与经营收入、税金、利润等经济量，是构成房地产开发投资项目现金流量的基本要素，也是进行投资分析最重要的基础数据。其中，房地产开发项目的投资与成本，与工程经济学中所述的投资与成本并不相同，因为房地产开发项目中的投资基本上都转为成本，但房地产置业项目的投资和其他工业项目基本相同。

**（一）广义投资与成本的概念**

1.投资

我们在前面介绍过，广义的投资是指人们的一种有目的的经济行为，即以一定的资源（现金、土地、技术、管理经验等）投入某项计划，以获取所期望的报酬。

一般工业生产活动中的投资包括固定资产投资和流动资产投资两部分。固定资产投资是指用于建造或购置建筑物和机器设备等固定资产的投资，固定资产投资在项目投产后，随着固定资产在使用过程中的磨损和贬值，其价值逐渐以折旧的形式计入产品成本，并通过产品销售以货币形式回到投资者手中。流动资金是指工业项目投产前垫付，在投产后用于购买原材料、燃料动力、备品备件，支付工资和其他费用以及被在制品、半成品、制成品占用的周转资金。流动资金在每个生产周期完成一次周转，在整个项目寿命期内始终被占用，直到项目寿命期末，全部流动资金才能退出生产与流通，以货币形式被收回。

2.成本

成本是指人们为达成一事或取得一物所必须付出或已经付出的代价。就工业投资项目而言，其投产后便开始了产品的生产经营活动，产品的生产与销售伴随着劳动与物化劳动的消耗，产品的成本就是这种劳动消耗的货币表现。产品生产经营活动中的费用包括生产费用和销售费用两部分，前者指发生在产品生产过程的费用，后者指发生在产品销售过程中的费用。产品生产过程中的费用称为产品的生产成本（亦称完全成本）。

影响产品成本的因素很多。对于同一种产品来说，不同的生产技术方案、不同的生产规模、不同的生产组织方式、不同的技术水平与管理水平、不同的物资供应与产品销售条件、不同的自然环境等都可能导致产品成本的不同。

投资与成本的关系可以理解为：经济主体为取得未来收益或报酬而预先投入的资源，称为"投资"；而当经济主体取得了这些收益或报酬后，他们为此付出的"投资"就被称为"成本"。

投资分析中使用的成本概念与企业财务会计中使用的成本概念不完全相同，主要表现在三个方面：一是财务会计中的成本是对生产经营活动中实际发生费用的记录，各种影响因素的作用是确定的，所得到的成本数据是唯一的，而投资分析中使用的成本有许多是对拟实施项目未来将要发生的费用的预测和估算，各种影响因素的作用是不确定的，不同的实施方案会有不同的成本数据。二是在投资分析中，根据分析计算的需要还要列入一些财务会计中没有的概念（如机会成本、沉没成本、不可预见费用等），这些成本的经济含义及成本中所包含的内容与财务会计中的成本不完全一样。三是内涵不同。财务会计中的产品成本是企业为生产一定种类、数量的产品所发生的直接材料费用、燃料和动力费用、直接人工费用和制造费用的总和，也称生产成本或产品制造成本；投资分析中的产品成本是企业在一定时期内为生产和销售一定数量的产品所支出的全部费用，不仅包括生产成本，也包括销售费用、管理费用和财务费用，称为总成本费用。

### （二）房地产投资分析中的投资与成本

房地产开发经营活动中的投资与成本，与一般建设项目有较大的差异。从本章介绍的房地产直接投资形式来看，房地产开发的投资与成本有如下特点：

对于"开发－出售"模式下的房地产开发项目而言，开发商所投入的开发建设资金大部分形成了建筑物或构筑物等以固定资产形式存在的开发产品，并通过项目开发过程中的预售或建成后的销售活动，转让这些固定资产的所有权以收回投资。由于开发建设投资基本上都一次性地转移到房地产产品成本中去了，房地产开发建设投资基本等于总成本费用。

对于"开发－持有出租－出售"模式下的房地产开发项目而言，开发商所投入的开发建设投资在开发项目竣工投入使用后转为固定资产投资，接下来的出租经营活动又会产生经营成本和运营费用，并通过房地产出租收入得以收回。

对于房地产置业投资项目而言，也有两种经营方式：一种是"购买－更新改造－出售"模式，它的投资与成本特点与"开发－出售"模式相似；另一种是"购买－持有出租"或"购买－装修改造－持有出租－出售"模式，其投资与成本的特点与"开发－持有出租－出售"模式相似。

此外，在房地产投资分析中还需要考虑"转售成本"。当出租和自营型房地产在出租或自营一段时间后（计算期结束），为了计算方便，通常都假设把房地产转让给他人，并获得转售收益。在转让过程中发生的销售费用（广告、销售佣金等）、交易手续费、税费、场所清理费用、员工遣散费用等，称为转售成本。估算转售成本时，要考虑转售当时的市场情况、房地产的使用性质、房地产规模大小等因素。一般而言，在房地产投资分析估算中，转售成本可按转售收益的一定比例，如1%～3%来计算。不过，本书定义的"转售收益"通常已考虑了转售过程中的成本支出，即指净转售收益。除非特别说明，转售成本通常不单独计算。

## 四、财务杠杆

从房地产开发投资的角度来说，投资额巨大、开发周期长是它的特点。由于自有资金的限制，一般的开发投资者如果没有银行贷款的支持将很难完成预期的开发目的；从房地产置业投资的角度来说，不管是机构投资者还是个人投资者也都离不开银行贷款的帮助，即使是住房消费投资也一样。随着投资者和消费者观念的转变，使用"抵押贷款"达到投资或消费的目的，或者利用"财务杠杆"增加收益，已成为许多投资者的共识。在此，我们简单介绍一下与后面的投资分析有关的抵押贷款方面的概念。

## （一）抵押贷款

尽管各种房地产抵押贷款方式差别较大[①]，但是关于房地产抵押贷款的研究，主要从两个方面展开：一个是抵押贷款还本付息额，另一个是贷款余额。这是房地产开发项目投资贷款和置业投资贷款中常见且非常重要的两个计算问题。要想了解这两个重要因素，首先要计算的就是抵押贷款常数。一般来说，抵押贷款的利率大致可以分为两大类：一类是固定利率，另一类是可调利率。为了分析方便，这里仅以固定利率抵押贷款为例，介绍抵押常数、抵押贷款还本付息额和贷款余额的计算方法。

1.抵押常数（M）

在房地产抵押贷款的清偿过程中，为了简化计算，将每1元贷款的每月偿还额定义为抵押常数（有的书中也叫还款系数、年偿债系数等）。抵押常数的实质是已知年金现值（贷款总额）求解年金[②]。

银行在贷款给投资者时，对于贷款条件的设定通常有两种情况：一种是给定年利率，要求按年等额偿还；另一种是给定年利率，要求按月等额偿还，而房地产抵押贷款很多是按月付款、按月计复利的。在后一种情况下，年利率只是名义利率，必须转换为月利率才能计算抵押常数和月还本付息额。

按年等额还本付息时，抵押常数为：

$$M = \frac{r(1+r)^n}{(1+r)^n - 1} \text{（以年为单位）} \tag{1.1}$$

式中：M——抵押常数（年）；r——年利率；n——贷款年数。

按月等额还本付息时，抵押常数 M 为：

$$M = \frac{r/12(1+r/12)^{n \times 12}}{(1+r/12)^{n \times 12} - 1} \text{（以月为单位）} \tag{1.2}$$

式中：M——抵押常数（月）；r/12——月利率；n×12——贷款月数。
它的意思是年利率为r、贷款年限为n、贷款额度为1元的每月还款额。

此时抵押常数的经济含义是在给定的n年内，为回收1元贷款，每月应收回的数额。抵押常数等于1元贷款年金现值因子的倒数。

这种情况下，年抵押贷款常数为月抵押贷款常数的12倍（注意，当给出年利率但按月还本付息时，不可先算年抵押贷款常数，再用其除以12得出月还款系数）。

我们以按月等额偿还为例，来说明这一问题。

例如，一宗贷款年利率为12%、贷款期限为30年、贷款额度为1元的抵押贷款，代入该公式就可计算出月抵押常数为：

$$M = \frac{r/12(1+r/12)^{n \times 12}}{(1+r/12)^{n \times 12} - 1} = \frac{12\%/12(1+12\%/12)^{30 \times 12}}{(1+12\%/12)^{30 \times 12} - 1} = 0.010286$$

---

[①]　抵押贷款方式差别较大，偿还方式也有不同，有的等额还本付息，有的等本偿还，利息照付。这里仅考虑前一种偿还方式。
[②]　年金是房地产投资分析中一个非常重要的概念。最早，年金是指一年发生一次的款项，现在推广为只要是定期发生的款项都统称为年金。通常将定期、定额发生的款项称为普通年金，而将每次发生的不等额的款项称为特殊年金。

也就是说，如果贷款额度为1元，贷款期限为30年，贷款利率为12%，月还款额就是0.010286元。

抵押常数随贷款期限和贷款利率而变，一般在贷款利率一定时，贷款期限越长，抵押常数越低；在期限一定时，贷款利率越高，则抵押常数就越高。

表1-1列举了部分年利率为12%的按月付款的抵押常数的情况。

表1-1                                   年利率为12%的抵押常数

| 年 | 月 | 现值 | 年金现值因子 | 抵押常数 |
|---|---|---|---|---|
| 1 | 12 | 0.887449 | 11.255077 | 0.088849 |
| 2 | 24 | 0.787566 | 21.243387 | 0.047073 |
| 3 | 36 | 0.698925 | 30.107505 | 0.033214 |
| 4 | 48 | 0.62026 | 37.973959 | 0.026334 |
| 5 | 60 | 0.55045 | 44.955038 | 0.022244 |
| 10 | 120 | 0.302995 | 69.700522 | 0.014347 |
| 15 | 180 | 0.166783 | 83.321664 | 0.012002 |
| 20 | 240 | 0.091806 | 90.819416 | 0.011011 |
| 25 | 300 | 0.050534 | 94.946551 | 0.010532 |
| 30 | 360 | 0.027817 | 97.218331 | 0.010286 |

2.抵押贷款还本付息额（A）

抵押贷款一般是以年金的形式定期还款，具体的还款方式因贷款方式的不同而不同。在较为常见的固定利率抵押贷款偿还方式下，普遍采用等额还本付息法，也叫本息均摊法偿还方式。

等额还本付息法是严格按照贷款资金的实际占用时间计算利息，每一次还款后本金降低，下一期还款中的应计利息为剩余本金（贷款余额）的利息。每期的还款本息额是相同的，随着还款期限的延长，每期还款额中本金所占比重增加，利息所占比重减少，很好地说明了借贷资金的时间价值。

由于抵押贷款清偿的特点是最后一笔债务清偿之日就是整个贷款到期之时，所以房地产抵押贷款的清偿过程可以用期末年金现值加以描述。我们仍以按月等额偿还本息为例来说明。

假定贷款总额为P，每月付款额为A，贷款年数为n，年利率为r，复利次数为12，则月还本付息额的计算公式为：

$$A = P \times \frac{r/12(1 + r/12)^{n \times 12}}{(1 + r/12)^{n \times 12} - 1} \qquad (1.3)$$

根据抵押贷款常数，我们可以很容易求出某笔贷款的月还本付息额和年还本付息额。

例如，如果上述条件下的抵押贷款额度是 90 000 元，每月还款额则为 925.74 元，即：

$$A = P \times \frac{r/12(1 + r/12)^{n \times 12}}{(1 + r/12)^{n \times 12} - 1} = 90\,000 \times 0.010286 = 925.74 \ (元)$$

此时，该笔贷款的年抵押常数为：0.010286×12=0.123432

而年还本付息额为：0.123432×90 000=11 108.88（元）

或者：925.74×12=11 108.88（元）

若已知年还本付息额 A，贷款年数 n，年利率 r，也可求出抵押贷款额 P：

$$P = A \times \frac{(1 + i)^n - 1}{i(1 + i)^n} \tag{1.4}$$

3.抵押贷款余额（$P_{余}$）

固定利率抵押贷款对本金的清偿是逐期（年、季或月）进行的。随着时间的推移，每期付款额中用于清偿本金的比重越来越大。经过一段时间还款之后，借款人希望了解到底还有多少贷款本金尚未清偿。如果借款人需要提前还款，或者借款人违约，贷款人不得不取消借款人对抵押房地产的赎回权并将抵押房地产拍卖，从中获得补偿，此时也有必要求出贷款余额。

贷款余额是指分期付款的贷款，在经过一段时期的偿还之后，尚未偿还的贷款本金数额。

假设一笔贷款按月等额还本付息，在固定利率抵押贷款中，每月付款额可以看成是年金，贷款总额便是期末年金现值，因此 t 年后的贷款余额就是 n-t 年的期末年金现值。假定贷款年限为 n，按月付款，按月计复利，则有：

$$P_{余} = A \times \frac{(1 + r/12)^{(n - t) \times 12} - 1}{r/12(1 + r/12)^{(n - t) \times 12}} \tag{1.5}$$

式中：$P_{余}$——t 年后的贷款余额；A——每月付款额；r——年利率；t——已付款年数；n——贷款年数；n-t——剩余年数。

实际上公式的后半部分是年金现值因子。从公式的角度说，这里的贷款余额就是年金现值，它等于每期付款额与剩余年份的年金现值因子的乘积。

如果一笔贷款按年等额还本付息，则其贷款余额为：

$$P_{余} = A \times \frac{(1 + r)^{n - t} - 1}{r(1 + r)^{n - t}} \tag{1.6}$$

式中：A——每年付款额；其他字母含义不变。

例如，某 30 年期，利率为 12%，80 000 元的抵押贷款，要求计算 10 年后的贷款余额。首先可以从表 1-1 中查找 30 年期、年利率为 12% 的抵押常数，得到 0.010286。于是每月付款额就是贷款本金与抵押常数的乘积，即 822.88 元。

因为该项贷款已还款 10 年，所以剩余付款年份为 20 年，从表 1-1 中查找 20 年的年金现值因子为 90.819416，所以 10 年后该项贷款余额为每月付款额与年金现值因子的乘积，即 74 733.48 元。

在上例中，由于贷款本金为 90 000 元，所以第一个月的贷款利息应该是 900 元，而实际上，借款人第一个月的还款额是 925.74 元，即还款额中的 900 元是用来清偿该月利息的，25.74 元是用来清偿贷款本金的。这就意味着，借款人从借款后的第一个月便开始清偿贷款的利息和一部分本金。所以，第二个月的贷款余额已减少为 89 974.26 元（90 000−25.74）。固定利率抵押贷款就是这样通过每月等额付款，偿还当月所有贷款利息和部分贷款本金，直到最后一个月清偿所有负债。

4.本、息分期偿付的计算

有时为了计算的需要（比如以后章节编制或计算借款还本付息估算表时），我们必须把每月或每年的本金和利息分开，那么根据上述讨论，我们可以归纳出本息分开的计算步骤：

（1）已知贷款年限、贷款利率、贷款额度，可求出抵押常数；

（2）已知抵押常数（或通过查表）和贷款额度，可求出每月付款额，进而求出每年付款额；

（3）已知每年（月）付款额，可求出要求的某年（月）贷款余额；

（4）某年（月）偿还本金=上一年（月）贷款余额−该年（月）贷款余额；

（5）某年（月）偿还利息=每年（月）付款额−该年（月）偿还本金。

实际上，只要已知贷款利率、贷款期限、贷款本金、每月付款额这 4 个因素中的任何 3 个（习惯上，"抵押常数"可以直接代入，不用单独求取），即可求出剩下的一个，其他指标也就计算出来了。

在具体计算每年的本金和利息时，可以先求第 1 年的，再求以后各年的（因为以后各年往往需要第 1 年的数据资料）。

第 1 年本金和利息的求取（步骤可以简化为 3 步）：

第 1 步，先求每年付款额 A（各年相同）；

第 2 步，求利息：利息=贷款总额×年利率；

第 3 步，求本金：本金=A−利息。

第 2 年本金和利息的求取（步骤可以简化为 4 步）：

第 1 步，先求每年付款额 A（也是各年相同）；

第 2 步，求第 1 年年末贷款余额（用"贷款总额−第 1 年本金"即可求取，或用贷款余额公式求取）；

第 3 步，求第 2 年利息：利息=第 1 年年末贷款余额×年利率；

第 4 步，求第 2 年本金：本金=A−第 2 年利息。

以后各年以此类推。

关于本金和利息的求取，还有一些其他方法，读者不妨试找一下。[①]

---

① 说明：在借款时，把借来的钱叫"本金"，所以，每年按约定归还的那部分本金对投资者而言就是"还本收益"或"权益增加值"（因为拥有的房地产在权益上有了增加。没还款时，那部分权益是银行的）。为了投资分析的需要，当对各年的本金也进行贴现时，这部分就叫"还本收益现值"。

前面我们讲述的是在贷款利率不变的情况下如何求取 A 和贷款余额，并进行本、息分付的计算，但有时利率并不是一成不变的，而是随市场不断发生变化的，时升时降。贷款期间，如遇利率调整，可能需要重新计算每年还本付息额 A、贷款余额 $P_余$ 和每期的本金及利息。

　　［例 1-1］[1] 李某于 2012 年 7 月 1 日以 2 500 元/平方米的价格买了 140 平方米的住宅，自付 30%，申请了抵押率为 70%、年利率为 7.44%、抵押期限为 20 年、按月等额还本付息的贷款。2016 年 8 月 1 日，一次性偿还 7 万元。2019 年 1 月 1 日，又申请了第 2 笔抵押贷款，年利率为 8.16%、贷款期 10 年、按月等额还本付息。贷款金额为当前住宅权益价值的 40%。目前该住宅价格已上升到 7 000 元/平方米。李某采用了按月递增还款方式，递增率 0.5%。然后第 1 笔贷款的余额与第 2 笔贷款合并执行第 2 笔贷款的条件。（以上均为月末偿还）

　　请计算 2018 年 12 月份与 2020 年 10 月份的月还款额。

　　简要分析：

　　一、已知条件

　　$i_1=7.44\%\div12=0.62\%$；$n_1=20\times12=240$（个月）；$i_2=8.16\%\div12=0.68\%$；$n_2=10\times12=120$（个月）；$s=0.5\%$；$P=2\,500\times140\times70\%\div10\,000=24.5$（万元）。

　　二、计算步骤

　　（一）求第 1 笔贷款的 A。

　　（二）求 2016 年 8 月 1 日的贷款余额 $P_{余1}$ 和此后的按月还本付息额 A′。

　　（三）求 2018 年 12 月的月还款额和贷款余额 $P_{余2}$。

　　（四）求 2019 年 1 月 1 日的第 2 笔贷款额、两笔贷款额合计及 2020 年 10 月的月还款额。

　　解：

　　（一）求第 1 笔贷款的月还本付息额 A。

$$A = P \times \frac{i(1+i)^n}{(1+i)^n-1}=24.5\times\frac{\dfrac{7.44\%}{12}\times\left(1+\dfrac{7.44\%}{12}\right)^{240}}{\left(1+\dfrac{7.44\%}{12}\right)^{240}-1}=1\,964.72\text{（元）}$$

　　（二）求 $P_{余1}$ 和 A′。

　　1. 求 2016 年 8 月 1 日的贷款余额，此时，已经过了 49 个月，剩余 191 个月（240-49），所求 $P_{余1}$ 即为 $P_{余191}$。

$$P_{余191} = A \times \frac{(1+i)^{n-t}-1}{i(1+i)^{n-t}}=1\,964.72\times\frac{(1+0.62\%)^{240-49}-1}{0.62\%\times(1+0.62\%)^{240-49}}=21.957\text{（万元）}$$

　　还了 7 万元后，此时的贷款余额为：21.957-7=14.957（万元）

　　2. 此后的月还本付息额为：$A′=14.957\times\dfrac{0.62\%\times(1+0.62\%)^{191}}{(1+0.62\%)^{191}-1}=1\,338.36$（元）

---

　　① 本题是某年房地产估价师执业资格考试试题。

（三）求2018年12月的月还款额和$P_{余2}$。

1.求2018年12月的月还款额。其实它即为前一步的$A'$：1 338.36元。

2.求贷款余额$P_{余2}$。此时，从2016年8月1日到2018年12月31日，原剩余的191个月，经过了29个月后，现剩余162个月。则2018年12月31日的贷款余额$P_{余2}$即为$P_{余162}$。

$$P_{余162} = A \times \frac{(1+i)^{n-t}-1}{i(1+i)^{n-t}} = 1\,338.36 \times \frac{(1+0.62\%)^{162}-1}{0.62\% \times (1+0.62\%)^{162}} = 13.66（万元）$$

（四）求$P_2$、两笔贷款额合计后的$A_1$和$A_{22}$，即2020年10月的月还款额$A_{22}$。

1.求2019年1月1日的第2笔贷款额$P_2$。

（1）2019年1月1日该住宅的价值为：0.7×140=98（万元）。

（2）上一笔未还贷款额为：13.66万元。

（3）该住宅的权益价值为：98−上一笔未还贷款额=98−13.66=84.34（万元）。

（4）第2笔贷款额为权益价值的40%，则$P_2$为：84.34×40%=33.74（万元）。

2.求两笔贷款合计后的$A_1$。

两笔贷款额合计为：$P_1+P_2$=13.66+33.74=47.4（万元）。

因为两笔贷款执行新的贷款条件，加之其他新增条件，符合公式：

$$P = \frac{A_1}{i-s}\left[1-\left(\frac{1+s}{1+i}\right)^n\right]$$

$$则 A_1 = \frac{P(i-s)}{\left[1-\left(\frac{1+s}{1+i}\right)^n\right]} = \frac{47.4 \times (0.68\%-0.5\%)}{\left[1-\left(\frac{1+0.5\%}{1+0.68\%}\right)^{120}\right]} = 4\,414.23（元）$$

3.求2020年10月的月还款额$A_{22}$。

2020年10月份，即为新贷款的第22个月，则该月的月还款额$A_{22}$为：

$A_{22}=A_1(1+s)^{n-1}=4\,414.23 \times (1+0.5\%)^{22-1}=4\,901.64$（元）

这方面的知识，请参考《房地产经纪相关知识》[①]和《房地产开发经营与管理》[②]的有关内容。

**（二）财务杠杆**

利用借贷资金扩大自有投资产出通常被称为财务杠杆。投资者在开发或购买房地产的过程中通常会利用这一杠杆的作用来完成较大规模的投资。投资者为什么要举债？一个简单的理由就是投资者拥有的自有资本不足以开发或购置某宗房地产。另外，有时投资者虽然有足够的自有资本，但仍然要借款，这是因为他可以用剩余的资本去购置其他房地产，这样，资本就分布在了几宗不同的房地产上，从而在整体上降低了投资风险。第二个理由是因为这样做可以利用抵押贷款利息享受税额减免这一优惠待遇。第三个理由是为了实现财务杠杆效益。财务杠杆效益是指投资者

① 中国房地产估价师与房地产经纪人学会．房地产经纪专业基础．[M]．北京：中国建筑工业出版社，2016．

② 中国房地产估价师与房地产经纪人学会．房地产开发经营与管理．[M]．北京：中国建筑工业出版社，2021．

以低于某预测房地产回报率（或收益率）①的利率借款可能获得的收益。如果该房地产投资的回报率（收益率）高于贷款利率，则自有资本的收益率就得到了提高，自有资本收益率也叫权益资本收益率。

资产回报率与贷款利率（或借贷成本）之间的差价称为利差。高杠杆投资中，即使较小的有利利差也可能急剧提高自有资本的收益率，但同样一个小小的不利利差也会带来自有资本的负收益率。这说明，财务杠杆不是在所有情况下都可以为投资者带来正收益。

### （三）财务杠杆的作用

借贷资本与自有资本的比越大，财务杠杆的作用程度越深。其作用有正向与负向两种。

（1）财务杠杆的正向作用。当资产回报率高于借贷成本时，财务杠杆就是有利的。此时借款越多，自有资本的收益率越高。

（2）财务杠杆的负向作用。当资产回报率低于借贷成本时，财务杠杆就是不利的。此时借款越多，自有资本的收益率越低，直至带来财务风险。

利用财务杠杆或抵押贷款，目的就是发挥财务杠杆的正向作用，即利用他人的资金增加自己的投资收益。

举个简单的例子：

假设一宗房地产价值10万元，预计年净经营收益为12 000元，则预期的资产收益率为12%（12 000÷100 000×100%）。如果投资该房地产可以取得利率为10%、额度为75%的银行贷款，每年应还贷款利息为7 500元；投资者首付款25 000元，则每年投资者净经营收益为4 500元（12 000-7 500）。投资者的自有资本收益率为：

$$自有资本收益率=\frac{投资者净经营收益}{自有资本(首付款)}×100\%=\frac{4\,500}{25\,000}×100\%=18\%$$

投资者自有资本收益率为18%，高于资产收益率12%。上面的杠杆原理公式可表示为：

$$12\%=0.75×10\%+0.25×18\%=7.5\%+4.5\%$$

通过以上计算可以看出，资产收益率是借贷资本、自有资本收益依其占资产份额的加权平均值。在资产收益率12%中，借贷资本的收益贡献为7.5%，自有资本的收益贡献为4.5%。由于预期的资产收益率12%大于借贷利率10%，所以，借贷资本越多越有利。读者不妨用增加贷款额度的方法试一下这个结论。

不过，我们不可以忘记，这种总资产收益率是建立在预测的基础上的，也就是说它是由预测的年净经营收益计算而来的，而实际上的年净经营收益有可能向不利的方面发生变化。假设实际年净经营收益不再是12 000元，而是9 000元，那么实际资产收益率只有9%，低于借款利率10%。在这种情况下，财务杠杆作用强度越

---

① 为了下面举例的需要，我们这里暂且把资产回报率和资产收益率看成等同的，因为例子中仅指一年的情况。而实际上，资产回报率与资产收益率不是一个概念，后文将会对此加以阐述。

大（也就是借款越多），自有资本的收益率越低。因此，资产收益率预测准确与否十分重要。

我们会通过计算看到这一改变：

（1）仍然是借款 75 000 元：

$$自有资本收益率=\frac{投资者净经营收益}{自有资本(首付款)}\times100\%=\frac{9\,000-7\,500}{25\,000}\times100\%=6\%$$

（2）增加借款至 80%，即银行贷款 80 000 元：

$$自有资本收益率=\frac{投资者净经营收益}{自有资本(首付款)}\times100\%=\frac{9\,000-8\,000}{20\,000}\times100\%=5\%$$

财务杠杆的原理提示我们，利用他人资金增加自己的投资收益是抵押贷款的目的所在。由于房地产投资分析过程中的很多数据来自对市场的调查和对投资项目的预测，因此，预测的准确性会影响对项目投资绩效的评价；同时由于投资者通常愿意且有时必须从银行获得抵押贷款，所以预测的准确与否也直接关系到对财务风险的判断。

**（四）运用财务杠杆需了解的问题**

投资者在利用杠杆原理时必然与金融部门打交道，因此，投资者必须熟悉银行及其贷款业务对投资者的影响。一般应懂得下述问题：

（1）如何向银行还款。贷款人必须定期向银行偿还贷款额及利息。一般来说，贷款都有事先约好的期限，将该期限按年份、月份或是季度分期，每期都要偿还一定的款项。这笔款项既包括贷款本金，也包括利息。如何向银行还款，要看银行的运作和具体规定。一般来讲，银行规定许多不同种类的还款计划，每种都有其特殊性，所以投资者必须了解银行采取的还款计划对自己的优劣面。

（2）了解银行拥有的权利。银行一旦以抵押权人的面目出现，就一定会负有抵押权人的权利和义务。例如，抵押人如果拖欠利息，银行就会向抵押人发出催缴通知，若抵押人在接获催缴通知后一段时间内仍然置之不理，银行就有可能行使抵押权。所以，抵押人不能只知自己抵押人的权利和义务，还需知道银行作为抵押权人的权利和义务。

（3）注意把握银行利率的走势。银行利率的波动对还款影响重大，利率升高，还款额增加，投资者的负担加重，有时甚至使投资者的房产变得毫无投资价值。

（4）了解融资贷款的有关手续。房产从申请抵押、签订抵押合同、获得贷款到还款以及其中发生任何问题，都需要抵押人按一定程序同银行交涉，而其中会牵涉复杂的手续以及与此有关的费用。对此，投资者必须十分清楚，否则，稍有不慎，自己的权利就有可能受到损害。

（5）疏通多种融资渠道。实际上，有许多银行或金融机构可供选择，尤其是在申请贷款之前，投资人应该全面地了解数家银行，进行比较，然后选择其中最好的一家。即便是已在一家银行获得了抵押贷款，投资者仍有选择的余地。比如，他可以利用房产余值再次获得融资。所以，为了获得最高投资收益，无论何时都不要放弃选择最好银行的努力。

## 五、通货膨胀

进行房地产投资分析时，应该考虑通货膨胀的影响。

通货膨胀是反映经济体总体价格上涨水平的指标。研究通货膨胀对投资收益水平的影响时，通常将通货膨胀分为预期通货膨胀和非预期通货膨胀。有关研究成果表明，房地产投资能有效抵消通货膨胀，尤其是预期通货膨胀的影响。

由于存在通货膨胀，房地产和其他有形资产的重置成本不断上升，从而导致了房地产和其他有形资产价值的上升，所以说房地产投资具有增值性。又由于房地产是人类生活居住、生产经营所必需的，即使在经济衰退的过程中，房地产的使用价值仍然不变，所以房地产投资又是有效的保值手段。

从中国房地产市场价格的历史变化情况来看，房地产价格的年平均增长幅度通常超过同期通货膨胀率水平。美国和英国的研究资料也表明，房地产价格的年平均上涨率是同期年通货膨胀率的两倍。虽然没有研究人员就所有的房地产投资项目进行全面的统计分析，但几乎没有人会相信房地产价格的上涨率会落后于总体物价水平的上涨率。

房地产投资的这个优点，正是置业投资能够容忍较低投资收益率的原因。

例如，美国2003年商用房地产置业投资的净租金收益率大约为6%，与抵押贷款利率基本相当，但由于房地产的增值部分扣除通货膨胀影响后还有4%～6%的净增长，所以投资者得到的实际投资收益率是10%～12%，大大超过了同期抵押贷款利率的水平。置业投资所具有的增值性，还可以令投资者能比较准确地确定最佳投资持有期，以及在日后转售中所能获得的资本利得。

当然，经历过房地产市场萧条后，人们可能会提出这样的问题，即1998—2000年中国香港各类房地产的市场价格平均下降了60%，其幅度已远远超过了同期通货膨胀率的下降幅度，如果说其使用价值不变，房地产能够保值，那么怎么能证明这个时期的房地产是在增值呢？应该看到，在房地产市场价格与价值严重背离，脱离了实际使用者或者经济基本面支撑的市场环境下，购买房地产的活动往往带有明显的投机色彩，已经不再是一般意义上的投资行为了。而且讲房地产投资能够增值是在正常市场条件下、从长期投资的角度来看的。短期内房地产市场价格的下降，并不影响其长期的增值特性，从房地产市场的长期景气循环规律来看，房地产价格总是随着社会经济的发展不断上升的。比如，2007年，中国香港各类房地产的市场价格水平就完全恢复甚至超过了1998年亚洲金融危机前的水平。

对通货膨胀或通货紧缩程度的预期会影响投资者对未来投资收益的预测和适当收入或收益率的选择。在通货膨胀的情况下，现金的购买力肯定会下降，因此，投资者往往提高对名义投资回报率（或收益率，下同）的预期，以补偿购买力的损失。也就是说，投资者要提高期望投资回报率以抵消通货膨胀的影响，因为投资者所希望获得的始终是一个实际的投资回报率。

从理论上说，全部期望投资回报率应该包含所有预期通货膨胀率的影响。因此，预期收益率通常随着对通货膨胀率预测的变化而变化。

由于通货膨胀率和收益率经常是同时变动的，因此很难找到一个特定的折现率来准确反映当前的市场状态，尽管人们一直在追求这样一个目标，以使得该折现率的选择与对市场的预期、通货膨胀率、收益率相协调。应该注意的是，房地产投资分析人员进行投资分析工作的关键是模拟典型投资者对未来市场的预期，而没必要花很多精力去寻找准确可靠的收益率和通货膨胀率。

在实际投资分析工作中，可以从两方面考虑通货膨胀的可能影响：一是在估计未来收益现金流时，可以允许未来年经营收入以及运营成本随着通货膨胀分别有所增加，这样就可以消除通货膨胀因素对分析结果准确性的部分影响，使分析结果更加接近真实；二是如果在收益现金流估计过程中没有考虑通货膨胀的影响，则可在选择折现率时适当考虑（适当调低折现率估计）。

## 六、其他投资经济效果评价指标

在后面的房地产投资分析中，经常要用到一些能表现项目投资经济效果的指标。其中有些指标内涵不太相同，却很容易混淆。因此从现在起，在使用它们的时候就该认识到这些不同。

### 1. 投资回收与投资回报

房地产投资的收益包括投资回收和投资回报两部分。投资回收是指投资者对其所投入资本的回收；投资回报是指投资者所投入资本在使用过程中所获得的报酬。例如，金融机构在向居民提供抵押贷款时，借款人在每月的付款额中一部分是还本，另一部分是付息。对于金融机构来说，借款人还本的部分就是其贷款（投资）回收部分，借款人所支付的利息，就是金融机构所获得的贷款（投资）回报。

如果用公式来分析，最容易理解的是利用等额系列支付的年金与现值之间的关系。通过其他课程关于资金的时间价值[①]的介绍，我们知道：

$$A=P\left[\frac{i(1+i)^n}{(1+i)^n-1}\right]=Pi+\frac{Pi}{(1+i)^n-1} \tag{1.7}$$

上式中的 $Pi$ 就是投资者投入资本 P 后所获得的投资回报，此时投资回报率为 i，而 $\frac{Pi}{(1+i)^n-1}$ 就是投资者的投资回收。如果将 $\frac{Pi}{(1+i)^n-1}$ 作为等额年值，则其折算到项目期末的终值正好等于 P，这正好反映了一个简单再生产的过程。

投资回收和投资回报对投资者来说都是非常重要的，投资回收通常是用提取折旧的方式获得，而投资回报则常常表现为投资者所获得的或期望获得的收益率或利息率。就房地产开发投资来说，投资回收主要是指开发商企业投入的总开发成本的

---

① "资金的时间价值"是房地产投资分析中经常用到的重要概念。作者假设这本书的阅读者有这方面基础知识的储备，并会灵活运用有关资金时间价值涉及的公式。如果忘记了这些公式，具体可去查询书后的附表1。

回收，而其投资回报则主要表现为开发商利润。

2.收益率

**收益率**通常被表示为一个复合年百分率（就像复利计息中的复利率一样），表明了投资项目在某一计算期内的连续收益能力。这种收益既包括物业在持有期间预期可获得的收益，也包括物业持有期末转售时所获得的净转售收益，这是与投资回报率最大的区别。

**投资回报率**通常为某年的收益或收入与投资之比，它是收益率的一种特殊形式，因为它的收益是某年的，不是连续的。

比如，如果问一个股票投资者今年的回报率是多少，投资者的回答并不代表明年还是这种情况，因为这个概念仅指今年（某一年）的情况。如果问一个股票投资者他的收益率是多少？投资者通常会把几年的情况做一个平均，然后回答你。这时你得到的是相当于该股票投资者几年来连续收益能力的报告。

利息率通常是针对信贷资金而言的，因此它是借贷资本而不是权益资本的收益率。

折现率也是收益率的一个类型，是一个将未来收益或收入转换成现值的收益率。在投资者进行投资决策时，往往要求由物业未来投资收益转换而来的现值大于或等于其当前拟投入的资本，因此投资者希望的收益率应该等于一个特定的折现率。

内部收益率代表了某一固定资本投资在其持有期内实际获得的或预期可获得的收益率。一项投资的内部收益率是一个使得该项投资未来收益的现值等于其当前所投入资本价值的收益率。内部收益率反映了所有的预期收益，包括投资者在持有期末转售其投资时所获得的收益（这个问题会在以后的财务分析或案例分析中证明）。

内部收益率有两种形式：全部投资收益率和权益投资收益率。

全部投资收益率是在假设项目的全部投资都是投资者的自有资本的情况下所计算的投资项目的内部收益率。因为没有借款，所以不考虑还本付息对现金流的影响，它反映的是全部已投入的自有资本的收益水平。

权益投资收益率是衡量投资者投入自有资本或自有资金收益水平的指标。它是在假设项目的全部投资由借贷资金和自有资金两部分构成的情况下，针对其中的自有资金所计算的收益率。自有资金的投入通常称作权益投资[①]。权益投资收益率是相对借贷资金收益率（通常指利息率）而言的，是投资者在投资项目中所投入的自有资本的内部收益率。它考虑了还本付息对自有资金现金流的影响。

房地产投资活动中所有投资的资金来源，通常由资本金和借贷资金两部分组成。投资者利用借贷资金进行投资或在投资过程中使用财务杠杆，主要目的是提高自有资金的投资收益水平。由于投资者使用借贷资金投资时必须支付借贷资金的资金成本或财务费用（利息、融资费用和汇兑损失），因此只有当房地产投资项目全

---

[①] 由于论述的需要，自有资金在书中不同的地方也叫自有资本、权益投资、资本金、初始现金投资（或支出）、股本金、股本投资等，在置业投资中，也叫首付款。

部投资的平均收益水平高于投资者必须支付的借贷资金成本水平时，投资者使用借贷资金才能够提高自有资金的收益水平，即财务杠杆对投资者自有资金的收益有一个正向的放大作用。

因此，投资者在进行投资决策时，必须要计算项目全部投资（没有考虑融资情况）的收益指标，以便与市场上类似投资项目的收益水平和借贷资金的资金成本水平进行比较，从而就是否投资、是否使用财务杠杆进行决策。投资者还要计算资本金投资的收益指标，以测量资本金投资收益水平及判断是否满足自己的投资收益目标要求或期望。此处，对于资本金投入由多个投资者共同参与时，由于各投资者在项目投资经营过程中所扮演的角色不同，通常按是否参与管理、是否优先获得分红或利润分配等，来决定各自的出资比例和持股比例，所以不同投资者所投入资本金的收益水平也会存在差异，因此有时还需要计算不同投资者的资本金收益水平。

# 第四节　小结

房地产投资是指人们为实现某种预定的目标，直接或间接地对房地产的开发、经营、管理、服务和消费所进行的投资活动。

房地产投资可以按照不同的标准进行划分。按照投资形式分为直接投资和间接投资。直接投资又包括开发投资和置业投资，这是本书重点研究的投资形式。按照投资房地产的用途分为住宅房地产投资、商业房地产投资、工业房地产投资、酒店和休闲娱乐房地产投资、特殊物业投资等。按照投资房地产的经营方式分为出售型房地产项目投资、出租型房地产项目投资和混合型房地产项目投资等。

房地产开发投资是指投资者从购买土地使用权开始，经过项目策划、规划设计和施工建设等过程获得房地产商品，然后将其推向市场，转让给新的投资者或使用者，并通过转让过程收回投资、实现开发收益目标的投资活动。

房地产置业投资是购置物业以满足自身生活居住或出租经营需要，并在不愿意持有该物业时可以获取转售收益的一种投资活动。

房地产投资的目的是获取一定的收益。这些收益的表现形式为销售收益、现金流量收益和避税收益。

房地产投资有以下特性：投资区位的选择十分重要、适宜长期投资、房地产的异质性导致投资价值难以判断、易受政策影响、投资收益易受周边环境变化的影响、依赖专业管理、投资额巨大、投资风险高、变现性差、具有保值和增值性等。充分认识这些特性对房地产投资的影响甚为重要。

投资的收益需要预测；收益获得的时间不同需要校正；收益的置信程度即风险需要考虑；面临多种投资机会但资源有限，上述这些原因构成了必须进行房地产投资分析的理由。

房地产投资分析是一项高知识含量的工作，需要分析人员为投资者提供解决诸如投资方向、运作方式、投资收益、投资风险等方面问题的方法。这也是房地产投资分析要完成的基本任务。

房地产投资分析是按照以下线索进行的：市场分析、区位条件分析、基础数据估算分析、财务分析、不确定性分析、风险分析与最后的决策分析（或方案比选分析）。

投资分析与可行性分析不完全相同。面对市场上众多的投资机会，通过可行性分析，可能会找出多个可行方案；而由于资源有限，房地产投资分析关心的是从多个预选方案中选择最适合投资者目的的一个方案。所以，可行性分析十分重要，但它只是投资分析的起点或其中的一个重要阶段。

房地产投资分析也被称为房地产投资咨询。房地产投资咨询应坚持的原则有：合法原则、咨询时点原则、最高最佳利用原则、替代原则和谨慎原则等。

本章对一些基本术语进行了界定，以使读者更好地理解和把握本书后续章节所阐述的内容。这些术语包括交易价格（交易实际发生时的价格）、最可能销售价格（在现有市场条件下，交易可能发生时的价格）、市场价值（在仔细严格规定的市场条件下的最可能价格）、投资价值（潜在购买者愿意为某一物业支付的最高价格，或者潜在销售者愿意接受的最低价格）、交易区间（交易在现在的所有者和潜在的购买者之间实现时的价格范围）等。

这些重要概念及计算是一个想真正学好或搞好房地产投资分析的人不可忽略的。

## ☐ 思政课堂

### 让全体人民住有所居——住房租赁与REITs

2017年10月发布的党的十九大报告指出：坚持房子是用来住的、不是用来炒的定位，加快建立多主体供给、多渠道保障、租购并举的住房制度，让全体人民住有所居。

2022年10月发布的党的二十大报告再次提出：坚持房子是用来住的、不是用来炒的定位，加快建立多主体供给、多渠道保障、租购并举的住房制度。

中央"让全体人民住有所居"的愿望，为住房租赁领域带来重大发展机遇。

2017—2022年，国家层面出台了多项与REITs有关的住房租赁政策或决定。2021年6月29日，国家发展和改革委员会发布《国家发展改革委关于进一步做好基础设施领域不动产投资信托基金（REITs）试点工作的通知》（发改投资〔2021〕958号），根据该文附件要求：REITs试点行业首次扩充到保障性租赁住房，包括各直辖市以及人口净流入大城市的保障性租赁住房项目。

2022年5月24日，《中国证监会办公厅、国家发展改革委办公厅关于规范做好保障性租赁住房试点发行基础设施领域不动产投资信托基金（REITs）有关工作的通知》（证监办发〔2022〕53号）发布，推动保障性租赁住房REITs业务规范有序开展。其主要内容包括：

一是明确了发起主体应当为开展保障性租赁住房业务的独立法人。

二是强调了回收资金用途的严格闭环管理机制，确保净回收资金优先用于新的保障性租赁住房项目建设，或用于其他基础设施补短板重点领域。

三是压实机构主体责任，要求发起人的控股股东、实际控制人不得挪用回收资金。

四是加强沟通协作，证监会和国家发展改革委将指导沪深证券交易所、证监局和地方发展改革委做好推荐、审核和日常监管工作。

保障性租赁住房发行基础设施REITs的重要意义在于：有利于盘活存量资产，回收资金用于新的保障性租赁住房项目建设，促进形成投融资良性循环；有利于更好吸引社会资本参与，拓宽保障性租赁住房建设资金来源；有利于加快建立多主体供给、多渠道保障、租购并举住房制度，推动实现全体人民住有所居；有利于防范化解重大风险，保持房地产市场平稳健康发展。

为了让全体人民住有所居，党中央、国务院作出了很多努力，租赁住房及保障性租赁住房试行REITs，是党中央、国务院作出的一项重大决策部署。

关注我国住房租赁市场和REITs发展的同学可以多了解以上相关内容。

## 关键概念

房地产投资　房地产直接投资　房地产间接投资　房地产开发投资　房地产置业投资　房地产投资分析　可行性分析　最可能销售价格　交易区间　现金流量　避税收益　财务杠杆　年还本付息额　贷款余额　投资价值　市场价格　投资回报　投资回收　收益率　利息率　折现率　内部收益率　通货膨胀

## 复习思考题

1.什么是房地产投资？

2.房地产投资的类型有哪些？除了本书所列类型，你还知道哪些？

3.房地产投资的目的是什么？这种目的有几种表现形式？

4.你了解置业投资项目第1年税后现金流量分析的步骤吗？

5.所得税的计算方法有几种？如何计算？

6.房地产投资有哪些特性？你是如何理解这些特性的？

7.为什么要进行房地产投资分析？

8.房地产投资分析的任务是什么？

9.房地产投资分析与可行性分析有什么不同？

10.阐述投资价值与市场价值的区别。

11.在何种情况下，出售价格和市场价值最可能基本保持一致？又是在何种情况下，它们之间会出现重大差别？

12.为了更好地确定某物业在市场中的正确价格，是否可以先报一个最高价，然后耐心等待潜在买家的还价，最后从中选出报价最高的一个？这样的定价程序有什么问题?

13.交易区间是如何确定的?

14.从买方和卖方的角度,分别阐述投资价值的定义。

15.影响投资价值的个人因素有哪些?

16.开发后出售与开发后持有的房地产项目,其现金流量有什么不同?

17.应如何理解投资与成本的关系?

18.不同经营模式下的房地产开发投资与成本有何不同?

19.房地产投资者为什么愿意使用财务杠杆?

20.你怎样理解财务杠杆的作用?

21.什么是全部投资收益率?什么是权益投资收益率?

22.投资回报与投资回收的概念有什么不同?

23.某投资者拟用200万元购买300平方米的写字间进行出租。初始自有资金投入了80万元,余下资金向银行贷款。经过谈判,银行同意为其提供年利率为10%、期限为10年、按年等额还本付息的120万元贷款。根据以上资料,请你为该投资者做一个5年内的贷款分期偿付计划(要求本、息分付,可以列表)。

24.某家庭购房抵押贷款10万元,贷款年利率为5%,贷款期限为15年,采用按月等额还本付息方式还款。试计算该家庭的月偿还额。假设该家庭已按月等额偿还了5年,试计算该家庭第5年年末的贷款余额。

25.某家庭预计今后15年内月收入为10 000元,假设其中的35%可以用于支付住房抵押贷款的月还款额。当贷款年利率为12%时,该家庭有偿还能力的15年期最大抵押贷款申请额是多少万元?

拓展阅读1　　　　　　拓展阅读2　　　　　　拓展阅读3

现金流量表
与图

关于房地产投
资信托基金

为什么住房贷
款的利息应当
扣除?

参考答案

# 第二章

# 房地产市场分析

□ 学习目标

  通过本章的学习，要求学生掌握房地产市场的特征、分类和房地产市场分析的内容；掌握市场分析中SWOT分析的内容；熟悉房地产市场调查和市场预测的方法并能够运用；熟悉房地产市场调查的程序；理解房地产市场分析的必要性；了解房地产市场信息的类型和房地产市场分析在不同阶段的要点；了解房地产市场的效率和市场分析的限度；了解房地产市场预测的种类。

## 第一节 房地产市场概述

### 一、房地产市场的特征

1. 房地产市场是信息不充分的市场

由于房地产市场与完全竞争市场具备的四个条件（① 有大量的买者与卖者，任何一个买者与卖者都不能单独影响这种商品的价格；② 产品是同质的，无差别的；③ 各种生产要素可以完全自由流动；④ 市场信息畅通，生产者和消费者都能充分地掌握它们）相差较远，因此，信息不对称是房地产市场的重要特征。市场信息主要包括：供求信息、产品信息等。证券市场是信息最充分的市场，商品（股票、证券）明码标价、变化即知、公开交易。而在房地产市场上，房地产交易是买卖双方认真进行谈判的过程。某一房地产的潜在买方既不知道市场上的一些买方已经出了什么样的价格，也不知道另一些买方准备出什么样的价格。对于卖方而言，他必须在不了解是否还有其他出价的情况下，决定接受或者拒绝现在的出价。一些具体交易和定价，都是在不公开的情况下进行的，交易结果很大程度上不能真实地反映物业价值。

　　2.房地产市场的区域性强

　　房地产具有不可移动性，这就决定了它的生产地点就是消费地点。房屋在市场上流通，只能是消费者自己移动，而不能通过房屋的移动来实现消费。由于消费者移动往往受到多种因素的制约，所以有效的消费需求一般只能限于一定区域范围内有条件的消费者，取决于一个区域的社会经济发展程度和繁荣水平。房地产商品的这种固定性，决定了房地产市场具有明显的区域性。这一区域性表现为：不同地区市场发育和完善程度千差万别；同一类型产品地域价差大；市场供求圈小，市场辐射功能弱等。例如，某商品房在甲地供过于求，产品积压，价格低，而在乙地供不应求，产品畅销，价格高。但人们无法将该商品房由甲地运到乙地去销售，乙地购买者一般也不会到甲地去购买。也就是说，房地产市场所包括的范围越大，对房地产投资者的意义就越小。因为，不同国家、不同城市甚至一个城市内部的不同地区之间，房地产的市场条件、供求关系、价格水平等都是不可比的。

　　3.房地产市场产品的异质性

　　这种异质性，主要是指房地产市场供给产品的非标准化，也就是说产品之间不可替代。例如，在农产品市场中，买方认为每一包相同等级的产品并无多大差别。而房地产市场则不同。就地产而言，人们不可能也无法找到两宗完全相同的土地，每块土地的地理位置、地质构造、升值潜力都是不同的。就房产而言，也存在位置、结构、面积和其他方面的差异。例如，住宅按坐落位置有市中心区、边缘区、近郊区、远郊区等差异；在建筑结构方面有砖混结构、钢筋混凝土结构、简易结构等差异；按建筑面积可分为二室一厅、三室一厅或四室两厅等差异；按层数分有多层、小高层和高层的差异等。因此，房地产市场不可能是批量供给、规格划一的大市场，每一种产品都有其异于其他产品的地方。所以购买者想找到完全可以替代并具有相同吸引力的物业，是不太容易的。

　　4.房地产市场的垄断性

　　土地是一种有限的资源，一旦某块土地被某人占有，就会形成对该块土地的垄断。但由于土地所有制的性质不同，对土地的垄断也具有不同的特点。在以土地私有化为主的国家，土地的垄断实质上是一种私人的垄断。而在我国，土地所有制以公有制形式表现出来，这就决定了由此形成的对土地的垄断实质上是一种代表着全体人民整体利益的垄断。我国城市土地属于国家所有，其所有权作为生产要素进入市场经营必然是国家控制的垄断性经营，土地使用权的出让由政府组织实施，不能单纯地由市场机制调节。国家要通过土地规划、土地供应计划，规定不同的土地出让方式、出让价格，按照产业政策、社会经济发展规划、土地使用权出让优惠措施等，来行使对土地市场的宏观计划管理。如果土地市场完全由市场机制调节，允许土地使用权自由交易，就会出现利用国家土地进行投机、哄抬地价、牟取暴利等行为。所以我国的土地市场总体上是由国家直接经营的垄断市场。此外，地产市场交易的金额一般都很大，这导致进入地产市场的竞争者较一般市场大为减少，因而也容易出现垄断。

5.房地产市场是房地产权益的交易市场

房地产市场的主要经营对象是房产和土地的使用权，房屋和土地都属于不动产，具有不能空间位移的物理属性。因此，房地产商品既不能移至特定的交易场所进行交易，成交后也不能携带和移动。房屋的流通和土地使用权的有偿转让，其交易过程只有货币的单方面的"商流"，而没有物质实体的"物流"。房地产市场是不动产市场，在交换中转移的只是房地产权属，每一次交换行为都是对房地产权利的重新界定，因而必须以契约等法律文件为依据，权利的界定只有在法律的保护下才有效力，充分体现了权利主导性。因此，房地产商品在市场营销过程中并没有运输费用，从这个意义上说，房地产市场是房地产权益的交易市场，是权益的让渡市场。

6.房地产市场对商品短期供求变化反应不灵敏

房地产商品开发投资额巨大，开发周期长。当市场上出现某种房地产商品供过于求时，由于开发商已经投入了大量资金，施工正在进行，而不可能停止建设。因为一旦停止建设，将造成更大损失。反之，当市场上某种房地产商品出现供不应求时，虽然开发商可采取某种措施加快施工进度，但也不可能像其他工业品生产那样，迅速适应市场需求拿出产品来投放市场。房地产交易是通过法定契约来完成的，由于房地产商品使用年限长，交易双方一般都有较长期的权利和义务，虽然在合同中有的规定可以转让或中止合约，但签约双方一般都不愿意这么做。特别是当整个社会的需求下降时，房屋的所有人、使用人都宁愿拥有房屋，而在相当长的时期内不愿削价出售、低价出租或放弃它们，从而也就无法刺激需求，导致房地产市场对房地产商品的短期供求变化反应迟钝。

## 二、房地产市场的效率

市场效率是指市场传递产品和价格信息的功能。获得反映市场价格最新信息的时间通常可以用市场效率来衡量。一个有效率的市场，应该有能力成功地平衡供求矛盾，迅速地传递产品信息并制定合理的价格。而在无效率的市场中，人们需要更长的时间去综合信息，而且有些价格信息可能永远得不到反映。相对于某些市场而言（如证券市场），房地产市场是一个低效率的市场。

1.房地产市场低效率的原因

房地产市场效率低是由影响房地产市场的多种因素造成的，而这些因素大都与房地产市场本身的特殊性有关。这些因素可概括为如下几个方面：

（1）在房地产市场上，每一个交易物都是彼此独立的。也就是说需要用大量的时间和精力来对交易物进行检验，这就降低了房地产市场的运动速度。

（2）房地产产品异质。任何一宗房地产在区位方面都是独一无二的。房地产的价格要受当地租金水平的影响，有时两个距离很近的城市中，类型完全相同的房地产也可能在价格上存在着很大的差别。虽然房地产买主有时也可以在若干具有相同吸引力的物业之间进行选择，但是在多数情况下，由于买主的购买偏好是明确的，所以在买方所希望的地块上甚至根本找不到任何好的替代物业。当可接受的替代产品的数量有限时，卖方对产品的垄断性控制便开始出现。产品供给方面的垄断性控制阻碍了市场效率的发挥。

（3）房地产交易过程较为复杂，需要经过较为繁琐而又不可免除的法律程序，耗时较长，房地产的交易成本较高，资金的交割手续也较复杂。房地产交易过程的复杂性使人们在任何时候都力图避免进行经常性的房地产交易。

（4）寻找成交伙伴也有较大的难度，并需耗费大量时间，因而支付给房地产经纪人的佣金一般也比证券经纪人的要高。高佣金会对交易量产生影响，从而制约供求平衡和房地产价格。

（5）有关房地产市场价格的刊物较少。房地产交易一般是私人交易，所以成交细节一般也不会刊出，大部分业主更不愿将租金或售价公之于众。房地产市场交易信息的封闭性，既导致了投资者难以及时、准确地作出正确的决策，又造成了交易双方难以全面、准确地掌握市场行情，从而也就给在房地产市场上的信息传递和价格调节带来困难。

2.市场的低效率与投资机会

正因为市场效率低，才造成了对市场价值评估的困难，才带来了获取巨大额外收益的可能性，才为投资商通过从事投资、租赁和开发等活动以谋取利润提供了机会。为了不失良机，获得丰厚的利润，就需要了解房地产市场为什么会产生这些机会和怎样抓住这些机会的奥秘。

在房地产市场上，存在着一种额外收益，也就是说，从投资中所获得的收益可能大于人们预期的风险所能带来的收益。但总的说来，风险所带来的收益并不一定能够达到人们预期的水平。对能产生额外收益的投资的风险进行评估是十分重要的。因为一般投资者在对两项收益相当的投资进行选择时，总会挑选风险更小的那个投资项目。也就是说，大部分投资者实际上是讨厌风险的，他们总是千方百计地避免风险。

图 2-1 说明了在房地产市场中投资者在风险和收益之间作出的选择。

在 $RR_0$ 上的任意一点，表示的都是能满足典型房地产市场上投资者在承担投资风险的情况下所能带来的投资收益率。例如，如果一个投资者希望得到的收益为 $R_0$，则没有风险；如果预期收益为 $R_A$，那么他的风险水平就在 A 点上，亦可记作 $U_A$，其余类推。

如果想在一定风险范围内获得高于市场收益的额外收益，就需要找到一个被别人忽视的投资机会，通过支付稍低于市场预测的价格，使自己所获得的收益率高于市场收益率。例如，投资项目 B，它代表的预期收益是 $R_B$；$R_B$ 代表的收益大于其所冒风险 $U_B$ 所能产生的收益，也就表示市场上有人希望以低于其市场价值的价格出售这项投资。不断地寻找这种投资机会也就是人们通常所说的"战胜市场"。

(R)
预期收入

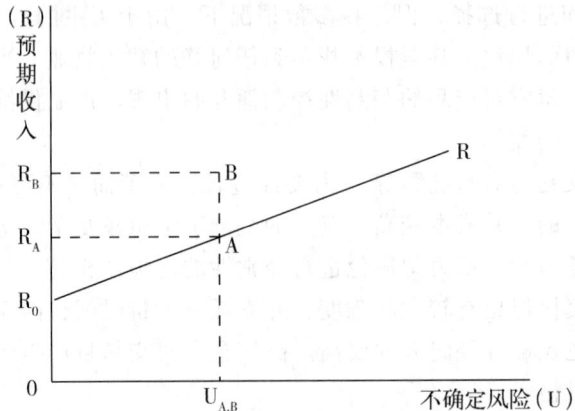

图2-1　投资者在风险和收益之间作出的选择

　　研究表明，经常去"战胜"股票市场是不太可能的。因为在一个效率较高的市场上寻找一个被人忽视的投资项目较为困难，市场上的买卖双方都会十分迅速地发现被忽视的项目，并对它的价格进行调节。而且，完善、快速的价格信息的存在也会使获得这种机会的可能性变得微乎其微。而在效率较低的市场上，则可以通过细心的观察寻找到被人忽视的投资项目，并能不断获取额外收益。

　　由于前述的房地产市场的诸多特征，决定了房地产市场是个低效率的市场，在这个市场上，信息的获取是困难的，相应的费用和交易成本也比较高，因此，房地产市场商品的价格和价值与其他商品有所不同。因而，房地产市场就格外需要市场研究和分析。

## 三、房地产市场的分类

　　房地产市场是由多个相互联系的子市场紧密结合而形成的市场体系，但是由于出发点和研究目的不同，对房地产市场的划分也就有所不同。从投资分析的角度，我们对房地产市场做如下几类划分：

### （一）按房地产用途划分

1.居住物业市场

　　居住物业一般是指供人们生活居住的建筑，这里仅指商品住房，即普通住宅、公寓、别墅等，不包括公共住房。这类物业的购买者大都是以满足自用为目的，也有少量作为投资，出租给客户使用。由于人人都希望有自己的住房，而且在这方面的需求随着人们生活水平的提高和支付能力的增强不断向更高的层次发展，所以居住物业的市场最具潜力，投资风险也相对较小。

2.商业物业市场

　　商业物业有时也称收益性物业或投资性物业，包括酒店、写字楼、零售商业用房（店铺、超市、购物中心等）、出租商住楼等。这类物业的购买者大都是以投资为目的，靠物业出租经营的收入来回收投资并赚取投资收益，也有一部分是以自用、自营为目的。商业物业市场的繁荣除了与当地的整体社会经济状况相关外，还与工商贸易、金融保险、顾问咨询、旅游等行业的发展密切相关。这类物业由于涉及的资金数额巨大，所以常以机构投资为主。物业的使用者多用其提供的空间进行经营活动，并用部分经营所得支付物业的租金。由于入住商业物业内的经营者的效益在很大程度上取决于其与社会接近的程度，所以位置对于这类物业有着特殊的重要性。

3.工业物业市场

工业物业通常是为人类的生产活动提供空间，包括工业厂房、高新技术产业用房、研究与发展用房（又称工业写字楼）、仓储用房等。工业物业既有出售的市场，也有出租的市场。一般来说，重工业厂房由于其建筑物设计需要符合特定的工艺流程的要求和设备安装的需要，通常只适合特定的用户使用，不容易转手交易。高新技术产业用房和研究与发展用房则有较强的适应性。轻工业厂房介于上述两者之间。随着物流行业的发展，传统的以自用为主的仓储用房也越来越多地用于出租经营。

4.特殊物业市场

赛马场、高尔夫球场、汽车加油站、飞机场、车站、码头、高速公路、桥梁、隧道等物业，常被称为特殊物业。特殊物业经营的内容通常要得到政府的特殊许可。特殊物业的市场交易很少，因此，对这类物业的投资多属于长期投资，投资者靠日常经营活动的收益来回收投资、赚取投资收益。

5.土地市场

在我国，土地市场是指以城镇土地使用权为交易对象的市场。土地的征购（将集体土地所有权变为国家土地所有权的过程）、土地的出让（将国有土地使用权有偿有期限地出让给土地使用单位和个人的过程）、土地的转让（将已获得的土地使用权在其使用期内有偿转让给其他单位或个人的过程）这三者均属土地市场的内容。土地市场发生在投资者与政府之间，是一种典型的资源垄断市场和国家垄断市场，因此，土地使用权的出售与出租会受到许多条件的限制与约束。

比较而言，商业物业市场对投资者的吸引力是最大的，因此往往是房地产投资的重要目标。由于我国住宅政策的改变，居住物业市场有着全新的发展趋势，该类物业的交易量十分巨大，目前乃至今后一段时期内，我国的住宅房地产投资也将是较为突出的热点。

房地产投资分析主要侧重于对前两类市场的分析。

**（二）按房地产购买者的目的划分**

1.房地产自用市场

自用型购买者将房地产作为一种耐用消费品，目的在于满足自身生活或生产活动对入住空间的需要，其购买行为主要受购买者自身特点、偏好等方面的影响。在这个市场上，支付能力是自用型购买者的主要约束条件。

2.房地产投资市场

投资型购买者将房地产作为一种投资工具，目的在于将购入的房地产出租经营或转售，并从中获得投资收益，其购买行为主要受房地产投资收益水平、其他类型投资工具的收益水平以及市场内使用者的需求特点、趋势和偏好的影响。在这个市场上，其拥有物业后所获取的预期收益往往决定了其愿意支付的价格。

房地产投资分析更侧重于对第二类市场的分析。

**（三）按房地产权属交易的内容划分**

**1.租赁市场**

租赁市场是对不同类型房地产的使用权进行一定期限和方式的有偿转让的市场。

**2.产权市场**

产权市场是对房地产产权进行买卖的市场。

将房地产市场划分为租赁市场和产权市场，并不表明这两个市场之间是绝对独立的，恰恰相反，二者之间是紧密相连、彼此相互影响的。

对产权投资者来说，一宗房地产所能带来的收益越多，其所实现的产权价值也就越高。在投资风险等各方面因素基本相同的情况下，投资者愿意投资的肯定是每月能产生100元收益的项目，而不是每月只能产生50元收益的项目。所以，当房屋的所有租赁费用之和低于购置费用时，人们宁愿租房而不愿买房，这说明，租赁市场影响了产权市场。反过来，产权市场也会影响租赁市场。

房地产由于价值大，寿命长，其租赁活动有时比买卖活动还要多，而不像一般商品，主要是买卖活动。因此，房地产租赁市场有时比房地产买卖市场还要大，还要活跃，特别是住宅、写字楼这类房地产市场。

# 第二节　房地产市场分析的内容

房地产市场分析是理性的房地产投资者所做的必不可少的一项工作。投资房地产，根本目的是获取预期利润，而能否获利及获利程度如何取决于房地产未来的实际收益。影响房地产未来收益的因素有很多，比如市场竞争情况、市场氛围、投资者的经营管理水平以及消费者需求偏好等，因此，即使运用最先进的定量分析方法也未必能作出可靠的估算。了解这一点，并不是让房地产投资者因此不再做市场分析，而是要做好市场分析，从而使投资者的预期尽可能靠近实际结果，这样偏差或损失也就会相应减少。在房地产投资分析过程中，应该说，市场分析是其中最为困难又最为重要的一环。准确的房地产市场分析是开发项目成功运作的基础和保障。

## 一、房地产市场分析的必要性

房地产项目的市场分析是在投资决策确定之前，调查市场情况、了解项目背景资料、辨识投资风险、选择投资机会的过程。诸如房地产项目的建设是否与宏观政策的要求相一致；产品的结构设计、内部设计是否适应用户的要求；房地产租金或售价是否与目标受众的承受能力相适应；房地产开发技术、成本是否恰当；对投资和回收期的正确估计以及利润测算等问题，都是市场分析所要解决的，这些是确保目标实现的基础。

然而，现实情况是，一方面，有些房地产投资者在市场研究方面还未引起足够的重视，主观臆断地作出决策的现象较为普遍，结果遭受巨大损失（市场上出现的炸掉别墅群、半截子商业办公用房被迫改为解困房的现象当属此列）；另一方面，有些房地产投资者却过于相信市场分析的结论，没有注意到该项市场分析的调查结果可能不真实、实用性差，不适应市场需求，因而出现投资者千方百计地寻求好项目，却被滞后或错误的市场分析报告误导的现象。比如，在一次房展会上某开发商做的一个现场调查，很大一部分是对被调查人购买行为所作的统计。一般情况下，人们对房屋的需求是越大越好，但当你确认一个3口之家的理想住房是100平方米左右的3居室后，调查表中表明的结果却大大突破了100平方米。原来，调查表设计得不合理是出现面积数误导的原因。这样的结果将直接导致开发商判断错误。所以，一个好的市场分析报告是由好的市场分析人员带来的，市场分析人员的素质至关重要。

随着市场化程度的提高，市场分析在房地产投资决策中的作用将日益突出，大致说来，市场分析的必要性表现在以下几方面：

1.房地产投资决策需要市场分析

尤其是对房地产开发投资决策而言，当：①开发商对拟开发的项目没有或很少有相关的经验；②开发拟开发的项目要持续几年的时间，在这段时间内，市场环境可能发生较大的变化；③市场情况不确定因素较多；④开发商拟进入一个特殊的市场，该市场上没有前人的经验可以借鉴。在这几种情况下，市场分析工作更为重要。市场分析是获得正确资料最主要的工具，可以帮助投资者掌握房地产市场需求变化的态势，预见拟投资开发项目技术是否可行，房地产产品变现能力如何，市场竞争力如何，投资绩效如何，预期获利程度如何等，从而减少投资决策的盲目性。然而，我们也应该注意到，这种资料的搜集、记录和分析必须客观、准确，否则将导致极大偏差。

2.房地产经营管理需要市场分析

房地产经营者总是处于不同的经济环境中，他们应该对这一环境的趋势有基本了解，并估计这种形势对房地产经营市场有什么影响。市场分析反映了收入水平、消费方式和工作实践的变化，以及这些变化将会给房地产租赁需求带来的影响。这就可能需要我们对租金水平和营销渠道作出相应的调整。例如，掌握了互有竞争的各公司的租金情况，就有助于制定合理的租金结构，并确定最佳的广告方法，从而增强经营管理的主动性。市场分析也提供科学的方法与程序，使得公司在经营管理上存在的问题获得符合逻辑的、全面的、令人满意的解决方法。

另外，市场分析有助于对管理过程进行控制。它可以及早地提醒人们哪些管理环节出现了问题或者存在潜在的麻烦。它可以帮助我们对物业当前的运转质量和各种变更方案作出评价。例如，对具有可比性的租金水平和出租率进行比较，可以显示市场营销的管理水平。租户周转率的高低则反映了租户对某一楼宇或楼宇管理的满意程度。具有可比性的楼宇运营支出比率（即运行成本占总租金的百分比）反映了运行效率的高低，帮助人们及时纠正不足之处。租户周转率和楼宇出租率的情况帮助投资者评价自己的管理水平，找出其中需要改进之处，使经营目标更为接近原定计划。当然，这些信息也可能要求我们对计划本身作出修改。

3.房地产价格策略的制定需要市场分析

对于以营利为目的的投资者来说，决定售价和租金的重要因素就是市场。市场分析可以显示房地产市场上物业的单位售价和租金水平的变化范围。而对于买方和承租者来说，也可以通过市场分析确定价格，以判断在某个特定的市场区域内某一售价或租金水平是否合理。市场分析有助于制定价格策略。

当我们确认市场分析对投资者的价值时，我们同时应注意房地产市场分析的特殊性。

## 二、房地产市场分析的限度

### （一）市场分析的限制

在房地产投资分析中，市场调查与研究能够提供必要的需求与供给信息，使投资者可以相对准确地进行投资决策，因而占有极其重要的地位。不过，由于以下几方面的限制，市场分析的效果有时并不如我们想象得那么好。

1.费用的限制

几乎所有的研究报告都有固定的预算，市场研究者只能在其预算范围内进行调查与研究，因此，经常会感到无法充分地执行其研究计划，研究的结果由于投入的限制也会大打折扣。尽管我国房地产业的发展已有多年，但很多投资者对市场研究的认识仍然不那么深刻，不愿意投入研究费用也是可想而知的。

2.时间的限制

市场研究是极费时间的，而决策者和投资者有时提供给市场分析人员的时间通常并不太久，他们经常要求在仓促的时间里提出翔实客观的研究报告，这对分析人员来说压力当然很大，想在短暂的时间里拿出高水平的能反映实际情况的报告实属为难。

3.技能的限制

有经验与没有经验、有丰富经验与有少许经验的市场分析人员之间的技巧与能力是不可比的。每个人市场分析技能的差异，会影响他们的研究报告可信度。一个优秀的市场分析人员应当具备多方面的技能，包括统计技术、逻辑思考的方法、归纳与推定以及资料整理与取舍等。

4.偏好的限制

每一个人或多或少都会有其主观意识上的偏好或者先入为主的成见。从搜集资料开始到资料的分析完成，这些都将渗入其研究成果中。比如，有的人侧重于对需求方（消费群体）的分析，有的人偏向于对供给方（竞争对手）的分析，事实上，房地产市场的表现是由需求与供给共同决定的，所以来自分析人员的偏好有时也会影响市场分析结论的质量。

市场分析可以提供重要的资料与客观的报告供投资者或决策者参考，但它并不能代替投资者和决策者作决策。投资者的决策还要考虑许多其他因素，属于更错综复杂的范畴。当然，市场研究越精密、越客观，则越能帮助投资者作出更准确的决策。

**（二）市场分析的程度**

进行市场分析的目的是使投资项目的现金流量及市场价值的变化预测得准确，以使自己在开发结束时或持有期内获得最大利润。一个项目的市场分析可以只花几千元，也可以花费几万元、几十万元；可以在一天之内完成，也可长达数月；可以只提供小范围的一点点数据，也可以给出覆盖大范围的大量信息。如果想做，市场分析是无止境的。因此，在分析到一定阶段时，会有一个点使市场分析所需的成本超过收益。这就说明，即使上面所述的四个限制均不存在，也仍然有一个市场分析的合理程度问题。

我们知道，分析能创造收益也需要成本，究竟在何时才算成本最低、收益最大，这很难用客观的标准来衡量。但从理论上说，我们可以对这个点做一个分析。这个点坐标是由分析过程所需的时间、成本及预期收益组成的。分析这个点的目的是使我们投入的研究费用得到最有效的发挥。

从图2-2我们可以看出，只有当市场分析的收益超过该分析所花费的成本时（即图中阴影部分），市场分析才是合算的。

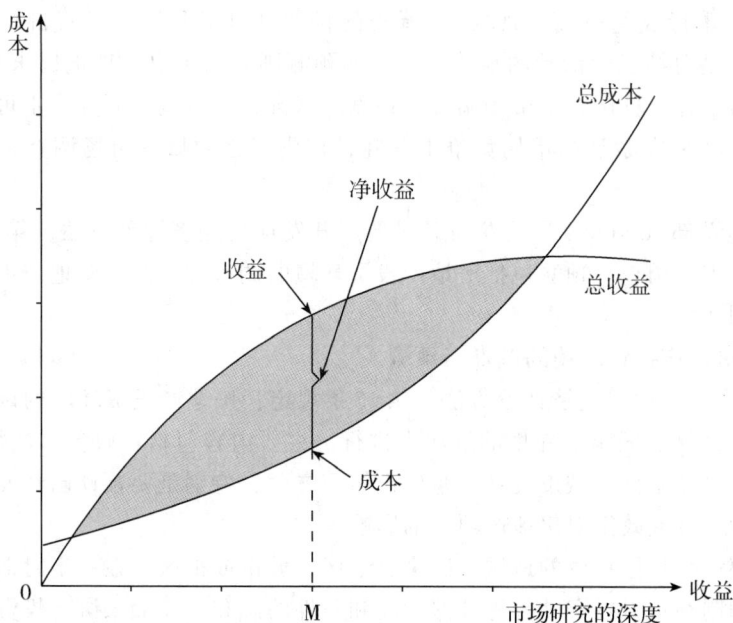

图2-2　市场分析的成本、收益示意图

　　预期研究成本和预期研究收益的大小分别表示在纵轴和横轴上。成本和收益围合曲线间的纵向距离的大小，显示了净研究收益的大小。在研究分析中获得的净收益最大的地方，以横轴上的点 M 来表示。在这一点之外，随着研究次数的增加，成本的增加速度快于收益增加的速度，致使获得的净收益降低。

　　当然，图形容易表示，事实上想找到 M 点却较难。但不管存在何种障碍，都需要了解调查某项投资，分析大量的市场信息和市场特征。投资者关于投资环境的信息越多，投资所作的预想可能越准确。对市场信息的细致研究能带来对当前经营成果的较准确估计。在某些情况下，市场分析需要暂时停顿下来，尤其是当花费的成本大于达到的收益时。我们必须在此时对是否继续进行市场分析作出决策，因为想百分之百正确是不可能的。调查分析对市场来说是无穷无尽的，但所获的市场有效信息与研究费用的投入不一定成正比，得出的结果也并不是无懈可击，所以把握好市场分析的限度也很重要。

## 三、房地产市场分析的内容

　　无论是房地产的开发投资还是置业投资，或者是政府管理部门对房地产业实施宏观管理，其决策的关键都在于把握房地产市场供求关系的变化规律，而寻找市场规律的过程实际上就是市场分析的过程。

　　房地产市场分析的内容主要是市场调查与市场预测。市场调查与市场预测都是以市场为客体的市场研究活动，是获取市场信息，科学认识市场的重要方法，是投资者、决策者把握市场机会，制定各项市场营销决策的基础和依据。市场调查与市场预测二者既有区别又相互联系。调查的对象是过去和现在存在的事实（现象），而预测是尚未形成的事实（现象）。调查的目的既可以是制定经营目标和行动计划，也可以是总结经营活动的经验教训，而预测则是为了更好地把握未来。但是，市场预测离不开市场调查，市场调查是预测的基础，没有调查研究，不可能有科学的预测。企业要在激烈的市场竞争中获胜，首先就必须做好市场调查和市场预测工作。

　　根据建设部 2000 年 9 月颁发的《房地产开发项目经济评价方法》第 13 条的规定，房地产市场调查与预测包括房地产投资环境的调查与预测、房地产市场状况的调查与预测。

### （一）房地产投资环境的调查与预测

　　《房地产开发项目经济评价方法》第 13 条规定：房地产投资环境的调查与预测应在国家、区域、城市、邻里的层次上进行。主要内容包括：政治、法律、经济、文化教育、自然条件、城市规划、基础设施等方面，特别是要预计已经发生或将要发生的重大事件或政策对房地产项目的影响。

　　投资环境是指拟投资的地域（国家、地区、城市或街区）在一定时期内所具有的能决定和制约项目投资的各种外部境况和条件的总和。一般来讲，投资环境对单个投资者而言是无法改变也是不可能控制的，投资者只能努力去适应和认识它。

对投资环境的调查和预测，一般是指对下列各环境的调查和预测：

1.政治环境

政治环境指拟投资项目所在国家和地区政权的稳定性和政策的连续性，包括政治体制、政治局势、政策、战争风险等。长久而安全地获得投资效益是投资者最为关心的问题。对于一些长线项目的国际投资，投资者更应对东道国的政治环境进行深入细致的研究。只有具备稳定的政权、连续的政策，才能吸引投资者。

2.法律政策环境

法律政策环境是指与房地产市场有关的现行法律法规与相关政策。法律政策环境在投资环境中也占有重要的地位。房地产投资的特殊性决定了房地产投资更需要受到法律的保护和制约；房地产不可移动等特点的存在使房地产投资者更容易受到政府宏观调控和市场干预政策的影响。

对具体的房地产投资分析来说，法律政策环境分析不必面面俱到。重点分析对房地产市场价值、房地产投资意愿和投资效果产生影响的法律和政策。操作时，通常只需分析有实质性（直接影响）、现实性（最新的）、迫切性、关键性影响的有关方面。比如，可以分析央行的"利率政策"对房地产投资的影响，而不必分析我国土地所有制对房地产投资的影响；可以分析地方性政策（如限购政策、二套房贷政策）对某房地产项目销售的影响或限制，但不必分析《中华人民共和国宪法》和《中华人民共和国土地管理法》对该项投资的影响等。

3.经济环境

经济环境是影响投资决策的最重要、最直接的基础因素，主要包括：

（1）宏观经济环境：如国家和地方的国内生产总值、国民收入总值、国民经济增长率等；消费总额、消费结构、居民收入、存款余额、物价指数等描述社会消费水平和消费能力的指标；当地的经济政策、财政政策、消费政策、金融政策等产业政策方面的情况等。

（2）市场环境：指项目面临的市场状况，包括市场现状及未来趋势预测，如市场吸纳量的现状及未来估计、市场供应量的现状及未来估计、市场购买力的分布状况、同类楼盘的分布及其现状、竞争对手的状况、市场价格水平及其走势等。

（3）财务环境：指项目面临的资金、成本、利润、税收等环境条件，如资金来源的渠道、项目融资的可能性以及融资成本、投资费用、经营成本、税费负担、优惠条件、同类项目的社会平均收益水平及盈利水平等。

（4）资源环境：指从人力资源、土地资源、原材料资源及能源角度研究的投资环境。

对房地产投资分析来说，应主要侧重于对宏观经济环境和市场环境的分析。该项分析会涉及一些数据，我国较权威、较有指导性的经济分析成果，主要是国家统计局、国务院发展研究中心等政府部门作出的统计分析以及各大科研机构的课题研究等。至于财务环境、资源环境，如果委托方没有特别要求，通常是不需要分析的，但作为投资人应该对财务环境和资源环境有所了解和把握。

4.自然环境

自然环境指项目所在地域的自然条件和风景地理特征。由于自然环境是一种投资者无法轻易改变的客观物质环境，具有相对不变和长久稳定的特点，而房地产项目的投资又具有地理位置的固定性和不可逆性的特点，因而房地产项目投资十分重视自然环境要素的研究。

自然环境要素包括地理位置、地质地貌、自然风光及气温气候等。地理位置对项目投资影响最大的因素主要是交通。距商业中心的距离，距医院、娱乐场所、学校的距离直接关系到未来住户生活方便的程度，从而影响市场销售；距配电站、给排水管网、通信电缆的距离等，直接影响项目开发成本，从而影响项目效益；地质、地貌与风光气候特点不仅关系到项目建筑物的基础设计，而且直接影响项目的景观。一个好的项目规划，必然十分重视项目所在地的地貌特点、自然风光、气候风向等自然环境条件。房地产投资人应充分利用其有利的一面，想方设法通过景观设计弥补其不足的一面，使项目无论是外观造型、结构布局，还是使用性质、使用功能，均与外在的自然环境很好地协调起来。

5.规划环境

规划环境指城市的规划条件，包括现行规划和未来发展规划。一个城市规划区内的土地使用与各项建设应该是在规划管理中进行的。比如，项目在立项时须有城市规划部门关于建设项目选址的意见书；项目在申请用地时，须有城市规划部门的建设用地规划许可证；项目在得到土地使用权后进行建设时须持有城市规划部门的建设工程规划许可证。建设用地的性质、位置、面积及使用过程中对地形、地貌、相邻关系的影响，都必须接受城市规划行政管理部门的指导，不得违反规划管理部门指导的内容和提出的规划条件。建设工程的外观、颜色、高度、建筑密度、容积率及与外部的关系、施工步骤、有关报送的竣工资料等都必须接受规划管理，受规划控制。规划条件通过明确的技术指标，确定城市用地数量结构、用地功能布局、各地块开发顺序和开发强度以及建设用地技术规范，并运用行政的、法律的手段来保证其贯彻执行，从而决定了未来城市各区位房地产开发价值和最有效利用程度。另外，投资者还要注意规划的未来发展可能。如果能及早发现城市在某区域有重大规划（正向）举措，并提前在此规划有发展潜力的投资项目，投资价值将因为规划的作用而凸显（当然，规划有时也有不利于项目开发的时候，这也是投资者应该调查的内容）。所以规划环境的好坏也影响着投资项目的投资收益。

6.基础设施环境

基础设施环境是项目投资的重要"硬环境"，主要包括项目投资地域的交通、能源、通信、给排水、排污等。属于交通环境条件的内容主要有：距机场、码头、车站的距离，主要交通干线的分布，重要的公共交通工具及数量，交通方便的程度等。属于能源条件的内容主要有：电力供应状况、最近的变电站距离及其容量，煤气供应站的距离、煤气主干线管道的距离，其他能源，如煤、天然气等的供应状况等。属于通信环境条件的内容主要有：最近的通信电缆的位置、可设电话门数等。

属于给排水及排污环境条件的内容主要有：当地的自来水管网分布，距主要自来水管道的距离，排水、排污设施状况，管道分布情况等。

完备的基础设施是区域房地产市场健康发展的基础。近年来随着城市化速度的加快，城市核心区域已经不能满足其空间要求，要在城市外围区域开发，基础设施条件却可能有严重的缺陷，尤其是有异地开发房地产项目的开发商，经常会遇到这样的情况，已经开始开发才发现没有热力管线、没有煤气管线等。所以，完善的城市基础设施，可节省经济活动中的费用成本，方便居民生活，同时可以提升其物业价值和投资效益。因此，在分析房地产投资环境时，必须将基础设施环境作为一个非常重要的影响因素加以考虑。

7.生活设施环境

生活设施环境主要指项目周边区域的生活配套设施，如商场、医院、教育设施、银行、饭店、邮局、娱乐场所等（当前，其中的教育设施对投资的影响尤为明显）。生活配套的完善与否决定了该区域生活氛围的好坏和生活的方便程度，对项目定位、开发策略以及销售策略均有较大影响。因此，进行房地产开发，必须认真考察周边生活配套，不仅要依据调查结果调整自己的物业配比，同时也要保证生活配套的水平和质量与所开发的项目定位保持一致。

**（二）房地产市场状况的调查与预测**

房地产市场状况的调查与预测应在房地产投资环境调查与预测的基础上进行，主要内容包括：

（1）各类物业的供求关系、空置率、成交量、需求量、市场吸纳能力和速度。

（2）土地批租数量和用途分布，已批租和待批租土地面积、用途和可建建筑面积，单宗土地出让转让信息，包括土地使用权的受让方、坐落位置、用途、四至范围、占地面积、建筑面积、土地价格、土地使用年限、开发建设总投资、土地利用要求、土地使用费标准、项目投资情况和成交日期等。

（3）房地产商品的销售价格、租金和经营收入，地价、拆迁安置补偿成本、建造成本和其他成本费用、房地产开发经营过程中的税费等。

（4）竞争性物业发展状况，包括政府规划中的房地产开发项目用地的用途、所处区县、位置、占地面积、容积率、建筑面积和预计开工建设日期等；规划建设中的主要房地产开发项目的用途、投资者、所在区县名称、位置、占地面积、容积率、建筑面积和项目当前状态等；正在开发建设中的房地产项目的用途、项目名称、位置、预计投入市场的时间、建筑面积、售价和开发商名称等；已建成投入使用的主要竞争性项目的用途、项目名称、位置、投入使用日期、建筑面积、入住率和月租金、售价和大型商场的营业面积和营业额等。

（5）各类房地产投资收益率和房地产开发利润率。

（6）项目用地附近地区土地利用现状，总体规划和专业规划，包括市政设施（道路交通、电力、供热、煤气、供水、雨污水排放、电信等）发展规划、公共配套设施（学校、幼儿园、医院、文体设施等）规划、大型公共建筑（商场、办公楼等）发展规划、重点商业区或工业开发区发展规划、土地利用规划等方面的情况。

（7）市场购买者对房地产商品功能的要求，购买者的职业、年龄、受教育程度、现居住或工作地点的区位分布，投资购买和使用购买的比例等。

应该说，我们上面介绍的房地产市场调查与预测的内容，几乎囊括了房地产市场分析的所有内容。如果一份市场分析报告能说明上述所有的问题当然更好，但实际上，不是每一个项目都必须把所有信息都调查分析得面面俱到——这既不太可能，有时也没有必要。由于房地产项目所处的阶段不同，或者由于房地产项目的用途不同、经营方式不同，在实际操作过程中，其分析的内容会有所选择、各有侧重。

**（三）房地产项目在不同阶段进行市场分析的要点**

房地产市场分析依据房地产项目在投资过程中所处的阶段不同，大体分为以下四个阶段，因此在各阶段进行调查分析的要点也有所不同。

1.房地产项目定位阶段

该阶段的市场分析除了进行公开在售项目基本数据的调查、市场供求研究，还包括项目的细分市场分析，目标市场状况分析，消费者活动、购买动机、倾向、决策等心理过程的分析。

2.房地产项目市场推广阶段

该阶段的市场分析除了进行在售项目基本数据的调查、市场供求研究，还包括特定项目的销售状况、价格调查、目标消费者的特征研究，以及用科学方法搜集消费者购买和使用产品的事实、意见、动机等有关资料，并予以分析研究。

3.房地产销售阶段

该阶段的市场分析主要包括房地产项目广告策略在目标市场中的反应和收效情况，搜集并充分研究相关资料，了解公司营销计划的执行情况、市场上其他在售项目的主要营销手段和销售状况、价格走势等，此外还包括消费者购买商品的动机以及使用商品的事实情况调查分析。

4.房地产三级市场调查分析

相对于上面三个阶段的市场调查，该阶段比较简单且易于操作，具体内容包括房地产再转让过程中价格调查、成交客户调查、报盘区域和成交区域调查以及竞争状况调查。其中，价格调查包括租赁价格调查、报盘价格调查和成交价格调查；成交客户调查包括客户购买动机、客户支付能力、客户基本资料（如年龄、家庭构成、从事职业等）的调查；报盘区域和成交区域调查包括区域楼盘数量、区域报盘量、区域成交量等的调查（可以通过实地调查、报纸广告统计和查询成交记录进行）；竞争状况调查包括对从事再转让服务的中介数量、公司，经常在报纸上刊登报盘广告的公司，以及主要中介拥有的楼盘数量和布点等的调查。

依此类推，对于用途不同的房地产项目，分析的内容也会不同：住宅项目更需要分析人口、家庭方面的情况，写字楼项目则更注重就业率、就业人口职业分布等方面的情况。对于房地产经营方式不同的项目，也有不同的分析内容：出售项目注重开发成本、销售价格以及价格趋势等的调查；出租项目注重出租成本、经营费用、租金水平等的调查。

### 四、房地产市场分析中的信息类型

在市场分析的过程中需要了解多方面的信息，这些信息类型可以从不同角度划分。

**（一）从投资者的角度看，分为三种类型**

（1）与宏观环境相关的信息，如政治法律环境（包括国家、城市有关房地产开发经营的方针政策、相关法律规定、发展计划等）、经济环境（包括宏观经济环境、市场环境、财务环境、资源环境等），这些信息对房地产投资者的影响虽然是间接的，但对投资者选择投资方向、确定投资的宏观区位有着重大的影响。

（2）与区域环境有关的信息。这是在房地产市场运作过程中产生的直接信息，这些信息对投资者确定房地产投资的类型、选择具体区位和进入市场的时机，对政府把握房地产市场状态、实施房地产市场的宏观管理起着重要作用。

（3）与投资项目直接相关的信息，如需求能力、价格水平、竞争情况等，它影响着投资者的具体投资决策。

**（二）从市场分析的角度看，市场信息分为四个方面**

（1）房地产需求方面的信息，包括宏观经济信息（GNP及其增长率、通货膨胀率等）、房地产使用者信息（人口、失业率、家庭规模、家庭收入、公司数量与规模、对房屋使用功能需求的潮流与趋势等）、使用中的房地产数量和空置量信息。

（2）房地产供给方面的信息，包括现有房地产数量（存量）、使用中建筑物的物理状况、房地产开发成本及成本指数、新开发房地产面积（计划、新开工、在建、竣工）、拆除或改变用途数量、可供开发的土地资源及规划要求等方面的信息、各种类型用地出让或转让的数量、楼面地价和单位地价等。

（3）房地产市场交易方面的信息，包括租金及租金指数（平均租期、租金折扣等）、销售价格及价格指数（土地价格和物业价格）、房地产投资收益率和资本化率、分类物业的市场成交量、市场吸纳周期与吸纳率[①]。

（4）其他信息，包括政策信息、金融信息（信贷政策、信贷规模、利率水平等）和房地产税收等方面的信息。

# 第三节　房地产市场调查的方法与程序

### 一、房地产市场调查的方法

房地产市场调查是以房地产为特定对象，对相关的市场信息进行系统搜集、整

---

① 在给定时间内将被租售的房地产数量，或者是计划项目出租或者出售的速度。

理、记录和分析，对房地产市场进行研究和预测，并最终为房地产投资项目提供决策服务的一种活动。房地产市场调查方法是指市场调查人员在实地调查中搜集各种信息所采用的具体方法。根据《房地产开发项目经济评价方法》的规定，市场调查的方法主要包括以下几种：

## （一）普查法

普查又称全面调查，是指对调查对象总体所包含的全部单位都进行调查。对房地产市场在售项目的户型结构、面积进行全面普查，可获得全面的数据，正确反映客观实际，效果明显。如果对一个城市的人口、年龄、人口结构、职业、收入分布情况进行系统调查了解，对房地产开发将是十分有利的。但是，当调查的对象繁多而调查的问题较为复杂时，往往需要动用较多的人力和物力，调查周期也较长。所以在房地产开发经营中，只有针对特定的、有限的对象或者较简单的问题，如某一公寓大厦的租户意见调查，某一住宅小区业主的服务项目需求调查等，才考虑采用普查。当然，有些资料可以借调国家权威机关的普查结果，例如，可以借用全国人口普查所得到的有关数据资料等。

## （二）抽样调查法

抽样调查法是指从调查对象的总体中，抽取有代表性的若干样本进行调查，并据以从数量上推断总体的专门调查方法。这是房地产市场调查中广泛采用的一种方法。

抽样调查法要求抽选的样本必须是母体的浓缩，要能代表母体的特征。为此，第一，要有足够的容量；第二，要有正确的抽取法，才能把调查误差降到最低限度。抽样调查组织方法主要分为两大类：一类是随机抽样；另一类是非随机抽样[①]。

诸多抽样法各有特色、各有利弊。在房地产市场调查中，调查人员可依据调查目的要求、调查费用多少选择不同的抽样调查方法。有时还可以几种方法混合起来使用或交叉使用。

## （三）直接调查法

直接调查法是市场调查的一种基本方法，指的是调查人员与被调查者正面接触，向被调查者直接询问的调查方法，有时也叫询问调查法。它以询问的方式作为搜集信息的手段，以被询问人的答复作为调查资料的依据。直接调查法按其内容及传递方式不同，又可分为如下几种具体方法：

1.访谈调查

访谈调查是指调查者面对面地向被调查者询问有关问题，应答者的回答可以当场记录。调查可以采用请进来、走出去（实地调查）、召开座谈会的形式进行一次或多次调查，如某物业管理公司想了解购房者对物业服务的要求时就可以采取这种形式。

---

① 抽样调查法的具体运用，请参见刘秋雁. 房地产投资分析［M］. 3版. 大连：东北财经大学出版社，80-82.以及统计学的相关内容。

拦截调查是访谈调查中最经济的一种方式。比如，某购物中心需要了解消费者的偏好和购物习惯，可以在人员频繁出入的门口进行拦截访谈。这种调查并不昂贵，也比较容易控制，但却无法确定有关受访者是否符合调查研究的有关要求，同时拦截调查的时间必须较短，问题不能设计得太长。

2.电话调查

这种方法是市场调查人员根据抽样的要求，在样本范围内或针对某些重点调查对象，借助电话来了解被调查者意见以搜集信息的一种方法，如定期询问重点住户对房产的设计、设备、功能、环境、质量、服务的感觉如何，有什么想法，并请他们提出一些改进措施等。

电话调查比邮件调查昂贵得多，因为要雇用合格的电话访谈员。尽管电话调查的过程较邮件方式要快，但仍可能持续数周，为了完成调查，访谈员要与受访者通话数次，且拒绝访谈的比例也居高不下。不过，尽管成本较高，但其回应率比邮件调查要高，调查得到的结果也更可靠。

3.邮函调查

邮函调查又称通信调查，此法是将预先设计好的调查问卷寄给被调查者，或借助网络通信以电子邮件方式传递给被调查者，由被调查者按表中要求填写后寄回。邮件收回后，就可以分类整理并分析相关信息。

邮函调查的优点是成本相对比较低廉，缺点是回应率较低，且其受访者可能并不能代表大众群体，取得足够回应需要的时间也较长。

4.留置问卷调查

该法是访谈法与邮寄法的结合，调查者将设计好的问卷交给被调查者，并说明填写要求，当填好后，再由调查人员定期收回。

上述直接调查的方法最为简单，没有技术上的困难，但也各有优缺点。要注意的是，各种调查方法实施的难易程度、成本和时间是首要的考虑因素；如果调查的要求较高，则样本量要尽可能多（通常需要150个样本）；如果问题不合适或者被调查者加入主观意见，则会使调查结果发生偏差。这些问题，在实际操作过程中需要调查人员特别注意。

**（四）间接调查法**

间接调查法是指调查人员不与被调查者正面接触，而是通过间接方式对要了解的问题进行调查的方法，主要包括以下两种方法：

1.观察法

观察法是由调查人员亲赴现场，通过直接观察或设备测定来搜集资料的方法。由于调查人员只是在调查现场，从旁边观察被调查者的行为，或是利用照相机、录像机、监视器等测录仪器来记录被调查者的行为，并不向被调查者提问，因此，被调查者并没有感受到调查正在进行，从而使得调查结果具有较高的真实性。而且利用机器设备作为调查工具，可避免人为的失误，如可以利用此方法来记录在房展会和建筑工地的参观人数、咨询人数和咨询内容，在某种房型中的驻留时间等。

采用观察法主要是为了获得那些被观察者不愿意或不能提供的信息。有些购买者不愿意透露他们某些方面的行为，通过观察法便可以较容易地了解到。但观察法只能观察事物的表面现象，不能探知调查对象的心理活动，如购买动机、有何意见等，并且投入的时间、费用等较多，易受时空限制。因此，调查人员通常将观察法与其他方法组合起来使用。

2.实验法

实验法是指将调查范围缩小到一个比较小的规模上，进行实验后得出一定结果，然后再推断出样本总体可能的结果。例如，调查广告效果时，可选定一些消费者作为调查对象，对他们进行广告宣传，然后根据接受的效果来改进广告词语、声调等。实验法是研究因果关系的一种重要方法。例如，研究广告对销售的影响，在其他因素不变的情况下，销售量增加就可以看成完全是由广告对销售的影响造成的。当然，市场情况受多种因素影响，在实验期间，消费者的偏好、竞争者的策略，都可能会有所改变，从而影响实验的结果。

实验法是从科学领域引入的，它的优点是可以获得较为正确的信息，所以客观上讲，实验法显然要比访问法有进步。但由于房地产商品的特性以及房地产市场和环境的复杂性，所以实验法的结果不能像自然科学那样精确；再加之采用此法时，除设置实验市场外，还需设置一个与市场条件完全相同的比较市场，这在技术上困难很多，因此，无法广泛应用。

上述介绍的调查方法，具体到房地产项目的不同阶段会有很强的选择性。

通常，在房地产项目的定位阶段，直接调查法中的实地调查法和座谈会形式是常用方法；在房地产项目的市场推广阶段，实地调查法、座谈会和二手资料调查是常用方法；在房地产项目的销售阶段，实地调查法、座谈会和成交客户问卷调查是常用方法；而在房地产三级市场上，实地调查法和二手资料调查是常用的方法。

但不管怎样，房地产市场调查涵盖了对供应方、需求方以及此间的各种政治、经济、人文环境的内容，因此，市场调查也会是多种调查方法的应用，并通过一定的市场调查程序得以实现。

## 二、房地产市场调查的程序

房地产市场调查的程序也可以说是房地产市场调查的步骤。各种调查分析方法因投资者不同而不同，因投资项目不同而不同，尽管每个项目所强调的特殊点不同，但所有调查或分析所遵循的程序或步骤却是基本相同的。

### (一) 提出问题，确定调查的目的

这一步要解决的问题是为什么调查。市场分析对人们的诸多帮助中，其中一个重要角色就是帮助人们确定需要解决的问题。只有当需要调查的问题被仔细、准确地定义以后，才能设计研究计划，获取切合实际的信息。如果一开始就没有抓准目的，以后的一系列市场调查都是无用的，都会造成损失。

一般来说，确定调查目的要有一个过程，不是一时就能确定下来的，可以采用

探测性调查、描述性调查、因果性调查、预测性调查来确定。

1.探测性调查

当投资者对需要研究的问题和范围不明确，无法确定应该调查哪些内容时，可以采用探测性调查来找出症结所在，然后再进一步研究。例如，某房地产公司近几个月来销售量下降，公司一时弄不清楚是什么原因，是宏观经济形势不好所致，还是广告支出减少、销售代理效率低造成的，或是消费者偏好转变等。在这种情况下，可以采用探测性调查。探测性调查的资料来源具有较大的灵活性，包括已出版材料、个别访谈、反面佐证案例等，从中可以找出可能性原因。从此例可以看出，探测性调查只是搜集一些有关资料，以确定问题所在，至于问题应如何解决，则有待于进一步调查研究。

2.描述性调查

描述性调查只是从外部联系上找出各种相关因素，并不回答因果关系问题。例如，在销售过程中，发现销售量和广告有关，并不说明何者为因、何者为果。也就是说，描述性调查旨在说明"什么""何时""如何"等问题，并不解释"为何"的问题。

与探测性调查比较，描述性调查需要有事先拟订的计划，需要确定搜集的资料和搜集资料的步骤，需要对某一专门问题给出答案。如果我们分析的问题能够准确、清晰地得到定义，就需要进行描述性分析。这类调查资料的变动性不需要太大。

3.因果性调查

这种调查是要找出事情的原因和结果。例如，价格和销售之间的因果关系如何？广告与销售之间的因果关系如何？通常对某个房地产公司经营业务来说，销售、成本、利润、市场占有量等皆为结果，而原因较为复杂。通常有两种情况：一种是企业自身可以加以控制的变量，又称内在因素，例如价格、广告支出等；另一种是企业不能控制的变量，也称外在因素，例如政府的法律、法规、政策，竞争者的广告支出与价格让利等。因果关系研究的目的在于了解以上这些结果与某一原因的关系。

4.预测性调查

预测性调查是通过搜集、分析、研究过去和现在的各种市场情报资料，运用数学方法，估计未来一定时期内市场对某种产品的需求量及其变化趋势。由于市场情况复杂多变，不易准确发现问题和提出问题。因此，在确定研究目的的阶段，可进行一些情况分析。例如，前面所述的房地产公司发现近几个月售房量不断下降，经初步分析，认为是由于广告没有做好，造成消费者视线转移，为此便可作若干假设。例如，消费者认为该公司"房屋设计方案较差，不如其他房地产公司广告所讲的方案好""售房的广告设计太一般""房屋的四周环境不够理想"等。拟定假设的主要原因是限制研究或调查的范围，以便用今后搜集的资料来检验所作的假设是否成立。

　　上述四种调查是相互联系、逐步深入的。探测性调查主要是发现问题和提出问题；描述性调查主要是说明问题；因果性调查主要是分析问题的成因；预测性调查主要是估计问题的发展趋势。

　　一般来说，观察法适用于探测性调查；访谈法适用于描述性调查；实验法适用于因果性调查。

　　上述调查的目的是解决某一具体问题。实际上，调查的目的还可能有如下几种：为选择投资与决策方案而调查、为发现市场机会而调查、为场地选择或产品定位而调查、为编制一般的市场研究报告而调查等。

**（二）决定搜集资料的方法**

1.关于资料的分类

　　市场调查需要搜集大量的信息资料。当需要进行调查分析的问题确定下来以后，分析人员就会自然地将注意力转向资料搜集上来，这些资料分为第一手资料和第二手资料。

　　第一手资料是专门为要调查的问题而特地搜集或实验而得的统计资料；第二手资料是指原始资料经过整理后所形成的可为他人利用的资料或其他项目已经拥有的资料。

　　二者之间的区别是显而易见的。第一手资料往往是需要时才搜集，通常要对人力、物力专门组织，并重视现场调查人员的选拔和培训工作，以确保调查人员能按规定进度和方法取得所需资料；第二手资料往往是不断地、定期地搜集，这些资料经常先于项目存在，是广为人知的资料。第一手资料和第二手资料的调查可以同时展开，一般情况下，第二手资料调查是定性调查，第一手资料调查中定性调查与定量调查可能同时存在。

　　在第二手资料可资利用并且省时节支又能充分说明问题的情况下，分析人员不会再花费更高的代价去获取第一手资料。只有当第二手资料并不是以人们需要的形式出现时，如其计量单位与研究人员的目的不一致、资料的分类不合乎分析需要、资料有时效性等情况，房地产分析人员才有必要转向寻求第一手资料。此时，需要直接走向市场进行搜集和调查。

2.第二手资料的来源

　　（1）政府机关、金融机构所统计、公布的资料，如各级政府公报、银行进出口结汇统计等。

　　（2）同业协会、商会及各种职业团体所公布的资料，如建工集团、房管机构等。

　　（3）市场研究机构、资信调查机构或国有企业、民营企业所公布的资料。

　　（4）广告代理商或各种广告媒体所发布的资料。

　　（5）国内外大学的出版物。

　　（6）各种基金会所实行的研究计划及报告。

　　（7）国内外公共图书馆所公布的资料。

（8）与公司有关的各种资料。

3.第一手资料的搜集方法

能拿到适当而充分的第二手资料当然是最理想而宝贵的。不过，第二手资料经常不完整或不能配合需要，此时，应该设法搜集原始资料，即第一手资料。在房地产业中，常用的第一手资料的搜集方法如下：

（1）访问调查法。此种调查方法又分为人员调查法、电话调查法和通信调查法。

① 人员调查法。该方法访问的对象主要是工地现场的房屋销售人员，因为他们在销售房屋的过程中扮演了最直接而重要的角色，因此也最了解购房者的需要和反应，同时也清楚地了解销售率变动的过程。有经验的市场调查人员常能在闲聊中了解该个案的销售情况和有关资料，给自己公司作宝贵的参考。

② 电话调查法。这种方法在时间上最为经济，但大都只能作为调查人员访问调查后的辅助办法。

③ 通信调查法。对于市场竞争激烈、市场状况瞬息万变、销售期短（通常广告销售期仅一两个月）的房地产个案来说，在推出前经常没有充分的时间，甚至没有必要的理由来作通信调查。翻开房地产的营销史，仅有极少数的项目，尤其是大项目曾经尝试过此种调查方法。

（2）观察法。在房屋销售现场，敏锐的市场调查人员通过对现场布置、人潮来往、现场销售气氛、销售技巧的运用等方面的观察后，通常可以从一些蛛丝马迹中判断出该项目的成功与失败，进而得到一些调查不出来的有意义的资料，这对未来的调查和营销不无益处。

**（三）设计调查表**

如前所述，搜集原始资料的过程经常会采用两种方法：访问调查法和观察法。其中访问调查法最常用。这种方法又经常需要被调查者填写或回答各种调查表或问卷，所以调查表或问卷是整个调查工作的核心，其设计将直接影响调查结果。任何一个问题，只要在措辞上或语气上稍有不妥，所得到的结果就会与事实相去甚远。现将设计调查表的程序和应注意的问题列举如下：

1.决定调查方式

调查人员运用人员调查法、电话调查法或通信调查法时，对于调查表内容的设计是不一样的。目前，房地产业的市场调查，大部分都忽略了市场调查表，造成费时与费力的后果。因此，如果能在调查前，事先设计出有针对性的调查表，并且经过长时间系统的累积整理，自然可以便捷得多。同时，其结果也会有很大的实用价值。

2.决定采用哪一种类型的问题

调查问题的类型有很多种，不同的目的有不同的问题设计方式，目前常采用的问题类型有如下几种：多种选样的问题；自由作答的问题和双向的问题。当然，还可能有其他类型的问题，关键在于调查人员希望了解什么样的市场信息。

3.设计调查表问题应注意的事项

（1）问题要力求简单清晰，使被调查人一看就能够明白问题内容。

（2）问题本身不可模棱两可，应该运用简单通俗的文字。一个问题不能有两个以上的主题或内容。

（3）问题的字里行间避免使用有引导性的问句，不能含有任何暗示，如"你喜欢由某某房地产公司建造的房屋吗"等类似的问题就含有暗示或引导的意味。

（4）问题中避免涉及私人问题，或提出不合理的问题。

（5）注意问题的编列顺序。前几个问题最好设计得简单、有趣，以引起被调查人的兴趣与合作。问题的衔接要合理而自然，这样可以避免因主题的改变造成被调查人理解上的混淆。

**（四）选样**

由于消费者的数目庞大，如果要调查全部消费者，事实上是行不通的，在时间与金钱上也不经济。因此，在全部消费者中，选择一部分具有代表性的进行调查的方法称为选样或抽样，不过样本的可靠性必须测定。所谓可靠性，是指样本的平均数与母体群的平均数可能有多大的差别。通常样本的平均数的标准误差愈小，则样本平均数与母体群平均数的差异就愈小，即样本平均数的可靠性就愈大。因此要注意抽样或调查方式本身存在的局限给结果带来的误差，从而在技术上对调查质量予以保障。现代统计学中的抽样方法很多，前已述及，此处不再赘述。

**（五）数据的整理、分析与解释**

这一步骤主要是将所搜集的各种资料进行归纳和分类，使之成为能够反映市场经济活动本质特征和适合投资者需要的资料。它属于信息资料的深加工，是形成分析结论的前提，主要包括两个方面：

1.数据的整理

从被调查者处搜集来的资料千差万别，在编制调查报告之前，必须先进行数据资料的整理，这样做有利于资料的保存。数据的整理包括编辑、编号和制表。

（1）编辑。编辑的目的在于发现并剔除调查资料中的错误部分，如调查人员的主观偏见、答复者有意敷衍或不精确的回答、矛盾的答复等。

（2）编号。用数字符号代表资料，使资料易于编入适当的类别，以便查找、归档和使用。若采用电子计算机处理资料，编号更是不能省略。

（3）制表。将已分类的资料进行统计计算，并制成各种计算表、统计表、统计图，以便分析与利用。

2.数据的分析与解释

对上述各项资料中的数据和事实进行比较分析，得出一些可以说明有关问题的统计数据，并就得出的综合数据进行解释，即就数据所代表的意义和说明的问题有一个详细的阐述，直到得出必要的结论。

**（六）提出调查报告**

市场调查步骤的完成以调查或分析报告的提供为标志。调查报告主要归纳调查的结果并得出结论和建议。它要根据调查的结果来确定假设命题是成立的，是可以接受的，同时还要提出若干建议供投资与决策者使用。很多管理人员都十分关心这一报告，并将它们作为评价研究成果好坏的标准。因此，调查与分析报告必须写得十分清楚、准确。无论你的研究做得多么深透、高明，如果没有一份好的调查报告，也将前功尽弃。

通常情况下，调查报告应做到：①态度客观，内容真实准确，不能曲意迎合；②内容简明扼要、重点突出；③文字洗练，要言不烦；④结论和建议可归纳为要点，更为醒目；⑤文后要附表格、附件及附图，便于阅读和使用；⑥报告完整，印刷清楚美观。

应该注意到，房地产市场调查的结果不是完美无缺的，即使没有发现调查分析的错误或疏忽，调查完全按所设计的步骤进行，结果也不是完全确定的，不能指示或决定最终答案。对调查的结果要认真思考、理解，看与我们对问题的感性认识是否基本吻合。如果不相符，原因何在，必要时需进一步调研和分析。调查结果是重要的决策参考依据，但并不等于准确地给出了决策答案。有时参考一般经验、普通的道理和其他信息对此进行评价，会对正确的决策有相当的益处。

需要说明的是，上述程序中除了第一步、第二步外，其他调查步骤不一定能完全依照设想的程序进行。例如，在设计调查表时，我们也许会发现要调查的问题并没有很好的定义，因此调查表的填写无法进行下去；调查人员也许需要重新回到第一步，对需要调查的目标再作仔细界定。再如，进入搜集数据阶段时，可能会发现原先设想的搜集方法成本太高，这时为了保持预算平衡，就需要对原来的调查设计方案进行调整，减少资料规模，或以其他资料来代替（也许依靠第二手资料）。但当资料已经搜集得差不多时，调查人员再要对调查方案进行改动的话，所花的代价就非常大了，这将影响调查的进行。正因为如此，在进行资料搜集之前，就应对调查设计进行十分认真的考虑，以免造成不必要的损失。另外，有时，有的步骤可能用不上，也不要勉强使用，可以根据情况决定。

还需要说明的是，房地产市场调查是房地产市场分析的前期工作，房地产市场分析是对市场调查信息再加工的过程，但有时一些市场调查做完后，市场分析也就直接包括在市场调查的过程中了。

# 第四节　房地产市场预测的种类与方法

## 一、房地产市场预测的种类

房地产市场预测是指运用科学的方法和手段，根据房地产市场调查所提供的信息资料，对房地产市场的未来及其变化趋势进行测算和判断，以确定未来一段时期内房地产市场的走向、需求量、供给量以及相应的租金售价水平。

房地产市场预测一般分为定性预测和定量预测。

**（一）定性预测**

定性预测是指依靠人们的经验、专业知识和分析能力，参照已有的资料，通过主观判断，对事物未来的状态（如总体趋势、发生或发展的各种可能性及其后果等）作出分析与判断。定性预测系统地规定了必须遵循的步骤，以便这些预测方法可以重复地使用，并可对不同的预测对象给出适当的预测范围。由于目前我国房地产市场上缺乏客观数据，因此定性预测在房地产市场策划中就显得非常重要，尤其是对市场的中长期预测。定性预测的特点是，主要靠经验判断未来，有时也做一些量化分析作为判断的辅助手段。

**（二）定量预测**

定量预测是在了解历史资料和统计数据的基础上，运用数学方法和其他分析技术，建立可以表现数量关系的数量模型，并以此为基础分析、计算和确定房地产市场要素在未来可能的数量，如普通商品住宅需求数量、写字楼售价或租金上涨率等。定量预测主要用于短期或中期预测。

## 二、房地产市场预测的方法

房地产市场预测的具体方法因预测的对象、内容、期限不同而有所不同，通常采用的方法有：

**（一）直观判断法**

这是定性预测方法的统称。这种方法适用范围广、成本低、费时少，但受预测者的主观因素影响大，较难提供以准确数据为依据的预测值，在数据资料较少或不准的情况下，多采用此法。定性预测方法主要包括集体判断法、专家意见法。

1.集体判断法

这种方法就是由企业经理集合有关人员进行分析讨论，对未来市场形势作出预测判断，具体方式有两种：一是集中企业中高层的经理人员进行讨论预测；二是集中企业有经验的销售人员进行讨论预测。

对于这两种预测方法，预测结果可以通过讨论的形式直接得出，也可以使用"主观概率法"，即先由预测专家对预测事件发生的概率作出主观的估计，然后计算它们的平均值，以此作为对事件预测的结论。

这种方法的优点是：①预测速度快、成本低，易于组织进行；②能够集思广益，相互启发，避免个人判断的局限性。这种方法的缺点是：①预测结果易受讨论气氛、权威人士和当时市场形势的影响；②对问题的分析缺乏系统的数据。

2.专家意见法

专家意见法是指专家以自己的专业知识和经验，在对过去发生的事件和历史信息资料进行综合分析的基础上，对房地产未来可能出现的各种趋势作出判断和预测的一种方法。这里的专家包括开发商、代理经销商、营销顾问、房地产研究工作者以及房地产协会组织。专家意见法可以分为专家会议法和专家征询法两种形式。

（1）专家会议法

这种方法一般由预测组织者邀请有关专家，针对某一开发项目或某一问题，进行开会讨论，找出问题的核心，并得出比较接近市场实际的预测结果。专家预测的具体方式有许多种。例如，可以组织一个专家小组进行某项预测，最后可以形成一个小组估计，或者是由一位较权威的专家把意见汇总成个人的估计。

这种预测方法的优点是，专家集体占有的资料和考虑的问题一般要多于个人，在一起讨论可以互相启发，集思广益，能迅速全面地作出预测，但由于这种专家预测是以集体的形式进行的，专家们面对面地坐在一起，容易使小组内各专家成员屈于权威或碍于情面不愿发表意见，或者受到其他因素的影响而不能畅所欲言地发表各自的意见，加上参加的人数有限，往往使代表性不够充分。

（2）专家征询法

这种方法也叫德尔菲法。

德尔菲法是美国兰德公司于1964年提出并首先用于技术预测领域的预测方法。德尔菲法是专家会议法的改进和发展。由于兰德公司的专家们针对专家会议法的缺陷提出了有效的改进措施，德尔菲法已大大提高了其适用性和预测结论的可靠性。专家们认为，德尔菲法是一种最可靠的预测方法。

与传统的专家会议法相比，德尔菲法具备如下3大特点：

① 匿名性。德尔菲法彻底地改革了传统的专家会议法，不再邀请专家聚在一起通过会议的形式研究问题，而是采用匿名函询的方式征求专家们的意见。这样，参加预测的专家互不相见，从而消除了很多心理因素的影响，有助于专家发表较为客观的意见。

② 反馈性。德尔菲法在预测过程中，征询专家意见一般都要进行3~5轮。预测机构对每轮专家意见均进行统计、汇总，提供给专家作为下轮预测时的参考。多次信息交流，便于专家比较分析，修正意见，从而提高预测的准确程度。

③ 统计性。德尔菲法对每轮预测结果都进行定量的统计处理和评价，从而便于科学地描述这一轮预测结果中专家们意见的分布情况和分歧所在，也便于从众多的意见中归纳出基本的、一致的、主流的意见。

德尔菲法实质上是利用专家的知识和经验对那些带有很大模糊性、较复杂的问题，通过多次填写征询意见表的调查形式取得预测结论的预测方法。它特别适用于大规模、大范围、高难度、复杂问题的预测，如大多数的社会政治问题，大多数的宏观经济问题，地区经济、行业经济发展问题。在房地产经营预测中，主要用于全国或地区房地产业发展趋势的预测，大规模城市改造或城市规划方案的研究，大型项目开发方案及前景趋势预测等。

**（二）历史引申法**

这是定量预测方法的统称。在占有若干统计资料、预测对象的未来受突发性因素影响较小的情况下，选用适当的数学模型进行定量预测，可以得到比较满意的预测效果。但是，由于所选择和建立的数学模型不可能把所有因素都考虑进去，因此定量预测的结果出现误差也在所难免。此种方法包括简单平均法、移动平均法、趋势预测法、指数平滑法和季节指数法等。

1.简单平均法

简单平均法是用算术平均值作为新一期的预测值的方法，即在时间序列的几个实际值 $x_1$，$x_2$，$x_3$，…，$x_n$ 中，求出它们的算术平均值作为新一期的预测值。

其计算公式如下：

$$预测值 = \bar{x} = \frac{x_1 + x_2 + x_3 + \cdots + x_n}{n} = \frac{\sum\limits_{i=1}^{n} x_i}{n} \qquad (2.1)$$

式中：$\bar{x}$——平均数，即用算术平均法进行预测时的预测值；n——资料数；$x_i$——第 i 期的实际销售数（i=1，2，3，…，n）。

［例2-1］某房地产公司1—6月的实际销售量见表2-1，试预测该公司7月份的销售量。

表2-1　　　　　　　　　　　　　**某房地产公司1—6月销售量**　　　　　　单位：平方米

| 月份 | 1 | 2 | 3 | 4 | 5 | 6 |
|---|---|---|---|---|---|---|
| 实际销售量 | 4 400 | 5 000 | 4 500 | 6 000 | 5 500 | 7 000 |

解：按简单平均法公式（2.1），预测7月份销售量为：

$$x_7 = \bar{x} = \frac{4\,400 + 5\,000 + 4\,500 + 6\,000 + 5\,500 + 7\,000}{6} = 5\,400（平方米）$$

从这个例子可以看出，用简单平均法来预测7月份的销售量，其预测值为5 400平方米，但此预测方法只能在销售量比较平稳的情况下采用，如果销售量波动较大，采用此方法进行预测误差就会比较大。

2.移动平均法

移动平均法是在简单平均法的基础上发展起来的，在短期预测中应用较多。移动平均法是把被平均的项逐渐向后移动加以平均，每项平均的总项数不变。这个平均数就直接作为下期的预测值。平均时，可以用简单的算术平均数，也可以用加权平均数（此种方法对近期的最新实际销售量较为重视，所以权数也最大，至于以前各期的实际销售量，愈早其加权数也愈小。它可以在销售量波动较大的情况下预测下期销售量。此时移动平均法变成了加权移动平均法）。后一种方法的准确性较高，其优点在于能够不断吸收最新观察值、不断舍弃远期观察值，这对提高预测的精度是有利的。

简单移动平均法的计算公式为：

$$x_{t+1} = \frac{1}{n}\left(x_t + x_{t-1} + \cdots + x_{t-(n-1)}\right) \qquad (2.2)$$

加权移动平均法的计算公式为：

$$x_{t+1} = \frac{n x_t + (n-1)x_{t-1} + \cdots + x_{t-(n-1)}}{n + (n-1) + \cdots + 2 + 1} \qquad (2.3)$$

从公式可见，不论简单移动平均法还是加权移动平均法，只能预测下一期数值。

[例2-2]某房地产公司2016—2019年的商品房实际销售量见表2-2，试用移动平均法预测2020年以后的销售量。

表2-2　　　　　　　　　　2016—2019年的销售量　　　　　　　　单位：平方米

| 年份 | 2016 | 2017 | 2018 | 2019 |
|---|---|---|---|---|
| 实际销售量 | 6 700 | 5 500 | 6 900 | 7 600 |

解：在预测2020年商品房销售量时：

如用简单移动平均数，计算结果为：

$$2020年预测值=\frac{6\,700+5\,500+6\,900+7\,600}{4}=6\,675（平方米）$$

如用加权移动平均数，计算结果为：

$$2020年预测值=\frac{6\,700\times1+5\,500\times2+6\,900\times3+7\,600\times4}{4+3+2+1}=6\,880（平方米）$$

在预测2021年商品房销售量时：

如用简单移动平均数，计算结果为：

$$2021年预测值=\frac{5\,500+6\,900+7\,600+6\,675}{4}=6\,668.75（平方米）$$

如用加权移动平均数，计算结果为：

$$2021年预测值=\frac{5\,500\times1+6\,900\times2+7\,600\times3+6\,880\times4}{4+3+2+1}=6\,962（平方米）$$

由于这种方法主要是不断引进新的数据来修正平均值，以消除销售量变动的不稳定因素，而且还可以看出其发展趋势，所以在投资分析中，一般应结合趋势预测法使用。

3.趋势预测法

这是历史引申法中最适合于中长期预测的方法。其基本原理是：根据过去各期的实际数据，分析其发展趋势，并假定今后按该趋势继续发展，从而测定今后各期的数据。如果过去各期数据大体呈现等差级数，则其变化趋势可用直线趋势方程来表示；如果过去各期数据大体呈现等比级数，则可用曲线趋势方程来表示。

在这里，我们只介绍直线趋势方程。

求趋势直线的方程式是：$y=a+bx$　　　　　　　　　　　　　　　　　　　(2.4)

式中：y——预测值；x——代表各年份；a、b——待定系数。

运用最小二乘法求得如下方程组：

$$a=\frac{\sum y_i-b\sum x_i}{n}\tag{2.5}$$

$$b=\frac{n\sum x_iy_i-\sum x_i\sum y_i}{n\sum x_i^2-(\sum x_i)^2}\tag{2.6}$$

令 $\sum x_i=0$，则上式可简化为：

$$a = \frac{\sum y_i}{n} \tag{2.7}$$

$$b = \frac{\sum x_i y_i}{\sum x_i^2} \tag{2.8}$$

式中：$y_i$——各年的实际销售量；$x_i$——各年的代号；$n$——已掌握数据的年数。

［例2-3］某城市住宅物业2014—2019年各年的价格变化情况的统计数据见表2-3，要求预测2021年该类物业的市场单价。

表2-3　　　　　　　某住宅物业2014—2019年各年的单价变化情况　　　　单位：美元/平方米

| 年份 | 2014 | 2015 | 2016 | 2017 | 2018 | 2019 |
|---|---|---|---|---|---|---|
| 住宅单价 | 800 | 830 | 890 | 920 | 970 | 1 000 |

解：根据表2-3提供的数据进行数据整理，其结果见表2-4。

表2-4　　　　　　　　　　　　　　数据整理

| 年份 | $x_i$ | $y_i$ | $x_i y_i$ | $x_i^2$ |
|---|---|---|---|---|
| 2014 | −5 | 800 | −4 000 | 25 |
| 2015 | −3 | 830 | −2 490 | 9 |
| 2016 | −1 | 890 | −890 | 1 |
| 2017 | 1 | 920 | 920 | 1 |
| 2018 | 3 | 970 | 2 910 | 9 |
| 2019 | 5 | 1 000 | 5 000 | 25 |
| 总计($\sum$) | 0 | 5 410 | 1 450 | 70 |

上述计算过程中，我们令 $\sum x_i=0$，其方法是：若n取奇数时，则取x的间隔期为1，设x=0置于数据期数的中央期，上下两方分别取−1，−2，…和1，2，…；若n取偶数时，则取x的间隔期为2，将x=−1与x=1置于数据期数的中间两期，上下两方分别取−3，−5，…与3，5，…。

本题中，n=6为偶数，所以我们将时间序列自2014—2019年分别设为−5，−3，−1，1，3，5这6个数字，则2021年对应的数字应是x=9。

则：$a = \dfrac{\sum y_i}{n} = \dfrac{5\ 410}{6} = 901.67$

$b = \dfrac{\sum x_i y_i}{\sum x_i^2} = \dfrac{1\ 450}{70} = 20.71$

因此：y=901.67+20.71x

将x=9代入，求得2021年该类物业市场单价的趋势值为：

y=901.67+20.71×9=1 088.06（美元/平方米）

值得注意的是，每一趋势直线方程都必须注明原点的时间和计量单位，这一点和后面阐述的表明现象变量之间相关关系的回归方程是有区别的。这种注明是任何一个趋势方程都不可缺少的组成部分。

趋势直线方程用于预测，是假定过去年份奏效的影响力到了将来年份仍然是继续生效的。如果经济条件发生很大变化，在预测时应该考虑这些新的因素所产生的结果，对预测结论作适当的修正。

4.指数平滑法

指数平滑法是在移动平均法的基础上发展起来的，它既具备了移动平均法的优点，又考虑了数据的时间性，同时它可以减少数据的存储量，因此应用也较广泛。

指数平滑法是利用预测前一期的实际值和前一期的指数平滑预测值进行加权平均来取得预测值的方法。它实际上是一种特殊的加权移动平均法。其计算公式为：

本期预测值=α×上期实际发生值+（1−α）×上期预测值　　　　　　　　（2.9）

式中：α——平滑系数，且$0 \leq \alpha \leq 1$。

当α=1时，预测值=上期实际发生值；

当α=0时，预测值=上期预测值。

在实际工作中，平滑系数一般是根据原预测数与实际数的差异来确定的。如果差异较大，α应适当取较大值；如果差异较小，α应适当取较小值。为了计算方便，一般根据经验估计，当差异较大时，α取0.7~0.8为宜；当差异较小时，α取0.2~0.3为宜。

运用指数平滑法，需要估计初始值，即最早预测值。它不能从基本公式中获得，只能加以估计。比较简单的办法就是选取前若干个观察值求出平均值作为初始值，或用最早的实际值直接代替预测值。下例中，2019年7月份的预测值就是通过此前若干个月的观察值求出的平均值。

［例2-4］某房地产公司2019年1—6月份实际销售量及预测值见表2-5。如果设α=0.3，求2019年7月份销售量的预测值。

表2-5　　　　　　　　　　2019年1—6月份实际销售量及预测值　　　　　　　单位：平方米

| 月份 | 实际销售量 | 预测值 |
| --- | --- | --- |
| 1 | 5 000 | 5 200 |
| 2 | 4 800 | 5 000 |
| 3 | 5 200 | 5 300 |
| 4 | 4 900 | 5 000 |
| 5 | 5 500 | 5 300 |
| 6 | 6 000 | 5 800 |

解：7月份预测值=α×上期实际销售量+（1-α）×上期预测值

$\qquad$ =0.3×6 000+（1-0.3）×5 800

$\qquad$ =1 800+4 060

$\qquad$ =5 860（平方米）

即2019年7月份的销售量预测值为5 860平方米。

5.季节指数法

某些产品的销售量，受季节变化的影响很明显。在每一年里，随月份、季节的不同，有不同的变动趋势。比如电风扇、电褥子的需求量每年都有变动，但电风扇的夏季需求量明显高于冬季，而电褥子的冬季需求量明显高于夏季。房地产需求量随季节不同也有一定的变化规律，只不过其规律更复杂，影响其变化规律的因素更多些而已。经营管理人员要留意掌握各种商品的季节特性，采取相应措施，才能适时地准备好供应。为此需要对一些特定商品进行季节性预测。

季节性预测比较简单的方法是计算各个季度的不同销售指数。季节指数可利用简单平均法算出。它是根据历史资料求出每季度平均数占全期总平均数的比例，以表明各季销售水平与全期总销售水平相比的程度。其预测步骤为：

第1步：求出历年各季的平均销售量。

第2步：求出各季的季节指数，即当季的平均数占全年平均数总和的百分比。

第3步：根据季节指数和已知某年某季的实际数预测该年其他各季的数据。

[例2-5] 某房地产公司2014年第1季度—2018年第4季度实际销售量见表2-6，如果预测2019年销售量为89 200平方米，要求预测第3、4季度的销售量。

表2-6　　　　　　　　某房地产公司2014—2018年各季度的销售量　　　　　单位：平方米

| 年份 \ 季度 | 1 | 2 | 3 | 4 | 合计 |
|---|---|---|---|---|---|
| 2014 | 13 800 | 18 700 | 27 500 | 17 500 | 77 500 |
| 2015 | 14 300 | 19 800 | 26 500 | 18 400 | 79 000 |
| 2016 | 13 100 | 19 400 | 24 500 | 17 000 | 74 000 |
| 2017 | 15 700 | 20 000 | 28 300 | 19 400 | 83 400 |
| 2018 | 15 000 | 21 400 | 27 600 | 18 500 | 82 500 |
| 合计 | 71 900 | 99 300 | 134 400 | 90 800 | 396 400 |

解：季度总平均销售量=总销售量÷总季度数=396 400÷20=19 820（平方米/季）

其中第1季度的季节指数=14 380÷19 820=0.7255

1—4季度的季节指数见表2-7。

表2-7　　　　　　　　　　　　　　　1—4季度的季节指数　　　　　　　　　　单位：平方米

| 项目 \ 季度 | 1 | 2 | 3 | 4 | 季度总平均销售量 |
|---|---|---|---|---|---|
| 季度平均销售量 | 14 380 | 19 860 | 26 880 | 18 160 | 19 820 |
| 季节指数=季度平均销售量/季度总平均销售量 | 0.7255 | 1.0020 | 1.3562 | 0.9162 | |

某季的预测值=上年（或今年预测的）季节平均数×对应季的季节指数

因而可得该公司的预测值为：

2019年第3季度销售量=$\dfrac{89\ 200}{4}$×1.3562=30 243（平方米）

2019年第4季度销售量=$\dfrac{89\ 200}{4}$×0.9162=20 431（平方米）

**（三）因果预测法**

因果预测法是利用原因和结果之间存在数学函数式的内在联系，建立相应的数学模型来进行预测，包括回归分析法和相关分析法等。

1.回归分析法

上述各种分析方法只考虑时间因素造成需求量或销售量的变化，而实际上，房地产市场的各种因素都相互影响。例如，销售量扩大，盈利额可能就会增加。前者（销售量扩大）称为"自变量"，后者（盈利额增加）称为"因变量"。回归分析法就是根据"自变量"来分析"因变量"的变化方向和程度。在采用回归分析法进行预测时，预测对象和影响因素之间一定要存在因果关系，且样本数据量足够；预测对象和影响因素的样本数据之间存在某种统计规律，且能反映未来发展状态；样本数据的分布若存在线性趋势，则可采用线性回归分析法进行预测。

市场上的变动因素是很多的，如果一个因变量的变动主要取决于某一个自变量，而且相互间的数据分布是线性趋势，就可用简单直线回归方程进行预测。其计算公式如下：

$$y = a + bx \qquad (2.10)$$

式中：y——预测值；x——自变量；a、b——回归系数。

其中：$a = \dfrac{\sum y_i - b \sum x_i}{n}$

$$b = \dfrac{n \sum x_i y_i - \sum x_i \sum y_i}{n \sum x_i^2 - (\sum x_i)^2}$$

这一方程与趋势预测中的一次（直线）方程相同，不同的地方是趋势预测中以 $x$ 代表年份，而在回归分析法中则以 $x$ 代表自变量，所以，此处不能令 $\sum x_i = 0$。

市场上也常常发生一个因变量与两个或两个以上的自变量有依存关系的情况，这时可用多元回归分析方程进行预测。其计算公式如下：

$$y = a + b_1 x_1 + b_2 x_2 + \cdots + b_n x_n \qquad (2.11)$$

多元回归分析方程的建立与应用需要较大的计算量，一般要借助计算机来完成。下面我们只以较简单的一元回归分析方程为例，说明回归预测法的应用。

[例2-6] 假设影响某房地产公司商品房销售额的直接因素是价格，2019年上半年各月份的实际销售额及价格资料见表2-8。试预测2019年7月份的商品房销售额。

表2-8　　　　　　　　　**某房地产公司1—6月份商品房销售额及价格情况**

| 月份（$n$） | 销售额（万元）$y_i$ | 价格（元/平方米）$x_i$ | $x_i^2$ | $x_i y_i$ |
|---|---|---|---|---|
| 1 | 140 | 1 500 | 2 250 000 | 210 000 |
| 2 | 150 | 1 400 | 1 960 000 | 210 000 |
| 3 | 100 | 2 500 | 6 250 000 | 250 000 |
| 4 | 110 | 2 400 | 5 760 000 | 264 000 |
| 5 | 120 | 1 800 | 3 240 000 | 216 000 |
| 6 | 160 | 1 200 | 1 440 000 | 192 000 |
| $n=6$ | $\sum y_i=780$ | $\sum x_i=10\,800$ | $\sum x_i^2=20\,900\,000$ | $\sum x_i y_i=1\,342\,000$ |

解：将表2-8中的数值代入公式，得：

$$b = \frac{n\sum x_i y_i - \sum x_i \sum y_i}{n\sum x_i^2 - (\sum x_i)^2} = \frac{6 \times 1\,342\,000 - 10\,800 \times 780}{6 \times 20\,900\,000 - 10\,800^2} = -0.04247$$

$$a = \frac{\sum y_i - b\sum x_i}{n} = \frac{780 - (-0.04247) \times 10\,800}{6} = 206.45$$

所以：y=206.45-0.04x（此处b取约等于0.04）。

如果2019年7月份该公司商品房价格为2 000元/平方米，即x=2 000，代入上式，得：

$y$=126.45万元

2.相关分析法

相关分析法是分析市场商品供求变化诸因素中两个相关变量之间的因果关系。它主要是在定性分析的基础上，找出事物发展的内在联系，确定自变量与因变量之间的函数关系，然后用回归方程来进行预测。它与一元线性回归法不同的地方是，此处因变量的变动不一定取决于某个主要自变量，也可以是其他相关因素，如销售量与利润、销售费用与销售量之间的因果关系。

其计算公式仍然是：$y = a + bx$

$$a = \frac{\sum y_i - b\sum x_i}{n} = \bar{y} - b\bar{x}$$

$$b = \frac{n\sum x_i y_i - \sum x_i \sum y_i}{n\sum x_i^2 - (\sum x_i)^2} \qquad (2.12)$$

[例2-7] 某房地产公司推出一种商品住宅，其销售量和盈利额统计资料见表2-9。试预测当销售量达到140套时的盈利额。

表2-9　　　　　　　　　　销售量和盈利额情况

| 销售量（套） | 4 | 6 | 10 | 20 | 30 | 40 | 50 | 60 | 65 | 90 | 120 |
|---|---|---|---|---|---|---|---|---|---|---|---|
| 盈利额（万元） | 4 | 6 | 8 | 13 | 16 | 17 | 19 | 25 | 25 | 29 | 46 |

解：根据表2-9提供的数据进行数据整理，其结果见表2-10。

表2-10　　　　　　　　　　数据整理

| $x_i$ | $y_i$ | $x_i y_i$ | $x_i^2$ |
|---|---|---|---|
| 4 | 4 | 16 | 16 |
| 6 | 6 | 36 | 36 |
| 10 | 8 | 80 | 100 |
| 20 | 13 | 260 | 400 |
| 30 | 16 | 480 | 900 |
| 40 | 17 | 680 | 1 600 |
| 50 | 19 | 950 | 2 500 |
| 60 | 25 | 1 500 | 3 600 |
| 65 | 25 | 1 625 | 4 225 |
| 90 | 29 | 2 610 | 8 100 |
| 120 | 46 | 5 520 | 14 400 |
| $\sum x_i = 495$ | $\sum y_i = 208$ | $\sum x_i y_i = 13\ 757$ | $\sum x_i^2 = 35\ 877$ |

将表2-10中的数据代入公式计算，得：

$$\bar{x} = \frac{\sum x_i}{n} = \frac{495}{11} = 45 \qquad \bar{y} = \frac{\sum y_i}{n} = \frac{208}{11} = 18.9$$

$$b = \frac{n\sum x_i y_i - \sum x_i \sum y_i}{n\sum x_i^2 - (\sum x_i)^2} = \frac{11 \times 13757 - 495 \times 208}{11 \times 35877 - 495^2} = 0.32$$

$a = \bar{y} - b\bar{x} = 18.9 - 0.32 \times 45 = 4.5$

从而得到预测公式为：y=4.5+0.32x

当销售量为140套时，盈利额为：

y=4.5+0.32×140=49.3（万元）

# 第五节　房地产开发项目的SWOT分析

在进行市场分析时，目前，房地产开发项目越来越多地运用到SWOT分析。SWOT四个英文字母分别代表：优势（Strength）、劣势（Weakness）、机会（Opportunity）、威胁（Threat）。SWOT分析是对房地产企业或项目的优势、劣势、机会和威胁等集中进行分析的一种微观分析方法。具体来说，它能够比较客观、准确地分析和描述一个项目在市场中所处的现实境地，将与研究对象密切相关的各种主要内部优势、劣势、机会和威胁等，通过调查列举出来，并依照矩阵形式排列，然后用系统分析的思想，把各种因素相互匹配起来加以分析，从中得出一系列相应的结论，而结论通常带有一定的决策性。

## 一、房地产项目优势分析

就一个房地产项目而言，优势就是该项目与竞争对手相比在某些方面所具有的对方不可模仿的独特价值，也就是在哪些方面比竞争对手做得更好。在分析房地产项目的优势时，可以从以下几个方面考虑：

1.政策优势

政策优势可以分成两种：一种是除了本项目，其他房地产项目也可以享受的政策优惠；另一种是仅针对本项目的政策优惠。若房地产项目能得到当地政府的支持，提供一些优惠措施，必定会给项目开发带来促进作用。

2.地块条件优势

地块条件主要指地块的形状和地形地貌。如果地块的形状比较规则，将有利于项目的平面规划设计。若地块的地形比较平坦，则可以减少项目的土方工程，从而节约成本。

3.区位优势

在分析房地产项目的区位优势时，可以先分析项目所在片区与其他片区相比的优势，接着再分析在本片区内，本项目与其他项目相比的区位优势。

4.交通优势

不管什么类型的房地产项目，拥有便捷的交通无疑可增加项目的竞争力。在分析交通优势时，可以先分析项目周边的道路网络，并说明从本项目到达一些重要地点的时间距离，接着再分析经过项目的公交线路。

5.配套优势

各种类型的项目都需要有一定的市政配套和生活设施，其中，居住物业对配套的要求更高更全面，具体可包括商业购物、教育机构、餐饮服务、金融网点、医院设施等。

6.自然资源优势

若项目周边或内部有优美的自然环境，则有利于营造更优美、舒适的生活与工作环境，这也是提升项目竞争力的亮点。

7.规模优势

达到一定规模的房地产项目，有利于形成规模效应，降低开发成本；同时规模大的项目有利于提高项目的美誉度和对开发商的信誉度，宣传开发商的实力。

8.开发商优势

开发商在市场上的口碑、品牌、历史业绩等，都会增加购房者的信心。在性价比相同的前提下，消费者更愿意选择有雄厚资金实力、有一定市场占有率、项目优质的开发商所开发的物业。

分析完这些优势后，分析人员可以就如何利用这些优势提出市场或策略建议。

## 二、房地产项目劣势分析

房地产项目的劣势是指该项目与竞争对手相比在某些方面的不足和缺点。在分析房地产项目的劣势时，可以从以下几方面去考虑：

1.地块劣势

项目地块的劣势包括以下情形：地块不规则、不平整；地块拆迁未完成而存在纠纷可能；地块中有高压线经过影响项目规划；地块地下或旁边有散发异味的沟渠；地块面积属于填海建成且有令人怀疑的地基塌陷；地块原来是有毒化工厂的厂址等。分析人员经实地踏勘后，应从多个角度去分析项目地块的劣势。

2.规模劣势

房地产项目的规模过小，但容积率很高，会难以设计和规划，没有规模效应，气势不够，配套建设没有空间，居住范围相对狭小，各种资源都容易出现拥挤和紧张，项目将很难受到欢迎。

3.交通劣势

交通劣势对房地产项目的影响是致命的。交通劣势所带来的影响往往比交通优势所带来的影响大得多，非常影响竞争力，甚至可能成为其他竞争项目对该项目进行攻击的弱点。交通劣势一般表现为公交线路少、位置偏远公交难以到达、距离地铁或重要枢纽较远、项目周边有影响出入的限行路导致出行不畅等问题。

4.配套劣势

配套对于居住项目来说比较重要。若项目周边的生活配套不能满足基本的需要，说明项目所在区域的居住氛围还不够浓厚。配套劣势形成的原因可能是人气不旺入住率低导致开发商做配套没有积极性；也可能相反，由于配套不够、日常购物、休闲不便而使其人气不旺。这些都容易给购房人带来心理障碍，影响销售。有的项目虽然有远期规划，但购房人不愿意要空头支票，现实中没有的，他们很难被打动。例如，大连某居住项目因在预售时承诺有幼儿园、名校入驻而人气大增，价格一度较高，但购房人入住后发现，当初承诺的"入住即有"的幼儿园、学校等没有踪影，随即业主们穿上"还我配套、还我学校"的T恤展开一波波的维权行动，后期该小区销售量、价同时下滑，开发商声誉受损，预计结束的销售截止日变得遥遥无期。

5.环境资源劣势

项目周边环境杂乱会影响项目在目标客户群中的形象，从而影响项目的销售。此外，很多房地产项目都会以一些自然景观作为卖点，若项目周边没有可以凭借的自然资源或人文景观，这种"人有我无"的状态也会使项目处于劣势。比如，项目地块周边多为工厂、老平房居民区，整体形象破旧、凌乱。如果该区域治安混乱那劣势就更明显了。

6.噪声劣势

若房地产项目接近主干道路、闹市或小吃一条街、高架桥，则车流量大、吆喝声、人群中的噪声等劣势在所难免。

在分析完房地产项目的劣势后，分析人员可以针对这些劣势提出解决或弥补方法。如针对社区配套未成熟、公交落后、人气不旺等劣势，可以提出的对策是：一方面，增设有针对性的住户服务项目，如会所文体娱乐设施、导购专车、家居服务等弥补不足；另一方面，在宣传和推销时，针对政府在该区的总体规划设想、目前开发进度、城市西（或东、南、北）移倾向、周边未来商业与人居环境优势等进行推介和说明，以求解除客户的忧虑，转移他们对社区配套现状不完善的负面注意。分析人员可以根据该项目的实际情况提出具体的建议。

## 三、房地产项目机会分析

机会是指外部市场环境变化趋势中对本项目产品营销起积极的正向作用的方面。若能把握和利用这些机会将可以增加项目的竞争优势。在分析房地产项目的机会时，可以从以下几个方面去考虑：

1.经济发展所带来的机会

房地产业与一国的经济状况关系密切。如果国民经济各领域发展迅速，形势向好，有项目开发的经济基础和支撑，则该项目就会有可期待的机会。可以分析近期国家经济发展的增长速度、社会经济背景、各种可预见的环境变化等。

2.政策方针所带来的机会

这里的政策方针并不一定单指房地产方面，其他有关城市发展方面的方针也有可能为项目的开发建设带来机会。比如，计划生育政策的改变、城市化进程的安排、该城市某区域政府的规划意见等。

3.需求增加带来的机会

造成需求增加的原因有很多，策划人员可以从多个角度去分析。比如某地被国务院宣布为国际旅游省（区、岛）等，置业度假或养老的群体在增加；老城区的改造计划，使得被拆迁的商业物业所有者重新投资，从而使目前市场商业物业消费量加大；高新园区招商力度的加大，将吸引更多的资金和人口的流入，为该项目提供一定的需求基础等。

4.配套改善所带来的机会

任何房地产项目的开发建设必须要有基本的配套，若项目周边的市政、生活配套越来越完善，必定会增加人们对该片区的信心。

分析人员在分析完房地产项目的机会后，应对如何充分利用这些机会提出建议。

## 四、房地产项目威胁分析

房地产项目的威胁是指外部环境变化趋势中，对本项目的产品营销不利的方面。房地产项目开发若不能回避或恰当地处理这些威胁因素，将会损伤该项目在市场竞争中的优势。在分析房地产项目的威胁时，可以从以下几个方面去考虑：

1.政策限制所带来的威胁

当房地产业发展过快，或不正常发展时，政府会出台一些政策对房地产市场进行调控，比如限购政策及二套房贷款限制政策等，有可能使投资热潮和市场活跃度减退，从而对本项目的开发建设产生不利影响。分析时要说明该项政策对房地产市场的抑制作用，及对本项目造成的直接或间接影响。

2.竞争加剧所带来的威胁

竞争加剧容易导致恶性竞争，从而不利于房地产项目的销售，预期利润将难以实现。这是房地产市场比较常见的一种威胁。比如，同期新推楼盘增多，房地产项目集中推出，就有客户被分散的威胁；周边紧邻尾盘多，面临降价威胁；周边大开发商的项目居多，面临其品牌优势威胁等。

3.置业习惯所带来的威胁

与消费习惯一样，客户群在购买物业时也有一定的习惯。若本项目在某个方面不符合目标客户群的置业习惯，必定会影响项目的销售。比如，某项目在城市边缘开发建设，地点偏远，该市居民习惯在市区购房，所以居民认可度不高，购房人数不多。尽管该项目在配套、交通等方面均不错，也难以吸引习惯于老城区居住的人群。

4.其他因素所带来的威胁

分析人员还可以根据项目的具体情况，从其他角度分析项目将面临的威胁。有些项目所面临的威胁可能是独特的，并非上述这些普遍存在的威胁。所以需要分析人员有全局眼光，有洞察各种威胁的能力，最重要的是了解房地产市场及项目本身。

在分析完房地产项目有可能面临的威胁后，分析人员应对这些威胁提出解决措施和方案。

SWOT分析可以通过上述文字来表述，也可以表述在SWOT矩阵内，具体见表2-11。

表2-11 房地产项目的SWOT分析

| Strength（优势分析） | Weakness（劣势分析） |
|---|---|
| 1.<br>2.<br>3.<br>⋮ | 1.<br>2.<br>3.<br>⋮ |
| Opportunity（机会分析） | Threat（威胁分析） |
| 1.<br>2.<br>3.<br>⋮ | 1.<br>2.<br>3.<br>⋮ |

需要说明的是，每个项目中的优势与劣势、机会与威胁，在一定条件下，可能会相互转化。是优势的，可能就是机会，但也可能面临着威胁；是劣势的，可能就是一种威胁，但也可能意味着机会。分析时要注意这种可能的转化对房地产投资项目的影响。

# 第六节　小结

房地产市场分析是房地产投资分析的初始一环，也是重要的一环。它的重要性体现在：房地产投资决策需要市场分析；房地产经营管理需要市场分析；房地产价格策略的制定需要市场分析。但并不是投入的市场研究费用越多，市场分析就会越准确。由于费用、时间、技能和偏好的限制，房地产市场分析是有限度的，只有当市场分析的收益超过该分析所花费的成本时，市场分析才是合算的。

要做好市场分析，首先要了解这个市场的特性。房地产市场有如下六个特性：房地产市场信息的不充分性；房地产市场的区域性；房地产市场上的产品异质；房地产市场的垄断性；房地产市场是房地产权益的交易市场；房地产市场对商品短期供求变化反应不灵敏。这些特性决定了房地产市场分析与其他市场有所不同。

市场效率是指市场传递信息和价格的功能。正是从这一点上，我们知道房地产市场是个低效率的市场。这样一个市场既有风险也有投资机会，所以尤其需要进行市场分析。

房地产市场在此有三种分类：按用途可以分为居住物业市场、商业物业市场、工业物业市场、特殊物业市场和土地市场；按购买者的目的可以分为房地产自用市场和房地产投资市场；按房地产权属交易的内容可以分为租赁市场和产权市场。

房地产项目的市场分析是在投资决策确定之前，调查市场情况、了解项目背景资料、辨识投资风险、选择投资机会的过程。市场分析的内容主要是市场调查与预测，包括投资环境的调查与预测、市场状况的调查与预测。

投资环境是指拟投资的地域（国家、地区、城市或街区）在一定时期内所具有的能决定和制约项目投资的各种外部境况和条件的总和，包括政治环境、法律环境、经济环境、自然环境、规划环境、基础设施环境和生活设施环境等。市场状况是指房地产市场上的需求、供给、竞争、价格等方面的情况。

房地产市场调查是以房地产为特定对象，对相关的市场信息进行系统搜集、整理、记录和分析，对房地产市场进行研究和预测，并最终为房地产投资项目提供决策服务的一种活动。

市场调查的方法主要有普查法、抽样调查法、直接调查法和间接调查法。

房地产市场调查的程序是：提出问题，确定调查目的；决定搜集资料的方法；设计调查表；选样；数据的处理、分析与解释；提出调查报告。

在搜集资料的过程中，会涉及第一手资料和第二手资料。第一手资料是专门为要调查的问题而特地搜集或实验而得的统计资料；第二手资料是指原始资料经过整理后所形成的可为他人利用的资料或其他项目已经拥有的资料。

房地产市场预测是指运用科学的方法和手段，根据房地产市场调查所提供的信息，对房地产市场的未来及其变化趋势进行测算和判断，以确定未来一段时期内房地产市场的走向、需求量、供给量以及相应的租金售价水平的一种活动。

市场预测包括定性预测和定量预测。定性预测是指依靠人们的经验、专业知识和分析能力，参照已有的资料，通过主观判断，对事物未来的状态（如总体趋势、发生或发展的各种可能性及其后果等）作出分析与判断。定量预测是在了解历史资料和统计数据的基础上，运用数学方法和其他分析技术，建立可以表现数量关系的数学模型，并以此为基础分析、计算和确定房地产市场要素在未来可能的数量。

市场预测通常采用的方法有：直观判断法（包括集体判断法、专家会议法和德尔菲法）；历史引申法（包括简单平均法、移动平均法、趋势预测法、指数平滑法、季节指数法）；因果预测法（包括回归分析法和相关分析法）。

SWOT分析是把房地产企业或项目的优势、劣势、机会和威胁等因素集中起来进行分析并得出一系列相应的结论，从而提出解决对策的一种分析方法。

□ 思政课堂

### 房住不炒，租购并举

近年来，在中央"房住不炒、租购并举"的政策调控下，我国房地产市场得到了平稳健康有序的发展。

2016年12月14日至16日在北京举行的中央经济工作会议首次提出：促进房地产市场平稳健康发展。要坚持"房子是用来住的、不是用来炒的"的定位……要加快住房租赁市场立法，加强住房市场监管和整顿。

2017年10月发布的党的十九大报告指出：坚持房子是用来住的、不是用来炒的定位，加快建立多主体供给、多渠道保障、租购并举的住房制度，让全体人民住有所居。

2017年12月18日至20日在北京举行的中央经济工作会议提出：加快建立多主体供应、多渠道保障、租购并举的住房制度。完善促进房地产市场平稳健康发展的长效机制，保持房地产市场调控政策连续性和稳定性。

2019年12月10日至12日在北京举行的中央经济工作会议提出：要加大城市困难群众住房保障工作，加强城市更新和存量住房改造提升，大力发展租赁住房。要坚持房子是用来住的、不是用来炒的定位，促进房地产市场平稳健康发展。

2022年10月，中国共产党第二十次全国代表大会在北京召开，党的二十大报告中再次指出：坚持房子是用来住的、不是用来炒的定位，加快建立多主体供给、多渠道保障、租购并举的住房制度。

当前，我国房地产市场的基本面没有变，住房需求依然旺盛。我国常住人口城镇化率为63.9%，仍处在快速城镇化阶段，每年城镇新增就业人口千万以上，带来大量新增住房需求。2000年前建成的大量老旧住房面积小、质量差、配套不齐全，有待改善。坚持房子是用来住的，不是用来炒的定位，是对宏观经济平稳健康发展的重要贡献。尊重房地产市场和房地产业发展规律，探索房地产发展新模式，让全体人民住有所居，才是促进房地产市场平稳健康发展的目的所在。

同学们要理解"房住不炒、租购并举"对于我国房地产市场的深刻意义。

## ☐ 关键概念

市场效率　房地产市场分析　房地产市场调查　第一手资料　第二手资料投资环境　房地产市场预测　定性预测　定量预测　SWOT分析

## ☐ 复习思考题

1.房地产市场有哪些特性？

2.为什么说房地产市场是低效率的市场？

3.房地产投资分析为什么离不开市场研究？

4.房地产市场分析会受到哪些因素的限制？

5.第一手资料和第二手资料各有什么特点？

6.指出搜集第一手资料的若干方法。

7.市场调查一般有哪几个步骤？

8.市场调查包括哪些方法？

9.投资环境都是指哪些环境？

10.市场预测包括哪些方法？

11.在你生活的城市，寻找一个待出让地块并准备开发的住宅项目，根据本章内容对其进行市场分析。

12.SWOT分析包括哪些内容？请针对一个待开发的房地产项目（用途自定）或已入住的住宅小区项目做SWOT分析。

13. 请以"消费者需要什么样的房子"为内容，设计一个调查表。

14. 某城市2012—2019年各年普通住宅需求量见表2-12：

表2-12 **某城市各年普通住宅需求量** 单位：万平方米

| 年份 | 2012 | 2013 | 2014 | 2015 | 2016 | 2017 | 2018 | 2019 |
|------|------|------|------|------|------|------|------|------|
| 需求量 | 95 | 106 | 117 | 131 | 143 | 163 | 180 | 200 |

请用趋势预测法求出2020年该市对普通住宅的需求量。

15. 如果你所在的市场对公寓类住宅和普通住宅的需求量相同，那么，根据当前的房地产市场情况，你愿意开发公寓还是普通住宅？影响你作出决定的关键因素有哪些？

拓展阅读1

不同类型房地产
市场调查分析的内容

拓展阅读2

房地产项目
SWOT分析

参考答案

# 第三章
# 房地产开发项目的区位条件分析

---

□ 学习目标

　　通过本章的学习，要求学生掌握区位的含义和影响房地产开发项目的区位因素，掌握区位分析的具体内容，熟悉不同类型房地产项目对区位的要求和区位选择要注意的问题，并认识到区位对于房地产投资价值的重要作用。

## 第一节　区位与房地产价值

### 一、区位的含义

#### （一）区位的重要性

　　"Location，Location and Location" 是西方认为的投资房地产的三大秘诀，即第一是区位，第二是区位，第三还是区位。在我国的说法是：位置、位置还是位置。这充分说明了房地产开发项目区位选择的特殊重要性。那么区位到底指的是什么呢？

　　区位是指特定地块所处的空间位置及其相邻地块间的相互关系。

　　区位，从大的方面来说，指项目所在区域；从小的方面来说，指的是项目开发场地。

　　区位原来是房地产的外在因素，因房地产不可移动而内在化，成了房地产的重要组成部分。房地产区位是指一宗房地产与其他房地产或者事物在空间方位和距离上的关系，包括位置、交通、周围环境和景观、外部配套设施等方面，特别是与重要场所（如市中心、火车站、汽车客运站、机场、码头、政府机关、工作地、居住地等）的距离，以及进出该房地产的方便程度，包括从别的地方到该房地产的可及性和从该房地产去别的地方的便捷性。某些房地产受单行道、道路隔离带、立交桥、人行天桥、交通出入口方位等的影响，其"进来"与"出去"的方便程度是不同的。

衡量区位最常见、最简单的指标是距离。距离可分为空间直线距离、交通路线距离、交通时间距离和经济距离。空间直线距离是最简单、最基础的距离，但在路网不够发达和地形复杂的地区（如山地城市），它往往会失去意义。交通路线距离是通过道路等来连接的距离，有时受路况（包括路面、交通流量等状况）、交通管制等的影响，虽然距离不远，但通达性可能不好，特别是在时间对人们越来越宝贵的情况下。交通时间距离从理论上讲更为科学，但在实际中往往被误用而产生误导，原因主要是测量所用的交通工具、所处时段不能反映真实的交通时间。比如，大城市的某些房地产广告所称的商品房交通方便、15分钟车程即可到达，可能是在交通流量很小的夜间，用速度很快的高级小轿车测量的，而对依靠公共汽车上下班的购房者来说，在上下班时段可能需要1小时才能到达。另外，有些房地产虽然来往所需的交通时间较短，但要经过较高收费的道路或桥梁、隧道等，这样即使节省了交通时间，但可能并不经济。经济距离是更科学、更复杂的一种距离，它是把交通时间、交通费用统一用货币来衡量，以反映距离。

虽然任何资产在某一时间都有一个具体的位置，但房地产不可移动，其位置固定不变；其他资产可以移动，其位置能够改变。因此，价值与区位密切相关几乎是房地产所独有的（不排除相同的商品在不同的购物条件中的售价不同）。

当然，区位并不能代表房地产的一切，也就是说，影响房地产开发投资成败的要素绝不仅仅是"区位"，还应该包括市场宏观环境、投资决策的准确性、市场供求状况、进入房地产市场的时机和在市场上的持续时间长短、所投资的房地产类型等。但它强调了区位对房地产投资的极端重要性——一般你能够改变房地产除区位以外的东西，但你改变不了房地产的区位，这就是为何区位对房地产如此重要的原因。两宗实物和权益状况相同的房地产，如果它们的位置、交通、周围环境和景观、外部配套设施等区位状况不同，投资价值就会有所不同，甚至差异很大。

**（二）对位置的两种理解**

在房地产开发中，关于位置有两种理解，一种是狭义的，另一种是广义的。

狭义的位置指的是某一具体投资项目的场地在城市中的地理位置。房地产的不一致性和差异性，决定了某一具体宗地的位置是排他的、独一无二的，根据对某一宗地位置的描述，我们就可以从图上或现场找到该宗地。例如，某宗地位于大连市中山区，坐落在中山路北侧，西临胜利广场，南与联合大厦相望，东靠民泰街，北至新盛街，与九州饭店为邻，人们就可以据此判断该宗地的大致位置；如果查阅当地地籍图，就可以找到该地块的宗地编号及其具体的四至范围、面积大小、宗地形状和当前的土地使用者。

对位置的广义理解，除了其地理位置，往往还包括该位置所处的社会、经济、自然环境或背景。例如前述的宗地，就位于大连市中央商务区内，为高档写字楼、酒店和公寓集中的地区，该地区就业人口以中高级白领阶层为主，收入水平和支付能力较强，各种消费需求的品位代表着时代潮流。某一具体位置所处的社会、经济、自然环境，决定了该位置附近的市场需求和消费特征。

对位置的广义理解，还应包括在该位置进行房地产开发投资所需支付的成本高低和所面临的竞争关系。土地成本占房地产投资的比重有逐渐上升的趋势，在有些城市甚至已经超过了50%，而确定房地产投资的具体位置后，往往也就确定了房地产投资中的土地成本支出。另外，从市场竞争的角度来说，位置是确定的，也就决定了在本"位置"进行投资所面临的竞争对手和竞争关系。当许多不同的潜在使用者在追逐同一建设用地时，竞争使报价上升，直到出现对该区位最有利的利用。因此，支付土地成本的能力决定了土地的利用程度。

在房地产投资分析中，采用了对区位的广义理解。

**（三）对位置的把握应有动态的、发展的眼光**

房地产投资者对位置的把握还须有动态的、发展的眼光。虽然某一宗地的地理位置不可能变化，但随着宏观经济和城市建设的发展，城市中各位置的相对重要性也会不断地发生变化。例如，上海浦东原来是上海人"宁要浦西一张床，不要浦东一套房"的地区，但随着浦东新区的开发建设，基础设施、就业环境等发生了很大变化，浦东逐渐变为上海人向往的地区；北京市前门商业区原是北京市三大中心商业区之一，但随着北京市城市建设的发展，交通等市政条件优良的新中心商业区陆续建成，前门商业区逐渐失去了对投资者和消费者尤其是中高档消费者的吸引力。因此房地产投资者要关注城市或地区的社会经济发展计划及城市规划，用发展的、动态的眼光来认识和把握房地产投资中的"位置"。

# 二、区位与城市功能分区

现代城市土地利用在过去自发利用的基础上，通过土地利用规划自觉地进行区位选择，形成了明显的功能分区，一般分为商业区、居住区、工业区等若干功能区。一个房地产投资者在选择项目的大区位的时候，只能运用功能分区原则来选择区位。

1.商业区

商业区按其功能从高到低可分为中央商业区、城区商业区和街区商业区，一般处于大城市中心、交通路口、繁华街道两侧、大型公共设施周围等。商业用地在城市经济中有很重要的作用，是联结生产和消费的纽带。在商业区，有大大小小的商业、服务和金融机构。它是城市土地利用中经济效益最高的利用类型。

（1）中央商业区。在经济比较发达的大城市或特大城市中，具有全市商业、交通和信息中心功能的区域被称为城市的中央商业区（或中央商务区），其是该城市规模最大和历史最悠久的中心，通常被称为CBD。在城市发展初期，中央商业区和中央商务区是重叠的，商业与商务不分家。但当城市发展到高级阶段时，两者空间分离开来，形成商业中心区和商务中心区。如大连 CBD 包括以青泥洼桥为中心的商业中心区和以中山广场为中心的商务中心区。

在中央商业区中，一般汇集银行、保险公司、信托公司、公司的总部或分部机构和各种咨询机构等。它们的影响范围一般都比较大，有些甚至能影响全国或整个世界。在中央商业区，虽然房地产区位成本或空间成本是最高的，劳动成本也会很高，而且还存在不断增加的外部不经济，但是，这些大商业、大银行、大公司总部或管理部门选择所用房地产区位时，仍然会集中到这一地区。这是因为它们的业务要么需要大量的客流，要么需要大量及时准确的信息。这里具有全市最高的可达性、最大的客流量和信息流量，可以减少信息的不确定性，便于通过最高级的获取信息的办法（即面对面的谈判）获得信息，迅速、准确地作出决策。另外，这里交通和通信特别方便，市政基础设施完善，还有许多现代化的包括文化娱乐设施在内的公共设施；在这里还可以随时获得大量高质量低成本咨询服务（如税收、法律、财务等许多方面）。

（2）城区商业。它是城市的二级商业中心，在规模和影响力方面都比中央商业区小，是城市中某一城区的商业、交通和信息中心。在中小城市中，它属于最高层次的商业区，相当于大城市中的中央商业区的地位。

（3）街区商业区。它是城市最低一级的商业中心，供应的商品大多是购买频率高的日用消费品，它的功能主要是方便市民生活。

不过随着城市道路交通设施、交通工具的发展和郊区人口的快速增长，位于城市郊区和城郊接合部的大型零售商业设施不断涌现，使传统中心商业区的客流得以分散。

2.工业区

根据各种工业的特点（如污染状况、占地面积等），可以将工业区分成内圈工业区、外圈工业区和远郊工业区。内圈工业区占地面积小，主要面向当地消费市场，且要求与中央商业区中的企事业单位建立密切联系，及时了解市场信息并获得技术支持，一般处在中央商业区外侧。外圈工业区里的工业一般装备有自动化生产线，机械实行平面布局，产品体积大又不能堆得过高，需要的料场、仓库和厂房较大，产品多属标准化的定型产品，适于大批量生产，如冰箱、洗衣机、空调等。另外是技术要求高、对环境污染较轻的工业，包括大部分轻工业和重工业中的机械制造业、金属加工业等。这一工业区处在城市的周边地区，这里地价低、交通方便，距离居住区也近。远郊工业区里一般是规模大、占地很多、污染严重的工业，如冶金、炼油、化工、重型机械、发电（原子能核电厂）和造纸等工业。

3.居住区

居住区是人们生活、休息的场所，一般位于中央商业区与内圈工业区之间，或内圈工业区与外圈工业区之间。随着生活水平的提高，对居住环境的要求也日益提高。它要求交通便利；环境幽雅舒适、区内无污染源；治安良好；文化教育设施齐备；采购、娱乐方便；人际交往方便。

### 三、区位与房地产投资价值的关系

从投资的角度看，某一房地产是否值得投资，很大程度上依赖于其产生利润和租金的能力。因此，分析某项投资是否可行，既包括对该项目投资期间的租金价值的估计，也包括对该项目出售时的市场价值的判断。而该项目出售时的利润与出租时的租金水平在很大程度上又取决于其所在的区位。房地产的区位优势可以给投资者带来区位利润。区位利润越高，房地产投资价值越大。正是由于存在着对区位利润的追求，才会形成高昂地价的地块只能被有高盈利并有能力支付高租金的业主们所占有的情况，而低效益的业主就无法做到这一点。负担不起最优区位地价压力的投资者，将会被具备这一能力的竞争者所代替。所有区位选择的结果，是形成从最理想的区位（或称之为"最佳区位"）向外衰减的各种等级。这些等级表现出如下特点：随着从最佳区位点向外部的移动，土地利用密度逐渐降低，地价租金也随之逐渐衰减，则房地产投资的利润水平和产生租金的能力也在相对降低。

通过上面的分析，我们知道，通常情况下，区位是影响房地产投资价值的重要因素，但不是说它是唯一和绝对的因素。一个投资项目仅由区位的好坏就能完全决定其投资价值的话，以后的分析就不用进行了。因为投资价值的高低还与许多其他因素有关，比如投资者的经营管理水平（事实上，有不少房地产投资者在较好的区位却没有获得收益，而另一些投资者却总能在不被看好的土地上创造奇迹）、融资方式的安排、城市规划的影响、法规的限制、投资收益率的选择和投资者对待风险的态度等。

要想让区位带来较高的房地产投资价值，在选择区位时应该重视以下问题：

（1）注意区位升值潜力的分析。

现在房地产界达成一种共识，即认为并不是越近市中心投资取得的收益越高。选择某区位进行投资，往往要进行升值潜力分析，权衡各种利弊，在科学分析的基础上进行决策。

（2）选择区位要有超前意识，特别注意交通、服务网点等公共设施的深层次分析。

如果投资者能够分辨出哪一个区位在不远的将来对买方或租户具有竞争上的优势，他们就能在这类信息反映到价格中之前，抢先得到适当区位地块的使用权。如果他们能准确预测将来几年内区位形势的变化，他们就能更准确地估计出新物业的投资价值。将投资价值与尚未完全反映相关信息的市场价值进行比较，可以使那些敏锐的投资者更好地驾驭市场。

# 第二节　房地产开发项目的区位分析

## 一、影响房地产开发项目区位选择的因素分析

房地产开发项目的区位因素分析包括地域因素分析、具体地点的分析、在该地点的开发潜力分析、土地使用权获取方式分析以及具体的影响因素分析等。按照中华人民共和国建设部发布的《房地产开发项目经济评价方法》的解释，房地产开发项目的区位分析主要包括地域因素的分析与选择和具体地点的分析与选择。

1.地域因素的分析与选择

地域因素的分析与选择是战略性选择，是对项目宏观区位（大区位）条件的分析与选择，主要考虑项目所在地区的政治、法律、经济、文化教育、自然条件等因素。

项目成功的先决条件是占据好的区位，这是由房地产的位置固定性和不可移动性所决定的。一个开发投资策略的形成，需要正确理解和综合考虑特定的国家、地区或城市的政府政策、经济基础、经济增长前景、人口条件（包括人口规模与结构、人口密度、规划增长率、增长方式、就业状况以及家庭收入情况等）、发展趋势及其对市场价格水平的可能影响。对于上述情况的研究，城市的总体规划及各年度社会经济发展计划能提供非常有用的资料。

房地产开发商还应当认真分析备选区位的可进入性、交通模式、优势条件及已有竞争性项目的情况，确保开发投资项目的规划用途与周围环境相匹配。例如，当前随着城市建设向郊区的不断推进和居民生活水平的提高，在城市边缘地区特别是靠近居住区，掀起了开发大型商业购物中心的热潮，但由于有些商业设施不靠近交通枢纽，集聚效益较差，对城区和外地的顾客缺乏吸引力，客流量远远没有达到预期设想的水平。在这种情况下，开发商就应该选择交通良好、客流量较大、有大面积泊车位的场地进行建设，以扩大商业购物中心的吸引力。选址前应详细测算购物中心服务半径内的常住人口数量、购买力水平能否维持商场一定的租金回报，还要在购物中心形象、商品种类与档次、价格竞争优势等方面做文章，以吸引市中心和其他地区的顾客。那么，该购物中心到底选在郊区，还是选在交通便利的市区建设，这是个典型的地域分析与选择问题。

2.具体地点的分析与选择

如果说地域的选择（大区位）是项目开发的大前提，那么具体地点即场地条件（小区位）可称为项目开发的小前提。

具体地点的分析与选择，有时也叫地块分析，是指能够直接显现土地价值的、相对微观的一种分析，一般针对某一特殊地块来进行。它是对房地产项目坐落地点和周围环境、基础设施条件的分析与选择，主要考虑项目所在地点的临街状况、建

设用地的大小、利用现状、交通、城市规划、土地取得代价、征收安置难度、基础设施完备程度以及地质、水文、噪声、空气污染等因素。例如，在许多城市进行房地产开发时，场地周围的市政基础设施条件往往存在很大差异，有时需要到项目用地红线外几公里远的地方去接驳某些市政管线；场地当前的土地使用状况差异很大，当前土地用途是单位还是居民、居住密度大小等，均会导致征收安置补偿和其他土地开发费用投入和所耗费时间的巨大差异；而建设用地的临街状况、大小和形状等，会对场地的有效利用，建筑物的平面布局等产生影响，尤其是商场类建筑，临街状况等对其未来的营业收入和租金回报都有重要影响。

仍以购物中心为例，如果选择在市区内某个地块建设，还有多个选择地点可供开发。仅就"交通"因素来说，由于购物中心建设完成后将带来大量客流，也会产生周边交通压力问题，所以必须对所有可选地点的周边交通系统进行评估，这就是典型的具体地点分析与选择了。

3.开发潜力分析

房地产开发应追求最高最佳利用，也就是说在技术可行、规划许可且财力允许的前提下达到最有效利用。设计应舒适有效，即楼群布局与场地达到协调一致；楼层各单元的分割实用并具有一定弹性，以利于投资者及时调整其功能。新开发项目应符合时代潮流，建筑设计要具有超前意识，以延长物业经济寿命。对于饭店和写字楼而言，具有时尚气息往往能在不景气的环境中维持较高的收入水平；而有的项目建成不到5年就过时了，甚至刚刚建成就会因为某些功能过时而导致物业总体价值损失。

4.土地使用权获取方式分析

开发商从城市规划局或现场调查中选中有开发潜力的开发场地后，还要与当地政府土地管理部门、当前土地使用者进行接触，以获取场地开发的权利。从目前国内获取土地使用权的途径和方式来看，有通过政府土地出让和从当前土地使用者手中转让等两种途径①。政府土地出让的途径操作比较简单，尤其是对于那些熟地出让项目，如果是城市毛地出让，则开发商还需进行征收安置补偿等土地再开发工作。从当前的土地使用者手中获取土地，则有许多种具体的操作方式，既可以从土地使用者手中买断，也可以探讨合作开发的可能性，提供土地的一方将土地作价入股，待项目建成后可以获得相应的分配利润或获得相应的房屋的建筑面积。从减少初始投资、降低投资风险的角度看，土地作价入股的方式较为理想，但从操作的方便性角度看，多方合作必然导致各方利益协调上的矛盾，这些矛盾有时会制约开发方案的顺利实施。

5.具体的影响因素分析

综合上述分析的结果表明，影响项目的区位选择的因素主要包括以下10个方面：

---

① 此处获取土地使用权的两种途径仅指土地有偿使用的情况，不包括无偿使用的划拨方式。

（1）城市规划方面的因素，包括：场地的合法用途，规划设计条件，如建筑密度、高度、容积率和建筑物平面及立面布置的限制，相邻地块的土地用途等。

（2）自然特性，包括：场地面积大小、形状及四至范围、基地的水文地质特征等。

（3）市政基础设施条件，包括：雨、污水排放管道，供水管道，电力、煤气、热力、通信、有线电视、宽带网络条件等。

（4）交通通达程度，包括：场地的可及性、出入口的位置、容易识别的程度等。

（5）停车条件，在需要地面停车的情况下，停车场用地会对建筑用地形成竞争关系。

（6）环境条件，包括：空气、水和噪声污染水平，历史文化保护区，公园、开放空间和绿地的数量与质量等。

（7）公共配套服务设施完备程度，包括：治安和消防服务，中小学校、卫生保健设施和邮电通信，垃圾回收与处理，政府提供配套条件所收取的配套税费等。

（8）当前土地使用者的态度，主要看当前土地使用者对场地开发的态度，如果反对，那么反对的力量有多大；如果支持，则他们能否对项目的实施有所贡献。还要分析项目的社会成本、当地社区能从项目中得到的益处以及项目开发是否符合公众的利益。

（9）土地价格，包括：出让金、市政设施配套费和征收安置补偿费等土地成本。

（10）供求关系，包括：人口增长状况、趋势及预测，就业状况，收入分配和可能的变化，现存和潜在的供给，竞争环境等。

## 二、不同类型的房地产项目对区位的要求

### （一）居住项目

居住项目主要为人们工作劳动之余提供一个安静舒适的生活休息空间。同商业用地目的不同，居住用地的选择不是为了获得最大利润，而是为了获得最大的效用（当然，从开发商的角度，就整个居住项目来讲，其开发完毕也希望能获取最大利润，不过，他更清楚这种最大利润还是要通过使购房者得到最大效用才能实现），所以，居住用地的区位选择一般应考虑以下主要因素：

（1）市政公用和公建配套设施完备的程度。市政公用设施主要为居民的生活居住提供水、电、煤气、暖气等，公建配套设施则包括托儿所、幼儿园、中小学、医院、邮局、商业零售网点、康体设施等。国内大量空置的商品住宅，许多是因为不具备上述配套条件而造成的。对于小型的居住项目，其本身不具备提供上述配套设施的能力，那么对场地周围已具备的配套设施能力的依赖性就更大。

（2）公共交通便捷程度。以经济观点来看居住用地的区位，主要从节省出行时间和出行支出两方面考虑。由于住宅是长期使用的稳定居留地，出行经济便成为人

们普遍考虑的居住选择因素。人们的出行是在居住地、工作地、购物中心和游乐场所之间往返摆动的，所以理想的居住用地区位，是到达以上四点总距离最短的点，尤其是要选择接近工作场所的地点。因住所与工作地之间活动频率最高，这样便可最有效地节省出行的费用和时间。

随着私人汽车在城市的普及，我国拥有私家车的家庭数量迅速攀升，有报告称，2019年中国私人汽车拥有量为22 635万辆。但这未必是好事，一是汽车尾气造成的污染严重；二是道路资源可能无法支撑这个数量；三是停车问题以及由此引发的纠纷日益增加。所以，甚至有车一族也在考虑弃车步行，或选择方便快捷的公交车或地铁出行，因此对公共交通系统的依赖程度将来还会很大，所以对大多数居民来说，对居住项目位置的选择主要是靠近交通方便、能就近乘车的地方。如果乘车时间只有10分钟，而从住宅到车站的时间却要用20分钟，相信住户不会考虑这种住宅。

（3）环境因素。随着生活水平的提高，城市居民对居住环境提出了越来越高的要求。山、水、绿地、阳光、清新的空气、无噪声污染等，都是居民选择安居，进而也是房地产商在选择居住项目位置时要慎重考虑的因素。

（4）居民人口与收入。居住项目的市场前景受附近地区人口数量、家庭规模和结构、家庭收入水平、人口流动性、当前居住状况等方面的影响。居住项目投资如果选择在人口素质高、支付能力强的地区进行，就意味着提高了成功的可能性。

**（二）写字楼项目**

广义的写字楼是指国家机关、企事业单位用于办理行政事务或从事业务活动的建筑物，但投资性物业中的写字楼，则是指公司或企业从事各种业务经营活动的建筑物及其附属设施和相关的场地。依照写字楼所处的位置、自然或物理状况及收益能力，专业人员通常将写字楼分为甲、乙、丙三个等级。影响写字楼项目位置选择的特殊因素包括：

（1）与其他商业设施的接近程度。商业办公也存在着聚集效应，同样位于城市中心商务区的项目，则未来的使用者就可以方便地同位于相同区域的客户开展业务。因此，与另外商业设施接近的程度，决定了写字楼项目对未来使用者的吸引力，虽然这种吸引力也会由于城市建设的发展而经常发生变化，但其对写字楼项目位置选择过程的影响则是不言而喻的。

（2）周围土地利用情况和环境。如果写字楼项目所在地的周围有很多工业建筑，环境恶劣，就会大大降低该写字楼的吸引力。写字楼的位置还可能由于其邻近政府、大型公司或金融机构的办公大楼而增加对租客的吸引力。良好的位置常常可以掩盖写字楼建筑的其他缺陷，如果维护到位，即使写字楼有百年历史，但在租金水平上与新落成的写字楼相比可能都不会有太大的差异。

（3）易接近性。写字楼项目位置选择还应重视其易接近性。大型写字楼建筑往往能容纳成千上万的人在里面办公，有没有快捷有效的道路进出写字楼，会极大地影响写字楼的档次。写字楼周围如有多种交通方式可供选择（公共汽车、地铁、高速公路等），能极大地方便在写字楼工作的人。是否有足够的停车位也会影响写字楼的易接近性。一般来说，中心商贸区的写字楼不能像郊区写字楼那样提供足够的停车位，但位于大城市中心商贸区的写字楼周围，往往有方便快捷的公共交通。

**（三）零售商业项目**

商业与工业经营活动的目的都是追求最大的利润，但工业利润是通过降低产品生产成本实现的，而商业利润是通过销售产品取得的。对商业经营者来说，产品销售愈多，获得的利润也就愈大。所以商业项目的区位选择，应该有利于实现它的最大利润。零售商业项目选择原则有以下几条：

**1.最短时间原则**

最短时间原则即应位于人流集散最方便的区位。商业的服务对象是顾客，商业行为的基本前提是商品与顾客在时间上和地域上的结合，面对面进行交易，所以传统的商业都混杂在居民区中。但是，随着交通条件的改善，汽车成为顾客购物行为的代步工具，顾客购物移动的能力大大提高，活动范围也大大扩大，因此距离已不是决定顾客行为的主要因素，而更多的要考虑购物过程所花费的行车时间（即转移成本）。商业网点的区位以位于它的吸引半径边缘10～30分钟行车时间的地点最为理想。

**2.区位易达性原则**

区位易达性原则即进入性原则，就是说商业网点应分布于交通最便捷的区位，即易达性最好的区位。这个区位是它与城市内其他地点间的站点数目之和最小的点。一般来说，火车站、港口、长途汽车客运站等城市交通的聚集点，都是易达性最好的区位，因此它们成为不同等级和规模的商业企业选择的目标，并且都已具备了相当的商业繁华度。

**3.接近购买力原则**

商业利润是建立在居民购买和消费商品的基础上的，而居民的购买力取决于人口数量和他们的收入水平。

一般来说，商业企业的存在，是以一定服务人口为前提的，这种维持一个商业企业存在的最低服务人口数量，称为这个商业企业的人口门槛，所以商业用地选择必须考虑所在区位的人口密度和人口数量，中央商业区和特大型购物中心的用地区位选择必须与该城市的人口分布重心接近，如北京的西单、王府井、前门，上海的南京路、淮海路，南京的新街口等就是这样。

人口是购买力的一个基本因素，但它只有与一定的消费水平相结合才能形成现实的购买力，而人们的消费水平又取决于他们的经济收入水平和消费倾向。在人口数量既定的情况下，人们的经济收入与消费倾向的组合有四种情况：高收入、高消费；低收入、高消费；高收入、低消费；低收入、低消费。所以商业用地的区位选择，既要接近人口稠密区，又要接近人口的高收入、高消费和低收入、高消费地区。

**4.满足消费心理原则**

商业企业是多种多样的，既有超级购物中心，又有非常小的店铺；既有综合商店，又有专营商店。但无论哪种商业企业的用地选择，都必须顾及顾客的消费心理。顾客的消费心理是千差万别的，有信誉的老商号和传统优特商品对顾客都有较大吸引力。另外，有些顾客喜欢逛专卖商店，因为在那里可以买到别处买不到的称心如意的商品，所以商业用地的区位选择应因店制宜，投顾客所好，要做到新商场与传统商场相结合，综合商店与专门商店相结合，尽可能满足顾客多种多样的购物心理要求。

5. 接近CBD原则

商业活动具有扩延效应，一旦一个商业中心形成，在其附近布局新的商业企业便有利可图。中央商务区的商业密度指数、商业职能指数和商业规模指数都比较大，具有极大的扩延效应，在附近争得一席之地，从事商业经营，能获得更大的利润。

**（四）工业项目**

工业项目场地的选择须考虑的特殊因素包括：当地提供主要原材料的可能性，交通运输是否方便以有效地连接原材料供应基地和产品销售市场，技术人才和劳动力供给的可能性，水、电等资源供给的充足程度，控制环境污染的政策等。

如大多数农产品、矿产品的加工工业，一般都布局在原料产地，而需长途运输的原料在生产过程中失重程度小甚至增重，或产成品不宜运输，如硫酸、玻璃、家具、大多数食品、消费品等的生产企业，一般都布局在消费地。能源工业在生产过程中单位产品耗能量大，能源消耗占总成本的比重高，能源费占成本的20% ~ 30%，高的可达50%。这类工业布局在能源所在地，如坑口电站或大型水电站附近，取得廉价能源或减少能源输送损耗，其节约可以补偿原料、制成品运往市场的费用。科技指向的工业是指产品的科技含量高，需要取得大量科学、技术的帮助和智力支持的工业，如生物工程、计算机等高科技产业，一般布局在大专院校、科研单位比较集中的城市。

各类型开发项目的投资者选择区位时所考虑的以上因素应该是比较基本的。对于购买商业用房地产和居住用房地产的消费者而言，他们对区位的选择标准，大体与上述房地产开发项目的投资者相同。因为投资者的标准只有与消费者一致，才能实现最大的效益。

## 三、区位分析的具体内容

在撰写房地产项目投资分析报告时，区位分析部分应该包括对位置、交通、周围环境和景观、外部配套设施的描述等。

**（一）位置描述**

对位置的描述，主要说明下列方面：

1. 坐落

除了说明具体地点，还应附上位置图（挂牌、拍卖、招标公告中均有红线图）。例如，××项目位于××市××区××路（大街、大道）××号，其位置见位置图。

2.方位

说明项目在某个较大区域（如所在城市）中的方向和位置以及在某个较小区域（如所在住宅小区、十字路口）中的方向和位置。例如，××项目位于××市××部（中部、东部、东南部、南部、西南部、西部、西北部、北部、东北部），××路口××角（东北角、东南角、西南角、西北角），××路（大街、大道）××侧（东侧、西侧、南侧、北侧）。

3.距离

说明项目与重要场所的远近。例如，××项目离市中心××公里，离火车站××公里，离机场××公里（尽量具体到某一标志，说明到达的前提条件）[①]。

弄清这些，主要是为选择最佳的用途服务。不同的用途对房地产投资价值的影响也不同。

**（二）交通描述**

对交通的描述，主要说明下列方面：

1.道路状况

说明附近有几条道路，到达这些道路的距离，各条道路的路况（如道路等级、路面状况、交通流量大小），有无过路费、过桥费及收费标准。

2.出入可利用的交通工具

说明附近经过的公共汽车、电车、地铁、轻轨、轮渡等公交路线和出租车的数量，到达公交站点（如公共汽车站、地铁站等）的距离，公交班次的疏密等。例如，附近有××路公共汽车经过，距离公共汽车站约××米（步行约××分钟），平均每隔10分钟就有一辆公共汽车通过。

3.交通管制的情况

说明受步行街、单行道、限制某些车辆通行、限制通行时间、限制行车速度等影响的情况。

4.停车方便程度和收费标准

说明有无停车场、车位数量、到达停车场的距离、收费标准等。

交通情况对房地产投资价值有重大影响。

**（三）周围环境和景观描述**

对周围环境和景观的描述，通常用文字并附照片说明下列方面：

1.自然环境

说明环境是否优美、整洁，有无空气、噪声、水、辐射、固体废物等污染及其程度，环境卫生状况。对于住宅，特别需要说明周边有无高压输电线路，无线电发射塔、垃圾站、公共厕所等。

有时也包括对形状、地势等的描述，如形状是否规则，地势是高还是低，这些都是为成本估算服务。

---

① 见"一、区位的含义（一）区位的重要性"中关于"距离"的解释。

2.人文环境

说明项目所在地区的声誉、居民特征（如职业、素质）、治安状况（如犯罪率）、相邻房地产的利用状况（如用途）等。

3.景观

例如，有无水景（如海景、江景、河景、湖景等）、山景。

环境与景观的好坏非常影响房地产项目的开发或投资价值。

**（四）外部配套设施描述**

对外部配套设施的描述包括投资区域内的外部基础设施和外部公共服务设施两大方面：

1.外部基础设施

说明道路（交通）、供水、排水（雨水、污水）、供电、供气、供热、通信、有线电视等设施的完备程度。

如项目距机场、码头、车站的距离，主要交通干线的分布，重要的公共交通工具及数量，交通方便的程度等；当地的自来水管网分布，距主要自来水管道的距离，排水、排污设施状况，管道分布情况等；电力供应状况、距最近变电站的距离及其容量等；距煤气供应站、煤气主干线管道的距离；其他能源，如距热电厂的距离、暖气供应情况、暖气管道分布情况等；最近的通信、网络、有线电视、光缆的位置，邮政、电话局的分布，是否方便与外界联系等。

2.外部公共服务设施

说明一定距离内（周边3000米、2000米、1000米、500米以内）文化教育（如幼儿园、中小学、大学）、医疗卫生（如医院）、商业服务、金融邮电、社区服务、市政公用和行政管理等设施的完备程度。

弄清这些，主要是为预测后续必要支出服务。配套设施如果非常完善，无疑会增加项目的投资价值，对住宅尤其重要。

# 第三节　区位选择要注意的问题

区位对于开发项目而言无疑是重要的，对于置业项目而言也不可小觑。应该承认，只要具备区位上的优势，即使在营销方面和管理方面差一些，项目也能产生很高的利润或较强的出租能力。区位上存在不足的地块，通过精明的投资开发也许能够克服，但这类开发的规模要求一般都相当宏大，许多房地产开发商往往会碰到资金不足的障碍，因此不研究区位的做法是愚蠢的。

但有时开发投资者太依赖于区位提供的价值，反而容易陷入某些误区。

1.过分强调区位或地段的作用会产生对开发投资者的误导

（1）因为我的地段好，其他楼盘积压对我没什么影响；

（2）因为我的地段好，我不需要什么市场分析、策划；

（3）这个地段如果不提高容积率，太可惜了；

（4）这里是最好的位置，当然要卖最贵的价钱。

在这种思想引导之下，有些开发投资者作出了以前想都不敢想的开发方案，而就目前的实践看来，商业、办公、住宅积压的主要原因大多在此。

2.来自规划、法律方面的约束可能增加

城市在急速的发展过程中，规划和法律也在迅速地更新和改变，更使得地段位置的价值在起伏跌宕的市场中变得十分难以把握。现在十分拥挤的商业街口，可能明天就会被立交桥、高架桥所覆盖。这种改变有时不可避免地使原本较好的区位变得无人问津，所以关注城市规划和法律的变化趋向，从而在这种改变到来之前作出正确的区位选择，是十分有益的。

3.邻区影响可能会面临改变

区位的固定性使任何位置都难免受到周围社会、经济的影响，那些影响位置价值的环境因素被称为邻区影响。通常情况下，我们只看到了有利的邻区影响，比如那些预示着某种特殊地位和身份的街区；那些蕴含着无限商业价值的中心地段；或者对住宅区来说附近令人心旷神怡的景致，这些无疑会给投资者带来与转移成本无关的额外收入。但是，投资者也不要忽视不利的邻区影响。正如有利的邻区影响可以为住宅区和商业区获得利益一样，后来产生的不受欢迎的条件和活动则可能会降低区位的吸引力。这些不利因素包括噪声、烟雾、恶臭以及令人讨厌的邻居等。邻区的影响来自房地产的长期使用寿命和物理上的固定性。无论是一个家庭还是一个企业，一旦它选定了地方落户，就不会随意搬迁以躲避不利的邻区影响或趋近有利的影响，甚至该位置内一所学校由此移至另一个区位，都会导致此居住区地位的下降。因为该学校可能一直是周围地区居民证明自己的孩子受过良好教育并引以为傲的象征，所以房地产投资者不能不注意到，邻区影响有可能面临改变（即从有利变为不利，而不是以前我们想当然认为的有利），那么，该项目的投资价值可能就会相应下降。

4.对于项目的选择要和区位的性质相配套

土地区位的最高最佳使用有两个前提：一个是房地产本身与周围环境处于适合状态。比如在中心商业区搞住宅开发，显然与整个区域环境不相称，而在边缘地区建造高级商业楼，恐怕也难以成功。另一个是房地产内部各组成部分处于均衡状态，即表现在土地区位的价值与建筑物价值之间的均衡。在纽约、东京等发达的大城市中，人们可以看到，越是地价昂贵的地段，建筑物的楼层越高。建筑物上凝结的价值与土地区位的价值应该是匹配的，因为建高层楼宇是为了分摊昂贵的土地价格。

因此，只有投资项目的选择与区位的性质或用途相配套，区位的价值才会得到有效的发挥，房地产投资的价值才会得到保障。

图3-1是对上述分析的一个总结，它说明了区位价值的转移过程：

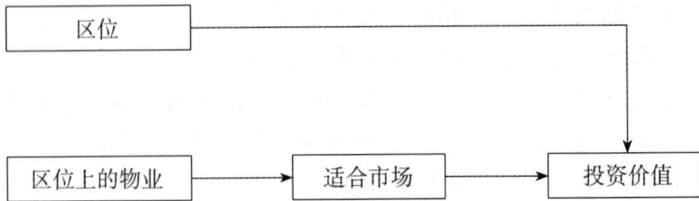

**图3-1　区位价值的转移过程**

因此，不是区位本身，而是区位上的物业适合了市场的时候，才能带来价值。

在任何城市，我们都能发现，那些人们认为较好的区位，仍然有卖不出去的物业。区位不是万能的，但不研究区位也是万万不行的，重要的是要把对区位的研究与市场需求结合起来。

# 第四节　小结

影响房地产投资价值的重要因素之一就是与市场需求程度有关的区位。区位是指特定地块所处的空间位置及与其相邻地块间的相互关系，它对地价具有全方位的影响，因此有时甚至是房地产投资者最为看重的一个因素。

区位有时也叫位置，有狭义和广义两方面的含义。狭义的位置指的是某一具体投资项目的场地在城市中的地理位置；广义的位置还包括该位置所处的社会、经济、自然环境或背景，以及在该位置进行房地产开发投资所需支付的成本高低和所面临的竞争关系。

从投资的角度看，某一房地产是否值得投资，很大程度上依赖于其产生利润和租金的能力，而该项目产生利润与租金的能力很大程度上又取决于其所在的区位，所以区位给房地产投资者带来的利润越高，房地产投资价值越大。因此，对区位因素的分析就显得至关重要。

房地产开发项目的区位因素分析包括地域因素分析、具体地点的分析、在该地点上的开发潜力分析、土地使用权获取方式分析以及具体的影响因素分析等。

每个城市都在土地自发利用的基础上，通过土地利用规划自觉地进行区位选择，形成了明显的功能分区，一般分为商业区、居住区、工业区等若干功能区。

投资于居住区的项目在选择区位时要考虑以下因素：市政公用和公建配套设施完备的程度、公共交通便捷程度、环境因素、居民人口和收入。

投资于写字楼项目在选择区位时要考虑以下因素：与其他商业设施的接近程度、周围土地利用情况和环境、易接近性。

投资于商业区的项目在选择区位时要考虑以下原则：最短时间原则、区位易达性原则、接近购买力原则、满足消费心理原则、接近CBD原则。

在撰写房地产项目投资分析报告时，区位分析部分应该包括对其位置、交通、周围环境和景观、外部配套设施的描述等。

　　虽然我们必须重视区位，但过分强调区位或地段的作用有时会产生对开发投资者的误导；规划、法律方面的规定可能会对区位产生某种约束，使区位价值的发挥受到影响；区位由于易受到邻区影响，所以一旦邻区影响变得不利，其区位价值也会面临改变。另外，对于项目的选择要和区位的性质相配套。这些问题都是我们在选择区位时必须加以注意的。

### 思政课堂

#### 现场踏勘，培养学生的多项能力

　　在房地产投资分析过程中，最检验学生能力的工作是市场调查和区位分析。一般我们会在本章设置现场踏勘环节，进行实地检验，把前一章和本章内容有机结合，来培养和锻炼学生理论联系实际的能力、市场调查与分析能力、实践能力、动手操作能力、合作能力、发现问题和解决问题的能力、自主研究能力等。同时，通过现场观察和记录，培养学生热爱生活、求真务实、实事求是的精神和爱国情怀；通过讲解和答疑，为学生树立正确的人生观、价值观和世界观，把知识传授、素质提升、能力培养和价值塑造融为一体，建立素质教育与专业教育并重，科学素养与人文素养互促的培养模式。

　　比如，有些学生在进行房地产市场调查时不是亲临房地产项目市场，而是在网上下载不实信息或过期信息。现场踏勘则可亲眼看、亲身感受或思考真实的市场到底是供过于求还是供不应求；挂牌价与成交价的差距说明了什么；开发项目面临哪些优势或劣势；项目区位的准确位置、交通、周围环境和景观以及外部配套设施情况——它们为项目带来了好的价值还是不利因素……投资分析前应带领或引导学生深入调查一次、两次、三次……而不是站在讲台上独讲。

　　党的二十大报告指出：用社会主义核心价值观铸魂育人，完善思想政治工作体系，推进大中小学思想政治教育一体化建设。现场踏勘还可以让学生们对社会主义核心价值观有很好的理解。好的建筑体现了我们的富强和文明；人与自然结合的景观设计体现了人们对美好生活的向往；市场销售人员的严谨讲解体现了敬业和法律规范；和谐社区让人们友善并热爱生活。

　　实践证明，培养学生的房地产市场调查能力、房地产项目区位分析能力等，一定要走出课堂，这不但让参与现场踏勘的学生们充满了乐趣和学习动力，也符合应用型人才培养的目标要求。

### 关键概念

　　区位　中央商业区　居住区　邻区影响

### 复习思考题

　　1.你是如何理解"区位"或"位置"概念的？

2.区位对于房地产开发有何重要性?

3.区位与房地产投资价值的关系如何?

4.影响房地产开发项目区位选择的具体因素有哪些?

5.区位选择要注意哪些问题?

6.延续第二章第15题,仍以该项目为例,在已进行了市场分析的前提下,根据本章内容,对其进行区位分析。

拓展阅读

区位分析描述举例

# 第四章

# 房地产投资项目基础数据的
# 估算分析

□ 学习目标

　　通过本章学习，要求学生掌握房地产投资项目各项基础数据估算的内容和基本方法；熟悉各种辅助报表的填列及各基础数据与各辅助报表的关系，重点掌握投资计划与资金筹措表的编制和财务费用的估算；了解房地产项目的某些基础数据与一般建设项目的不同，以及基础数据对后续财务评价的影响和作用。

　　一般来说，开发商敏锐的观察力和嗅觉都会有助于其较早发现和获知政府将要进行某地块的土地使用权出让，如果开发企业正在寻找开发投资机会，可以先进行市场分析，认为市场在当前和未来一段时间内可以进入后，根据所要开发地块的用途和性质，就可以进行该地块的区位条件分析，看该区位能否给其带来投资价值。区位条件得到肯定后，就进入了本章环节——进行投资项目的各项基础数据的估算。

　　财务评价所需的基础数据是制约和评价投资项目经济效益好坏的基本依据，基础数据与财务评价之间既有独立性又存在着一定的联系。

　　基础数据资料主要是通过市场调查、投资分析与预测分析取得的，在此基础上进行财务预测，形成总投资估算表、总成本费用表（及各成本费用分表）、销售收入与增值税和税金及附加估算表、出租收入（自营收入）与增值税和税金及附加估算表、土地增值税估算表、借款还本付息估算表、投资计划与资金筹措表、用款计划表（相当于投资计划表）等一系列辅助性报表。

# 第一节　房地产开发项目总投资与总成本费用的估算

对于房地产投资项目来说，要想通过各种经济指标估算未来的经济效益情况，并希望得到比较准确的是否值得投资的结论，那么对房地产项目的投资额和总成本费用[①]进行估算是非常必要的。不过，在房地产的直接投资中，开发投资项目的总投资和总成本费用的估算复杂一些，而置业投资项目的总投资和总成本费用的估算简单一些。在此，我们以开发投资项目为例，介绍总投资与总成本费用的估算方法。

## 一、房地产开发项目投资与成本费用的相关概念

### （一）房地产开发项目投资与一般建设项目投资的不同

对一般建设项目而言，其总投资是建设投资、建设期借款利息和流动资金之和。

建设投资是指项目按拟定建设规模、规划设计方案、建设内容进行建设所需的费用；建设期借款利息是指为建设项目进行建设投资借款和流动资金借款而发生的利息支出；流动资金是指为维持企业的正常生产经营活动所占用的全部周转资金。

建设项目总投资形成的资产分为固定资产、无形资产、递延资产和流动资产。

不过，作为房地产开发项目，与一般建设项目有所区别。

房地产开发项目在开发完成后有三种经营模式：一是出售；二是出租；三是自营。这三种模式并不一定互斥，有时独立进行，有时既出售又出租，有时三者兼而有之[②]。

与一般建设项目不同的主要是"开发-出售"模式下的房地产开发项目。此时，开发商投入的开发建设资金属于流动资金，虽然其投资的大部分是在形成建筑物或构筑物等以固定资产形式存在的开发产品，但是经过项目的销售活动后，这些固定资产的所有权或使用权就被转让了，投资也同时得以收回。所以，开发过程中所形成的这些固定资产并不属于开发企业，所有的投资相当于流动资金，均一次性地转移到了房地产开发产品成本中。所以，这种情况下的房地产项目总投资基本就等于房地产项目的总成本费用。

### （二）房地产开发项目总投资

项目总投资包括开发建设投资和经营资金（见表4-1）。

---

① 当有自营项目时，总投资大于总成本费用（多了一项"经营资金"）；当没有自营项目时，总投资就是总成本费用。本书所述内容大多没有考虑自营项目，因此，后文时而称"总投资"，时而称"总成本费用"，这并无本质区别，只是考虑了该部分内容的需要。
② 见第九章第一节"租售房地产开发项目案例分析"。

表4-1                **项目总投资估算表**            单位：万元

| 序号 | 项目 | 总投资 | 估算说明 |
|---|---|---|---|
| 1 | 开发建设投资 | | （1.1+…+1.12） |
| 1.1 | 土地成本 | | |
| 1.2 | 前期工程费 | | |
| 1.3 | 建筑安装工程费 | | |
| 1.4 | 基础设施建设费 | | |
| 1.5 | 公共配套设施建设费 | | |
| 1.6 | 开发期税费 | | |
| 1.7 | 其他工程费 | | |
| 1.8 | 管理费用 | | |
| 1.9 | 销售费用 | | |
| 1.10 | 财务费用 | | |
| 1.11 | 不可预见费 | | |
| 2 | 经营资金 | | |
| 3 | 项目总投资 | | （3.1+3.2） |
| 3.1 | 开发建设投资 | | （3.1.1+3.1.2） |
| 3.1.1 | 开发产品成本 | | |
| 3.1.2 | 固定资产投资 | | |
| 3.2 | 经营资金 | | |

注：项目建成开始运营时，固定资产投资将形成固定资产、流动资产、无形资产和递延资产。

开发建设投资是指在开发期内完成房地产产品开发建设所需投入的各项成本费用之和，主要包括：土地成本、前期工程费、建筑安装工程费（简称"建安工程费"）、基础设施建设费、公共配套设施建设费、开发期税费、其他工程费、管理费用、销售费用、财务费用以及不可预见费等（见表4-2）。

表4-2                **开发建设投资估算表**            单位：万元

| 序号 | 项目 | 开发产品成本 | 固定资产投资 | 合计 |
|---|---|---|---|---|
| 1 | 土地成本 | | | |
| 2 | 前期工程费 | | | |
| 3 | 建安工程费 | | | |
| 4 | 基础设施建设费 | | | |
| 5 | 公共配套设施建设费 | | | |
| 6 | 开发期税费 | | | |
| 7 | 其他工程费 | | | |
| 8 | 管理费用 | | | |
| 9 | 销售费用 | | | |
| 10 | 财务费用 | | | |
| 11 | 不可预见费 | | | |
| | 合计 | | | |

注：项目建成开始运营时，固定资产投资将形成固定资产、流动资产、无形资产和递延资产。

　　开发建设投资是在开发建设过程中形成以出售和出租为目的的开发产品成本和以自营为目的的固定资产及其他资产，存在混合经营模式的时候，这时的投资分析就比较复杂，应注意开发建设投资在开发产品成本与固定资产和其他资产之间的合理分摊。

　　经营资金是指房地产开发企业用于以自营为目的的固定资产项目的日常营运资金。它伴随固定资产投资而发生，并在运营期内被长期占用和周转使用。对于房地产开发投资分析来说，如果项目的经营资金较少，在进行经济评价时，一般可只考虑开发建设投资而忽略经营资金。

## （三）开发产品成本

　　开发产品成本是指房地产开发项目建成时，按照国家有关财务制度和会计制度的规定，从开发建设投资转入房地产产品的总成本费用。当房地产开发项目有多种产品（出售产品、出租产品、自营产品）时，应通过开发建设投资的合理分摊分别估算每种产品的成本费用。

　　当没有固定资产投资和经营资金发生时，开发产品成本就是开发建设投资，也是总投资或总成本费用，即：

　　开发项目总投资=开发建设投资=总成本费用=开发产品成本

　　这种情况比较多见。

　　在房地产投资分析中，房地产开发的总成本费用通常包括开发成本和开发费用两大部分。其中，开发成本包括土地成本（一般包括土地使用权出让金、市政基础设施配套费（也叫大配套）、契税及手续费等）、前期工程费、建安工程费、基础设施建设费（也叫小配套）、公共配套设施建设费、开发期税费、其他工程费、不可预见费；开发费用包括管理费用、销售费用和财务费用。在计算土地增值税的扣除项目时，一般采用此种划分方法。

　　这些成本费用也有另外一种划分方法，即开发直接费（包括土地成本、前期工程费、建安工程费、基础设施建设费、公共配套设施建设费）和开发间接费[①]（包括管理费用、销售费用、财务费用、开发期税费、其他工程费、不可预见费等）。从内容上看，这种划分与上述划分并无本质不同。

## （四）经营成本

　　经营成本是指在房地产产品出售、出租时，将开发产品成本按照国家有关财务和会计制度结转的成本。经营成本主要包括：商品房销售经营成本（含土地使用权转让成本、配套设施销售成本等）和商品房出租经营成本。对于分期收款的房地产开发项目，商品房销售经营成本和出租经营成本通常按当期销售或出租收入占全部销售收入和出租收入的比率（出租率）计算本期应结转的经营成本。

　　根据上述介绍，可以看到，房地产开发项目的成本将随着项目的进展分三个阶段核算。

---

[①] 是指并未直接发生在施工现场，而是间接发生在工程项目上的费用。

建设期，表现为"开发建设投资"→竣工验收后，表现为"开发产品成本"→产品租售时，表现为"经营成本"[①]。

本书中的"开发产品成本"与"经营成本"是从中华人民共和国建设部于2000年编制的《房地产开发项目经济评价方法》一书中引入的概念，其不同于一般建设项目可行性研究中的"经营成本"概念，与财务会计中的"经营成本"也有一定的区别[②]。

对于以上四个概念，举例说明。

例如，某开发商开发一小区，总建筑面积为49 781平方米，其中，住宅部分为47 581平方米，休养所为1 200平方米，综合商场为1 000平方米。各部分的经营方式为：住宅部分全部出售，休养所出租，综合商场为自营。该项目总投资为13 057万元，其中开发建设投资13 049万元，经营资金8万元。开发建设投资由开发产品成本12 867万元和自营固定资产的投资（综合商场）182万元组成；综合商场在开发完毕后自营时，需经营资金8万元，到项目结束时一次性收回。

上述开发项目总投资的构成如图4-1所示。

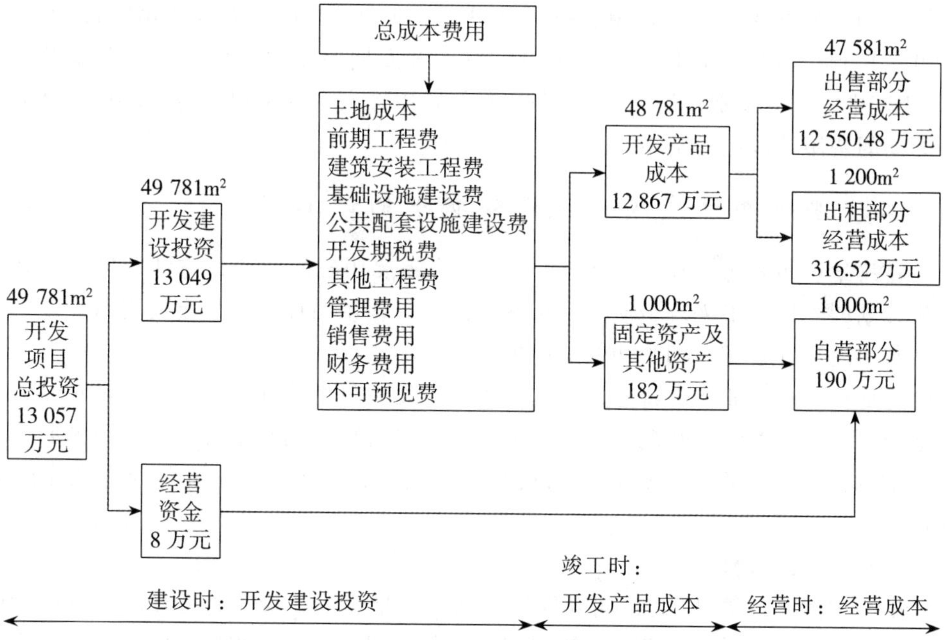

图4-1　房地产开发项目总投资构成图示

从图4-1可以看出，如果该项目只有租售部分无自营部分，那么其总投资就不包括经营资金8万元；其中的开发建设投资也不包括自营固定资产182万元，而只余下开发产品成本12 867万元。此时，开发项目总投资等于开发建设投资也等于开发产品成本12 867万元。

---

[①] 投资与成本的关系：见第一章第三节"三、（一）广义投资与成本的概念，2.成本"的内容。

[②] 国家发展改革委，建设部. 建设项目经济评价方法与参数［M］. 3版. 北京：中国计划出版社，2006：90；"经营成本估算的行业性很强，不同行业在成本构成科目和名称上都可能有较大的不同。估算应按行业规定，没有规定的也应注意反映行业特点"。

因此，如果是开发完成后用于租售的项目，项目总投资基本上等于开发建设投资并等于开发产品成本（也即总成本费用）。不过，出售部分的成本一次性收回，出租部分的开发产品成本按比例结转为经营成本后，以折旧形式收回。如项目有自营部分，其投资成本一般也以折旧形式收回。如上例的开发产品成本中，住宅部分结转过来的经营成本为 12 550.48 万元，因出售而一次性收回。休养所结转过来的经营成本为 316.52 万元，假设其未来出租 20 年，则按直线折旧法计算（不考虑其他因素），每年折旧额为 15.83 万元（316.52÷20），这部分折旧额成为休养所出租期间的"经营成本"；而其在出租期间发生的各种费用，如管理费用、销售费用、财务费用、物业服务费等，视为"运营费用"或"经营费用"。由此也可以注意到经营成本与运营费用（或经营费用）的区别。而自营部分商场的固定资产投资也将以折旧形式收回，其经营资金将来到期后一次性收回。

**（五）期间费用**

开发投资项目的期间费用是指企业为组织和管理开发经营活动而发生的管理费用、销售费用和财务费用。房地产开发项目用于销售时，期间费用为计入开发建设投资中的管理费用、销售费用和财务费用（三项合计也叫"开发费用"），不另行计算；房地产开发项目用于出租或自营时，开发期的期间费用计入开发建设投资（属于其中的"开发费用"），经营期的期间费用计入运营费用；房地产置业投资项目的期间费用计入运营费用。

## 二、房地产开发项目投资分析中的计算期

在房地产投资分析中，"计算期"是一个需要明确的概念，它涉及投资计划和销售计划的安排、未来现金流量的折现等问题。在说明计算期设定规则前，先要弄清楚与房地产开发经营期密切相关的内容。

房地产具有寿命长的特点，但在房地产开发项目经济评价中，特别是对经营类房地产的未来经营收益状况预测时，通常不会以房地产的整个寿命期为预测期，而是考虑预测的可行性、可靠性、易接受性等因素，合理设定一个计算期用于经济评价。

**（一）开发经营期**

本书中的"计算期"，也叫开发经营期，是指经济评价时为进行动态分析所设定的期限。一般来说，开发经营期的起点是取得房地产开发用地的时间（一般可以把它作为咨询时点）[①]，终点是开发完成后的房地产经营结束的日期。

开发经营期分为建设期[②]和经营期。

（1）建设期的起点与开发经营期的起点相同，终点是开发完成后的房地产竣工之日。建设期可分为前期和建造期。前期是自取得房地产开发用地之日起至动工开发之日止的时间；建造期也叫建设工期，是自动工开发之日起至房地产竣工之日止

---

① 该起点也可以看作项目资金正式开始投入的时间。
② 本教材中，针对房地产开发项目，建设期也可叫"开发期"。

的时间。

（2）经营期的情况比较复杂。由于开发完成后的房地产经营方式有销售、出租和自营，所以，经营期可具体分为销售期（针对销售这种情况）和运营期（针对出租和自营两种情况）。

销售期是自开始销售开发完成后的房地产之日起至其售出之日止的时间。在有预售的情况下，销售期与建设期有重叠。

运营期的起点是开发完成后的房地产竣工之日，终点是开发完成后的房地产持有期结束之日或经济寿命结束之日。在有延迟销售的情况下，销售期与运营期有重叠。

经营期特别是销售期通常难以准确预测，在预测时要考虑未来房地产市场的变化状况。

开发经营期、建设期、经营期等之间的关系如图4-2所示。

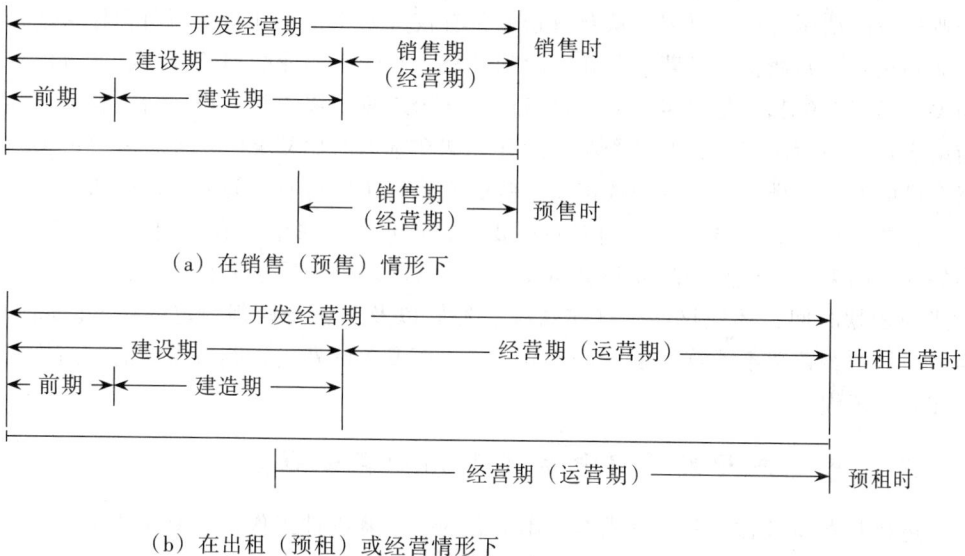

（a）在销售（预售）情形下

（b）在出租（预租）或经营情形下

**图4-2　开发经营期及其构成**

房地产投资分析中估测开发经营期，宜先把开发经营期分成若干组成部分，然后分别预测各个组成部分，再把预测出的各个组成部分连接起来。

**（二）房地产投资分析中确定计算期的规则**

不同类型的房地产投资项目，其计算期的选取规则有所不同。

（1）房地产开发后出售项目：计算期（开发经营期）是项目建设期与销售期之和。建设期是从购买土地使用权开始到项目竣工验收的时间周期，包括前期和建造期；销售期是从正式销售（含预售）开始到销售完毕的时间周期。当预售商品房时，建设期与销售期有部分时间重叠。一般而言，出售的房地产开发项目，其计算期通常选取3～5年。

一般而言，前期的预测要相对困难些（如因各地政府办手续的效率不同，会导致同样项目前期时间的长短不同）；如果不考虑建设过程中的一些特殊因素①，通常情况下，建造期可以较准确地预测，原因如下：一是建设工程的工期通常有工期定额②（指在平均的建设管理水平及正常的建设条件下，一个建设项目从破土动工到工程全部建成、验收合格及交付使用全过程所需要的额定时间）可以作为参考；二是可以采用类似于比较法的方法，即通过类似房地产项目的实际建造期的比较、修正和调整来确定。

（2）房地产开发后出租或自营项目：计算期为建设期与经营期之和。建设期同前；经营期为预计出租经营或自营的时间周期。经营期一般应以土地使用权剩余年限和项目主要建筑物的经济寿命③中的较短年限为最大值。为方便作经济评价，一般而言，出租、自营的房地产开发项目，通常选取10～20年为计算期。如果投资人一直持续经营至项目经济寿命期结束，则经营期即为经济寿命年限④。

（3）房地产置业投资项目：计算期为经营准备期和运营期之和。经营准备期为开业准备活动所占用的时间，从获取物业所有权（使用权）开始，到出租经营或自营活动正式开始截止。经营准备期的时间长短，与购入物业的初始装修状态等因素相关；运营期的起点是出租经营或自营活动开始之日，终点是出租经营或自营活动结束之日。一般而言，置业投资项目的计算期在选取时比较灵活，投资者一般会根据自己的财务安排、投资目的或市场形势的变化，决定持有时间或随时转售。

需要强调的是，选择计算期有时还要考虑计息期的影响。有可能项目竣工了，销售期也结束了，可是贷款或利息还没有还完（当然这取决于分析人员设定的还款方式与还款时间，还应该参考现实状况、经验以及与银行谈判约定的还款时间），所以项目的经营期不能算结束，只要为了项目而发生的费用，其所占用的时间均应算在计算期内。

## 三、房地产开发项目总成本费用的具体估算

进行开发项目总投资或总成本费用估算的一项基础性工作，是要弄清楚咨询项目所在地的房地产开发成本费用的构成。现实中，各城市在土地取得、房地产开发建设（土地开发、房屋建设）、房地产税费的制度、政策、规则等方面，不完善、不明晰、不统一，且时常发生变化，因此，房地产总成本费用的构成比较复杂。不同地区、不同时期、不同用途或不同类型的房地产，其成本费用的构成也会不同。房地产总成本费用的构成还可能因不同的单位和个人对构成项目划分的不同而不同。

---

① 现实中某些特殊因素的影响可能使建造期延长，如基础开挖中发现重要的文物、原计划筹措的资金不能及时到位、建材设备不能按时供货、突遭疫情或自然灾害等，但这类特殊的非正常因素在估算建设期时一般不予考虑。
② 如自2016年10月1日起施行住建部印发的《建筑安装工程工期定额》（建标〔2016〕161号），2000年发布的《全国统一建筑安装工程工期定额》同时废止。各地方也有自己的定额，但定额中的工期主要针对传统项目较多。
③ 经济寿命，见第一章第一节"四、房地产投资特性"。
④ 如某房地产开发项目从购买土地使用权到竣工验收共用3年时间，建成后用于出租经营，预计经济寿命为40年，土地使用权年限为50年，则该项目的开发经营期为43年。

但在实际进行房地产投资总成本费用的估算时，不论咨询项目所在地的房地产成本构成多么复杂，最为关键的都是，必须深入调查了解当地从取得土地一直到房屋竣工验收乃至完成租售的全过程中，所需要做的各项工作——一般要经历获取土地、前期工作（包括规划设计等）、施工建设、竣工验收、商品房租售等阶段，然后整理出该过程中的各项成本、费用、税金等必要支出及其支付或者缴纳的标准、时间和依据，从而做到既不遗漏，也不重复。

下面，以开发企业取得房地产开发用地后进行商品房建设，然后预售或销售——这种典型的房地产开发经营方式为例，从便于测算的角度，对房地产开发项目的总成本费用进行以下划分。

**（一）土地成本**

土地成本有时也被称为土地费用或土地取得成本，是指取得开发项目用地所发生的费用。开发项目取得土地使用权有多种方式，如出让方式、征收方式、划拨方式、转让方式、租用方式以及土地投资入股的方式等。

土地成本的具体构成因取得房地产开发用地使用权的方式不同而不同。本部分仅介绍房地产开发项目常见的出让方式和征收方式下的土地成本，包括：①通过市场购买取得；②通过征收集体土地取得；③通过征收国有土地上的房屋取得。这三种方式分别对应熟地、生地、毛地。在房地产总投资成本估算中，土地成本应根据咨询对象在咨询时点取得土地所对应的取得方式来求取。

1.市场购买的土地成本

在活跃的土地交易市场下，土地成本一般由国有土地使用权出让金、应由买方缴纳的税费和可直接归属于该土地的其他支出[①]构成。目前主要是购买政府招标、拍卖、挂牌出让的土地使用权。在这种情况下，土地成本一般包括：

（1）土地使用权出让金。其包括政府出让土地时的底价和土地溢价。由于各地已经普遍采用招标、拍卖、挂牌方式公开出让国有土地使用权，即出让的地价多为熟地价、挂牌价，所以土地使用权出让金可以运用房地产估价中的比较法[②]求取，通过类似土地交易价格的比较、修正、调整来获得。对于缺少市场交易价格的区域或土地类别，也可以采用基准地价修正法、成本法求取。

（2）土地取得税费。土地取得税费包括契税、印花税等，通常是根据税法及中央和地方的有关规定，按照土地使用权出让金或购买价格的一定比例来测算，如按土地使用权出让金的4%来测算。

例如，某宗面积为5 000平方米的房地产开发用地，市场价格（楼面地价）为2 000元/平方米，容积率为2，受让人需按照受让价格的4%缴纳契税、印花税等税费，则该项目的土地成本为：

---

① 有的城市（如大连）在缴纳了前两项费用后，还要按照一定标准缴纳城市基础设施配套费（大配套费）。缴纳时间在各地也有所不同，有的城市是在申领《建设工程规划许可证》之前缴纳，有的城市是在申领《建设工程施工许可证》之前缴纳。

② 比较法的具体运用，可参考中国房地产估价师与房地产经纪人学会. 房地产估价原理与方法［M］. 北京：中国建筑工业出版社，2021.

2 000×5 000×2×（1+4%）＝2 080（万元）

此外，政府出让经营性用地的建设用地使用权时，往往还附加一些受让条件，例如配建一定比例的保障性住房（包括经济适用住房、公共租赁住房、限价商品住宅和廉租住房等）或其他配套用房及设施。对这种配建的房屋或设施，政府可能以事先规定的价格回购，或者由开发商无偿提供给政府或相关单位。此时开发商除了要支付土地出让金，还要分担配建房屋的部分或全部成本。这部分附加成本虽然可计入后续的房屋开发费，但实际上属于开发商的土地费用支出。

2.征收集体土地的土地成本

征收集体土地的土地成本一般包括土地征收补偿费用，相关税费以及其他费用等。

（1）土地征收补偿费

一般由下列4项费用组成：①土地补偿费；②安置补助费；③地上附着物和青苗的补偿费；④安排被征地农民的社会保障费用。

（2）相关税费

一般包括以下费用和税金：①新菜地开发建设基金（征收城市郊区菜地的）；②耕地开垦费（占用耕地的）；③耕地占用税（占用耕地的）；④征地管理费；⑤政府规定的其他有关费用（如部分省、自治区、直辖市还规定收取防洪费、南水北调费等）。

（3）其他费用

一般包括地上物拆除费、渣土清运费、场地平整费以及城市基础设施建设费、土地使用权出让金等，通常依照规定的标准或采用比较法求取。

本项土地成本的具体费用项目、补偿标准及收取标准应根据国家[①]和当地政府的有关规定执行[②]。

3.征收国有土地上房屋的土地成本

征收国有土地上房屋的土地成本一般包括房屋征收补偿费用、相关费用和其他费用。

（1）房屋征收补偿费用

一般由下列5项费用组成：①被征收房屋补偿费；②搬迁费；③临时安置费；④停产停业损失补偿费；⑤补助和奖励。

具体费用项目和收取标准应根据国家[③④]和当地政府的有关规定执行。

（2）相关费用

一般由下列3项费用组成：①房屋征收评估费；②房屋征收服务费；③政府规

---

①　见第十三届全国人民代表大会常务委员会第十二次会议2019年8月26日通过的《中华人民共和国土地管理法》（第三次修正）。
②　中国房地产估价师与房地产经纪人学会．房地产估价理论与方法［M］．北京：中国建筑工业出版社，2017：290-291．
③　中华人民共和国国务院令第590号《国有土地上房屋征收与补偿条例》，2011年1月21日施行。
④　中华人民共和国住房和城乡建设部《国有土地上房屋征收评估办法》（建房〔2011〕77号），2011年6月3日发布。

定的其他有关费用（根据国家和当地政府的有关规定执行）。

（3）其他费用

一般包括地上物拆除费、渣土清运费、场地平整费以及城市基础设施建设费、土地使用权出让金等，通常依照规定的标准或采用比较法求取。

土地成本的估算见表4-3。根据土地使用权取得方式的不同，所填列的内容也应不同，估算时应注意区分。

表4-3
土地成本估算表
单位：万元

| 序号 | 项目 | 金额 | 估算说明 |
|------|------|------|----------|
| 1 | 土地使用权出让金 | | |
| 2 | 城市基础设施建设费 | | |
| 3 | 土地（房屋）征收补偿费 | | |
| 4 | 相关税费 | | |
| 5 | 其他费用 | | |
| | 合计 | | |

在房地产项目投资分析中，土地成本有时是已经发生了的事实，例如投资者已经以一定的代价获得了土地使用权，此时，土地成本应以其实际支付额来确定。

**（二）前期工程费**

房地产项目前期工程费主要包括：开发项目前期规划、设计，市场调研，可行性研究，项目策划，项目的水文、地质勘测，"三通一平"及临时用房等开发项目前期工作的必要支出。

（1）项目规划、设计，市场调研，可行性研究，项目策划等所需费用支出一般可按总投资的一定百分比估算。一般情况下，规划设计费为建安工程费的3%左右，可行性研究费占项目总投资的1%～3%。

（2）项目水文、地质勘测所需费用支出根据工作量结合有关收费标准估算，一般为设计概算的0.5%左右。

（3）土地开发中"三通一平"①（通水、通电、通路、场地平整）等土地开发费用，主要包括地上原有建筑物、构筑物的拆除费用，场地平整费用和临时通水、通电、通路的费用。这些费用可根据实际工程量，参照有关计费标准估算。要注意

---

① 房地产开发中"三通一平"与"七通一平"的区别是："三通一平"通常指施工现场达到路通、水通、电通和场地平整。或者说，它是把开发项目红线以外的道路、给水排水管道、供电线引入施工现场，并对施工现场的土地进行平整的过程。它是临时设施的施工建设，其用材、施工、维护上具有临时性。完成了这些施工准备，施工队伍就可以进场正常施工了。
"七通一平"指的是：水通（上水）、电通、路通、通信通（电话IDD、DDD、传真、电子邮件、宽带网络、光缆等）、排污通（下水）、热力管线通、燃气管线通以及场地平整，其用材、施工、维护上必须符合国家相关验收标准，具有永久性。达到"七通一平"的建设用地往往又称"熟地"，是指土地（生地）经过一级开发后，使其具备上述条件，二级开发商进场后可以迅速开始建设。

场地平整等费用与前面的土地成本的衔接，如果土地成本中包含了地上物拆除、渣土清运和场地平整费，或者取得的房地产开发用地是"三通一平"以上状况的熟地，则在此就没有或只有部分场地平整等费用。

当"项目总投资"没有被计算出来时，上述前期工程费也可以以估算的"建安工程费"作为计算基数，同时比例应有适当的调整。

以上内容见表4-4。

表4-4          **前期工程费估算表**        单位：万元

| 序号 | 项目 | 金额 | 估算说明 |
|------|------|------|----------|
| 1 | 规划、设计、可行性研究费 | | |
| 2 | 水文、地质勘察费 | | |
| 3 | 道路费 | | |
| 4 | 供水费 | | |
| 5 | 供电费 | | |
| 6 | 场地平整费 | | |
| | 合计 | | |

### （三）建筑安装工程费

1.主要构成

建筑安装工程费是指建造房屋及附属工程所发生的建筑工程费、安装工程费、装饰装修工程费用等。其中，附属工程是指房屋周围的围墙、水池、建筑小品、绿化等。要注意避免与后面的基础设施建设费、公共配套设施建设费的重复估算或漏算。

2.估算方法

在投资分析或可行性研究分析阶段，建筑安装工程费用估算可以采用单元估算法、单位指标估算法、工程量近似匡算法、概算指标估算法、概预算定额法，也可以根据类似工程经验进行估算。具体估算方法的选择应视资料的可取性和费用支出的情况而定。

（1）单元估算法

单元估算法是指以基本建设单元的综合投资乘以单元数得到项目或单项工程总投资的估算方法。例如，以每间客房的综合投资乘以客房数估算一座酒店的总投资；以每张病床的综合投资乘以病床数估算一座医院的总投资等。

（2）单位指标估算法

单位指标估算法是指以单位工程量投资乘以工程量得到单项工程投资的估算方法。一般来说，土建工程、给排水工程、照明工程可按建筑平方米造价计算；采暖工程按耗热量（千卡/小时）指标计算；变配电安装按设备容量（千伏安）指标计算；集中空调安装按冷负荷量（千卡/小时）指标计算；供热锅炉安装按每小时产生蒸汽量（立方米/小时）指标计算；各类围墙、室外管线工程按长度米指标计算；室外道路按道路面积平方米指标计算等。

（3）工程量近似匡算法

工程量近似匡算法采用与工程概预算类似的方法，先近似匡算工程量，配上相应的概预算定额单价和取费标准，近似计算项目的建筑工程投资。

（4）概算指标估算法

概算指标估算法采用综合的单位建筑面积和建筑体积等建筑工程概算指标计算整个工程费用。常用的估算公式是：

直接费=每平方米造价指标×建筑面积

主要材料消耗量=每平方米材料消耗量指标×建筑面积

（5）类似工程比较法

每一个投资项目都有其自身的特点，因此不是很快就能对建安工程费用中各项目所占比例定出一个绝对适用的标准。但是，在一定日期和相对稳定的市场状况下，通过客观的估算方法，加之对实际个案的经验总结，可以测算出各类有代表性项目的建安工程各项费用的大致标准，用这个标准来估算建安工程费用的方法就是类似工程比较法[1]。

图4-3是2019年下半年省会城市住宅建安工程造价指标，可以作为住宅项目建安工程费用估算的参考[2]。

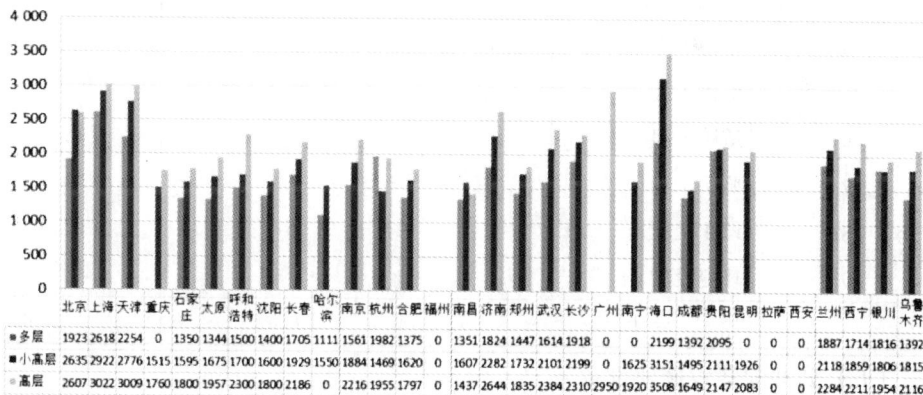

| 城市 | 多层 | 小高层 | 高层 |
|---|---|---|---|
| 北京 | 1923 | 2635 | 2607 |
| 上海 | 2618 | 2922 | 3022 |
| 天津 | 2254 | 2776 | 3009 |
| 重庆 | 0 | 0 | 0 |
| 石家庄 | 1350 | 1515 | 1760 |
| 太原 | 1344 | 1595 | 1800 |
| 呼和浩特 | 1500 | 1675 | 1957 |
| 沈阳 | 1400 | 1700 | 2300 |
| 长春 | 1705 | 1600 | 1800 |
| 哈尔滨 | 1111 | 1929 | 0 |
| 南京 | 1561 | 1550 | 2216 |
| 杭州 | 1982 | 1884 | 2216 |
| 合肥 | 1375 | 1469 | 1955 |
| 福州 | 0 | 1620 | 1797 |
| 南昌 | 1351 | 1607 | 1437 |
| 济南 | 1824 | 2282 | 2846 |
| 郑州 | 1447 | 1732 | 2584 |
| 武汉 | 1614 | 2101 | 2310 |
| 长沙 | 1918 | 2199 | 2950 |
| 广州 | 0 | 0 | 0 |
| 南宁 | 2199 | 1625 | 3508 |
| 海口 | 1392 | 3151 | 1649 |
| 成都 | 2095 | 1495 | 2147 |
| 贵阳 | 0 | 2111 | 2083 |
| 昆明 | 0 | 1926 | 0 |
| 拉萨 | 0 | 0 | 0 |
| 西安 | 1887 | 2118 | 2284 |
| 兰州 | 1714 | 1859 | 2211 |
| 西宁 | 1816 | 1806 | 1954 |
| 银川 | 1392 | 1815 | 2116 |
| 乌鲁木齐 | | | |

图4-3　2019年下半年省会城市住宅建安工程造价指标（元/平方米）

当房地产项目包括多个单项工程时，应对各个单项工程分别估算建筑安装工程费用。

建筑安装工程费估算表见表4-5。

---

[1]　作者认为，用"类似工程比较法"进行建安工程费用的估算时，更具有可操作性。从另一个角度说，我们不妨把该方法看作"比较法"。

[2]　这里的"建安工程造价"，就是从开发企业和投资分析人角度估算的"建安工程费"。本图来源于建设工程造价信息网：http://www.cecn.gov.cn/NewViewArea.asp? id=9667，2020年2月21日。根据文中说明，大部分项目为清水房，部分项目合同价中未含室内装修、洁具、电梯、土方、地基处理及安装等内容和造价。

表4-5 　　　　　　　　　　　建筑安装工程费估算表　　　　　　　　　金额单位：万元

| 项目 | 建筑面积（平方米） | 建安工程费 | | 装饰工程费 | | 金额合计 |
|---|---|---|---|---|---|---|
| | | 单价 | 金额 | 单价 | 金额 | |
| 单项工程1 | | | | | | |
| 单项工程2 | | | | | | |
| ⋮ | | | | | | |
| 合计 | | | | | | |

**（四）基础设施建设费[①]**

基础设施建设费是指建筑物2米以外和项目用地规划红线内的各种管线、道路工程的建设费用，主要包括：供水、供电、供气、排污、电信、绿化、道路、室外照明、环卫等设施的建设费用，各项设施与市政设施干线、干管、干道的接口费用，一般按实际工程量估算。以上内容见表4-6。

表4-6 　　　　　　　　　　　基础设施建设费估算表　　　　　　　　　　单位：万元

| 序号 | 项目 | 建设费用 | 接口费用 | 合计 |
|---|---|---|---|---|
| 1 | 供电工程 | | | |
| 2 | 供水工程 | | | |
| 3 | 供气工程 | | | |
| 4 | 排污工程 | | | |
| 5 | 电信工程 | | | |
| 6 | 道路工程 | | | |
| 7 | 照明工程 | | | |
| 8 | 绿化工程 | | | |
| 9 | 环卫设施 | | | |
| | 合计 | | | |

**（五）公共配套设施建设费**

公共配套设施建设费是指居住小区内为居民服务配套建设的各种非营利性的公共配套设施（又称公建设施）的建设费用，主要包括：物业管理用房、露天健身设施或场地、社区服务（如居委会、派出所）、教育（如托儿所、幼儿园）、文化体育（如居民文化活动中心）、公共停车场、锅炉房、变电室、设备层用房等。这些配套设施是不能有偿转让的，一般按规划指标和实际工程量估算（可参考建安工程费的估算办法）。以上内容见表4-7。

---

[①] 基础设施建设根据提供者的不同，通常分为两类：一是大配套，是指规划红线外由政府提供的基础设施配套，也叫市政配套；二是小配套，是指规划红线内由开发企业建设的基础设施配套，也叫区内配套。此处指后者。因为目前的房地产开发用地大部分是熟地，且由政府提供，此时前者已包含在土地成本中。

表4-7　　　　　　　　　　　**公共配套设施建设费估算表**　　　　　　　单位：万元

| 序号 | 项目 | 建设费用 | 估算说明 |
|---|---|---|---|
| 1 | 物业管理用房 | | |
| 2 | 露天健身设施或场地 | | |
| 3 | 居委会 | | |
| 4 | 派出所 | | |
| 5 | 幼儿园 | | |
| 6 | 居民文化活动中心 | | |
| 7 | 公共停车场 | | |
| 8 | 锅炉房 | | |
| 9 | 变电室 | | |
| 10 | 设备层用房 | | |
| | 合计 | | |

## （六）开发期税费

房地产开发项目投资估算中应考虑项目开发期间所负担的各种税金和地方政府或有关部门收取的费用，主要包括固定资产投资方向调节税（现暂停征收）、绿化建设费、建材发展基金、人防工程费、水电增容费等。各项税费应根据当地有关规定标准估算。

本项费用中的内容，如果根据实际情况已计入到第（七）项等其他相关费用中，注意不要重复计算。

以上内容见表4-8。

表4-8　　　　　　　　　　　**开发期税费估算表**　　　　　　　单位：万元

| 序号 | 项目 | 金额 | 估算说明 |
|---|---|---|---|
| 1 | 绿化建设费 | | |
| 2 | 建材发展基金 | | |
| 3 | 人防工程费 | | |
| 4 | 水电增容费 | | |
| | 合计 | | |

## （七）其他工程费

其他工程费是指根据国家或项目所在地政府部门规定计取，或根据工程建设惯例应发生但未计入上述（一）~（六）项的费用[①]。其他工程费主要包括临时用地费、临时建设费、工程造价咨询费、总承包管理费、合同公证费、施工许可证费、

---

① 某些开发商会合并第六项和第七项，均作为"其他工程费"估算，或者把这两项中的相关内容计算到第二项"前期工程费"估算，这只是各开发商的归类不同，不管这些费用计算到哪里，总投资或总成本费用的估算结果都应是相同的。注意不要重复计算。

工程监理费、竣工图编制费、档案编制费、工程检测费、工程保险费、竣工验收费等。这些费用的内容、收取额度或比例各地不同，需按当地有关部门规定的标准或费率估算，比例一般占建安工程费的2%～5%，也可按上述成本费用之和的2%～3%估算。

以上内容见表4-9。

表4-9　　　　　　　　　　　其他工程费估算表　　　　　　　　单位：万元

| 序号 | 项目 | 金额 | 估算说明 |
|---|---|---|---|
| 1 | 临时用地费 | | |
| 2 | 临时建设费 | | |
| 3 | 工程造价咨询费 | | |
| 4 | 总承包管理费 | | |
| 5 | 合同公证费 | | |
| 6 | 施工许可证费 | | |
| 7 | 工程监理费 | | |
| 8 | 竣工图编制费 | | |
| 9 | 档案编制费 | | |
| 10 | 工程检测费 | | |
| 11 | 工程保险费 | | |
| 12 | 竣工验收费 | | |
| | 合计 | | |

### （八）管理费用

管理费用，是指房地产开发企业为组织和管理房地产项目的开发经营活动而发生的各项费用，主要包括：管理人员工资、职工福利费、办公费、差旅费、折旧费、修理费、工会经费、职工教育经费、社会保险费、失业保险费、董事会费、咨询费、审计费、诉讼费、技术转让费、技术开发费、无形资产摊销、开办费摊销、业务费摊销、业务招待费、坏账损失、存货盘亏与毁损和报废损失以及其他管理费用。

管理费用可按项目总投资或前述（一）～（五）项直接费用的一定比例计算，一般为3%左右。如果房地产开发企业同时开发若干房地产项目，管理费用应在各个项目之间合理分摊。

### （九）销售费用

销售费用也称为销售成本，是指房地产开发企业在销售房地产产品过程中发生的各项费用，包括广告宣传及销售推广费、专设销售机构和委托销售代理的各项费用以及交易手续费。

广告宣传及销售推广费，包括广告费、销售资料制作费、样板房或样板间建设费、售楼处建设费等；单独设立的销售机构中销售人员工资、奖金、销售许可证申领费等；销售代理费，是开发企业委托代理公司进行销售所支付的佣金。另外，也会发生交易手续费，即开发企业出售或出租商品房时需交纳的交易手续费用以及支付网上备案服务费等。

销售费用通常按照开发完成后的房地产价值或房地产销售收入的一定比例来测算，例如为开发完成后的房地产价值或房地产销售收入的3%～6%。

**（十）财务费用①**

财务费用是指房地产开发企业为筹集资金而发生的各项费用，主要包括借款和债券的利息、金融机构手续费、承诺费、管理费、外汇汇兑净损失以及企业筹资发生的其他财务费用。

在房地产投资总成本费用的分析中，财务费用的估算是个难点，需要考虑一系列问题。比如，借款条件（借款期、借款利率、借款额）、还款时间上，有无宽限期；利率上，单利还是复利，利率上浮多少；还款方式等。这些都需要考虑现实金融市场情况，并尽量与其接近。另外，要根据整个项目的进度计划、分年投资计划，列出各年投资额再安排贷款额。同时也要考虑项目有无预售收入、借款比例为多少才合适、怎样避免财务风险等。

本书对财务费用的分析估算，主要是基于国家发展改革委、建设部发布的《建设项目经济评价方法与参数》（2006年第3版）及建设部发布的《房地产开发项目经济评价方法》（2000年）的要求进行的②。详细的测算过程见本章"第四节　借款还本付息的估算"。

（八）、（九）、（十）这三项合计即为开发项目用于销售时的期间费用。如果开发项目建成后用于出租或经营，期间费用要分两段计取：一段是开发期的期间费用，计入开发建设投资；另一段是经营期的期间费用，计入后面的第十二项"运营费用"中。详见本节有关"期间费用"的介绍。

**（十一）不可预见费**

在房地产投资活动中，为无法预知情况的发生而提前准备的费用预算称作不可预见费。当实际与计划不相符或无法预见的事件发生时，可能会追加一些费用，如设计变更、不可抗力、价格变化等导致的费用追加。这些不可预见费可以根据项目的复杂程度和前述各项费用估算的准确程度，以上述（一）～（七）项费用之和的3%～7%估算。

当开发项目竣工后采用出租或自营方式经营时，还应该估算项目经营期间的运

---

① 有专家把这部分费用以"投资利息"计。投资利息也是资金成本的估算，所以把自有资金也看作借贷资金来计算利息，而不仅仅是银行借款的利息及手续费。见谭善勇. 房地产投资分析 [M]. 北京：机械工业出版社，2008：95，104。笔者认为，在进行房地产的价格估算时可以这样考虑，但进行房地产项目可行性分析的投资估算时，不必这样考虑。区别在于一个是估"价格"，一个是估"投资"，尤其是初步可行性研究时可粗略估算。因此，本书的财务费用主要包括与借贷有关的利息及手续费。
② 现实中财务费用的估算一般没这么复杂，主要根据与贷款方谈判的结果来执行贷款条件，估算起来反而比较简单。

营费用。

### （十二）运营费用

运营费用（也叫经营费用），是指房地产项目开发完成后，在项目出租或经营期间发生的所有费用。运营费用具体包括：期间费用（管理费用、销售费用、财务费用）、增值税、税金及附加、物业服务费（人员工资和办公费用、建筑物及相关场地的维护维修费用、公共设施设备运行费、维修及保养费、绿化费、清洁与保安等费用、保险费和折旧费①）、大修基金等。一般来说，根据项目的实际情况，运营费用占出租收入的20%～40%。

上述房地产投资项目总投资额的计算，要注意一个问题：应先估算不包括财务费用的项目总投资，然后看其中的资本金（权益资金）能有多少，再确定其他资金（如贷款部分及预售收入回投）比例，同时估算开发经营期并确定计算期、估计贷款条件（贷款期限、贷款利率、贷款额、还款方式等），这样才能估算出该项目的财务费用，制定出借款还本付息估算表。之后，再把该财务费用加回到之前的项目总投资中。最终，完整的房地产项目总投资才能被估算出来，投资计划与资金筹措表这时才能编制完成。

另外，当受投资者委托分析投资项目的各项成本费用数额时，可以适当考虑投资者的经营管理能力。例如，若投资者有足够的管理能力降低建筑安装工程费时，就可以以其能控制的成本费用水平作为估算标准。即房地产开发项目属于投资者的私人产品时，其各项基础参数的确定往往取决于投资者的个人估计结果。此原则同样适用于后面的收入以及还本付息等的估算。

### 四、房地产投资估算各种报表

为了便于对房地产开发项目各项成本与费用进行分析和对比，常把估算结果以汇总的形式列出。前面我们给出了本节涉及的各种辅助报表。应该指出的是，在实际操作过程中，不是每一种成本费用必然或必须以表中内容的形式发生，各种表格形式也不是一成不变的。

# 第二节　房地产投资项目的收入、税金估算

## 一、经营收入估算

从投资分析的角度出发，市场分析与预测的最终目的就是对投资项目租售方案的确定、租售价格的确定和经营收入的估算，这是依次进行的工作。比如，要测算经营收入中的销售收入，就要依次完成以下工作内容：首先，进行销售分析（销售

---

① 运营费用中的"折旧费"是指项目运营过程中除了建筑物的其他固定资产折旧费，不要与从开发产品成本中结转过来的折旧费混淆。后者作为出租或经营用房的"经营成本"，一般只反映在"利润表"中。

方案和销售计划的确定）；其次，估算销售单价，从市场提取，或用比较法、成本法、收益法等估价方法求取；最后，估算销售面积，按容积率计算出来的全部建筑面积不一定全部销售，这里要考虑不能出售的部分，如物业管理用房、设备层用房、居委会用房、锅炉用房的面积等。应注意的是，未售出的建筑面积，虽然没有销售收入，但却付出了成本。

**（一）租售方案的确定**

房地产项目应在项目策划方案的基础上，制订切实可行的出售、出租、自营等计划（以下简称租售方案）。租售方案应遵守政府有关房地产租售和经营的规定[①]，并与开发商的投资策略相结合。

租售方案一般应包括以下几个方面的内容：

（1）项目出售、出租还是租售并举？出售面积和出租面积的比例是多少？以及整个项目中哪些出售、哪些出租、哪些自营？

（2）可出售面积、可出租面积、自营面积和可分摊建筑面积及各自在建筑物中的位置。

（3）出售和出租的时间进度安排和各时间段内租售面积数量的确定，并要考虑租售期内房地产市场可能发生的变化对租售数量的影响。

（4）售价和租金水平的确定（见本节"租售价格的确定"）。

（5）收款方式与收款计划的确定。确定收款方式应考虑房地产交易的付款习惯和惯例，以及分期付款的期数和各期付款的比例。

这一过程在实际工作中，可参照表4-10至表4-13进行。

表4-10　　　　　　　**房地产开发项目销售计划及收款计划表**　　　　金额单位：万元

| 销售期间 | | 第1期 | | 第2期 | | … | 第N期 | | 合计 |
|---|---|---|---|---|---|---|---|---|---|
| 销售计划 | 面积（平方米） | | | | | | | | |
| | 百分比 | | | | | | | | 100% |
| 收款计划 | 期间 | 百分比 | 销售收入 | 百分比 | 销售收入 | | 百分比 | 销售收入 | |
| | 第1期 | | | | | | | | |
| | 第2期 | | | | | | | | |
| | 第3期 | | | | | | | | |
| | ⋮ | | | | | | | | |
| | 第N期 | | | | | | | | |
| 总计 | | | | | | | | | |

① 如预售项目是否符合《城市商品房预售管理办法》的规定等。

表4-11　　　　　　房地产开发项目出租计划及出租收入计划表　　　　　金额单位：万元

| 序号 | 项目名称 | 建设期 | | | 经营期 | | | | |
|---|---|---|---|---|---|---|---|---|---|
| | | 第1期 | 第2期 | 第3期 | … | … | … | 第N-1期 | 第N期 |
| 1 | 可出租面积（平方米） | | | | | | | | |
| 2 | 单位租金（元/平方米） | | | | | | | | |
| 3 | 潜在毛租金收入 | | | | | | | | |
| 4 | 出租率（%） | | | | | | | | |
| 5 | 有效毛租金收入 | | | | | | | | |
| 6 | 转售收入 | | | | | | | | |
| 7 | 转售成本及税费 | | | | | | | | |
| 8 | 净转售收入 | | | | | | | | |

表4-12　　　　　　房地产项目销售收入汇总表（全部出售方案）　　　　　金额单位：万元

| 项目 | 建筑面积（平方米） | 售价（元/平方米） | 第1年 | | 第…年 | | 第N年 | | 合计 |
|---|---|---|---|---|---|---|---|---|---|
| | | | 上半年 | 下半年 | 上半年 | 下半年 | 上半年 | 下半年 | |
| 住宅楼部分 | | | | | | | | | |
| 地上商业部分 | | | | | | | | | |
| 地下商业部分 | | | | | | | | | |
| 地下车库部分 | | | | | | | | | |
| 总计 | | | | | | | | | |

表4-13　　　　　　房地产项目出租收入汇总表（全部出租方案）　　　　　金额单位：万元

| 项目 | 初始租金（元/平方米） | 年期 | 1 | 2 | 3 | … | N-1 | N | 总计 |
|---|---|---|---|---|---|---|---|---|---|
| | | 入住率 | | | | | | | |
| 地上商业部分 | | 收入 | | | | | | | |
| 公寓楼部分 | | | | | | | | | |
| 地下商业部分 | | | | | | | | | |
| 地下车库部分 | | | | | | | | | |
| 其他面积 | | | | | | | | | |
| 总计 | | | | | | | | | |

## （二）租售价格的确定[1]

### 1.房地产开发产品定价方法

房地产开发企业给自己的产品所定的价格，必定是介于两个极端（一端为低到没有利润的价格，另一端为高到无人问津的价格）之间。成本是定价的下限，消费者对房地产价值的感受是定价的上限，房地产开发商必须考虑竞争者的价格及其他内在和外在的因素，在两个极端之间（即第一章介绍的"交易区间"）找到最适当的价格（该价格将低于买方的投资价值，而高于卖方的投资价值）。[2]

租售价格应在房地产市场分析的基础上确定。

从房地产开发商或投资人的角度，租售价格的确定一般有三种方法[3]：一是成本导向定价法；二是购买者导向定价法；三是竞争导向定价法。

竞争导向定价法是指房地产开发企业不是根据产品的成本或顾客感受来定价，而是根据在该市场上竞争者的价格来制定价格的方法。竞争导向定价法包括三种：领导定价法、挑战定价法、随行就市定价法。

其中，随行就市定价法是指开发商按照行业中同类物业的平均现行价格水平来定价。这种方法在很大程度上是以竞争对手的价格为定价基础，不太注重自己产品的成本或需求。公司的定价与主要竞争者的价格一样，也可以稍高于或稍低于竞争对手的价格，主要是中价策略。

那么，这种同类物业的平均现行价格水平如何确定呢？通常，比较法可以成为随行就市定价法的具体操作手段[4]。

比较法是指依据市场交易资料，将需要定价的房地产同能与其形成替代关系的类似房地产进行比较，以后者已知的价格为参照，修正得出该房地产最可能实现的租售价格的一种定价方法。比较法大多时候用来对增量房地产中的期房、现房以及存量房地产的价格进行评估，但也可以用来对一个预期的房地产开发项目进行市场定价。这种方法应用普遍的一个原因是，目前我国的房地产市场基本上已成为买方市场，在竞争的市场条件下，销售同样的商品房的各个房地产开发企业在定价时，实际上没有选择的余地，只能按照现行价格来定。价格定得过高，商品房卖不出去；价格定得过低，投资者遭受损失。所以，随行就市定价法在买方市场条件下更具有可行性。

租售价格应根据房地产项目的特点确定，一般应选择在位置、规模、功能和档次等方面可比的交易实例，通过对其成交价格的分析与修正，最终得到房地产项目的租售价格。

---

[1] 可以说，租售价格的确定既是"房地产投资分析"课程的内容，也是"房地产价格评估"课程的内容。从此处可以看出，"房地产投资分析"课程是很具有综合意义的一门课程。学好"房地产价格评估"的理论与方法，对理解和学习"房地产投资分析"课程有很大的帮助。

[2] 此部分请重温本书第一章第三节中"投资价值"的相关内容。

[3] 这三种方法详见本书第三版第148~149页。

[4] 从房地产价格评估的角度，租售价格的确定可以有多种方法：比较法、收益法、成本法、假设开发法等，但常用的是比较法。房地产投资分析中也可以使用这种方法为商品房定价。

2.比较法①定价过程

（1）搜集交易实例

搜集的交易实例通常包括：房地产的坐落、用途、售价、成交日期、交易双方的基本情况、市场状况、土地状况、建筑物状况，以及所处地区的交通、环境条件等内容。对交易实例，要根据需定价的房地产项目的特性进行市场调查，即要事先确定搜集哪些与该房地产有关的内容与项目，填入制好的交易实例调查表中。其中，交易实例价格必须是实际成交的价格，而不仅仅是广告价格或销售商报价。

（2）选择比较实例房地产

这一步是要从已搜集到的交易实例中，筛选出与本项目房地产能形成替代关系的作为可比实例。选择的标准包括：①区位相近。可比实例与需定价的房地产应在同一地区或同一供求范围内的相似地区。②用途相同。可比实例与需定价的房地产用途相同。③规模相当。可比实例与需定价的房地产的规模相当，一般在需定价房地产规模的 0.5～2 倍范围内。④建筑结构相同。可比实例与需定价的房地产建筑结构相同，如大类结构钢结构、钢筋混凝土结构、砖混结构等。⑤可比实例的交易类型、交易情况与需定价的房地产相同，或可修正为正常情况。⑥可比实例的成交日期应与需定价的房地产时点接近，相近的程度可根据房地产市场的波动情况具体分析而定，如市场波动较小，则一般应在 1～2 年以内；当市场波动较大时，有时相隔 1 年的价格也可能过于陈旧。可比实例的成交日期不应晚于需定价的房地产价值时点。

以上六点可基本保证所选取的交易实例在区域因素、个别因素、时间因素以及交易情况上与被定价的房地产相似。对于选取几个比较实例合适，理论上是越多越好，但实践上一是由于缺乏相关实例，二是由于修正的工作量太大，所以选取时一般不低于 3 个交易实例②，否则代表性差，可能造成测算的结果出现较大偏差，难以客观反映市场价格。

（3）建立比较基础

对于筛选出来的比较实例，在进行相互比较之前，要建立可比基础，也就是要做到以下五个方面的统一：统一财产范围、统一付款方式、统一融资条件、统一税费负担和统一计价单位。

（4）比较实例的比较和修正

常用的比较公式是：

$$\frac{该房地产}{的销售定价③} = \frac{比较实例房}{地产实际售价} \times \frac{交易情况}{修正系数} \times \frac{时间因素}{修正系数} \times \frac{区域因素}{修正系数} \times \frac{个别因素}{修正系数} \quad (4.1)$$

在比较法的实际操作中，一般只对可比案例和需要定价的房地产之间存在明显差异的主要价格影响因素进行比较即可满足项目定价的精度需要。

---

① 有关其详细的内容，有兴趣的读者请参阅中国房地产估价师与房地产经纪人学会. 房地产估价理论与方法［M］. 北京：中国建筑工业出版社，2017.

② 中华人民共和国国家标准. 房地产估价规范［M］. 北京：中国建筑工业出版社，2015.

③ 租金价格的确定也同理。

公式（4.1）中涉及4个因素，其中，交易情况、区域因素和个别因素修正系数可采用 $\dfrac{100}{100+X}$ 的形式，其中，X 的数值为比较实例价格因该因素而比需要定价的房地产高（或低）的幅度。当比较实例在某项因素上比需要定价的房地产好，则 X 为正数；反之，X 为负数。例如，某比较实例因房型、楼层、朝向等个别因素比定价房地产差而在价格上会比定价房地产低5%时，则 X 为 -5。而对 X 数值，应通过对市场行情的充分了解和科学分析并结合分析者的经验作出合理判断。

对第4个因素——时间因素的修正，有以下两种方式可以运用：

① $\dfrac{\text{时间修}}{\text{正系数}} = \dfrac{\text{估价时点的房}}{\text{地产价格指数}} \div \dfrac{\text{可比实例交易日期}}{\text{的房地产价格指数}}$ （4.2）

这里的房地产价格指数有定基价格指数和环比价格指数两种。

所以，采用定基价格指数时，

时间修正系数=估价时点的价格指数÷可比实例交易日期的价格指数 （4.3）

采用环比价格指数时，

$\dfrac{\text{时间}}{\text{修正系数}} = \dfrac{\text{可比实例交易日期的}}{\text{下一时期的价格指数}} \times \dfrac{\text{再下一期}}{\text{的价格指数}} \times \cdots \times \dfrac{\text{估价时点时}}{\text{的价格指数}}$ （4.4）

②时间修正系数=1+价格变动率 （4.5）

这里的房地产价格变动率可分为两种情况：逐期递增或递减的价格变动率以及期内平均上升或下降的价格变动率。

其中，采用逐期递增或递减的价格变动率时，

时间修正系数=（1±价格变动率）$^{\text{期数}}$ （4.6）

采用期内平均上升或下降的价格变动率时，

时间修正系数=1±价格变动率×期数 （4.7）

至于具体应选用哪种价格指数或变动率进行交易日期修正，要依据具体的估价对象以及相应价格指数或变动率的可获得情况来确定。但严格说来，不是任何类型的房地产价格指数或变动率都可以采用。最适用的房地产价格指数或变动率，是比较实例所在地区的同类房地产的价格指数或变动率。

（5）确定比准价格

通过以上各种修正以后，每个比较实例都可提供一个比准价格，所以最后要在多个比准价格的基础上通过算术平均法、加权平均法或其他方法综合出一个最终的比准价格来。

一般在定价过程中，为确定最后的合理价格水平，除进行以上简单的数学处理，还要进行多方面的分析和判断，以确保销售定价的合理性。比如，要考虑开发商的市场营销策略及收益目标，考虑政治、经济、社会等宏观环境对项目租售价格的影响，还要考虑房地产市场的供求状况，考虑已建成的、正在建设的以及潜在的竞争项目对房地产项目租售价格的影响。

[例4-1] 在某一城市，分析人员为确定一住宅物业在2019年6月15日的售价，在该物业附近调查、搜集到类似该住宅物业条件的7个交易实例。有关资料见表4-14。

表4-14                 7个交易实例的情况

| 交易实例 | 成交价格（元/平方米） | 交易时间 | 交易情况 | 区域因素 | 个别因素 |
|---|---|---|---|---|---|
| A | 3 300 | 2017-08-15 | 正常 | 0 | 0 |
| B | 3 200 | 2017-06-15 | 低于市价5% | -3% | 0 |
| C | 3 600 | 2017-12-15 | 正常 | 0 | 0 |
| D | 4 000 | 2018-12-15 | 正常 | -4% | -3% |
| E | 3 800 | 2018-04-15 | 正常 | -2% | 0 |
| F | 4 300 | 2018-06-15 | 正常 | 0 | 4% |
| G | 4 400 | 2019-03-15 | 正常 | 0 | -1% |

已知2017年下半年该城市该类住宅物业价格的月平均变动率为-0.2%，2018年1月至2019年6月住宅价格的月平均变动率为+0.1%。关于区域因素和个别因素，见表4-14，表中数字为正（负）的，表示条件比待定物业好（差），数值表示好或差的幅度。请根据上述条件，确定该住宅物业的销售单价（单位：元/平方米，保留小数点后两位）。

分析：根据已知条件（即搜集到的可比实例信息），各交易实例与需定价的物业在同一供需圈内且各方面条件类似，因此应重点考虑的是交易日期接近的实例。按照交易实例的成交日期与该房地产的定价时点至少应在1～2年内的要求，我们从7个交易实例中选取3个作为可比实例，即D、F、G。上述3个可比实例，除了在交易情况方面均属正常不用修正以外，在其他3个方面，即交易实例的交易时间因素、区域因素和个别因素均存在差异，需要进行修正。

解：根据公式（4.1），需定价的房地产销售单价=比较实例房地产实际售价×交易情况修正系数×时间因素修正系数×区域因素修正系数×个别因素修正系数，修正后：

D房地产的修正销售单价$=4\,000\times\dfrac{100}{100}\times(1+0.1\%\times6)\times\dfrac{100}{100-4}\times\dfrac{100}{100-3}$

$\qquad\qquad\qquad\qquad\qquad =4\,321.31$（元/平方米）

F房地产的修正销售单价$=4\,300\times\dfrac{100}{100}\times(1+0.1\%\times12)\times\dfrac{100}{100+4}$

$\qquad\qquad\qquad\qquad\qquad =4\,184.23$（元/平方米）

G 房地产的修正销售单价$=4\,400 \times \dfrac{100}{100} \times (1+0.1\% \times 3) \times \dfrac{100}{100-1}$

$\qquad\qquad\qquad\qquad =4\,457.78$（元/平方米）

所以，通过简单算术平均数计算本项目房地产较合理的销售单价为：

（4 321.31+4 184.23+4 457.78）÷3=4 321.11（元/平方米）

### （三）经营收入估算

经营收入是指向社会出售、出租或自营所开发商品时的货币收入。经营收入包括房地产产品的销售收入、出租收入、自营收入和转售收入等。

1.销售收入

销售收入=可销售房屋建筑面积×房屋销售单价 　　　　　　　　　　　　（4.8）

这里应注意可出售面积比例的变化对销售收入的影响以及由于规划设计的原因导致不能出售面积比例的增大对销售收入的影响。

上述估算公式只是签约后一次付款的表达式，现实中通常是多次付款，计算起来更为复杂。其具体估算式为：

第 1 期收入=第 1 期销售产品在第 1 期的收款额

或：第 1 期收入=第 1 期销售数量×售价×第 1 期销售产品在第 1 期的收款额比例

第 2 期收入=第 1 期销售产品在第 2 期的收款额+第 2 期销售产品在第 2 期的收款额

或：$\dfrac{第 2 期}{收入}=\dfrac{第 1 期}{销售数量} \times 售价 \times \dfrac{第 1 期销售产品在}{第 2 期的收款比例}+\dfrac{第 2 期}{销售数量} \times 售价 \times \dfrac{第 2 期销售产品在}{第 2 期的收款比例}$

$\dfrac{第 3 期}{收入}=\dfrac{第 1 期销售产品}{在第 3 期的收款额}+\dfrac{第 2 期销售产品}{在第 3 期的收款额}+\dfrac{第 3 期销售产品}{在第 3 期的收款额}$

或：$\dfrac{第 3 期}{收入}=\dfrac{第 1 期}{销售数量} \times 售价 \times \dfrac{第 1 期销售产品在}{第 3 期的收款比例}+\dfrac{第 2 期}{销售数量} \times 售价 \times \dfrac{第 2 期销售产品在}{第 3 期的收款比例}+$

$\qquad\qquad \dfrac{第 3 期}{销售数量} \times 售价 \times \dfrac{第 3 期销售产品在①}{第 3 期的收款比例}$

　　　　……

依此类推。

售价通常也会随市场变化而产生波动，所以，可以考虑一定的变化率。

关于销售收入，有两个问题需要说明：一是销售收入的用途；二是销售收入在不同报表中的作用。

销售收入的用途通常有四个：一是用于还本付息；二是用于缴纳随经营收入产生的各种税费；三是用于进行再投资（当为预售时，也叫预售收入再投入）；四是形成利润（当然是在扣除了各种成本、费用以后）。

"销售收入"在投资分析各报表中的含义是一致的，但作用有所不同。比如，在投资计划与资金筹措表中，"销售收入"代表资金筹措的渠道；在借款还本付息估算表中，"销售收入"代表还本付息资金的来源渠道；在现金流量表中，"销售收入"代表流入的是现金；在资金来源与运用表中，"销售收入"代表资金来源的渠

---

① 见第九章第一节案例。

道；在利润表中，"销售收入"代表土地增值税、增值税和税金及附加、所得税等的计算基数，是计算税后利润的最基本的数据。

2.出租收入

出租收入=可出租房屋建筑面积×房屋租金单价　　　　　　　　　　　　　(4.9)

这里应注意空置期（项目竣工后暂时找不到租户的时间）、空置率（未租出建筑面积占可出租建筑面积的百分比）或出租率（已出租的建筑面积占可出租建筑面积的百分比）、免租期（出租人给予承租人的在租赁期间内免除房租的期限）对租金收入的影响。

没有考虑空置率或出租率的租金收入称为潜在总收入或毛收入；考虑了空置率或出租率以后，如果该物业中还有其他收入（如自动售货机、洗衣房收入等），那么从潜在总收入中扣除空置和租金损失，再加上其他收入，就得到了该物业的实际总收入或有效总收入；如果再扣除出租期的运营费用，就得到了净租金收入（或净经营收入）。

三者的关系表示如下：

潜在总收入=可出租面积×单位租金　　　　　　　　　　　　　　　　　　(4.10)

实际总收入=潜在总收入×（1−空置率）+其他收入　　　　　　　　　　　(4.11)

或　　　　　　　　=潜在总收入×出租率+其他收入

净经营收入=实际总收入−运营费用　　　　　　　　　　　　　　　　　　(4.12)

这三个概念在随后的指标计算中会经常遇到，计算时一般以年为计算周期。

在估算租金时，由于出租的时间较长，租金水平也会因市场的变化而有一定的变化，若呈上涨趋势时，第n年的租金收入计算公式为：

第n年的租金收入=第1年的租金收入×（1+年平均租金上涨率）$^{n-1}$

实际投资分析中，在计算第1年以后的租金收入时，通常会假定在前几年保持一个适当的租金上涨率，然后再以一个新的租金上涨率变化到某一年，此后租金不再变化。租金收入的变化趋势是影响房地产投资价值的重要因素，所以应综合分析类似出租房地产过去收益变化状况以及影响收益变化的因素在未来的发展趋势，在此基础上形成合理判断，为投资者提供参考。出租率的确定也是如此。

3.自营收入

自营收入是指开发企业以开发完成后的房地产为其进行商业和服务业等经营活动的载体，通过自营方式获得的收入。

在估算自营收入时，应充分考虑目前已有的商业和服务业设施对房地产项目建成后产生的影响，以及未来商业、服务业市场可能发生的变化对房地产项目的影响。

4.转售收入

出租和自营型的房地产在持有期末仍有价值，这部分价值可以通过市场转让体现出来。

其他产业中的自营固定资产，在经营期结束时可能会被拆除，有固定资产余值回收，但房地产业中的出租和自营的房地产，在预计的出租期和经营期结束时，一般不会被拆除，可以转售继续使用，其价值一般会通过转售收入来反映。转售收入是房地产的所有者将出租或自营型房地产的所有权转让给他人获得的收入[①]。转售收入通常远高于房地产的余值，这就涉及持有期与转售价格的估算。

常用的、有效的房地产转售价格和转售收入的估算方法是持有期末资本化率估算法，即利用给定时间的净现金流量和选定的合适的资本化率，来估算转售价格或转售收入的一种方法。其中，给定时间的净现金流量一般就是通过预测得到的持有期末转售时的净现金流量；合适的资本化率是预测的在期末转售房地产时的资本化率。当房地产出售给新的所有者时，由于存在与估算现金流量有关的额外不确定因素，有时需要使用稍高的资本化率。当然，这样做的原因还在于建筑物较旧，不会产生像持有期初那样的潜在收入。稍高的期末资本化率反映了估算转售收入时比较保守的思想，也可以说在期末资本化率中含有风险报酬。

其计算公式通常为：

$$P_t = A_t \times \frac{(1+i)^{n-t}-1}{i(1+i)^{n-t}} \tag{4.13}$$

式中：$P_t$——持有期末，即第 $t$ 年年末转售时的转售收入或转售价格；$A_t$——第 $t$ 年年末转售时的净现金流量；$i$——预测的第 $t$ 年年末转售时的资本化率。

当假设房地产的所有权或转售后未来收益为无限年时，上述公式可以简化为：

$$P_t = \frac{A_t}{i}$$

如某房地产持有人欲将其持有 10 年的房地产转售出去，该房地产的出租或经营收入年限为 40 年，通过预测得到第 10 年年末的净现金流量为 120 万元，假设第 10 年年末时的资本化率为 10%，则该房地产转售时的价格为：

$$P_t = A_t \times \frac{(1+i)^{n-t}-1}{i(1+i)^{n-t}} = 120 \times \frac{(1+10\%)^{40-10}-1}{10\% \times (1+10\%)^{40-10}} = 120 \times 9.4269 = 1\ 131.23\ （万元）$$

上述经营收入是按市场价格计算的，房地产开发投资企业的产品（房屋）只有在市场上出售、出租或自我经营，才能成为给企业或社会带来收益的有用的劳动成果。因此，经营收入比企业完成的开发工作量（产值）更能反映房地产开发投资项目的真实经济效果。

## 二、税金估算

税金是国家和地方政府依据法律对有纳税义务的单位或个人征收的财政资金。国家或地方政府的这种筹集财政资金的手段叫税收。税收是国家凭借权力参与国民

---

[①]　复习第一章第三节"三、投资与成本（二）房地产投资分析中的投资与成本"中，"转售成本"与"转售收益"的概念。如无特殊说明，本书中的转售收入，一般是指考虑了转售成本（含各种税金）后的"净转售收入"或"净转售收益"。

收入分配和再分配的一种方式，具有强制性、无偿性和固定性的特点。税收不仅是国家和地方政府获得财政收入的主要渠道，也是国家和地方政府对各项经济活动进行宏观调控的重要杠杆。

目前，我国房地产开发企业缴纳的主要税种如下：

## （一）增值税

增值税是对销售货物或者提供加工、修理修配劳务以及进口货物的单位和个人就其实现的增值额征税的一个税种。在中华人民共和国境内销售服务、无形资产或者不动产的单位和个人，为增值税纳税人。

根据国家有关规定，房地产业是增值税的征收范围，一是房地产企业销售自己开发的房地产项目，二是房地产企业出租自己开发的房地产项目（包括商铺、写字楼、公寓等）。一般纳税人销售不动产、提供不动产租赁服务，其适用税率为9%[①]，小规模纳税人销售不动产、提供不动产租赁服务，不按适用税率征收，而是按征收率5%缴纳增值税。一般纳税人为年应税销售额超过500万元的纳税人；小规模纳税人为年应税销售额未超过500万元的纳税人。相关具体规定是：

### 1.出售不动产

房地产开发企业中的一般纳税人，销售自行开发的开工日期在2016年4月30日前的房地产项目，可以选择适用简易计税方法按照5%的征收率计税。即房地产企业的老项目可以适用和原营业税同样的税率。这种安排有利于实现营改增的平稳过渡。

房地产开发企业中的一般纳税人，销售2016年5月1日后取得的或新开发房地产项目时，以取得的全部价款和价外费用，扣除当期销售房地产项目对应的土地价款后的余额计算销售额，适用9%的增值税税率。房地产开发企业采取预收款方式销售所开发的房地产项目，在收到预收款时按照3%的预征率预缴增值税。

房地产开发企业中的小规模纳税人，销售自行开发的房地产项目，按照5%的征收率计税。小规模纳税人销售不动产，应以取得的全部价款和价外费用减去该项不动产购置原价或者取得不动产时的作价后的余额为销售额，按照5%的征收率计算应纳税额。

个人转让其购买的住房，按照以下规定缴纳增值税：①个人转让其购买的住房，按照有关规定全额缴纳增值税的，以取得的全部价款和价外费用为销售额，按照5%的征收率计算应纳税额。②个人转让其购买的住房，按照有关规定差额缴纳增值税的，以取得的全部价款和价外费用扣除购买住房价款后的余额为销售额，按照5%的征收率计算应纳税额。

---

① 该税率有过3次变化。2016年5月1日起，我国全面推开营改增试点，将建筑业、房地产业、金融业和生活服务业纳入试点，实现增值税对货物服务的全覆盖，营业税退出历史舞台。房地产业销售不动产、提供不动产租赁服务的一般纳税人，其增值税税率自2016年5月1日起为11%，2018年5月1日起为10%，2019年4月1日起为9%。分别见《关于全面推开营业税改征增值税试点的通知》（财税〔2016〕36号）《关于调整增值税税率的通知》（财税〔2018〕32号）、《关于深化增值税改革有关政策的公告》（财政部 税务总局 海关总署公告2019年第39号）。

2.出租不动产

一般纳税人出租其2016年4月30日前取得的不动产，可以选择适用简易计税方法，按照5%的征收率计算应纳税额。按5%征收率预缴，按5%申报。一般纳税人出租其2016年5月1日后取得的不动产，按照3%的预征率在不动产所在地预缴税款后，向机构所在地主管税务机关进行纳税申报。按3%预征，按9%申报。

小规模纳税人出租其取得的不动产，按照5%的征收率计算应纳税额。按5%预缴，按5%申报。个人出租住房，按照5%的征收率减按1.5%计算应纳税额。相当于原营业税政策的平移。

需要说明的是，本教材涉及销售与出租的房地产项目，均将房地产企业视为一般纳税人、销售自行开发的房地产老项目（2016年4月30日前开工）、且适用简易计税方法，故估算时，增值税率均为5%。

现实中，房地产咨询人员或房地产开发企业的投资分析人员，应根据房地产项目的实际情况、当时的增值税政策对增值税进行估算。

## （二）税金及附加

税金及附加是指在房地产销售、出租与自营过程中发生的税费，主要包括城市维护建设税、教育费附加和地方教育附加、城镇土地使用税、房产税及车船税、印花税、消费税、资源税等相关税费。这里主要介绍前四种。

1.城市维护建设税

城市维护建设税（以下简称城建税），是随增值税、消费税附征并专门用于城市维护建设的一种特别目的税。城建税以纳税人实际缴纳的增值税、消费税税额为计税依据，在全国范围内征收，包括城市、县城、建制镇及其以外的地区。即只要缴纳增值税、消费税的地方，除税法另有规定，都属征收城建税的范围。

城市维护建设税的税率因纳税人所在的地区而有所差别：纳税人所在地为市区的，税率为7%；纳税人所在地为县城、建制镇的，税率为5%；纳税人所在地不在市区、县城或者建制镇的，税率为1%。[①]

2.教育费附加和地方教育附加

教育费附加和地方教育附加，是国家为发展教育事业、扩大地方教育经费的资金来源而征收的附加费，其计费依据与城建税相同，与增值税、消费税同时缴纳。教育费附加征收率为3%。从2010年起，地方教育附加征收率统一为2%[②]。

3.城镇土地使用税

城镇土地使用税是房地产开发企业在开发经营过程中占用国有土地应缴纳的一种税。计税依据是纳税人实际占用的土地面积。采用分类分级的幅度定额税率，每平方米的年幅度税额按城市大小分为四个档[③]：①大城市，1.5～30元；

---

①　《中华人民共和国城市维护建设税法》经第十三届全国人民代表大会常务委员会第二十一次会议于2020年8月11日通过，自2021年9月1日起施行。《中华人民共和国城市维护建设税暂行条例》同时废止，但该法税率未做改动。
②　《财政部关于统一地方教育附加政策有关问题的通知》（财综〔2010〕98号）。
③　详见2006年12月31日国务院令第483号：《国务院关于修改〈中华人民共和国城镇土地使用税暂行条例〉的决定》，2007年1月1日起施行。

②中等城市，1.2~24元；③小城市，0.9~18元；④县城、建制镇、工矿区，0.6~12元。具体由各省、自治区、直辖市人民政府确定。城镇土地使用税的计算方法为：

年应纳城镇土地使用税额=应税土地面积（平方米）×定额税率　　　　（4.14）

4.房产税

房产税是投资者拥有房地产时应缴纳的一种财产税。对于出租的房产，以房产租金收入为计税依据；对于非出租的房产，以房产原值一次减除10%~30%后的余额为计税依据，具体减除幅度由省、自治区、直辖市人民政府确定。

房产税采用比例税率，按房产余值计征的，税率为1.2%；按房产租金收入计征的，税率为12%。

**（三）土地增值税**

1.土地增值税的概念

土地增值税是对转让国有土地使用权、地上建筑物及其附着物并取得收入的单位和个人，就其转让房地产所取得的增值额征收的一种税，其实质是对土地收益的课税。这里，转让的土地使用权是否国有、房地产的产权是否转让、转让后是否有收入是确认土地增值税征收的标准。比如，对于房地产的出租、房地产的继承和赠与就不征收土地增值税。

根据2010年5月25日《国家税务总局关于加强土地增值税征管工作的通知》的规定，土地增值税的征收执行预征和清算制度。纳税人在项目全部竣工结算前转让房地产取得的收入，由于涉及成本确定或其他原因而无法据以计算土地增值税的，可以预征土地增值税，依所处地区和房地产类型不同，预征率为销售收入的1%~2%[1]，具体办法由各省、自治区、直辖市税务局根据当地情况制定。待项目全部竣工、办理结算后再进行清算，多退少补[2]。采用核定税率征收土地增值税时，核定征收率不得低于5%。

土地增值税的纳税人应于转让房地产合同签订之日起7日内，到房地产所在地的主管税务机关办理纳税申报，并向税务机关提交房屋及建筑物产权、土地使用权证书、土地转让或房产买卖合同、房地产评估报告及其他与转让房地产有关的资料。纳税人因经常发生房地产转让而难以在每次转让后申报的，经税务机关审核同意后，可以定期进行纳税申报，具体期限由税务机关根据情况确定。

2.征税对象

计算土地增值税应纳税额，并不是直接对转让房地产所取得的收入征税，而是要对收入额减除国家规定的各项扣除项目金额后的余额计算征税。这个余额就是纳

---

　　① 各地规定有所不同，比如大连规定：自2016年9月1日起，普通标准住宅，最低核定征收率为5%；非普通标准住宅，最低核定征收率为6%；非住宅，最低核定征收率为8%。具体见《大连市地方税务局关于调整土地增值税核定征收有关事项的公告》（大连市地方税务局公告2016年第1号）。北京规定预征率为2%~8%。具体见2013年3月30日《北京市关于进一步做好房地产市场调控工作有关税收问题的公告》。

　　② 预征是发生在销售开始后，本书基于投资决策分析的角度，项目还没开始，或者只是取得了土地使用权，所以只作预征。另外，土地增值税在实际征收时是按实际成本，某些成本费用如"不可预见费"等是不考虑在内的。但由于投资分析只是作大致的先期估算，所以为了计算的方便，在扣除项目中也包含了"不可预见费"等费用。

税人在转让房地产中获取的增值额。

3.土地增值额的计算①

所谓增值额，就是纳税人转让房地产所取得的收入减去扣除项目金额后的余额。

（1）转让房地产取得的收入

纳税人转让房地产取得的收入应包括转让房地产的全部价款及相关的经济收益。从收入的形式来看，包括货币收入、实物收入和其他收入。

（2）计算扣除项目金额

扣除项目②包括：

① 房地产开发成本，包括取得土地使用权所支付的金额及相应的税费、手续费、土地征用及征收补偿费、前期工程费、建筑安装工程费、基础设施建设费、公共配套设施建设费、开发期税费、其他工程费等。

② 房地产开发费用，包括管理费用、销售费用和财务费用。但这三项费用在计算土地增值税时，并不按纳税人房地产开发项目实际发生的费用进行扣除。具体扣除时，要看财务费用中的利息支出是否能够按转让房地产项目计算分摊并提供金融机构的证明。如果是，则财务费用中的利息支出允许据实扣除，但最高不能超过按商业银行同类同期贷款利率计算的金额；而其他房地产开发费用则按上面第①项计算的金额之和的5%以内计算扣除。如果否，则整个房地产开发费用按上面第①项规定计算的金额之和的10%以内计算扣除。

③ 旧房或建筑物的评估价格，是指在转让旧有房屋及建筑物时，由政府批准设立的房地产估价机构评定的重置成本价乘以成新度折扣率后的价格，评估价格须经当地税务机关确认。③

④ 转让房地产有关的税金，包括增值税、城市维护建设税、教育费附加、地方教育附加、印花税等。④

⑤ 财政部规定的其他扣除项目。对从事房地产开发的纳税人可按前述第①项加计20%扣除。

另外，对纳税人成片受让土地使用权，分期分批开发、分块转让的，其扣除项目金额的确定，可按转让土地使用权的面积占总面积的比例计算分摊，或按建筑面积计算分摊。也可按税务机关确认的其他方式计算分摊。

---

① 营改增后，土地增值额的计算也有变化，详见《国家税务总局关于营改增后土地增值税若干征管规定的公告》（国家税务总局公告2016年第70号）。本教材所有案例中的项目均视为房地产老项目、选用简易计税方法，增值税的估算与原来营业税的估算方法与税率相同，故所有案例中的数据并未更改。但在实际操作中应注意房地产新、老项目在"转让房地产取得的收入"与"可扣除项目金额"中计算"增值税"的区别。具体参见上则公告。
② 为了计算方便以及后续案例的计算需要，本书对该扣除项目内容的划分方法，与《中华人民共和国土地增值税暂行条例》的划分有所不同，但不影响计算结果。对同一项目，两种划分方法下所计算出来的土地增值税是相同的。
③ 各地政府对旧房或建筑物转让时如何征收土地增值税均有具体规定。参见大连市税务局2019年11月10日起施行的《关于转让旧房及建筑物土地增值税征收管理有关问题的公告》。
④ 这项内容基于本教材中关于"房地产老项目"及"选用简易计税方法"的假定。如果不属于这两个假定条件，此项税金应按照《国家税务总局关于营改增后土地增值税若干征管规定的公告》的要求计算。

4.土地增值税的税率

土地增值税实行四级超率累进税率，范围为30%～60%。

（1）增值额未超过扣除项目金额50%（包括本比例数，下同）的部分，税率为30%；

（2）增值额超过扣除项目金额50%，但未超过扣除项目金额100%的部分，税率为40%；

（3）增值额超过扣除项目金额100%，但未超过扣除项目金额200%的部分，税率为50%；

（4）增值额超过扣除项目金额200%的部分，税率为60%。

为简化计算，应纳税额可按增值额乘以适用税率减去扣除项目金额乘以速算扣除系数的简便方法计算，速算公式如下：

土地增值额未超过扣除项目金额50%的，应纳税额=土地增值额×30%；

土地增值额超过扣除项目金额50%，未超过100%的，应纳税额=土地增值额×40%-扣除项目×5%；

土地增值额超过扣除项目金额100%，未超过200%的，应纳税额=土地增值额×50%-扣除项目×15%；

土地增值额超过扣除项目金额200%的，应纳税额=土地增值额×60%-扣除项目×35%。

5.土地增值税的免税规定

有下列情形之一的，免征土地增值税：

（1）纳税人建造普通标准住宅[①]出售，增值额未超过扣除项目金额20%的。其中，普通标准住宅是指按所在地一般民用住宅标准建造的居住用房，与其他住宅的具体划分界限由各省、自治区、直辖市人民政府规定。增值额超过扣除项目金额之和20%的，应就其全部增值额按规定计税。如果纳税人既建普通标准住宅又建造其他商品房的，应分别核算土地增值额。

（2）因国家建设需要征用的房地产。因国家建设需要而被政府征用、收回的房地产，是指因城市实施规划、国家建设的需要而被政府批准征用的房产或收回的土地使用权[②]。

符合上述免税规定的单位和个人，须向房地产所在地税务机关提出免税申请，经税务机关审核后，免征土地增值税。

综上所述，我们可将土地增值税的计算过程列成表格，见表4-15。

---

① 普通标准住宅，是指按所在地一般民用住宅标准建造的居住用房。普通标准住宅与其他住宅的具体划分界限由各省、自治区、直辖市人民政府规定。2005年5月9日《国务院办公厅转发建设部等部门关于做好稳定住房价格工作意见的通知》中指出，"对中小套型、中低价位普通住房给予优惠政策支持。享受优惠政策的住房原则上应同时满足以下条件：住宅小区建筑容积率在1.0以上、单套建筑面积在120平方米以下、实际成交价格低于同级别土地上住房平均交易价格1.2倍以下。各省、自治区、直辖市要根据实际情况，制定本地区享受优惠政策普通住房的具体标准"。

② 《中华人民共和国土地增值税暂行条例实施细则》第十一条第四款所称因"城市实施规划"而搬迁，是指因旧城改造或因企业污染、扰民（指产生过量废气、废水、废渣和噪声，使城市居民生活受到一定危害），而由政府或政府有关主管部门根据已审批通过的城市规划确定进行搬迁的情况；因"国家建设的需要"而搬迁，是指因实施国务院、省级人民政府、国务院有关部委批准的建设项目而进行搬迁的情况。

表4-15
**土地增值税估算表**

| 序号 | 项目 | 计算基础 |
|---|---|---|
| 1 | 转让房地产总收入 | 详见销售收入表 |
| 2 | 扣除项目金额 | (2.1) + (2.2) + (2.3) + (2.4) |
| 2.1 | 开发成本 | 土地成本、前期工程费、建筑安装工程费、基础设施建设费、公共配套设施建设费、开发期税费、其他工程费、不可预见费等 |
| 2.2 | 开发费用 | 管理费用、销售费用、财务费用 |
| 2.3 | 与转让房地产有关的税金 | 增值税、城市维护建设税、教育费附加、印花税等 |
| 2.4 | 财政部规定的其他扣除项目 | (2.1) ×20% |
| 3 | 增值额 | (1) – (2) |
| 4 | 增值率 | (3) ÷ (2) |
| 5 | 适用增值税税率 | 增值额50%以下部分：30%<br>增值额超过50%~100%部分：40%<br>增值额超过100%~200%部分：50%<br>增值额超过200%部分：60% |
| 6 | 土地增值税 | 应纳税额＝土地增值额×适用税率 |

注：表中列出的是土地增值税总额的计算过程。为简化计算，各年度的土地增值税可根据各年销售比例分摊。

需要说明的是，此处的土地增值税是项目投资前进行的大致估算，实际征收要按税收法律要求核算，涉及很多细节规定，与此会有一些不同。

[例4-2]某纳税人转让房地产所取得的收入为400万元，其扣除项目金额（假设考虑了所有应扣除因素）为100万元，试计算其应纳土地增值税的税额。

解：第一种计算方法（分步算）：

（1）计算增值额

转让房地产取得的收入–扣除项目金额=400-100=300（万元）

（2）计算增值率

增值率为增值额与扣除项目金额之比，即：

300÷100×100%=300%

由此可见，增值额超过扣除项目金额200%，分别适用30%、40%、50%、60%四档税率。

（3）计算各档土地增值税的税额

①增值额未超过扣除项目金额50%的部分，适用30%的税率，税额为：

100×50%×30%=15（万元）

②增值额超过扣除项目金额50%但未超过100%的部分，适用40%的税率，税额为：

100×（100%-50%）×40%=20（万元）

③增值额超过扣除项目金额100%但未超过200%的部分，适用50%的税率，

税额为：

100×（200%-100%）×50%=50（万元）

④增值额超过扣除项目金额200%的部分，适用60%的税率，税额为：

100×（300%-200%）×60%=60（万元）

（4）土地增值税总计

15+20+50+60=145（万元）

第二种方法（用速算公式）：

由于该项目的增值率为300%，超过了200%，所以适用于最后一个速算公式。则：

应纳税额=土地增值额×60%-扣除项目金额×35%

　　　　=300×60%-100×35%=145（万元）

同理，如果是一个增值额为58万元、扣除项目金额为100万元的项目，则其土地增值税为：

100×50%×30%+100×（58%-50%）×40%=18.2（万元）

一个增值额为35万元、扣除项目金额为100万元的项目，其土地增值税为：

35×30%=10.5（万元）

### （四）企业所得税

企业所得税是对实行独立核算的房地产开发投资企业，按其应纳税所得额征收的一种税。企业每一纳税年度的收入总额，减去不征税收入、免税收入、各项扣除以及允许弥补的以前年度亏损后的余额，为应纳税所得额。企业所得税的纳税人为开发企业（开发商或开发投资者）。开发企业应缴纳的所得税计算公式为：

所得税税额=应纳税所得额×适用税率-减免税额-抵免税额　　　　　　（4.15）

应纳税所得额=利润总额-允许扣除项目的金额

房地产开发投资企业所得税税率一般为25%[①]。

开发企业的利润总额主要是开发投资房地产项目在开发建设及经营期间的租售收入，扣除总开发成本和经营成本后的余额。由于房地产开发项目的租售收入和成本投入是逐年实现的，其租售比例与投入的比例又不一定匹配（例如，第1年预售了40%，但成本费用只投入了30%；或第1年预售了15%，但成本已投入了25%），这给计算企业应纳税所得额带来了一定的困难。通常的处理方式是将预计的总开发成本按年实际销售收入占预计总收入的比例逐年扣除，使开发商只要有销售收入就要扣缴所得税，而非从整个项目的获利年度起计征。在开发项目最终销售完毕的年度，再统一核算整个项目的所得税，并按核算结果结合项目开发过程中已缴所得税情况多退少补。

需要说明的是，在估算的"总成本费用"或"总投资"中，并不包括"增值税和税金及附加""土地增值税""企业所得税"这三项。因为它们是随着房地产项目的出售或经营而发生的，虽然属于现金流出，但不属于现金流出中的"开发产品投

---

① 详见2007年3月16日第十届全国人民代表大会第五次会议通过的《中华人民共和国企业所得税法》，于2008年1月1日施行。此处的所得税税率25%即为该法第四条的规定。

资"，也就不属于总成本费用。如果没有销售收入，不进行经营，它们将不会发生。反过来，不管房地产项目是否出售或出租，总成本费用都是已发生的费用。

### 三、销售收入、出租收入、自营收入与增值税和税金及附加估算表

在进行房地产投资项目的财务分析时，应根据上述计算出来的基础数据编制销售收入与增值税和税金及附加估算表、出租收入与增值税和税金及附加估算表、自营收入与增值税和税金及附加估算表。

其表格形式见表4-16至表4-18。

表4-16　　　　　　**销售收入与增值税和税金及附加估算表**　　　　金额单位：万元

| 序号 | 项目 | 合计 | 1 | 2 | 3 | … | N |
|------|------|------|---|---|---|---|---|
| 1 | 销售收入 | | | | | | |
| 1.1 | 可销售面积（平方米） | | | | | | |
| 1.2 | 单位售价（元/平方米） | | | | | | |
| 1.3 | 销售比例（%） | | | | | | |
| 2 | 增值税和税金及附加 | | | | | | |
| 2.1 | 增值税 | | | | | | |
| 2.2 | 城市维护建设税 | | | | | | |
| 2.3 | 教育费附加 | | | | | | |
| 2.4 | 地方教育附加 | | | | | | |
| ⋮ | | | | | | | |

表4-17　　　　　　**出租收入与增值税和税金及附加估算表**　　　　金额单位：万元

| 序号 | 项目 | 合计 | 1 | 2 | 3 | … | N |
|------|------|------|---|---|---|---|---|
| 1 | 租金收入 | | | | | | |
| 1.1 | 可出租面积（平方米） | | | | | | |
| 1.2 | 单位租金（元/平方米） | | | | | | |
| 1.3 | 出租率（%） | | | | | | |
| 2 | 增值税和税金及附加 | | | | | | |
| 2.1 | 增值税 | | | | | | |
| 2.2 | 城市维护建设税 | | | | | | |
| 2.3 | 教育费附加 | | | | | | |
| 2.4 | 地方教育附加 | | | | | | |
| ⋮ | | | | | | | |
| 3 | 净转售收入 | | | | | | |
| 3.1 | 转售价格 | | | | | | |
| 3.2 | 转售成本 | | | | | | |
| 3.3 | 转售税金 | | | | | | |

注：（1）当房地产开发项目有预租时（通常这种情况较少），在开发期存在租金收入；

（2）净转售收入一般在期末实现。

表4-18　　　　　**自营收入与增值税和税金及附加估算表**　　　　单位：万元

| 序号 | 项目 | 合计 | 1 | 2 | 3 | … | N |
|---|---|---|---|---|---|---|---|
| 1 | 自营收入 | | | | | | |
| 1.1 | 商业 | | | | | | |
| 1.2 | 服务业 | | | | | | |
| 1.3 | 其他 | | | | | | |
| 2 | 增值税和税金及附加 | | | | | | |
| 2.1 | 增值税 | | | | | | |
| 2.2 | 城市维护建设税 | | | | | | |
| 2.3 | 教育费附加 | | | | | | |
| 2.4 | 地方教育附加 | | | | | | |
| ⋮ | | | | | | | |

# 第三节　房地产投资项目的资金筹措

由于房地产投资的资金需要量较大，而投资者自有资金往往相对有限，能否按期足额投入资金，就成了项目能否顺利实施的基本条件。所以在正确估计项目总投资及租售收入的基础上，对项目资金来源、资金筹措及资金使用计划等进行认真的分析是非常必要的。

房地产开发项目筹集资金的过程相对较为复杂，下面以房地产开发项目为主介绍房地产投资项目的资金来源。

## 一、房地产投资资金来源分析

资金筹措应先分析项目投资的资金来源，房地产投资项目资金来源的渠道主要有：资本金、银行贷款、预售收入。

### （一）资本金

资本金是投资者对其所投资项目投入的股本金，通常来自投资者的自有资金。资本金既是投资者"赚取利润"的本钱，也是其"承担投资风险"的具体表现。这部分由投资者认购的出资额，对投资项目来说是非债务性资金，项目法人不承担这部分资金的任何利息和债务；投资者可按出资比例依法享有所有权益，也可转让其出资，但不得以任何方式抽出。房地产开发投资的特性要求开发企业必须有一定量的股本金投入。根据国家规定，投资项目必须首先落实了资本金才能进行建设。为了建立投资风险约束机制，有效地控制投资规模，提高投资收益，国家对固定资产投资实行资本金制度。该指标根据不同行业和项目的经济效益等因素确定。

　　对房地产开发项目实行资本金制度，即规定房地产开发企业承揽项目必须有一定比例的资本金，这可以有效地防止部分开发企业的不规范行为，减少楼盘"烂尾"等现象的发生。

　　实施资本金制度始于1996年[①]，当时房地产行业要求的资本金比例为20%。2004年6月，中央为调控当时较热的房地产市场，将资本金比例提至35%（不包括经济适用房）[②]。同年9月，银监会颁布的《商业银行房地产贷款风险管理指引》第16条规定：商业银行对申请贷款的房地产开发企业，应要求其开发项目资本金比例不低于35%。2006年8月，随着楼市持续高温，为防范金融风险，银监会再次公开发布《关于进一步加强房地产信贷管理的通知》，该通知对金融机构提出9项要求，指出严禁向项目资本金比例达不到35%、"四证"不齐等不符合贷款条件的房地产开发企业发放贷款。但在2009年5月，鉴于当时房地产市场较为低迷的状况，国务院发出《关于调整固定资产投资项目资本金比例的通知》，对固定资产投资项目资本金比例进行适当调整，其中保障性住房和普通商品住房项目的最低资本金比例为20%，其他房地产开发项目的最低资本金比例为30%。2015年9月，国务院发布《关于调整和完善固定资产投资项目资本金制度的通知》（国发〔2015〕51号）明确规定：房地产开发项目中，保障性住房和普通商品住房项目维持20%不变，其他项目由30%调整为25%。同时，在第三条规定："金融机构在提供信贷支持和服务时，要坚持独立审贷，切实防范金融风险。要根据借款主体和项目实际情况，按照国家规定的资本金制度要求，对资本金的真实性、投资收益和贷款风险进行全面审查和评估，坚持风险可控、商业可持续原则，自主决定是否发放贷款以及具体的贷款数量和比例。"所以，在实际融资过程中，多数金融机构在为房地产开发项目提供贷款时，出于内部风控的考虑仍会要求资本金比例不低于35%[③]。

　　由于降低资本金比例在一定程度上降低了融资门槛，因此，对资本金比例的动态调整就成为国家调控房地产市场的一种政策手段。[④]在后续的个别案例中，我们未对资本金比例作严格的规定，就是基于此种考虑。读者在做房地产投资分析时，一定要了解当时的资本金比例政策。

　　从投资者的角度来说，只要预计项目的投资利润率高于银行存款利率，就可以根据企业的能力适时投入自有资金作为股本金。开发商的自有资金，包括现金和其他速动资产，以及在近期内可以收回的各种应收款等。

　　通常情况下，开发商存于银行的现金不会很多，但对于某些存于银行用于透支贷款、保函或信用证的补偿余额的冻结资金，如能争取早日解除冻结，也属于

　　① 1996年8月，发布《国务院关于固定资产投资项目试行资本金制度的通知》（国发〔1996〕35号）。
　　② 对于外商投资房地产项目目前不执行上述资本金制度，而是按照比上述资本金制度条件更高的外商投资企业有关注册资本和投资总额的相关法规执行。
　　③ 本教材多数案例采用资本金比例不低于35%做为银行贷款的前提条件之一。实际上对投资项目是采用25%、30%还是35%的资本金比例要求，要看金融机构对风险管控的要求，只要不低于国家规定即可。
　　④ 2015年9月，国务院发布《关于调整和完善固定资产投资项目资本金制度的通知》规定："国家将根据经济形势发展和宏观调控需要，适时调整固定资产投资项目最低资本金比例。"

现金类。速动资产包括各种应收的银行票据和债券（通过抵押、贴现获得现金的证券），以及其他可立即出售的建成楼宇的回款和近期出售的各类物业的应收款等。

**（二）银行贷款**

任何房地产开发企业要想求得发展，都离不开银行及其他金融机构的支持。如果开发企业不会利用银行信贷资金，完全靠自有资金周转，就很难扩大投资项目的规模及提高自有资金的投资收益水平，还会由于投资能力不足而失去许多好的投资机会。利用信贷资金经营，实际上就是"借钱赚钱"或"借鸡生蛋"，充分发挥财务杠杆的正向作用。（关于财务杠杆的正、负向作用参见第一章相关内容）

房地产开发投资中的贷款比例并非没有严格限制，一般贷款比例应小于项目总投资的65%～70%，而且通常以开发项目本身的抵押贷款为主。在我国房地产开发融资渠道比较少的情况下，银行贷款目前是房地产开发项目最主要的融资渠道。银行为了降低金融风险，一般在提供房地产项目贷款时均要求房地产项目具备"四证"（建设用地规划许可证、不动产权证、建设工程规划许可证、建筑工程施工许可证），资本金达到规定比例等。

**（三）预售收入**

预售收入也叫预售款，是房地产投资者在商品房交付使用之前，预先向购房人收取的价款。这种筹资方式较受欢迎是因为对房地产的买卖双方来说都比较有利。

对于房地产的买方而言，在房地产市场前景被看好的情况下，他们只需先期支付少量定金或首付款就可以买到楼层和位置好的房地产，甚至可以享受到未来一段时间内的房地产增值收益。例如，某单位以现时楼价20%的预付款订购了开发企业开发建设过程中的楼宇，如果1年后楼宇竣工交付使用时楼价上涨了12%，则其预付款的收益率将高达60%（12%÷20%×100%）。所以，在市场呈上涨趋势时，买方的购买积极性高，预交部分价款也愿意。

对于房地产卖方而言，由于预售可提前获取资金，从而为后续投资做好准备，而且又可将部分市场风险分散给买方，还可以通过找差价来减少低价预售的损失，所以卖方的积极性也不言而喻。

当然，利用预售款来筹资通常是有条件的，一般规定开发商投入的工程建设资金（不含土地成本）应达到或超过地上物预计总投资的25%以上并已经确定施工进度和竣工交付日期以后，方可获得政府房地产管理部门颁发的商品房预售许可证[①]。另外，不同时期、不同地区关于房地产预售的规定也有所不同。[②]

---

① 详见1994年11月15日发布的建设部令第40号《城市商品房预售管理办法》第5条规定以及1994年7月颁布的《中华人民共和国城市房地产管理法》第45条规定。后者分别经过2007年8月30日第一次修正、2009年8月27日第二次修正和2019年8月26日第三次修正。
② 比如，2010年10月11日，大连市人民政府在《关于进一步规范商品房预售管理的通知》第1条中规定：商品房预售应达到的工程进度标准为：7层以下（含7层）的商品房项目，须完成主体结构封顶；8层以上（含8层）的商品房项目，须完成主体结构2/3以上（不得少于7层）。2000年10月22日，广州市在《关于修改〈广东省商品房预售管理条例〉的决定》中规定，商品房预售应达到的工程进度标准为：3层以下的商品房项目已完成基础和结构工程；4层以上的商品房项目，有地下室工程的，已完成基础和首层结构工程，无地下室工程的，已完成基础和4层结构工程。

　　除了以上三种主要的资金来源形式，承包商带资承包和合作开发也经常被开发企业作为筹资的渠道。

　　承包商带资承包是指由承包商垫资进行建设工程施工的筹资方式。严格地说，这不属于筹资方式问题。当建筑市场处于买方市场竞争激烈的情况下，特别是在开发项目有可靠收入保证的情况下，许多具有一定实力的承包商，为了获得施工任务，避免人工和设备的闲置损失，可能愿意带资承包建设工程。房地产开发投资者有时会利用这种市场状况，将一部分筹资风险分摊给承包商。当然，投资者延期支付工程款时，除了应补足应付款外，还要支付利息，但利率一般低于银行贷款利率。如果开发商决定由承包商带资承包，一定要严格审查承包商的经济实力，对其筹资方案进行认真分析。承包商垫资承包建设工程时，其垫资的比例可由开发商与承包商协商确定。目前通行的做法是由承包商垫资一直到基础工程结束，因为此时，开发商基本上达到了申请商品房预售许可证的条件，可以用预售收入来支付已完成工程和后续工程的工程款。

　　合作开发主要有两种方式：一种是当开发商的资金来源确实困难时，选择一家或数家有经济实力的投资者合作开发，来分散和转移资金压力。合作开发可以充分发挥合作伙伴的各自优势，并由各合作伙伴分别承担或筹集各自需要的资本金，这可以有效提高房地产企业的投资能力。当然，开发商也应让出一部分利益，否则难以找到合作伙伴。这样，有房地产开发投资管理能力但资金短缺的开发商和拥有资本金投资能力但没有房地产投资管理经验的企业优势互补，可以收到很好的效果。另一种是与当前的土地使用者合作。由于城市用地结构调整和历史原因，许多单位拥有可供开发的土地，这些单位通常希望通过自有土地的开发，盘活土地资产。房地产投资者如果与这些当前的土地使用者合作，土地开发费用（征收、安置、补偿费用）的部分或全部作价入股，可以大大减轻投资者的资本金投入和开发前期的财务压力。

　　除了上述五种方式，开发商投资项目的资金来源渠道或筹资手段还包括社会集资（发行股票、发行公司债券）、利用外资等方式。

　　一般来说，上述资金的使用顺序是：资本金全部用于投资；接下来是使用银行贷款，但要与预售收入结合起来使用，因为很多时候，都是用预售收入（或销售收入）来偿还银行贷款，余下的可以进行再投资。如果缺口资金完全靠预售收入解决而不安排银行贷款，一旦市场形势不好，房子卖不出去，预售收入实现不了，则整个项目就面临"瘫痪"的风险。[①]

## 二、资金使用计划

　　对资金来源进行分析和落实后，需要就资金如何使用制订一个计划。它说明的是，工程需要多少资金？这些资金将用到哪些成本费用上？怎么用？

---

　　①　对这一部分的理解，请参照本章第三节中的"资金筹措计划"。

资金使用计划的作用，一是提高资金使用效率，二是指导筹资计划，保证项目实施。

房地产投资项目的资金使用计划，应根据项目施工进度与资金来源渠道进行编制。在编制的过程中，应考虑各种投资款项的付款特点，要考虑预收款、欠付款、预付定金以及按工程形象进度结算付款等方式对编制资金使用计划的影响。

### 三、资金筹措计划

资金筹措计划是根据房地产项目对资金的需求以及资金使用计划和销售收入计划，来安排资金来源和相应数量的过程。项目的资金来源通常有资本金、预租售收入及借贷资金等渠道。但是，具体一个投资项目需要选择哪几个渠道，各自筹资比例多少，每种渠道的风险多大，怎么安排使筹资成本最低等，这些都是资金筹措计划要解决的问题。

前述分析说明，开发企业首先要筹措到满足最低比例要求的资本金，才能进行项目的下一步工作。为了满足项目的资金需求，可优先使用资本金，之后预租售收入和借贷资金哪个先使用，具体由项目情况、市场形势以及与银行的谈判情况来定。

面对不同的市场环境和竞争条件，房地产投资项目融资结构和筹资计划设计合理与否，是开发商能否成功的关键。在预售市场不很明朗的情况下，开发商必须做好用资本金和贷款来解决全部开发建设投资的准备。在大多数情况下，只要开发商能投入占项目总投资的 35% 的股本金，就基本具备了用信贷资金解决其余投资所需要的条件。当然，在市场条件较好、项目对购买者有较强吸引力的情况下，项目投资所需的资金可以有很大一部分通过预售来解决。但作投资分析时，对这些情况仅仅是预期，待实际销售时，也许市场就发生了变化，所以不能因为看到别的项目预售成功，就认为本项目也可以销售成功。我国的房地产领域是有过这种教训的。如在 1994—1997 年的房地产低潮中，许多房地产开发项目在筹资安排上，没有安排足够的银行贷款，也没有足够地投入自有资金的能力，只是执着地等待预售收入，结果导致开发项目成了"烂尾楼盘"，一段时期内，各地出现了许多"半截子"工程，还有相当多的开发商步入了破产的境地。

在制订资金筹措计划时应当注意以下几点：

（1）严格按照资金的需要量确定筹资额。在投资总额估算较为准确的前提下，应当根据资金的需要量来确定筹资额，既要防止"留缺口"，又要避免高估冒算。

（2）认真选择筹资来源渠道。首先，要分析各种筹资渠道的可能性，分析其是否可靠；其次，要分析筹资成本；最后，要分析项目筹资渠道是否符合国家有关规定，以确保项目筹资渠道的合法性。

（3）进行资金结构分析，准确把握项目资本金与项目债务资金比例的合理性。

　　项目资本金与项目债务资金的比例，是项目资金结构中最重要的比例关系。项目投资者希望投入较少的资本金获得更多的债务资金；而提供债务资金的债权人则希望项目能够有较高的资本金比例，以降低债权的风险。当资本金比例降低到银行不能接受的水平时，银行将会拒绝贷款。资本金与债务资金的合理比例需要由各参与方的利益平衡来决定。

　　资本金所占比例越高，开发企业的财务风险和债权人的风险越低，可能获得较低利率的债务资金。债务资金的利息是在所得税前列支的，可以起到合理减税的效果。在项目的收益不变、项目投资财务内部收益率高于负债利率的条件下，由于财务杠杆的作用，资本金所占比例越低，资本金财务内部收益率就越高，同时开发企业的财务风险和债权人的风险也越高。因此，一般认为，较理想的资本金与债务资金的比例应符合以下要求：

　　（1）符合国家法律和行政法规规定。

　　（2）符合金融机构信贷规定及债权人有关资产负债比例的要求。

　　（3）满足权益投资者获得期望投资回报的要求。

　　（4）满足防范财务风险的要求（如利率风险对项目的不利影响）。

## 四、投资计划与资金筹措表

　　房地产投资项目应根据投资估算数据、可能的建设进度、将会发生的实际付款时间和金额以及资金筹措情况编制投资计划与资金筹措表。资金筹措要满足投资计划中资金的使用要求。投资计划与资金筹措表是为了衔接投资估算、融资方案两部分内容，用于平衡投资使用及资金筹措计划。

　　在编制投资计划与资金筹措表之前，应按顺序做好以下工作：

　　（1）估算不含财务费用的项目总投资或总成本费用。通常根据有关取费标准、类似项目的数据和本项目的实际情况来估算。

　　（2）估算开发经营期，预测各期用款计划（或投资比例）。通常参考当时市场情况及类似项目的开发经营期来估算。

　　（3）确定资金筹措方式，主要包括资本金筹集、向金融机构借款、预售收入再投入等。

　　（4）根据项目资本金的筹集情况、可能的贷款渠道和项目预售收入估算情况，估算贷款数额或比例；根据贷款条件计算财务费用。

　　（5）编制各方案的借款还本付息估算表（详见本章第四节）。

　　（6）估算含财务费用的项目总投资或总成本费用。

　　（7）编制资金使用计划。

　　（8）编制资金筹措计划。

　　（9）编制投资计划与资金筹措表。

　　其表格形式见表4-19。

表4-19 投资计划与资金筹措表 单位：万元

| 序号 | 项目 | 合计 | 1 | 2 | 3 | … | N |
|------|------|------|---|---|---|---|---|
| 1 | 项目总投资 | | | | | | |
| 1.1 | 开发建设投资 | | | | | | |
| 1.2 | 经营资金 | | | | | | |
| 2 | 资金筹措 | | | | | | |
| 2.1 | 资本金 | | | | | | |
| 2.2 | 借贷资金 | | | | | | |
| 2.3 | 预售（销售）收入 | | | | | | |
| 2.4 | 预租（出租）收入 | | | | | | |
| 2.5 | 其他收入 | | | | | | |

注：（1）以上各表中的期间均可按年、半年、季度、月划分；（2）如果是出售或出租项目，表中一般没有1.2栏。而且，为了以后填表与计算的方便，通常会在"1.1开发建设投资"栏下，设置"其中：财务费用"栏。

该报表非常重要。表中"1"栏与"2"栏应当是平衡的，它说明，房地产投资项目的投资额是多少，筹措来的资金就应该是多少。如果"1"栏合计大于"2"栏合计，说明投资留有缺口，尚有资金未落实到位，项目将可能由于资金链断裂而难以进行下去；如果"2"栏合计大于"1"栏合计，说明资金筹措过多，财务成本过高，造成浪费。

详细的投资计划可以进一步编制"用款计划表"（见表4-20）。

表4-20 用款计划表 单位：万元

| 项目 | 合计 | 第1年（%） | 第2年（%） | …（%） | 第N年（%） |
|------|------|-----------|-----------|--------|-----------|
| 土地成本 | | | | | |
| 前期工程费 | | | | | |
| 建筑安装工程费 | | | | | |
| 基础设施建设费 | | | | | |
| 公共配套设施建设费 | | | | | |
| 开发期税费 | | | | | |
| 其他工程费 | | | | | |
| 管理费用 | | | | | |
| 销售费用 | | | | | |
| 不可预见费 | | | | | |
| 财务费用 | | | | | |
| 合计 | | | | | |

对投资计划与资金筹措表的分析评价可以从以下三个方面考虑：

（1）项目实施进度计划是否能与筹资计划相吻合，能否与投资计划相衔接。

（2）对各种不同渠道来源资金的使用是否合理，特别是预售收入的再投入部分是否与销售收入计划相配合与协调。

（3）项目投资使用计划的安排是否科学、合理，能否达到保证项目顺利实施和资金最优利用的目的。

一个完整的资金筹措方案，主要由两部分内容构成：一是项目资本金及债务融资来源的构成，详尽描述每一项资金来源条件，以文字和表格加以说明；二是编制分年投资使用与资金筹措计划，使资金的需求与筹措在时序、数量两方面都能平衡。

需要强调的是，如果项目资金筹措中涉及借贷资金，则应先编制借款还本付息估算表，否则无法完整编制投资计划与资金筹措表。只是在借款条件比较简单、利息的计算与支付并不复杂时，借款还本付息估算表才不需编制，只要把财务费用估算清楚即可。

# 第四节　借款还本付息的估算

项目在建设期借入的全部贷款本金及其在建设期发生的借款利息，均构成项目总投资的贷款总额[①]（也有人把构成贷款总额的这部分利息叫作"资本化利息"，即后面公式（4.19）中的"$I_c$"）

借款还本付息的估算主要是测算借款、还款期的利息（即财务费用）和偿还借款的时间[②]，从而考察项目的偿还能力和收益，为财务分析和项目决策提供依据。

## 一、还本付息的资金来源

根据国家现行财税制度的规定，归还建设投资借款的资金来源主要是项目建成后可用于归还借款的利润、折旧费、摊销费等；对预售或预租的项目，还款资金包括预售或预租收入。

### （一）利润

用于归还借款的利润，一般应是可供分配利润中弥补以前年度亏损、提取了盈余公积、公益金以及向投资者分配利润后的未分配利润[③]。

当房地产开发项目没有预售、预租时，主要以此还本付息。

---

① 本书认为，贷款总额的确包括本金与利息，但本金的含义是：贷款、存款或投资在计算利息之前的原始金额。因此，资本化了的利息，本质上也仍然是利息，所以，本书在估算财务费用时，没有把那部分资本化了的利息看作"本金"，而将其从贷款总额中剥离出来，作为利息计入财务费用。见本章案例中的计算。如果把资本化利息计入本金来计算财务费用，并非不可，只是其后的一系列表格在填列时，要注意数据的前后呼应。

② 见第五章第四节关于"借款偿还期"的测算。

③ 见第五章第二节关于"利润表"中利润分配的内容。

## （二）折旧费

如果房地产项目在建设完毕后形成了一部分固定资产，在使用初期还无须更新，那么作为固定资产重置准备金性质的折旧基金，在被提取以后暂时处于闲置状态。为了有效地利用一切可能的资金来源以缩短还贷期限，加强项目的偿债能力，可以使用部分新增折旧基金作为偿还贷款的来源之一。随着经营期间的延长，可利用的折旧基金比例逐步减少，最终所有被用于归还贷款的折旧基金应由未分配利润归还贷款后的余额垫回，以保证折旧基金从总体上不被挪作他用，在还清贷款后恢复其原有的经济属性。

## （三）摊销费

有一些费用如无形资产和递延资产在按现行财务制度进行摊销以后，其使用方法并没有具体的规定，具有"沉淀"性质，因此可以用来归还贷款。

上述的折旧费和摊销费，经常是一般建设项目用于还本付息的来源。

## （四）其他还款资金

这里"其他还款资金"的概念与一般建设项目不同，不是指可以减免的销售税金。这里的"其他还款资金"，主要包括预售（预租）收入、销售收入，也可以叫作"投资回收"。房地产投资项目通常会有预售或预租的情况，因此，在开发经营期间完全可以用预售（租）收入作为还款的资金来源。预售收入既可以解决资金来源问题，同时也解决了还款来源问题，所以很多开发商在可能的情况下都尽量预售。

综上所述，一般建设项目还本付息的资金来源是项目投产后的未分配利润、折旧额、摊销额等。刚开始投产时，上述之和如果不足以按期偿还本息，可以借短期贷款来还长期贷款，其利息计入运营期间财务费用。

而房地产开发项目还本付息的资金来源主要是未投入使用的预售收入。如果预售收入不够还，也可以通过短期贷款来解决。不过一般情况下，在安排资金使用计划时，应考虑各项资金来源能否满足当年的资金需要，从而不留资金缺口。如果留有缺口，则进行基本报表的填列时，其中"资金来源与运用表"的"累计盈余资金"一栏将出现负数，说明项目在现有资金安排上是不可行的。

# 二、还款方式

房地产投资项目贷款的还款方式一般有以下几种：

（1）按实际能力还款。根据项目的还款资金来源情况测算，即按实际偿还能力测算。如果有外汇借款的话，应先偿付当年所需的外汇借款本金，再用剩余的资金来源按先贷款先还、后贷款后还、利息高的先还、利息低的后还的顺序，或按双方的贷款协议归还国内借款。按实际能力还款，对房地产项目来说，是有多少可利用的预售收入（销售收入）就还款多少。如果在安排投资计划之前，已与贷款方商定用预售收入先进行再投资，剩余部分再还款的话，则先进行再投资，后还款。是先进行再投资，还是先还款，要看双方协议。

预售收入，通常首先用于当年的必要支出（如增值税和税金及附加、土地增值税、所得税等），剩余的部分是先还本付息还是先进行再投资，可以与贷款人协商。

（2）一次还本，利息照付。借款期间每期支付当期利息而不偿还本金，最后一期归还全部本金并支付当期利息，流动资金借款一般采用这种还款方式，也有开发贷款采取这种方式。

（3）等额还本付息。等额还本付息即在规定期限内分期等额偿还本金和利息。

（4）等本偿还。也叫等额还本，即在规定期限内分期偿还等额的本金和相应的利息。

（5）一次性偿付。借款期末一次偿还全部本金和利息，一般贷款期限在1年以内的短期借款，多采取这种方式。短期借款通常是由于资金的临时需要而发生的借款。

（6）"气球法"。"气球法"即在借款期内任意偿还本息，到期末全部还清。

综上所述，借款人虽然可根据需要选择还款方式，但一笔贷款通常只能选择一种还款方式，借款合同签订后一般不能更改。

目前房地产开发贷款最常见的还款方式是"等额还本付息"和"等本偿还"。

以下利息的计算，主要以这两种方式展开。

## 三、利息的估算

房地产开发项目借款利息的计算，分为建设期利息和经营期利息估算。其中建设期利息估算即是对本章第二节"项目总成本费用"中"财务费用"的估算。

### （一）利息（财务费用）的构成

利息包括银行借款和其他债务资金的利息，以及其他融资费用。其他融资费用是指某些债务融资中发生的手续费、承诺费、管理费、信贷保险费等费用。一般情况下，在项目的可行性研究阶段，其他融资费用可作粗略估算（如占利息的10%左右），计入总成本费用中的财务费用。其他融资费用也可以通过适当提高利率的方法来一并考虑。

### （二）利率的选用

利息的估算，应根据不同情况选择名义年利率和实际利率。

如果贷款方给了年利率r，却要求按月或季等计息，此时的年利率就变成了名义上的，计算利息时，应将其化为月或季利率。

当计算周期与名义利率上的"年"周期不一致时，如果想知道投资者实际承担的利率水平，可以利用名义利率（$r$）与实际利率（$i$）的转换公式来计算：

$$i=\left(1+\frac{r}{m}\right)^{m}-1 \tag{4.16}$$

式中：i——实际年利率（也叫有效年利率）；r——名义年利率；m——每年计息次数。

关于该公式的含义，详见本章附录。

**（三）利息的估算**

利息的估算分为借款时的利息计算和还款时的利息计算。

1.借款时的利息计算

对建设期借款利息进行估算时，应按借款条件的不同分别计算。借款条件包括：借款利率、借款期限、借款总额等。

这里有两种情况：

第一种，当无法事先确定每笔借款的实际发生时间时，为简化利息的计算，一般近似地假定借款当年在年中支用，按半年计息，转入以后年度则按全年计息。

换句话说，借款时利息的估算是：当年的借款按半年计息，上年的借款按全年计息。

各年应计利息的计算有两种情况：

（1）当项目在建设期内用自有资金支付利息时，按单利计息，直接采用名义利率计算：

各年应计利息=（年初借款本金累计+本年借款÷2）×名义利率　　　　（4.17）

（2）当项目在建设期内只计息而不支付利息（即利息滚动计入借款），按复利计息，采用实际利率计算：

各年应计利息=（年初借款本息累计+本年借款÷2）×实际利率　　　　（4.18）

如果此时计息周期不变，实际利率就等于名义利率；

如果此时计息周期有变，在计算以年为单位的应计利息时，采用转换后的实际利率计算。

第二种，当可以事先确定每笔借款的实际发生时间时，按实际占用时间和相应计息周期的利率计算利息。

同一开发项目有多种借款资金来源，每笔借款的利率各不相同时，既可分别计算每笔借款的利息，也可先计算各笔借款加权平均的年利率，并以加权平均利率计算全部借款的利息。

[例4-3] 某房地产开发项目，建设期为3年。在建设期第1年借款300万元，第2年借款600万元，第3年借款400万元，年利率为12%，建设期内只计息不付息。试计算建设期借款利息。

解：本项目只计算借款时利息，不涉及还款时利息。由于未给出借款的实际发生时间，且只计息不付息，计息周期未变，所以，建设期各年利息计算如下：

第1年应计利息=（0+300÷2）×12%=18（万元）

第2年应计利息=（300+18+600÷2）×12%=74.16（万元）

第3年应计利息=（300+18+600+74.16+400÷2）×12%=143.06（万元）

所以，建设期贷款利息总和=18+74.16+143.06=235.22（万元）

如果此例其他条件不变，但要求按季计息，则应按实际利率计算，建设期内各年利息计算如下：

第 1 年应计利息=（0+300÷2）×12.55%[①]=18.82（万元）

第 2 年应计利息=（300+18.82+600÷2）×12.55%=77.66（万元）

第 3 年应计利息=（300+18.82+600+77.66+400÷2）×12.55%=150.16（万元）

此时，建设期贷款利息总和=18.82+77.66+150.16=246.64（万元）

［例 4-4］某房地产开发企业于 2015 年 3 月末购得一住宅用地，并于同年 6 月末动工开发建设。建设投资中有 10 000 万元为年利率 8%、按季计息、分 3 期发放的银行贷款。第 1 笔贷款 3 000 万元，2015 年 6 月末发放；第 2 笔贷款 5 000 万元，2015 年 9 月末发放；第 3 笔贷款 2 000 万元，2015 年 12 月末发放。借款合同约定：2016 年 6 月末前只计息不还本息。试计算 2016 年 6 月末前的借款利息。

解：本项目可以事先确定借款发生时间，此时按实际占用时间计算利息。由于年利率为 8%，则季利率为：8%÷4=2%。

每季利息=季初借款本息累计×季利率

2015 年 9 月末应计利息=3 000×2%=60（万元）

2015 年 12 月末应计利息=（5 000+3 000+60）×2%=161.2（万元）

2016 年 3 月末应计利息=（2 000+5 000+3 000+60+161.2）×2%=204.42（万元）

2016 年 6 月末应计利息=（10 000+60+161.2+204.42）×2%=208.51（万元）

2016 年 6 月末前的借款利息总计=425.62+208.51=634.13（万元）

2.还款时的利息计算

还款时利息的计算因还款方式的不同而不同。

（1）要求等额还本付息时

等额还本付息方式，是指在还款期内借款人每期以相等的金额偿还贷款。其中，每期偿还的金额中包括当期应付的利息和应归还的本金。等额还本付息中，虽然各年偿还的本利和相等，但各年内支付的本金数不等，利息数也不等，偿还的本金部分将逐年增多，支付的利息部分将逐年减少。各期偿付利息和本金数额可按下列步骤计算：

①计算建设期末或宽限期末的累计借款本金与利息之和 $I_c$。

②计算年还本付息额 A。其计算公式为：

$$A=I_c\frac{i(1+i)^n}{(1+i)^n-1}\text{（等同于年金公式）}\tag{4.19}$$

式中：A——每年的还本付息额；$I_c$——宽限期末[②]的借款余额（含未支付的建设期利息）；i——借款年利率；n——预定的还款期；$\frac{i(1+i)^n}{(1+i)^n-1}$——资金回收系

---

① 在计息周期变化的情况下，实际利率为：（（1+12%÷4）[4]-1）×100%=12.55%。

② 宽限期末，也就是还款起始年的年初。宽限期与利息计算有关。银行在贷款给借款人时，会与借款人约定多长时间后还款。这段时间就叫宽限期。如某笔贷款，要求借款人 2 年后开始按约定的条件偿还，这"2年"就是宽限期。一般说来，宽限期内产生的利息有两种处理方式：一种是在宽限期内利息照付（即只对本金宽限，利息不宽限），则此处的 $I_c$ 就是原来的本金；另一种是宽限期后开始还本、还息（本、息全部宽限），此时宽限期内只计息不还息，产生的利息滚动计入本金，则此处的 I 为本息和。由于宽限期后形成了新的贷款总额，则等本偿还额或等额还本付息 A 将重新计算。计算时，应根据贷款条件来定。如果贷款时无宽限期约定，则本、息照付（具体应用见书中案例及案例习题）。本注释同样适用于等本偿还方式。

数（可以自行计算或查复利系数表取得）。

③计算每年应支付利息。其计算公式为：

每年应支付利息=年初借款余额×年利率　　　　　　　　　　　　　　（4.20）

式中：年初借款余额=$I_c$-本年以前各年偿还的借款累计。

每年年初借款余额，也可以通过"贷款余额"公式计算得出，即本年年初借款余额，为上年年末贷款余额。

④计算每年偿还本金。其计算公式为：

每年偿还本金=A-每年支付利息

[例4-5] 某房地产投资项目，借款1 500万元，年利率11.7%，要求按年等额还本付息。从借款当年起[①]，15年内还清本息。试计算每年还本付息额及偿付的本金和利息额。

解：首先，由题设条件，该笔贷款每年等额还本付息额为：

$$A=I_c \times \frac{i(1+i)^n}{(1+i)^n-1}=1\,500\times\frac{11.7\%\times(1+11.7\%)^{15}}{(1+11.7\%)^{15}-1}=216（万元）$$

其次，计算每年偿还的利息和本金：

根据第一章的相关内容，如果已知每年还本付息额，就可求出某年贷款余额：

$$贷款余额=A\times\frac{(1+i)^{n-t}-1}{i(1+i)^{n-t}}$$

式中：t——已付款年数。

如果已知某年贷款余额，就可求出某年应偿还的利息：

每年偿还利息=每年初贷款余额×年利率

如果已知每年应偿还的利息，就可求出每年应偿还的本金：

每年偿还本金=每年付款额-每年偿还利息

仅以第5年为例，求得第5年年末的贷款余额为：

$$P_{余5}=A\times\frac{(1+i)^{n-t}-1}{i(1+i)^{n-t}}=216\times\frac{(1+11.7\%)^{15-5}-1}{11.7\%\times(1+11.7\%)^{15-5}}=1\,235.58（万元）$$

因为求出的是第5年年末的贷款余额，相当于第6年年初的贷款余额，因此：

第6年偿还利息=年初贷款余额×年利率=1 235.58×11.7%=144.56（万元）

第6年偿还本金=每年付款额-每年偿还的利息=216-144.56=71.44（万元）

依此类推，可以求出整个15年内每年的本金和利息。

（2）要求等本偿还、利息照付时

等本偿还、利息照付，是指借款人在偿还期内每年归还相等的本金，同时付清本期应付的利息。这种还款方式的每期偿还额（本息和）是递减的，利息将随本金逐年偿还而减少，所以，各年之间的本金及利息之和不等。各期偿付利息和本金数额可按下列步骤计算：

---

① 因为是从借款当年开始偿还，所以无宽限期，本金还是原来的本金。但房地产项目在第1年一般没有收入，当年无法偿还，所以大部分开发项目是有宽限期的。

①计算建设期末或宽限期末的累计借款本金与未付利息之和$I_c$。

②计算各年应偿还的本金$A'$（含建设期末付的利息）。

$$A'=I_c/n\text{（等额）}\tag{4.21}$$

③计算每年应支付利息。其计算公式为：

每年支付利息=年初借款本金余额×年利率

$$\text{第}t\text{年支付的利息}=I_c\left(1-\frac{t-1}{n}\right)i\tag{4.22}$$

④计算各年的还本付息额$A'_t$。其计算公式为：

$$A'_t=\frac{I_c}{n}+I_c\left(1-\frac{t-1}{n}\right)i\tag{4.23}$$

式中：$A'_t$——第$t$年还本付息额。

如果本金等额偿还之前，利息已开始逐年偿还（即贷款条件是只对本金宽限，利息不宽限），则此时的本金$I_c$中不含利息。

[例4-6] 对上例中所示项目的借款，若按等本偿还、利息照付的方式还本付息，试作出该项目的还本付息计划。

解：（1）按题设条件，该项目的1 500万元借款，应从借款当年起，15年内等本偿还，则每年的还本额为：

每年偿还本金=$I_c/n$=1 500÷15=100（万元）

（2）计算每年还本付息额：

以借款第5年还本付息额为例，将已知条件代入公式得：

$$A'_t=\frac{I_c}{n}+I_c\left(1-\frac{t-1}{n}\right)i=\frac{1\,500}{15}+1\,500\times\left(1-\frac{5-1}{15}\right)\times11.7\%=228.7\text{（万元）}$$

（3）计算每年偿付利息：

仍以第5年为例，已知当年偿还本金100万元和当年还本付息额228.7万元，则：

第5年偿付利息=228.7-100=128.7（万元）

按上述算法，可得该笔贷款的分期偿付计算表，见表4-21。

表4-21　　　　　　　　　　**某项目等本偿还、利息照付计算表**　　　　　　　　单位：万元

| 年份 | 等本偿还额 | 年初贷款余额 | 本年还本付息额 | 本年偿付利息 |
|---|---|---|---|---|
| 1 | 100 | 1 500 | 275.5 | 175.5 |
| 2 | 100 | 1 400 | 263.8 | 163.8 |
| 3 | 100 | 1 300 | 252.1 | 152.1 |
| 4 | 100 | 1 200 | 240.4 | 140.4 |
| 5 | 100 | 1 100 | 228.7 | 128.7 |
| 6 | 100 | 1 000 | 217.0 | 117.0 |

| 年份 | 等本偿还额 | 年初贷款余额 | 本年还本付息额 | 本年偿付利息 |
|---|---|---|---|---|
| 7 | 100 | 900 | 205.3 | 105.3 |
| 8 | 100 | 800 | 193.6 | 93.6 |
| 9 | 100 | 700 | 181.9 | 81.9 |
| 10 | 100 | 600 | 170.2 | 70.2 |
| 11 | 100 | 500 | 158.5 | 58.5 |
| 12 | 100 | 400 | 146.8 | 46.8 |
| 13 | 100 | 300 | 135.1 | 35.1 |
| 14 | 100 | 200 | 123.4 | 23.4 |
| 15 | 100 | 100 | 111.7 | 11.7 |

不管按哪种还款方式，在计算完各年本金、利息后，结合其他数据，均可填列投资计划与资金筹措表、借款还本付息估算表。

如果是个人置业投资项目，在申请贷款时，常用的还款方法也是等额还本付息法和等本偿还法，但适用性上有些差别。前者每期还款数额固定，不用算来算去，且前期还款压力不太大，适用于现期收入少、负担人口少、预期收入将稳定增加的借款人（如教师、公务员、刚参加工作的大学生等）；后者在初期的还款压力较大，适用于有一定积蓄但家庭负担将日益加重、工作正处于高峰阶段有一定经济实力或者即将退休的借款人（如中年人或老年人）。

## 四、借款还本付息估算表

### （一）借款还本付息估算表的格式

房地产投资项目的借款还本付息估算表，反映了项目计算期内各年借款本金偿还和利息支付情况，用于计算偿债备付率和利息备付率等指标。该表提供了有关项目债务状况的财务信息，描述了项目开发经营过程中债务本息的分布状况，为项目经营决策和财务决策、偿债能力分析提供了重要依据。不过，应注意的是，借款还本付息估算表只反映长期借款本息，而没有反映流动资金借款（短期借款）本息。流动资金借款的还本付息一般是每年利息照付、期末一次还本。换句话说，如果有流动资金性质的短期借款，则流动资金的利息可以列入财务费用，但由于其本金是在项目计算期末用回收流动资金一次偿还，所以此表没有考虑流动资金借款偿还问题。

借款还本付息估算表主要反映每期借款、还款数额，计算每期利息数额，显示偿还贷款本息的资金来源及偿还期限。该表的格式见表4-22。

表4-22　　　　　　　　　　　借款还本付息估算表①　　　　　　　　单位：万元

| 序号 | 项目 | 合计 | 1 | 2 | 3 | … | N |
|---|---|---|---|---|---|---|---|
| 1 | 借款及还本付息 | | | | | | |
| 1.1 | 期初借款本息累计 | | | | | | |
| 1.2 | 本期借款 | | | | | | |
| 1.3 | 本期应计利息 | | | | | | |
| 1.4 | 本期还本付息 | | | | | | |
| 1.5 | 本期还本 | | | | | | |
| 1.6 | 本期付息 | | | | | | |
| 1.7 | 期末借款本息累计 | | | | | | |
| 2 | 借款还本付息的资金来源 | | | | | | |
| 2.1 | 利润 | | | | | | |
| 2.2 | 折旧费 | | | | | | |
| 2.3 | 摊销费 | | | | | | |
| 2.4 | 其他还款资金 | | | | | | |

计算指标：

利息备付率：

偿债备付率：

注：本表适用于独立法人的房地产开发项目（项目公司）。

**（二）借款还本付息估算表的作用**

针对项目的借款还本付息估算表，可进行如下分析。

1.分析项目的债务偿还能力

借款还本付息估算表显示了项目还本付息的时间及数额，将该表与项目的利润表、现金流量表或投资计划与资金筹措表结合起来进行分析，可以判断项目的偿债能力，避免因债务清偿而导致的财务风险。通过该表提供的信息，可系统地分析项目负债结构、还贷方式、负债程度的合理性，评价项目因举债而带来的财务风险及降低这种风险的可能性。

① 本表的2.1、2.2、2.3项有时并不发生。而2.4项"其他还款资金"通常为"售房收入"，有时也叫"投资回收""预售（预租）收入"等。

## 2.协助安排短期贷款

短期借贷是指在开发过程中由于资金的临时需要而发生的短期借款，主要用于项目长期贷款的还本付息。许多项目贷款的还贷期限和还本付息方式都是在借贷合同中明确规定了的，但项目开发经营过程中很可能会出现无法按约定的时间和额度还贷的情况。由于房地产开发项目还贷的资金主要来源于未投入使用的预售收入，若遇到回收的投资资金不足且又不能修订还贷计划，就需要用短期借款来还本付息，避免由于无法按时清偿债务而导致的财务风险。短期借款的偿还按照随借随还的原则处理，即当年借款尽可能于下年偿还。

## 3.研究资金筹措方案的合理性

举债经营为项目解决了资金来源的同时也带来了财务风险。过度的举债或债务结构及还贷方式不合理会大幅度提高项目财务风险程度。一个好的资金筹措方案，既要保证项目开发及时获得必要的资金，又要把因筹资而增加的成本费用（利息、费用）和因举债而带来的财务风险尽可能降到最低点。项目的借款还本付息估算表显示了资金筹措方案决定的融资结构、筹资成本情况，从而为方案的调整及优化提供了依据。

［例4-7］某房地产开发项目，建设期3年。第1年借款1 000万元，第2年借款2 000万元，第3年借款3 000万元。项目建设完毕即开始销售，预计每年的销售收入足以还本付息[①]。贷款方的条件是：贷款年利率为8%；建设期结束后5年内等额还本付息。试编制该项目的借款还本付息估算表（结果保留整数）。

解：（1）建设期各年应计利息：

第1年：（0+1 000÷2）×8%=40（万元）

第2年：（1 000+40+2 000÷2）×8%=163（万元）

第3年：（1 000+40+2 000+163+3 000÷2）×8%=376（万元）

建设期借款利息合计为：40+163+376=579（万元）

第3年年末借款累计：本金+利息和=6 000+579=6 579（万元）

（2）年还本付息额：

$$A=I_c\frac{i(1+i)^n}{(1+i)^n-1}=6\,579\times\frac{8\%\times(1+8\%)^5}{(1+8\%)^5-1}=1\,648（万元）$$

（3）偿还期各年偿付利息。以第4年为例：

第4年应偿还利息：6 579×8%=526（万元）

第4年偿还本金：1 648-526=1 122（万元）

第4年年末借款余额：6 579-1 122=5 457（万元）

依此类推，得到该项目的借款还本付息估算表（见表4-23）。

## （三）填列借款还本付息估算表应注意的问题

借款还本付息估算表，与投资计划与资金筹措表一样非常重要。此表中的数据如果计算、填列不够准确，将影响第五章各财务报表的准确度以及各经济指标的计算结果。

---

[①]　建设期结束后开始还款，相当于宽限期为3年。此时，$I_c$是原本金与该贷款3年内的利息之和。

表4-23 　　　　　　　　　某房地产项目借款还本付息估算表 　　　　　　　单位：万元

| 序号 | 项目名称 | 合计 | 1 | 2 | 3 | 4 | 5 | 6 | 7 | 8 |
|---|---|---|---|---|---|---|---|---|---|---|
| 1 | 借款及还本付息 | | | | | | | | | |
| 1.1 | 年初借款累计 | | | 1 040 | 3 203 | 6 579 | 5 457 | 4 246 | 2 938 | 1 525 |
| 1.2 | 本年借款 | 6 000 | 1 000 | 2 000 | 3 000 | 0 | | | | |
| 1.3 | 本年应计利息 | 2 240 | 40 | 163 | 376 | 526 | 437 | 340 | 235 | 123 |
| 1.4 | 本年还本付息 | 8 240 | | | 1 648 | 1 648 | 1 648 | 1 648 | 1 648 | |
| 1.5 | 年末借款累计 | | 1 040 | 3 203 | 6 579 | 5 457 | 4 246 | 2 938 | 1 525 | 0 |
| 2 | 借款还本付息资金来源 | | | | | | | | | |
| 2.1 | 其他还款资金（销售收入） | 8 240 | | | 1 648 | 1 648 | 1 648 | 1 648 | 1 648 | |
| 2.2 | 未分配利润 | | | | | | | | | |
| 2.3 | 短期借款 | | | | | | | | | |

填表之前，一定要注意所给的贷款条件：

（1）按什么方式还（等额还本付息与等本偿还，计算的各年还本付息额不同）。

（2）等额还本付息或等本偿还时，有无宽限期（决定贷款总额是本金还是本息和）。

（3）等本偿还时，还本前利息照付，还是还本时付息（利息的计算方式不同）。

（4）年内计息次数是多少（即名义年利率与有效年利率是否一致）。

# 第五节　财务基础数据估算案例分析

案例基本情况：

某开发商购得一住宅用地的使用权，拟建一住宅项目出售。经过分析，得到以下数据[①]：

（1）开发过程中发生的成本费用如下：土地成本为700万元，于开始时一次投入。建安工程费为800万元；基础设施配套费为50万元；前期工程费用、其他工程费分别为建安工程费的5%、2%。管理费用为土地成本和建安工程费之和的4%，销售费用为销售收入的5%。项目的总建筑面积为5 000平方米，售价为每平方米5 000元（不考虑不可销售部分）。另据估算，项目的开发经营期为3年（其中建设

---

① 限于篇幅限制，本案例中的各项成本费用、销售价格和销售计划、各年用款计划、各项资金来源的各期投入比例以及计算期等都直接给出，但在实际分析中是有具体估算过程的。由于每个分析人员在估算过程中考虑的因素不同，对同一项目，这些数据也会有不同，所以项目进行投资分析的最终结论也会有差异。此后的案例均同此注释。

期2年），第2年即可预售60%，第3年售出40%。

（2）上述成本费用（土地成本、财务费用除外）在建设期的第1年投入55%，第2年投入45%。建设资金中，资本金740万元；其他为银行贷款，每年资金缺口由银行贷款解决。资金在使用时，先用自有资金，不足时再用银行贷款。贷款年利率为10%，宽限期2年（即建设期只计息不还款），第3年年初开始采用等本偿还并支付相应利息的方式还本付息，分2年还清。（3）有关税率如下：

假设本开发项目为房地产老项目，选用简易计税方法。

① 增值税和税金及附加：为销售收入的6%；

② 土地增值税：当增值额小于扣除额的50%时为30%；当增值额在扣除额的50%～100%时为40%；当增值额在扣除额的100%～200%时为50%。

要求：

根据以上资料，完成以下工作：

（1）估算项目总投资，并详列其中财务费用的计算过程。

（2）填列借款还本付息估算表（见表4-24）。

（3）填列土地增值税估算表（见表4-25）。

（4）填列投资计划与资金筹措表（见表4-26）。

解：1.估算项目总投资

分析：一般来说，如果项目有贷款，则总投资中必含财务费用。而要计算财务费用，往往又需要先算出不含财务费用的总投资，配合所给的投资计划确定的各年投资比例，找出其中贷款比例数，再来计算贷款利息（即财务费用），最后把其加回到总投资中。因此，要估算总投资，需要先估算财务费用。

估算：

（1）不含财务费用的总投资的估算

根据已知条件：

土地成本：700万元

建安工程费：800万元

前期工程费：800×5%=40（万元）

基础设施配套费：50万元

其他工程费：800×2%=16（万元）

管理费用：（700+800）×4%=60（万元）

销售费用：销售收入×5%=5 000×5 000×5%=125（万元）

所以，不含财务费用的总投资为：

700+800+40+50+16+60+125=1 791（万元）

（2）确定各年银行贷款数额

根据已知条件：

第1年投资：

700+（1 791-700）×55%=1 300.05（万元）

其中：

自有资金为：740万元（其中用于土地费用700万元，用于其他40万元）

银行贷款为：1 300.05−740=560.05（万元）

其中，自有资金的安排应充分考虑房地产开发项目对资本金比例35%的要求，且已拥有"四证"，才能获得贷款。本项目的资本金比例为：740÷1 791×100%=41.32%>35%，因此本项目符合要求。假设前期结束时能够获取"四证"，所以可以获得贷款。

第2年投资：

（1 791−700）×45%=490.95（万元）（全部为银行贷款）

则本项目投资分为：

① 自有资金：740万元

② 银行贷款：560.05+490.95=1051（万元）

在资金筹措计划中，本项目未安排用预售收入回投，但安排了用预售收入还本付息。

（3）详列财务费用估算过程

在计算之前，分析一下本题的计算期。开发经营期3年，销售期2年，从第2年开始计；还款期2年，从销售期第2年开始计（即其中1年与销售期重叠）。这样，财务费用的计算期为4年。

①建设期利息：

第1年计息：（560.05÷2）×10%=28（万元）

第2年计息：（560.05+28+490.95÷2）×10%=83.35（万元）

建设期利息合计为：28+83.35=111.35（万元）

因宽限期2年，则：

$I_e$=本金+利息=1 051+111.35=1 162.35（万元）

②还款期利息（等本偿还并支付相应利息）：

第3年初、第4年初各还款：$I_e$/2=1 162.35÷2=581.18（万元）

第3年初计息：581.18×10%=58.12（万元）

第3年初还本付息额：$I_e$/2+58.12=581.18+58.12=639.30（万元）

其中：原本金为525.5万元，应付利息为113.8万元[①]。

第4年初还款的581.18万元中，原本金为525.5万元，应付利息为55.68万元。

③财务费用（应付利息）总计为：

113.8+55.68=169.48（万元）

---

① 对应前述"本金"的概念，本项目原始本金为1 051万元。若等本偿还，则第3年、第4年各还款：1 051÷2=525.5（万元）。本项目第3年付出的利息，应该包括两部分：一部分是前两年应计利息的一半，即111.35÷2=55.68（万元），另一部分是第3年初未还款应付的利息58.12万元，合计为113.8万元。第4年付出的利息也有一部分，即第4年应计利息的一半，即111.35÷2=55.68（万元），且含在第4年初的还款中。第4年初的还款581.18万元当年不再产生利息。对于这两个数字，不拆分本金和利息也可，但填列各财务报表时，应注意数据之间的彼此对应，不管如何处理，对总投资额无影响。

（4）项目总投资（或总成本费用）的估算

不含财务费用的总投资+财务费用=1 791+169.48=1 960.48（万元）

其中：开发成本=700+800+40+50+16=1 606（万元）

开发费用=60+125+169.48=354.48（万元）

## 2.填列借款还本付息估算表

表4-24　　　　　　　　　　　借款还本付息估算表　　　　　　　　　　单位：万元

| 序号 | 项目 | 合计 | 1 | 2 | 3 | 4 |
|---|---|---|---|---|---|---|
| 1 | 借款及还本付息 | | | | | |
| 1.1 | 年初借款本息累计 | | | 588.05 | 1 162.35 | 581.18 |
| 1.2 | 本年借款 | 1 051 | 560.05 | 490.95 | | |
| 1.3 | 本年应计利息 | 169.48 | 28 | 83.35 | 58.12 | |
| 1.4 | 本年还本付息 | 1 220.48 | | | 639.30 | 581.18 |
| 1.5 | 其中：还本 | 1 051 | | | 525.5 | 525.5 |
| 1.6 | 付息 | 169.48 | | | 113.80 | 55.68 |
| 1.7 | 年末借款本息累计 | | 588.05 | 1 162.35 | 581.18 | 0 |
| 2 | 借款还本付息的资金来源 | | | | | |
| 2.1 | 利润 | | | | | |
| 2.2 | 折旧费 | | | | | |
| 2.3 | 摊销费 | | | | | |
| 2.4 | 预售（销售）收入 | 1 220.48 | | | 639.30 | 581.18 |

## 3.填列土地增值税估算表

表4-25　　　　　　　　　　　土地增值税估算表　　　　　　　　金额单位：万元

| 序号 | 项目 | 计算依据 | 计算结果 |
|---|---|---|---|
| 1 | 销售收入 | 销售面积×销售单价 | 2 500.00 |
| 2 | 扣除项目金额 | 以下4项之和 | 2 431.68 |
| 2.1 | 开发成本 | 土地成本+建安工程费+前期工程费+其他工程费 | 1 606.00 |
| 2.2 | 开发费用 | 管理费用+销售费用+财务费用 | 354.48 |
| 2.3 | 与转让房地产有关的税金 | 销售收入×6% | 150.00 |
| 2.4 | 其他扣除项目 | （2.1）×20% | 321.20 |
| 3 | 增值额 | （1）－（2） | 68.32 |
| 4 | 增值率 | （3）÷（2）×100% | 2.81%[①] |
| 5 | 适用土地增值税税率 | （4）<50% | 30% |
| 6 | 土地增值税 | （3）×（5） | 20.50 |

---

① 本项目不属于普通标准住宅，尽管增值额未超过扣除项目金额的20%，仍需估算土地增值税。

4.填列投资计划与资金筹措表

表4-26 　　　　　　　　　**投资计划与资金筹措表**　　　　单位：万元

| 序号 | 项目 | 合计 | 1 | 2 | 3 | 4 |
|---|---|---|---|---|---|---|
| 1 | 项目总投资 | 1 960.48 | 1 300.05 | 490.95 | 113.80 | 55.68 |
| 1.1 | 开发建设投资 | 1 960.48 | 1 300.05 | 490.95 | 113.80 | 55.68 |
| | 其中：财务费用 | 169.48 | | | 113.80 | 55.68 |
| 2 | 资金筹措 | 1 960.48 | 1 300.05 | 490.95 | 113.80 | 55.68 |
| 2.1 | 资本金 | 740.00 | 740.00 | | | |
| 2.2 | 银行借款 | 1 051.00 | 560.05 | 490.95 | | |
| 2.3 | 销售收入 | 169.48 | | | 113.80 | 55.68 |

注：表中的"财务费用"是"开发建设投资"的内容之一，属于应付出的资金。由于利息是在后两年全部支付的，因此前两年只计息未付息的部分在表中未列入。"财务费用"是因建设期的投资而产生的，并不因为建设期后还款而不计，因此表中增加了"第3年"与"第4年"。第1年与第2年的利息不能填入此表，它们是"应计"而非"应付"。如果在"财务费用"的"第1年"与"第2年"中填入这两年应计的利息数，则此表上下不平。

# 第六节　小结

财务基础数据是在市场分析过程中搜集、整理和测算出来的，为下一步的财务分析工作提供的基本数据。财务分析能否得出正确的结论，取决于本章所述的这些基础数据的可靠程度，因此，财务基础数据的估算是一项十分重要的工作。

财务基础数据的估算具体包括项目计算期内的总投资与总成本费用的估算、经营收入与增值税和税金及附加的估算、土地增值税的估算、借款还本付息的估算等内容。

房地产投资项目的总投资包括开发建设投资和经营资金。

总成本费用包括土地成本、前期工程费、基础设施建设费、建安工程费、公共配套设施建设费、管理费用、财务费用、销售费用、开发期税费、其他工程费和不可预见费等。

经营收入包括销售收入、出租收入、自营收入和转售收入。

与收入有关的税金主要指增值税、税金及附加。

房地产项目的开发建设投资，其借款时的利息与还款时的利息均计在财务费用里。还款时的利息计算按还款方式的不同而不同，具体有等额还本付息、等本还款利息照付和按实际能力偿还等形式。

本章涉及如下比较重要的概念:

(1) 开发建设投资是指在开发期内完成房地产产品开发建设所需投入的各项成本费用(即前述的总成本费用)。

(2) 开发产品成本是指房地产开发企业在开发过程中所发生的各项费用。当开发项目产品建成时,按照国家有关企业会计制度和财务制度的规定转入房地产产品的开发建设投资。

(3) 经营成本是指房地产产品出售、出租时,将开发产品成本按照国家有关企业会计制度和财务制度结转的成本。对于分期收款的房地产开发项目,房地产销售经营成本和出租经营成本通常按当期销售或出租收入占全部销售收入和出租收入的比率(出租率),计算本期应结转的经营成本。

(4) 经营收入是指向社会出售、出租房地产商品或自营时的货币收入。

(5) 运营费用(也叫经营费用)是指房地产项目开发完成后,在项目出租或经营期间发生的所有费用。其具体包括:期间费用(管理费用、销售费用、财务费用)、增值税、税金及附加、物业服务费用(人员工资和办公费用、建筑物及相关场地的维护维修费用、公共设施设备运行费、维修及保养费、绿化费、清洁与保安等费用、保险费、办公费和固定资产折旧费等)、大修基金等。

由于房地产开发项目在开发完成后有出售、出租、自营或混合等几种经营方式,所以在估算总投资、总成本费用、开发建设投资或开发产品成本等指标时,与一般建设项目会有所区别。

(6) 计算期(开发经营期),是指经济评价时为进行动态分析所设定的期限。从其构成的角度来看,计算期=建设期+经营期=前期+建造期+经营期。不同类型的房地产投资项目,其计算期的选取规则有所不同。

根据前面提供的财务数据,本章可以填报以下辅助报表:

项目总投资估算表、开发建设投资估算表(及其中各分报表)、销售收入与增值税和税金及附加估算表、出租收入与增值税和税金及附加估算表、自营收入与增值税和税金及附加估算表(如果有自营时)、土地增值税估算表、销售计划与收款计划表、房地产开发项目出租计划及出租收入计划表、投资计划与资金筹措表、借款还本付息估算表等。

一个完整的资金筹措方案,主要由两部分内容构成:一是项目资本金及债务资金来源的构成,对于每一项资金来源条件的详尽描述,以文字和表格加以说明;二是编制分年投资使用与资金筹措计划,使资金的需求与筹措在时序、数量两方面都能平衡。

资本金、银行贷款和预售或预租款通常是房地产开发项目的资金来源,而预售(预租)收入或销售收入、未分配利润通常是房地产开发项目的还款来源。

在财务基础数据的估算过程中,投资计划与资金筹措表、借款还本付息估算表这两个表中数据的计算和填列是重点和难点。

这些表格以非常直观的形式,把基础数据的估算结果反映了出来,使后面的财务报表编制更加方便和清晰。

## ☐ 思政课堂

### 基础数据估算应认真谨慎

房地产投资分析大部分是用数据说话。其中的谨慎原则，是指在存在不确定因素的情况下，应该谨慎选取或估算这些数据。虽然这种谨慎常被人诟病为胆小、教条，但众多事实证明，投资分析时的谨慎不仅有助于结论的可靠，而且对控制投资风险也会起到一定的作用。

所以，在不能准确估计项目效益时宁可低估效益，在不能准确估计项目成本时宁可高估成本；当估计未来的收入可能会高也可能会低时，应采用保守的、较低的租售价格的估计值；当估计未来的投资额可能会增加也可能会减少时，应采用较高的投资额的估计值。

比如，在运用比较法确定项目的销售价格时，不应选取成交价格明显高于市场价格的交易实例作为可比实例。

再比如，有时，当咨询分析人员经认真分析确定了项目比较符合市场实际的租售价格的时候，委托方会觉得这个价格与他的预期价格不符。此时，分析人员可以考虑委托方的意见，但不是绝对地迎合。分析人员应对委托方的预期价格与市场合理租售价格的偏离程度进行分析。因为偏高的预期可能导致租售进度延后，甚至难以在合理期限内完成租售计划。

出现上述情况的时候，投资分析人员应尊重或考虑委托方的看法，不代表可以放弃作为咨询人员的职业责任。因为委托方的预期价格远远偏离市场合理价格，不利于对项目作出正确的评价，分析人员有必要遵循谨慎原则进行提醒或纠正。追求数据的可靠和谨慎是投资分析人员应有的风格。所以，同学们要记住，无论是学习还是工作中，有些原则是必须要坚持的。

## ☐ 关键概念

开发建设投资　开发产品成本　总成本费用　计算期　经营成本　期间费用经营收入　转售收入　土地成本　土地出让地价款　建安工程费　基础设施建设费管理费用　财务费用　运营费用　增值税　税金及附加　土地增值税

## ☐ 复习思考题

1. 房地产开发项目的总投资包括哪些内容？它与一般建设项目的总投资有什么不同？

2. 房地产开发项目的总成本费用包括哪些内容？

3. 房地产投资估算的各种报表有哪些？如何填列？

4. 房地产投资项目的经营收入包括哪几种？如何估算？

5. 预（销）售收入的用途有哪些？

6.净经营收入如何计算？

7.房地产投资项目主要包括哪些税金？如何估算？

8.土地增值税的扣除项目是如何规定的？

9.土地增值税的估算步骤有哪些？

10.你能区分房地产出租或经营项目的经营成本与运营费用吗？如何区分？

11.房地产项目的资金来源渠道有哪些？

12.房地产开发项目的还款资金有哪几种？

13.在新开发项目中通常使用哪些类型的融资方式？

14.制订资金筹措计划时应注意哪几点？

15.借款还本付息估算表的作用有哪些？

16.某笔贷款的月利率为1%，每月计息一次，按复利计息，则名义年利率是多少？

17.已知年利率为14%，则按季度计息时的实际年利率是多少？

18.已知某笔贷款的名义年利率为12%，实际年利率为12.55%，则该笔贷款是按照什么时间作为计息周期的？

19.较为理想的资本金与债务资金的比例应符合哪些要求？

20.在编制投资计划与资金筹措表之前，应做好哪些工作？

### □ 案例分析题

一、延续第二章第15题，仍以该项目为例，在已进行了市场分析、区位分析的前提下，对该项目进行投资基础数据的估算分析。

二、某商品住宅项目，占用了20 000平方米的土地，规划容积率为1.5。要获得该项目用地预计需1 100元/平方米（以土地面积计）的土地成本。在开发过程中，估计前期工程费为350万元；建安工程费（含基础设施配套及公建配套费用）以建筑面积计，为1 000元/平方米；管理费用为前期工程费和建安工程费的5%；销售费用为销售收入的4%（假设全部出售、且均一次性付款）；其他工程费发生额为100万元。建设期2年。土地成本在开始时一次投入，前期工程费、建安工程费、管理费用、销售费用、其他工程费等，在第1年投入60%，第2年投入40%。

商品住宅建成后售价为4 500元/平方米，竣工当年即开始销售，售出比例为40%，一年后销售60%。

假设本项目为房地产开发老项目，选用简易计税方法。

各税率如下：

增值税和税金及附加为销售收入的5.53%；土地增值税：当增值额小于扣除额的50%时为30%，当增值额在扣除额的50%~100%时为40%，当增值额在扣除额的100%~200%时为50%。

在建设资金中，资本金2 500万元在第1年全部投入，其他为银行贷款，贷款利率为9%，从第3年和第4年年初分两次等本偿还，同时支付当年应计利息（第4年年初的等本偿还部分不再计息，但应计算$I_c$中由本年担负的利息）。预计每年预售收入足以还本付息。资金在使用时先用资本金，后用银行贷款（假设投资发生在年初，收入发生在年末）。

根据上述资料，要求：

（1）估算项目总投资额（含财务费用估算过程）；

（2）填列借款还本付息估算表（见表4-27）、土地增值税估算表（见表4-28）、投资计划与资金筹措表（见表4-29）（计算结果保留两位小数）。

表4-27　　　　　　　　　　借款还本付息估算表　　　　　　　　单位：万元

| 序号 | 项目 | 合计 | 计算期（年末） | | | |
|---|---|---|---|---|---|---|
| | | | 0 | 1 | 2 | 3 |
| 1 | 借款及还本付息 | | | | | |
| 1.1 | 年初借款本息累计 | | | | | |
| 1.2 | 本年借款 | | | | | |
| 1.3 | 本年应计利息 | | | | | |
| 1.4 | 本年还本付息 | | | | | |
| 1.5 | 其中：还本 | | | | | |
| 1.6 | 付息 | | | | | |
| 1.7 | 年末借款本息累计 | | | | | |
| 2 | 借款还本付息的资金来源 | | | | | |
| 2.1 | 利润 | | | | | |
| 2.2 | 折旧费 | | | | | |
| 2.3 | 摊销费 | | | | | |
| 2.4 | 其他还款资金（预售收入） | | | | | |

表4-28　　　　　　　　　　土地增值税估算表　　　　　　　　金额单位：万元

| 序号 | 项目 | 计算依据 | 计算结果 |
|---|---|---|---|
| 1 | 销售收入 | | |
| 2 | 扣除项目金额 | | |
| 2.1 | 开发成本 | | |
| 2.2 | 开发费用 | | |
| 2.3 | 与转让房地产有关的税金 | | |
| 2.4 | 其他扣除项目 | | |
| 3 | 增值额 | | |
| 4 | 增值率 | | |
| 5 | 适用的土地增值税税率 | | |
| 6 | 土地增值税 | | |

表4-29 　　　　　　　　　　投资计划与资金筹措表　　　　　　　　　单位：万元

| 序号 | 项目 | 合计 | 计 算 期 （年末） | | | |
|---|---|---|---|---|---|---|
| | | | 0 | 1 | 2 | 3 |
| 1 | 项目总投资 | | | | | |
| 1.1 | 开发建设投资 | | | | | |
| | 其中：财务费用 | | | | | |
| 2 | 资金筹措 | | | | | |
| 2.1 | 资本金 | | | | | |
| 2.2 | 银行借款 | | | | | |
| 2.3 | 预售（销售）收入 | | | | | |

拓展阅读1

关于名义利率与
实际利率的问题

拓展阅读2

比较法及其运用

参考答案

# 第五章

# 房地产投资项目财务分析

　　投资项目的财务分析是本书的核心章节。它需要利用前一章测算出的各种数据，计算众多指标以分析投资项目在财务上的可行性。综观今日的中国房地产市场，房地产投资已经不仅仅只是开发投资，还包括越来越多的置业投资；也不仅仅是房地产开发和经营企业可为，个人投资者和小型企业投资者也在运作。因此，本章介绍的财务指标，不论是对开发投资者还是置业投资者都将有着极大的实用价值。

## 第一节　房地产投资项目财务分析概述

### 一、房地产项目财务分析的含义

　　财务分析也叫财务评价，是指投资分析人员在调查与预测房地产市场、估算投资或成本费用及收入、进行资金筹措的基础上，通过编制基本财务报表，计算财务评价指标，对房地产项目的盈利能力、偿债能力和资金平衡能力所进行的分析，据此评价和判断投资项目在财务上的可行性，为投资决策、融资决策以及银行审贷提供依据。

从概念中就可以看出，财务分析的基本程序是：

（1）搜集、整理和计算有关基础财务数据资料。根据项目的市场分析、现行价格体系和财税制度，调查估算项目投资与总成本费用、销售收入、利润、税金等一系列财务数据，并将所得到的上述数据编制成辅助财务报表[①]。

（2）编制基本财务报表。由上述财务预测数据及辅助报表，分别编制反映项目盈利能力、偿债能力及资金平衡能力的基本财务报表。

（3）计算财务分析指标。根据基本财务报表计算各财务分析指标，并分别与对应的评价标准或基准值进行对比，对项目的财务状况作出评价，得出结论。

（4）进行不确定性分析。不确定性分析的方法主要有两种，即临界点分析和敏感性分析[②]，用来分析项目在不确定情况下的抗风险能力和适应市场变化的能力。

（5）由上述确定性分析和不确定性分析的结果，作出投资项目财务上可行与否的最终结论。

上述程序中所揭示的关系如图5-1所示。

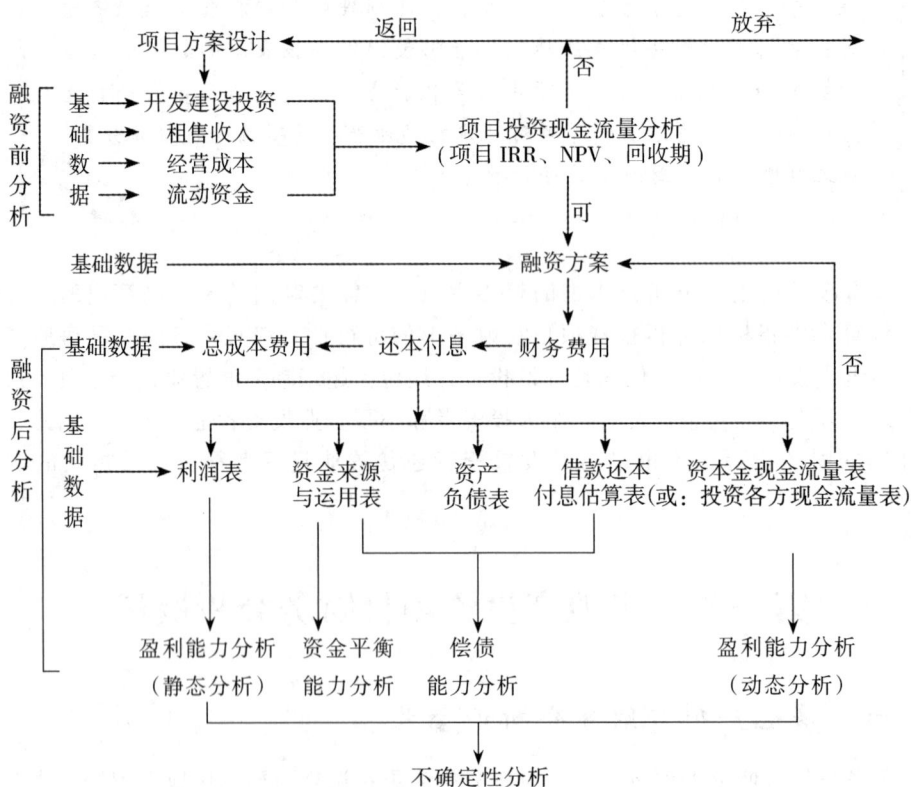

图5-1　财务分析图

---

① 这一步已经在第四章中完成。具体辅助报表详见本节第四章内容。
② 不确定性分析详见本书第六章内容。

## 二、财务分析中的融资前分析与融资后分析

项目决策可分为投资决策和融资决策两个层次。投资决策侧重考察项目净现金流的价值是否大于其投资成本，融资决策侧重考察资金筹措方案能否满足项目要求。根据不同决策的需要，财务分析可分为融资前分析和融资后分析。

1.融资前分析

融资前分析是指房地产投资项目在无贷款或融资情况下的财务分析。它依赖数据少，报表编制简单，但其分析结论可满足方案比选和初步投资决策的需要。在融资前分析结论满足要求时，再初步设定融资方案，进行融资后分析。如果分析结论不能满足要求，可以通过修改方案设计完善项目方案，必要时甚至可据此作出放弃项目的建议。所以，财务分析一般宜先进行融资前分析。

融资前分析要注意以下几个问题：

（1）融资前分析通常只进行盈利能力分析，并以动态分析（折现现金流量分析）为主，编制项目投资现金流量表，计算项目投资内部收益率和净现值指标，也可以计算投资回收期指标；以静态分析（非折现现金流量分析）为辅，编制利润表，计算投资利润率、总投资收益率和投资回收期等指标。

（2）融资前分析可从所得税前和（或）所得税后两个角度进行考察，选择计算所得税前和（或）所得税后指标，但都是在息前的基础上进行。所得税前与所得税后分析的现金流入完全相同，但现金流出略有不同。所得税前分析不将所得税作为现金流出，所得税后分析视所得税为现金流出，二者都可以考察非融资条件下项目投资对企业价值的贡献，是企业投资决策依据的主要指标。不过，所得税前的各项指标，是投资盈利能力的完整体现，用以考察由项目方案设计本身所决定的财务盈利能力，它不受融资方案和所得税变化的影响，仅仅体现项目方案本身的合理性。所得税前指标可以作为初步投资决策的主要指标，用于考察项目是否基本可行，是否值得投资。

（3）融资前分析的现金流量与融资方案无关。其现金流量主要包括租售收入（包括最后一年的净转售收入）、总投资（或总成本费用）、经营成本、增值税和税金及附加、土地增值税和所得税等。为了体现与融资方案无关的要求，各项现金流量的估算中都需要剔除利息的影响。例如，采用不含财务费用的总投资（或总成本费用）、土地增值税、所得税作为流出。因此，项目投资现金流量表与利润表中的这三个指标的数据并不相同，为了显示这种区别，本书在项目投资现金流量表中，使用了"调整土地增值税"和"调整所得税"的概念。不过，当财务费用占总投资的比例不是很大时，也可以用利润表中估算的"土地增值税"和"所得税"代替。

（4）融资前分析广泛应用于项目各阶段的财务分析。在项目的初期阶段，如规划和机会研究阶段，可以只进行融资前分析，此时也可只选取所得税前指标，相对比较简单。

只有通过了融资前分析的检验，才有必要进行融资后分析。

2.融资后分析

在融资前分析结果可以接受的条件下，可以开始考虑融资方案，进行融资后分析。

融资后分析是指以设定的融资方案为基础进行的财务分析。融资后分析主要是针对项目资本金折现现金流量和投资各方折现现金流量进行分析，包括盈利能力分析、偿债能力分析和资金平衡能力分析，进而判断项目方案在融资条件下的财务合理性。融资后分析是比选融资方案，进行融资决策和投资者最终决策的依据。可行性研究阶段必须进行融资后分析。实践中，在可行性研究报告完成之后，还需进一步深化融资后分析，才能完成最终融资决策。

融资方案与投资估算、财务分析密切相关。一方面，融资方案必须满足投资估算确定的投资额及其使用计划对投资数额、时间和币种的要求；另一方面，不同方案的融资后财务分析结论，也是比选、确定融资方案的依据，而融资方案确定的项目资本金和项目债务资金的数额及相关融资条件，又为进行资本金盈利能力分析、项目偿债能力分析、资金平衡能力分析等财务分析提供了必需的基础数据。

由于房地产开发项目几乎不可能不融资，因此，本书各案例的财务分析中均包括了融资前分析和融资后分析并以融资后分析为主。

## 三、财务分析的作用

1.衡量项目的盈利能力

盈利能力是反映房地产投资项目财务效益的重要标志。在财务分析中，应当考察拟投资项目的盈利能力是否达到行业平均水平或投资者期望的最低盈利水平，或者是否满足项目可行的要求条件。衡量项目盈利能力的指标主要有财务内部收益率、财务净现值、投资利润率及资本金净利润率等。

2.衡量项目的偿债能力

拟投资项目的偿债能力包括两个层次：一是项目的财务偿债能力，即项目按期收回全部投资的能力；二是债务偿还能力。如果项目有贷款，就应考察项目资金偿还期限是否符合有关规定，项目是否具备所要求的清偿债务的能力。衡量项目偿债能力的主要指标有投资回收期、偿债备付率、利息备付率以及资产负债率等。

3.衡量项目的资金平衡能力

资金平衡主要是指投资项目的各期累计盈余资金不应出现负值（即资金缺口），它是投资开发经营的必要条件。对项目资金平衡能力的衡量主要通过资金来源与运用表反映。该表的编制基础是财务分析辅助报表和利润表。

## 四、房地产开发项目财务评价的特点

房地产开发项目一般由生地、毛地、熟地、在建工程和建成后的物业（含土地）等单个项目或综合性项目组成，房地产开发项目财务评价有其行业特点[①]，主要包括：

（1）房地产开发项目具有产品不可移动性、保值增值性、区域性、政策影响性、相互影响性、建设与经营同步性等特点，多数房地产项目具有计算期短的特点。

（2）房地产开发项目一般只进行财务分析，涉及区域开发的项目应进行综合分析。

（3）房地产开发项目的资金可来源于商品房合法预售所得款。

（4）房地产开发项目分为出售型、出租型和混合型。项目的收益和成本分摊方式依据项目类型而不同。自营部分的投资可转换成项目的固定资产，出售、出租部分的投资可转换成开发成本。开发企业大量的资产以流动资产的形式存在。

（5）房地产开发项目不按租售合同而按实际可能得到的财务收入估算现金流入，并依此估算经营成本。

（6）房地产开发项目的效益一般为售房收入、租房收入、土地（生地或熟地）出让收入、配套设施出售（租）收入以及自营收入。

（7）房地产开发项目总成本费用主要包括开发建设期间发生的开发产品成本和经营期间发生的运营费用、修理费用等。

（8）房地产开发项目除缴纳增值税、税金及附加和所得税外，尚需缴纳土地增值税、城镇土地使用税、耕地占用税、房产税等。

# 第二节　房地产投资项目财务分析基本报表

财务分析的基本报表是计算反映投资项目盈利能力、偿债能力及资金平衡能力的基础，主要包括现金流量表、资金来源与运用表、利润表和资产负债表。

## 一、现金流量表

### （一）现金流量表的含义

现金流量表是指反映项目在计算期内各年的现金流入、现金流出和净现金流量的计算表格。因此，这里的流入和流出不包括非现金收支（如折旧费、应收及应付款等）。

通过现金流量表可以计算各项财务评价指标，进行房地产项目财务盈利能力的分析。

### （二）现金流量表的种类

按照投资计算基础的不同，现金流量表一般分为：

---

① 国家发展改革委，建设部．建设项目经济评价方法与参数［M］．3版．北京：中国计划出版社，2006：39．

### 1.项目投资现金流量表

项目投资现金流量表是指在不考虑融资的情况下，以全部投资作为计算基础（即假定项目投资均为自有资金），用以计算项目投资所得税前及所得税后的财务内部收益率、财务净现值及回收期等评价指标的计算表格。其目的是考察项目全部投资的盈利能力，为各个方案进行比较建立共同基础。表格形式见表5-1。

表5-1 　　　　　　　　　　　　　　　　项目投资现金流量表　　　　　　　　　　　　　　　单位：万元

| 序号 | 项目 | 合计 | 计算期 | | | | |
|---|---|---|---|---|---|---|---|
| | | | 1 | 2 | 3 | … | N |
| 1 | 现金流入 | | | | | | |
| 1.1 | 销售收入 | | | | | | |
| 1.2 | 出租收入 | | | | | | |
| 1.3 | 自营收入 | | | | | | |
| 1.4 | 净转售收入 | | | | | | |
| 1.5 | 其他收入 | | | | | | |
| 1.6 | 回收固定资产余值 | | | | | | |
| 1.7 | 回收经营资金 | | | | | | |
| 2 | 现金流出 | | | | | | |
| 2.1 | 开发建设投资（不含财务费用） | | | | | | |
| 2.2 | 经营资金 | | | | | | |
| 2.3 | 运营费用 | | | | | | |
| 2.4 | 修理费用① | | | | | | |
| 2.5 | 增值税和税金及附加 | | | | | | |
| 2.6 | 调整土地增值税 | | | | | | |
| 2.7 | 调整所得税 | | | | | | |
| 3 | 税后净现金流量 | | | | | | |
| 4 | 累计税后净现金流量 | | | | | | |
| 5 | 税前净现金流量 | | | | | | |
| 6 | 累计税前净现金流量 | | | | | | |

计算指标：

项目投资财务内部收益率（%）（所得税前）：

项目投资财务内部收益率（%）（所得税后）：

项目投资财务净现值（所得税前）（$i_c=$　%）：

项目投资财务净现值（所得税后）（$i_c=$　%）：

项目投资回收期（年）（所得税前）：

项目投资回收期（年）（所得税后）：

注：（1）该表适用于独立法人的房地产开发项目（项目公司）；（2）开发建设投资中，应注意不含财务费用；（3）本表可以根据需要增加"折现系数"、"折现净现金流量"与"累计折现净现金流量"等栏。

_____

① 修理费用是指以出租或自营方式获得收益的房地产项目在经营期间发生的物料消耗和维修费用。这是建设部发布的《房地产开发项目经济评价方法》中的解释，但这项费用没有解释清楚。如果是日常维修，已经在"运营费用"中体现；如果是大修费用，应作为"准备金"预先定期提取，用于支付物业未来的资本性支出（如设备或屋面的更新），列在"现金流出"栏下。估算时可以根据实际情况填列此项。

2.资本金现金流量表

资本金是项目投资者自己拥有的资金。该表从投资者整体的角度出发，以投资者的出资额作为计算基础，把借款本金偿还和利息支付作为现金流出，用以计算资本金财务内部收益率、财务净现值等评价指标，考察项目资本金的盈利能力。其表格形式见表5-2。

表5-2　　　　　　　　　　　　　　资本金现金流量表　　　　　　　　单位：万元

| 序号 | 项目 | 合计 | 计算期 | | | | |
|------|------|------|------|------|------|------|------|
| | | | 1 | 2 | 3 | … | N |
| 1 | 现金流入 | | | | | | |
| 1.1 | 销售收入 | | | | | | |
| 1.2 | 出租收入 | | | | | | |
| 1.3 | 自营收入 | | | | | | |
| 1.4 | 净转售收入 | | | | | | |
| 1.5 | 其他收入 | | | | | | |
| 1.6 | 回收固定资产余值 | | | | | | |
| 1.7 | 回收经营资金 | | | | | | |
| 2 | 现金流出 | | | | | | |
| 2.1 | 资本金 | | | | | | |
| 2.2 | 经营资金 | | | | | | |
| 2.3 | 运营费用 | | | | | | |
| 2.4 | 修理费用 | | | | | | |
| 2.5 | 增值税和税金及附加 | | | | | | |
| 2.6 | 土地增值税 | | | | | | |
| 2.7 | 所得税 | | | | | | |
| 2.8 | 借款本金偿还 | | | | | | |
| 2.9 | 借款利息支付 | | | | | | |
| 3 | 税后净现金流量 | | | | | | |
| 4 | 累计税后净现金流量 | | | | | | |

计算指标：

资本金财务内部收益率（%）：

资本金财务净现值（$i_e=$　%）：

注：（1）本表可以根据需要增加"税前净现金流量"、"累计税前净现金流量"或"折现系数"、"折现净现金流量"与"累计折现净现金流量"等栏；（2）该表适用于独立法人的房地产开发项目（项目公司）。

3.针对两表的有关说明

（1）净现金流量（项目的未来收益）是项目当年现金流入与现金流出的代数和。一般直接计算税后现金流量。两表中的现金流入与现金流出等数据可以依据第四章的各类财务数据估算和辅助报表得到。所得税数据来自利润表。

（2）两表的区别。项目投资现金流量表与资本金现金流量表在流入项目中内容相同，但在流出项目中，有以下区别：

①由于项目投资现金流量假定拟投资项目所需的全部投资（包括建设投资和经营资金）均为投资者的自有资金，所以项目投资中不含建设期利息，同时也不考虑本金和利息的偿还问题；而在资本金现金流量表中，由于假定了全部投资中除资本金以外的投资都是通过债务资金来解决的，所以现金流出项目增加了"借款本金偿还"和"借款利息支付"。

需要说明的是，从房地产项目投资主体的角度看，在资本金现金流量表中，房地产开发项目的银行借款是现金流入，但又同时将借款用于项目投资，则构成了同一时点、相同数额的现金流出，二者相抵对净现金流量的计算实无影响，因此，资本金现金流量表中投资部分只有资本金。另外，现金流入又是因项目全部投资（资本金+银行借款）所获得，故应将借款本金的偿还及利息支付计入现金流出。

②在现金流出栏目中，资本金现金流量表可能会发生"预售收入再投入"项目，而项目投资现金流量表中却可能没有这一项。虽然上述资本金现金流量表中没有体现这一项，但实际中，如果项目发生了预售收入回投，则要加填这一栏。这是房地产投资项目与一般建设项目不同的地方。

③资本金现金流量表中，土地增值税与所得税的计算基数中含财务费用。而项目投资现金流量表，本身不考虑融资，所以项目投资中不含财务费用，其表格中涉及的土地增值税和所得税的计算也剔除了财务费用的影响，我们叫作"调整土地增值税""调整所得税"，以区别于利润表、资本金现金流量表、资金来源与运用表中的"土地增值税"和"所得税"。

（3）关于计算期。现金流量表中，必须清晰地确定计算期。它涉及现金流量的折现，影响财务净现值和财务内部收益率等指标的准确计算。

在一般建设项目的可行性研究中，计算期通常包括建设期和生产经营期（或为建设期、投产期、达到设计能力的生产期等）。但房地产项目不同，房地产开发结束即售完的项目，建设期和经营期重叠，可看成只有建设期没有经营期；置业投资项目不存在建设期，一般只有经营期（或称持有期）。有时，由于预售和预租情况的存在，房地产开发项目的建设期和经营期往往无法截然分开，所以一般统称为"开发经营期"。其中，开发后以出售为主的项目是指从购买土地使用权开始到全部售出时为止所经历的时间；以出租为主的房地产投资项目是指从购买土地使用权开始到项目转售或经济寿命结束所经历的时间。但不管是"开发经营期"还是"持有期"，本书大多数时候称作"计算期"①。

　　需要注意的是，在安排投资计划与收入计划时，应说明投资和收入是发生在年初还是年末。一般情况下，按期末惯例法，各现金流量表的计算期最好设为"0、1、2、3、…、N"（年）；现金流量表中标注的时间应为"年末"。这样，无论这些数据发生在年初还是年末，都可以将其填入对应的时间点上，各年的现金流量在折现时才不会出现错误。比如，若投资为第1年年初发生，则将其数据填入第0年年末；若租金收入在第2年年初发生，则将其数据填入第1年年末；若投资与收入均发生在年初，就按其各自发生的时间点填入前一年的年末……以此类推，下一年的年初，实为上一年的年末，与所给条件并不矛盾，其实质相同。这样做的好处是，统一了各现金流量的折现时间，以保证通过该表计算的财务净现值和财务内部收益率指标不会出错。

　　当然，如果投资分析人对现金流量表的运用非常熟练，对折现的概念非常清晰，则无论计算期设为"0、1、2、3、…、N"（年），还是设为"1、2、3、…、N"（年），其现金流量表都不会出现错误，通过该表计算出的财务净现值和财务内部收益率指标也不会出现错误。

　　（4）房地产投资项目往往有开发后出售项目、开发后出租项目、置业投资项目和自营项目的区分，因此必须注意到，在具体填报现金流量表时，不仅有项目投资和资本金的区别，还有出售项目与出租、自营项目的区别，这也是房地产投资项目与一般建设项目的不同之处。

　　以出售为主的房地产投资项目，其经营资金已包含在项目的投资与成本费用之内，故该项内容在现金流出项目中可以不填列，因此在现金流入项目中也没有"回收经营资金"项目；同时，运营费用和修理费用也很少发生，所以也不填列；另外，由于以出售为主的房地产投资项目不存在固定资产余值的回收，所以现金流入栏目中也没有"回收固定资产余值"项目。但这些项目却可能在出租项目和自营项目中发生。

　　同样，以出租和自营为主的房地产投资项目，也会有一些项目与出售项目不同。比如，在持有期末，可能会发生"净转售收入"等，而在以出售为主的房地产投资项目中并不会发生。"净转售收入"一般已考虑了所有在转售过程中发生的税费。

　　4.投资者各方现金流量表

　　该表以投资者各方的出资额作为计算基础，用以计算投资者各方财务内部收益率、财务净现值等评价指标，从而反映投资者各方投入资本的盈利能力。当一个房地产项目有几个投资者进行投资时，就应编制投资者各方现金流量表。其表格形式见表5-3。

---

　　①　本书在第四章详细介绍了这个概念。在某些例子中，出于需要，我们有时也会使用"开发经营期"的概念，不过二者之间并不矛盾。

表5-3

**投资者各方现金流量表**

单位：万元

| 序号 | 项目 | 合计 | 计算期 | | | | |
|---|---|---|---|---|---|---|---|
| | | | 1 | 2 | 3 | … | N |
| 1 | 现金流入 | | | | | | |
| 1.1 | 应得利润 | | | | | | |
| 1.2 | 资产清理分配 | | | | | | |
| （1） | 回收固定资产余值 | | | | | | |
| （2） | 回收经营资金 | | | | | | |
| （3） | 净转售收入 | | | | | | |
| （4） | 其他收入 | | | | | | |
| 2 | 现金流出 | | | | | | |
| 2.1 | 开发建设投资出资额 | | | | | | |
| 2.2 | 经营资金出资额 | | | | | | |
| 3 | 净现金流量 | | | | | | |
| 4 | 累计净现金流量 | | | | | | |

注：该表适用于独立法人的房地产开发项目（项目公司）。

## 二、资金来源与运用表

### （一）资金来源与运用表的含义

资金来源与运用表是反映房地产投资项目在计算期内各年的资金盈余或短缺情况，用于选择资金筹措方案、制订适宜的贷款偿还计划的财务报表，它为项目资产负债表的编制及资金平衡分析提供了重要的财务信息。资金来源与运用表的表格形式见表5-4。

资金来源与运用表和现金流量表有着本质的不同。资金来源与运用表是从项目的资金平衡角度出发的，后者是从投资角度出发的。在资金来源与运用表中把用于项目的全部资金来源都看作现金流入，包括借款和资本金投资，而在资本金现金流量表中把资本金投入看作现金流出。又如应付利润，对投资者来说是一笔肯定的所得，但对项目来说是一笔流出，如果利润分配太多，有可能使项目资金周转不过来。

### （二）资金平衡能力分析

那么，怎样利用该表进行资金的平衡能力分析呢？

该表给出的盈余资金表示当年资金来源（现金流入）多于资金运用（现金流出）的数额。当盈余资金为负值时，表示该年的资金短缺。作为资金的平衡，并不要求每年的盈余资金不出现负值，而要求从投资开始至各年累计的盈余资金大于零或等于零。这就要求投资项目在实施过程中任何时刻都有够用的资金。因此，项目

表5-4　　　　　　　　　　　　资金来源与运用表　　　　　　　　单位：万元

| 序号 | 项目 | 合计 | 计算期 | | | | |
|---|---|---|---|---|---|---|---|
| | | | 1 | 2 | 3 | … | N |
| 1 | 资金来源 | | | | | | |
| 1.1 | 销售收入 | | | | | | |
| 1.2 | 出租收入 | | | | | | |
| 1.3 | 自营收入 | | | | | | |
| 1.4 | 资本金 | | | | | | |
| 1.5 | 长期借款 | | | | | | |
| 1.6 | 短期借款 | | | | | | |
| 1.7 | 回收固定资产余值 | | | | | | |
| 1.8 | 回收经营资金 | | | | | | |
| 1.9 | 净转售收入 | | | | | | |
| 2 | 资金运用 | | | | | | |
| 2.1 | 开发建设投资（不含利息） | | | | | | |
| 2.2 | 经营资金 | | | | | | |
| 2.3 | 运营费用 | | | | | | |
| 2.4 | 修理费用 | | | | | | |
| 2.5 | 增值税和税金及附加 | | | | | | |
| 2.6 | 土地增值税 | | | | | | |
| 2.7 | 所得税 | | | | | | |
| 2.8 | 税后利润 | | | | | | |
| 2.9 | 借款本金偿还 | | | | | | |
| 2.10 | 借款利息支付 | | | | | | |
| 3 | 盈余资金（1）-（2） | | | | | | |
| 4 | 累计盈余资金 | | | | | | |

注：（1）"2.1开发建设投资"中不含财务费用，因2.10项已含此部分，不能重复计算；但如果表中没有2.10项，则2.1项可以含财务费用。（2）该表适用于独立法人的房地产开发项目。
资金筹措方案和借款还本付息计划应能使本表中各年度的累计盈余资金额始终大于或等于零，否则，项目将因资金短缺而不能按计划顺利进行。当在某一刻累计盈余资金出现负值时，要在此之前或增加借款，或增加自有资金投入，或延缓、减少利润分配，或与债务人协商延缓还款时间。当所有这些措施都无效时，即使是投资盈

利性很好的项目，也要重新考虑投资项目的可行性，缩小投资规模，改善投资方案，有时甚至要考虑放弃该项目，另找投资机会。

有不少的房地产投资项目，预期的盈利能力很高，但这类项目往往占用资金较多，投资回收的周期较长，一旦出现资金紧缺，有些项目不得不降价出让或低价销售，使投资的盈利水平大打折扣，甚至出现亏损的局面。因此，资金平衡能力分析对房地产投资项目尤为重要。

作为项目投资实施的必要条件，每期的累计盈余资金应不小于零。因而，房地产投资项目的资金平衡能力分析关注的重点是资金来源与运用表的累计盈余资金栏目。

### （三）与一般建设项目的不同

与现金流量表一样，出售项目和出租项目的资金来源与运用表也会有所不同。当然，二者并无本质的不同，只是根据所需数据的不同增减而已。

1.出售项目资金来源与运用表（见表5-5）

表5-5　　　　　　　　　　出售项目资金来源与运用表　　　　　　　　单位：万元

| 序号 | 项目 | 合计 | 计算期 | | | | |
|---|---|---|---|---|---|---|---|
| | | | 1 | 2 | 3 | … | N |
| 1 | 资金来源 | | | | | | |
| 1.1 | 销售收入 | | | | | | |
| 1.2 | 资本金 | | | | | | |
| 1.3 | 长期借款 | | | | | | |
| 1.4 | 短期借款 | | | | | | |
| 2 | 资金运用 | | | | | | |
| 2.1 | 开发建设投资（不含利息） | | | | | | |
| 2.2 | 增值税和税金及附加 | | | | | | |
| 2.3 | 土地增值税 | | | | | | |
| 2.4 | 所得税 | | | | | | |
| 2.5 | 税后利润 | | | | | | |
| 2.6 | 借款本金偿还 | | | | | | |
| 2.7 | 借款利息支付 | | | | | | |
| 3 | 盈余资金（1）-（2） | | | | | | |
| 4 | 累计盈余资金 | | | | | | |

2.出租和自营项目的资金来源与运用表（见表5-6）

表5-6 出租与自营项目的资金来源与运用表 单位：万元

| 序号 | 项目 | 合计 | 计算期 | | | | |
|------|------|------|------|------|------|------|------|
| | | | 1 | 2 | 3 | … | N |
| 1 | 资金来源 | | | | | | |
| 1.1 | 出租收入（或自营收入） | | | | | | |
| 1.2 | 资本金 | | | | | | |
| 1.3 | 折旧费 | | | | | | |
| 1.4 | 摊销费 | | | | | | |
| 1.5 | 长期借款 | | | | | | |
| 1.6 | 短期借款 | | | | | | |
| 1.7 | 回收固定资产余值 | | | | | | |
| 1.8 | 回收经营资金 | | | | | | |
| 1.9 | 净转售收入 | | | | | | |
| 2 | 资金运用 | | | | | | |
| 2.1 | 开发建设投资（不含利息） | | | | | | |
| 2.2 | 经营资金 | | | | | | |
| 2.3 | 运营费用 | | | | | | |
| 2.4 | 修理费用 | | | | | | |
| 2.5 | 增值税和税金及附加 | | | | | | |
| 2.6 | 所得税 | | | | | | |
| 2.7 | 税后利润 | | | | | | |
| 2.8 | 借款本金偿还 | | | | | | |
| 2.9 | 借款利息支付 | | | | | | |
| 3 | 盈余资金（1）－（2） | | | | | | |
| 4 | 累计盈余资金 | | | | | | |

出租和自营项目的资金来源与运用表与一般建设项目的资金来源与运用表比较相似。

但不管出售、出租还是自营的房地产投资项目，在编制资金来源与运用表之前，都有必要详细进行开发方案和营销计划的策划，编制出项目的开发建设进度、投资计划、销售进度和销售收入、出租收入、自营收入计划（见第四章相关内容）等，为资金来源与运用表的编制提供依据。

**（四）资金来源与运用表的数据来源与填列**

以出售项目的资金来源与运用表为例。

（1）销售收入、增值税和税金及附加、土地增值税、所得税和税后利润等数据，取自利润表。

（2）开发建设投资、长期借款、短期借款、资本金等数据，取自投资计划与资金筹措表（注意：移至该表中的"开发建设投资"应扣除财务费用，因本表中2.7项已有"借款利息支付"）。

（3）借款本金偿还、借款利息支付的数据取自借款还本付息估算表。

（4）盈余资金等于资金来源减去资金运用。

（5）累计盈余资金各年数额为当年及以前各年盈余资金之和。

到此为止，在借款还本付息估算表、投资计划与资金筹措表、资本金现金流量表和资金来源与运用表中，都涉及了"借款本金偿还"和"借款利息支付"的填列问题。

一般情况下，在投资计划与资金筹措表中，"财务费用"栏应填写支付年度的全部利息，"银行借款"栏应填写借款的原始本金；在资本金现金流量表里，流出项目中的"借款本金偿还"和"借款利息支付"，可以使用投资计划与资金筹措表中"银行借款"和"财务费用"的数据，也可以使用借款还本付息估算表中"本期还本"和"本期付息"的数据；在资金来源与运用表中，"资金来源"项目中的"长期借款"栏，填借款的原始本金；"资金运用"项目中的"借款本金偿还"和"借款利息支付"，可以使用投资计划与资金筹措表中的数据，也可以使用借款还本付息估算表中的数据。这样使用，并不影响报表的最终结果。

有时，资本金现金流量表和资金来源与运用表中，"借款本金偿还"和"借款利息支付"栏，可以合并为"借款还本付息"一项（也称"借款本息偿还"）。

## 三、利润表

### （一）利润表的含义

利润表是反映房地产投资项目计算期内各年的利润总额、所得税及各年税后利润的分配等情况的财务报表。通过该表提供的投资项目经济效益静态分析的信息资料，可以计算投资利润率、资本金利润率、资本金净利润率等指标。其表格形式见表5-7。

### （二）利润表的数据来源与填列

1.利润总额

利润表中的利润总额一般应为：

$$\frac{利润}{总额} = \frac{经营}{收入} - \frac{经营}{成本} - \frac{运营}{费用} - \frac{修理}{费用} - \frac{增值税和}{税金及附加} - \frac{土地}{增值税}$$

由于房地产项目与一般建设项目有较大差异，而且房地产经营方式一般分出售和出租两种，所以实际上在编制利润表时，往往也会分为两种：出售型房地产项目利润表和出租型房地产项目利润表。因此，利润总额的计算也会有所不同。

表5-7　　　　　　　　　　　　　　　　利润表　　　　　　　　　　　　单位：万元

| 序号 | 项目 | 合计 | 计算期 | | | | |
|------|------|------|------|------|------|------|------|
| | | | 1 | 2 | 3 | … | N |
| 1 | 经营收入 | | | | | | |
| 1.1 | 销售收入 | | | | | | |
| 1.2 | 出租收入 | | | | | | |
| 1.3 | 自营收入 | | | | | | |
| 2 | 经营成本 | | | | | | |
| 2.1 | 商品房经营成本 | | | | | | |
| 2.2 | 出租房经营成本 | | | | | | |
| 3 | 运营费用 | | | | | | |
| 4 | 修理费用 | | | | | | |
| 5 | 增值税和税金及附加 | | | | | | |
| 6 | 土地增值税 | | | | | | |
| 7 | 利润总额 | | | | | | |
| 8 | 所得税 | | | | | | |
| 9 | 税后利润 | | | | | | |
| 9.1 | 盈余公积 | | | | | | |
| 9.2 | 应付利润 | | | | | | |
| 9.3 | 未分配利润 | | | | | | |

计算指标：

投资利润率（％）：

资本金利润率（％）：

资本金净利润率（％）：

注：该表适用于独立法人的房地产开发项目（项目公司）。

（1）以出售为主的房地产项目的利润总额

以出售为主的房地产投资项目与一般建设项目的主要区别在于，一般性建设项目计算期包括两部分：一是建设期，主要形成投资；二是生产经营期，主要形成产品的总成本费用，投资以折旧与摊销的形式在该期内收回。而出售型房地产项目，其投资过程就是房地产产品的生产过程，建设期与经营期无法截然分开，所以，才有：总投资＝总成本费用＝经营成本[①]。另外，房地产投资项目中还含有土地增值

---

① 建设部在《房地产开发项目经济评价方法》中规定，项目销售时，其经营成本按每期销售比例分摊。这里的"经营成本"，对出售项目来说，其实就是"总成本费用"或"总投资"按销售比例结转过来的部分。

税。这样，利润总额为：

利润总额=销售收入-总成本费用-增值税和税金及附加-土地增值税

其中，总成本费用、土地增值税、销售收入、增值税和税金及附加的数据，分别来自第四章的表4-1、表4-15、表4-16。

为简化计算，表中各年的总成本费用（经营成本）、土地增值税、销售收入均可按各年销售比例结转。其表格形式见表5-8。

表5-8　　　　　　　　　　　出售型房地产项目的利润表　　　　　　　　　单位：万元

| 序号 | 项目 | 合计 | 计算期 | | | | |
|---|---|---|---|---|---|---|---|
| | | | 1 | 2 | 3 | … | N |
| 1 | 销售收入 | | | | | | |
| 2 | 总成本费用 | | | | | | |
| 3 | 增值税和税金及附加 | | | | | | |
| 4 | 土地增值税 | | | | | | |
| 5 | 利润总额 | | | | | | |
| 6 | 所得税 | | | | | | |
| 7 | 税后利润 | | | | | | |
| 7.1 | 盈余公积 | | | | | | |
| 7.2 | 应付利润 | | | | | | |
| 7.3 | 未分配利润 | | | | | | |

计算指标：

投资利润率（%）：

资本金利润率（%）：

资本金净利润率（%）：

注：因是出售项目，表中"总成本费用"等于"开发建设投资"。

（2）以出租为主的房地产项目利润总额

以出租经营为主的房地产投资项目，与一般性建设项目类似，不同之处在于其经营成本的构成内容不同。项目在出租时，该类项目的经营成本主要是指其固定资产价值或出租部分总成本费用的年折旧提取额（按直线折旧法）。而该项目各年的出租房经营成本，通常是按当年出租率计算本年应结转的经营成本。

对于运营费用，我们在第四章已经指出，它是指房地产项目开发完成后，在项目出租或经营期间发生的所有费用。运营费用具体包括：期间费用（管理费用、销售费用、财务费用）、增值税、税金及附加、物业服务费（人员工资和办公费用、建筑物及相关场地的维护维修费用、公共设施设备运行费、维修及保养费、绿化费、清洁与保安等费用、保险费和折旧费）、大修基金等。一般来说，根据项目的实际情况，运营费用占出租收入的20%～40%。

这样，利润总额为：

利润总额=出租收入−经营成本−运营费用−增值税和税金及附加

其中，出租收入、经营成本、增值税和税金及附加的数据可以通过第四章的财务估算数据和辅助报表得到。

其表格形式见表5-9。

表5-9　　　　　　　　出租型房地产项目的利润表　　　　　　　单位：万元

| 序号 | 项目 | 合计 | 计算期 | | | | |
|---|---|---|---|---|---|---|---|
| | | | 1 | 2 | 3 | … | N |
| 1 | 出租收入 | | | | | | |
| 2 | 经营成本 | | | | | | |
| 3 | 运营费用（经营费用） | | | | | | |
| 4 | 增值税和税金及附加 | | | | | | |
| 5 | 利润总额 | | | | | | |
| 6 | 所得税 | | | | | | |
| 7 | 税后利润 | | | | | | |
| 7.1 | 盈余公积 | | | | | | |
| 7.2 | 应付利润 | | | | | | |
| 7.3 | 未分配利润 | | | | | | |

2.税后利润

一般来说，我们在本书中所说的"税前"或"税后"的"税"指的都是所得税。税前利润指的就是利润总额。因此：

税后利润=利润总额−所得税

其中，所得税=应纳税所得额×所得税税率

一般情况下，应纳税所得额（或应纳税收入）就是前面计算出来的利润总额。但是当房地产开发企业有减免所得税和弥补上年度亏损的情况存在时，就不能以利润总额直接计算所得税了。

当房地产开发企业发生年度亏损时，没有利润或收入，则亏损年份所得税为零；由亏转盈的年份，则可以用下一年度的所得税前利润弥补；下一年度税前利润不足弥补的，可以在五年内连续弥补；五年内不足弥补的，用税后利润弥补。

在实际操作中，房地产开发项目的所得税，采用了按销售收入一定比例预征的方式，即不论项目整体上是否已经盈利，只要实现了销售收入，就按其一定比例征收所得税。房地产开发企业的所得税税率一般为25%[①]。

3.利润分配

房地产企业缴纳所得税后的利润为税后利润，税后利润等于可供分配利润，一般按照下列顺序分配：

（1）弥补企业以前年度亏损。

（2）提取盈余公积。一般企业提取的盈余公积分为两种：一是法定盈余公积，按照税后利润扣除前项后的10%提取，累计提取达到注册资本金的50%时可不再提取；二是任意盈余公积，按可供分配利润的5%提取。

（3）向投资者分配利润，即表中的应付利润。

考虑了这三项因素后（大部分情况下只有后两项因素），余额即为表中的未分配利润，未分配利润主要用于归还借款。当借款还清后，一般应将这部分利润补分给投资者。

# 四、资产负债表

## （一）资产负债表的含义

资产负债表是反映房地产投资项目在计算期内各年年末资产、负债与所有者权益变化及对应关系的报表。该表主要用于考察项目资产、负债、所有者权益的结构，进行项目偿债能力分析。各期资产应等于负债和所有者权益之和。如果资产不等于负债和所有者权益之和，则应检查其他基本报表。

在对房地产开发项目进行独立的财务评价时，通常不需要编制项目的资产负债表[②]。但当房地产开发公司开发或投资一个新的房地产项目时，通常需要编制该企业的资产负债表，以计算资产负债率、流动比率和速动比率等反映企业财务状况和偿债能力的指标。

如果房地产开发项目不需要编制项目的资产负债表，项目的偿债能力则主要借助于偿债备付率和利息备付率指标、借款还本付息估算表和资金来源与运用表进行分析。

资产负债表的表格形式见表5-10。

## （二）资产负债表的内容

从表5-10中可以看出，资产负债表由三大部分组成：资产、负债和所有者权益。

---

① 详见2008年1月1日实施的新所得税法的规定。

② 中国房地产估价师与房地产经纪人学会. 房地产开发经营与管理［M］. 北京：中国建筑工业出版社，2011：272.

表5-10　　　　　　　　　　　　　　　　**资产负债表**　　　　　　　　　　　　单位：万元

| 序号 | 项目 | 1 | 2 | 3 | … | N |
|------|------|---|---|---|---|---|
| 1 | 资产 | | | | | |
| 1.1 | 流动资产总额 | | | | | |
| 1.1.1 | 应收账款 | | | | | |
| 1.1.2 | 存货 | | | | | |
| 1.1.3 | 货币资金 | | | | | |
| 1.1.4 | 累计盈余资金 | | | | | |
| 1.2 | 在建工程 | | | | | |
| 1.3 | 固定资产净值 | | | | | |
| 1.4 | 无形及递延资产净值 | | | | | |
| 2 | 负债及所有者权益 | | | | | |
| 2.1 | 流动负债总额 | | | | | |
| 2.1.1 | 应付账款 | | | | | |
| 2.1.2 | 短期借款 | | | | | |
| 2.2 | 长期借款 | | | | | |
| 2.2.1 | 经营资金借款 | | | | | |
| 2.2.2 | 固定资产投资借款 | | | | | |
| 2.2.3 | 开发产品投资借款 | | | | | |
| | 负债小计 | | | | | |
| 2.3 | 所有者权益 | | | | | |
| 2.3.1 | 资本金 | | | | | |
| 2.3.2 | 资本公积 | | | | | |
| 2.3.3 | 盈余公积 | | | | | |
| 2.3.4 | 累计未分配利润 | | | | | |

计算指标：

资产负债率（%）：

流动比率（%）：

速动比率（%）：

1.资产

资产是指项目所拥有、占用或者可以控制的，通过经营活动能创造收益的经济资源。在项目财务分析中，资产分为流动资产、在建工程、固定资产净值、无形及递延资产净值四大部分。流动资产又分为应收账款、存货、货币资金、累计盈余资金四项。

（1）应收账款。应收账款是指在下一个经营年度内收回的赊销商品或劳务的款项，如以分期付款形式销售的商品房余下的应收房款。

（2）存货。存货是指为生产经营活动而储备的实物资产，包括商品、产成品、半成品、在产品及各类材料等，如待销的商品房、待用的电梯和空调等。

（3）货币资金。货币资金指以货币形式存在的、普遍接受的、可立即用作支付手段的资金，包括现金、银行或其他金融机构存款。

（4）累计盈余资金。累计盈余资金是过去经营年度的盈余资金，由上年财务结转。

（5）在建工程。在建工程指正在进行施工建设的工程项目所投入的资金，按项目形象进度进行成本费用摊销。这是房地产开发项目占用的最大比例的资产。

（6）固定资产净值。固定资产净值是指生产经营活动中投入使用的、使用期在一年以上、单位价值在规定标准以上，并且在使用过程中保持其原有实物形态的资产净值，如公司的办公用房、机械动力设备及运输设备等。

（7）无形及递延资产净值。无形资产是长期使用而无实物形态的资产，包括专利权、商标权、著作权、土地使用权等。递延资产是指不应全部计入当年损益，应由以后年度摊销的各项费用，如公司的开办费等。

2.负债

负债是指项目所承担的能以货币计量的、将以资产或劳务偿付的经济责任。在资产负债表内，负债分为流动负债和长期借款两大类。其中，流动负债又分为应付账款、流动资金借款、其他短期借款等。流动资金借款、其他短期借款及长期借款均指借款余额，需根据资金来源与运用表中的对应项及相应的本金偿还项进行计算。负债的具体内容如下：

（1）应付账款。应付账款是指项目开发建设过程中购进商品（材料、设备、土地）或接受外界提供劳务、服务而未付的欠款。

（2）流动资金借款。流动资金借款是指从银行或其他金融机构借入的短期借款。

（3）其他短期借款。其他未列入上述流动资金借款的短期借款为其他短期借款，如临时借债、结算借款等。

（4）长期借款。长期借款是指期限在一年以上的银行借款、抵押贷款和向其他单位的借款。

3.所有者权益

所有者权益是指项目投资者对项目净资产的所有权。所有者权益主要包括投资者投入的资本金和生产经营活动中所形成的资本公积、盈余公积、累计未分配利润等。所有者权益主要内容如下：

（1）资本金。资本金是项目实际注入的投资者资本。国家规定，成立房地产开发公司必须具备注册资金，投资项目也必须首先落实资本金才能进行建设，这样可以有效地防止部分不规范企业的不规范行为，减少楼盘"烂尾"等现象的发生。资本金为投资项目中的自有资金，当存在由资本公积或盈余公积转增资本金的情况时应进行相应调整。

（2）资本公积。资本公积是指股本溢价、法定财产重估后增值等新增的资本金。转增资本金时应相应调整资产负债表，使其满足等式：资产=负债+所有者权益。

（3）盈余公积。盈余公积是指按国家规定从利润中提取形成的公积金。盈余公积来自利润表，但应根据有无用盈余公积弥补亏损或转增资本金的情况进行调整。

（4）累计未分配利润。累计未分配利润是指实现利润在扣除所得税、提取盈余公积和分配利润后的余额。累计未分配利润也来自利润表。

**（三）项目偿债能力分析**

项目有无支付能力和偿还债务的能力是项目能否健康生存和发展的关键。当项目不能偿还到期债务、丧失支付能力时，债权人可申请破产或没收其抵押物，以偿还其债务。因而，偿债能力分析同时也是项目投资风险、项目经营安全性分析以及项目筹资方案分析的重要内容。当项目偿债能力较差时，将加剧其资金筹措的困难，直接带来项目经营的财务风险。因此，项目的偿债能力分析历来是项目投资者、经营者、债权人及其他有关人员或部门十分关注的问题，也是项目财务评价的核心内容之一。

项目偿债能力分析的主要依据就是项目的资产负债表，运用该表可以计算两类指标：

（1）长期偿债能力指标，如资产负债率等。长期偿债能力是指项目在长期借款使用期内的还本付息能力或长期借款到期后的归还借贷本金的能力。

（2）短期偿债能力指标，如流动比率、速动比率指标等。短期偿债能力是指项目用流动资产和营业利润归还各种一年内到期或超过一年的一个营业周期内到期的流动负债的能力。

关于资产负债率、流动比率和速动比率这三项指标的计算，请参考本章第四节内容。

# 五、各报表间的相互关系

财务分析的基本原理就是从基本报表中取得数据，计算财务分析的各项指标，然后与基本参数进行比较，根据一定的评价标准，决定项目是否可行。基本报表是财务分析体系中重要的组成部分。各种基本报表之间有着密切的联系。

利润表与现金流量表都是为进行项目盈利能力分析提供基础数据的报表，不同的是，通过利润表计算的是盈利能力的静态指标；通过现金流量表计算的是盈利能力的动态指标。同时，利润表也为现金流量表的填列提供了一些基础数据。

借款还本付息估算表、资金来源与运用表和资产负债表都是为进行项目偿债能力分析提供基础数据的报表。根据借款还本付息估算表和资金来源与运用表可以计算借款偿还期、偿债备付率、利息备付率指标，根据资产负债表可以计算资产负债率、流动比率和速动比率等指标。另外，通过资金来源与运用表可以进行项目的资金平衡能力的分析。

第四章和本章涉及很多辅助报表和基本报表。在填列顺序上，第四章依次为：借款还本付息估算表（在此以前需计算好财务费用或建设期利息）、土地增值税估算表（在此以前需填列好销售收入与增值税和税金及附加估算表、总投资或总成本费用估算表）、投资计划与资金筹措表；第五章依次为：利润表、资金来源与运用表、现金流量表、资产负债表。这样填列比较方便，因为按此顺序，基本上每一张报表都为后续的报表填列做好了数据准备。

各财务报表的编制可以手工计算，也可以采用 Microsoft Excel 等软件进行编制。

房地产开发项目财务报表之间的关系如图5-2所示。

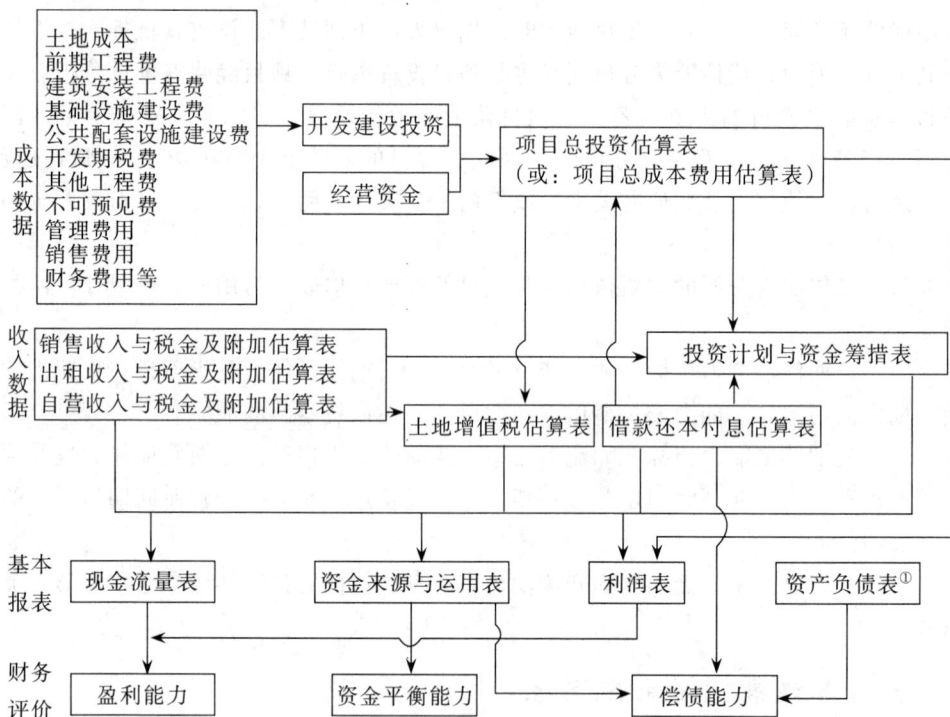

图5-2　财务报表关系图

本节主要讲解了房地产开发项目的财务报表，由于其涉及的开发活动及资金流向较为复杂，因此，其财务报表的关系也比较复杂。比较而言，房地产置业投资项目，通常仅用一个报表就可以完成其财务评价，综合第一章、第四章以及本章所学相关内容，我们来做一个常见的房地产置业投资项目的现金流量表（见表5-11）。

---

① 作为独立法人项目，可以不填列此表。此处列示是为了体现基本报表的完整性。

表5-11 房地产置业投资项目现金流量表

| 项目 | 计算公式 | 年末合计 | 计算期 | | | |
|---|---|---|---|---|---|---|
| | | | 1 | 2 | … | N |
| 一、基本数据 | | | | | | |
| 1.可出租面积（平方米） | （1） | | | | | |
| 2.出租率（%） | （2） | | | | | |
| 3.实际出租面积（平方米） | （3）=（1）×（2） | | | | | |
| 4.月租金水平（元/平方米） | （4） | | | | | |
| 二、实际经营收入（万元） | （5）=（3）×（4）×12 | | | | | |
| 三、运营费用及税金 | （6）=（7）～（12）之和 | | | | | |
| 1.期间费用 | （7） | | | | | |
| 2.物业服务费 | （8） | | | | | |
| 3.增值税 | （9） | | | | | |
| 4.税金及附加 | （10） | | | | | |
| 5.大修基金 | （11） | | | | | |
| 6.保险费及其他 | （12） | | | | | |
| 四、净经营收入（万元） | （13）=（5）-（6） | | | | | |
| 年还本付息额（万元） | （14）$A=Pi\left[1-(1+i)^{-t}\right]$ | | | | | |
| 五、税前现金流量（万元） | （15）=（13）-（14） | | | | | |
| 本金 | （16） | | | | | |
| 折旧 | （17） | | | | | |
| 六、应纳税所得额（万元） | （18）=（15）+（16）-（17） | | | | | |
| 所得税（万元） | （19）=（18）×25% | | | | | |
| 七、税后现金流量 | （20）=（15）-（19） | | | | | |
| 八、贴现系数（$i_c$） | （21）$=1/(1+i_c)n$ | | | | | |
| 九、净现金流量现值（万元） | （22）=（20）×（21） | | | | | |
| 十、累计净现值（万元） | （23） | | | | | |

资本金现金流量分析指标：

税后财务净现值（万元）：FNPV=

税后财务内部收益率（%）：FIRR=

税后投资回收期（年）：$P_t$=

注：（1）表中i表示贷款利率，$i_c$表示基准收益率；n表示计算期；t表示贷款年限；25%为所得税税率。（2）如果项目在期末发生了净转售收入，则第七项"税后现金流量"的最后一年应加上一笔"净转售收入"（已扣除了各种税费后的转售收入），再通过第八项进行第九项的计算。（3）表中的第（18）项：先根据贷款条件计算出第（14）项A中各年的本金与利息，再计算出折旧，才能计算出应纳税所得额。

# 第三节　传统财务分析

资金时间价值[①]的重要性已经不言而喻，不少投资者也已认识到这一点，因此，在进行财务分析时，很多关于房地产投资分析的书籍所采用的指标重点放在了动态分析方面。但是，一些传统的财务分析指标也并不是一无是处，它们在进行项目的初步筛选时也是非常有用的，尽管它们没有考虑资金的时间价值因素。对某些小规模的置业投资项目、对出租型或经营型项目以及对一些不需要太复杂分析和计算的投资项目来说，完全可以使用本节介绍的这些传统的财务分析指标（这些指标通常代表了投资者的经验），来快速判断项目的可行性。如果以此判断项目可行，就可以进行更为复杂的分析（即现代的财务分析）。

## 一、基本指标

### （一）收益乘数

收益乘数表示物业的市场价值（价格）与总收入或净经营收益之间的比率关系。它虽然不能充当独立分析的工具，但可以很容易剔除那些明显不能接受的项目。

收益乘数按计算基数的不同，分为总收益乘数和净收益乘数。

$$总收益乘数 = \frac{市场价格}{总收入} \tag{5.1}$$

$$净收益乘数 = \frac{市场价格}{净经营收益} \tag{5.2}$$

总收益乘数也称为总租金乘数，反映的是物业的市场价格与总收入之间的关系。但总收入也有两种取值，即潜在总收入和实际总收入（或有效总收入）。其中的关键问题在于搜集到的数据的情况。由于空置以及坏账损失方面的数据往往不太可靠并难以核实，所以较为合适的是选用潜在总收入。

净收益乘数反映的是物业在出租经营过程中，物业的市场价格（或物业的资本价值）与净经营收益之间的关系。比较而言，总收益乘数分析更为常用。因为净收益乘数需要事先确定净经营收益，稍微复杂一些。

总收益乘数和净收益乘数常被投资者用来初步估算其置业投资的收益水平，或用来判断某商业物业的收益能力、投资潜力。收益乘数的数值越小，表示物业的投资价值越高，可获得较高的投资报酬率。

该指标要注意与市场上流行的总收益乘数进行比较。这种比较可以说明公式中市场价格的高低。如果针对某物业计算出的总收益乘数低于市场流行的总收益乘数

---

[①]　有关资金时间价值的问题作者在此处没有阐述，是因为本书假设读者已有相关的知识储备，即在其他课程中已学过这部分内容。如果读者需要补充该知识，请参见：中国建筑工业出版社1997年版《房地产投资项目分析》，第76页，"房地产投资项目的时间因素"一章。如果只需要回忆公式，则见本书附表。

越多，则物业越值得投资。例如，如果可比较的市场流行的总收益乘数是10，当投资房地产的总收益乘数是9时，表明这是一笔好的购买行为；反之，如果市场流行的总收益乘数是7，则说明房地产市场价格过高。

**（二）财务比率**

财务比率一般用于所投资物业相互间的比较。较为常用的财务比率有营业比率、损益平衡比率和偿债保障比率。

1.营业比率

营业比率是项目的经营支出占实际总收入的百分比。

$$营业比率 = \frac{经营支出}{实际总收入} \times 100\% \tag{5.3}$$

一般来说，营业比率越高代表营运的效率越差，反之则效率越高。运用该指标需特别注意经营支出的内容。如果支出的主要是经营者所能控制的变动费用，则此比率所代表的不是物业本身的效率，而是经营者的经营效率。反之，如果经营支出的主要构成为固定费用，则低营业比率表示该房地产经营效率较高。因此，投资者必须注意，当投资一项原本已在经营中的收益性物业时，原来的营业比率高低不能判别该项物业是否值得投资，而应观察该项物业低营业比率的来源，究竟是与原经营者的经营能力有关，还是与物业本身的生财能力有关。

有些投资者愿意寻找那些与原经营者经营能力有关的高营业比率的物业进行投资，希望通过有效的管理降低营业比率，进而增加物业的价值。

2.损益平衡比率

损益平衡比率是项目的经营支出与还本付息额之和占潜在总收入的百分比（也可以看成是物业的盈亏平衡比率），反映了所有现金流入与全部现金流出之间的关系。这个比率越小，说明潜在总收入越大。所以，损益平衡比率越低越好。

$$损益平衡比率 = \frac{经营支出 + 还本付息额}{潜在总收入} \times 100\% \tag{5.4}$$

3.偿债保障比率

偿债保障比率也叫偿债备付率、还本付息比率，表示项目净经营收益与年债息总额（年还本付息额、年偿债额、年债务支出）之间的关系。换句话说，偿债保障比率是物业实际总收入扣除营业支出后仍可用来偿付债务支出的倍数。

$$偿债保障比率 = \frac{净经营收益}{年债息总额} \tag{5.5}$$

该倍数越大，则周转不灵的可能性越小，因而所面临的财务风险越小，它表明了贷款的安全程度，这是一个表示偿债能力的指标，该指标越大越好。对于一般房地产置业投资项目，该指标值应该大于或等于1.2比较合适。它对出租经营或自营的房地产投资项目非常重要（详见本章第四节中有关"偿债备付率"的内容）。

银行常用偿债保障比率来评估其贷款风险、决定其贷款额度。

［例5-1］某投资项目有望获得50 000元的年净经营收入，与贷款人接触中，得知贷款人所要求的偿债保障比率不低于1.2，贷款的年利率为14%，贷款期限为20年，要求按月等额还本付息。试求该项目投资者所能申请到的最大贷款额（或该项目有能力偿还的最高贷款额）。

解：（1）最高年债务本息 $= \dfrac{\text{年净经营收入}}{\text{要求的偿债保障比率}} = \dfrac{50\,000}{1.2} = 41\,667$（元）

（2）年贷款系数=月贷款系数×12

$$= \frac{i(1+i)^n}{(1+i)^n - 1} \times 12 = \frac{\dfrac{14\%}{12} \times (1 + \dfrac{14\%}{12})^{20 \times 12}}{(1 + \dfrac{14\%}{12})^{20 \times 12} - 1} \times 12 = 0.14922$$

（3）最大的贷款额 $= \dfrac{\text{最高年债务本息}}{\text{年贷款系数}} = \dfrac{41\,667}{0.14922} = 279\,232$（元）

## （三）盈利能力指标

所有盈利分析方法的一个共同特点是将投资与收益有机地联系起来。它们的不同之处是运用的数据不同，而且在对待投资风险的问题上也不尽相同。

1.全面资本化率

全面资本化率表示预期净经营收益占市场价格的百分比。

全面资本化率 $= \dfrac{\text{净经营收益}}{\text{市场价格}} \times 100\%$　　　　　　　　　　　　　　(5.6)

从前面的收益乘数分析可知，它是净收益乘数的倒数。

这里，每年的净经营收益是整体资产所带来的收益，因此，全面资本化率可以视为整体资产的收益率。很明显，资产收益率与投资收益率不同。一般情形下，因为运用财务杠杆的关系，权益投资的金额必然小于资产的价格，所以，全面资本化率高虽然是一个好现象，但是不能作为最后决策的唯一依据。因为总资产等于负债加所有者权益。资产收益率是指整个资产的获利能力，但是投资者真正投入的资金是所有者权益部分。因此，投资者关心的部分是权益投资收益率。这也意味着，资产收益率不一定是投资收益率。

该指标也要注意与市场上流行的全面资本化率进行比较。如果针对此物业计算出的全面资本化率高于市场流行的全面资本化率越多，则报出的价格就越好。比如，如果流行的市场全面资本化率是8%，而某物业的全面资本化率为9%时，表示其报价低于市场价格，从而在表面上说明是一个值得的购买行为。另一方面，如果市场的流行全面资本化率是10%，则9%就太低了，这意味着其报价估计过高。

资产收益率或全面资本化率的局限性在于它没有反映银行的资金成本。换句话说，由于没有反映融资状况对投资项目的影响，全面资本化率这个指标的适用性受到了一定的限制。在一般的物业交易过程中，融资状况对物业的价格会有一定的影响。如果融资状况不同，物业间全面资本化率的互相比较就会存在一定的问题。

2.股本化率

股本化率也叫权益资本化率、税前权益收益率、资本金利润率，表示税前现金流量占初始股本投资的百分比。

$$股本化率 = \frac{税前现金流量}{初始股本投资} \times 100\% \tag{5.7}$$

税前现金流量指房地产的净经营收益减去年还本付息额后的净额，资本金为资产购入价格减去贷款金额后的余额。该指标比全面资本化率更有用。因为绝大多数物业投资都涉及抵押贷款，并且物业间贷款条件与融资成本不尽相同，所以根据全面资本化率来决定方案的取舍还不太理想。反映股本（自有资金或权益资金）投资所获税前现金流量大小的股本化率，可以弥补全面资本化率的不足。

由上面公式可见，股本化率为投资人真正所享有的税前的投资收益率，可以衡量投资人资金的获利能力，所以有时也叫"税前权益收益率"。股本化率考虑了不同融资条件对物业的影响，但是它未能考虑所得税对投资项目的影响。若物业间所得税状况相差较大，那么股本化率这一分析指标也有缺陷。

3.现金回报率（也叫资本金净利润率）

股本化率也有一个不足之处。它在融资结构不同的物业之间进行选择时还可以，但考虑所得税的话，这项指标就有缺陷了，此时只有扣除应缴纳的所得税或加上所得税节约额之后才有意义。因为投资人真正在意的通常是经过纳税后自己究竟还有多少投资收益率。这时可以用现金回报率指标，它是指税后现金流量与初始股本投资的比率，该指标也叫税后权益收益率[①]、资本金净利润率。

$$现金回报率 = \frac{税后现金流量}{初始股本投资} \times 100\% \tag{5.8}$$

当然，作为考虑了所得税的指标，它仍有缺点，即没有考虑物业价值的变动和税后现金流量随时间的变化对投资绩效的影响。

4.经纪人收益率

经纪人收益率是指房地产置业投资中，每年所获得的净收益与投资者初始投入的权益资本的比率。该指标克服了现金回报率指标的缺点。它也称为"投资回报率"，与前述"现金回报率"的差异是，它考虑了房地产投资的权益增加收益和增值收益。

为了尽可能美化用于销售物业的形象，投资分析人不会放过物业购置者因偿付抵押贷款而间接地增加了物业购置者的权益投资额这一因素。因此，它调整了分子，用税后现金流量再加上递增的权益投资额，使之既考虑了所得税，也考虑

---

[①]　另有观点认为，现金回报率有两种：税前现金回报率和税后现金回报率。税前现金回报率为净经营收入扣除还本付息后的净现金流量与投资者的初始现金投资的比率。参见中国房地产估价师与房地产经纪人学会. 房地产开发经营与管理［M］. 北京：中国建筑工业出版社，2013：200。这里的税前现金回报率就是本书的"股本化率"。

了由于抵押贷款分期偿还后相应的权益增加（即物业价值的变动）情况，这样，在分母不变的情况下，该项指标会变大，从而使所投资的物业看起来更富有吸引力。

$$经纪人收益率 = \frac{税后现金流量 + 权益增加额}{初始股本投资} \times 100\% \qquad (5.9)$$

有时，有些分析人员还会在其分子中再加入期望的物业增值额，这样使得经纪人收益率更高，使得所投资的项目（或物业）更具吸引力。

$$经纪人收益率 = \frac{税后现金流量 + 权益增加额 + 物业增值额}{初始股本投资} \times 100\%$$

不过，这样做也不太合理。因为归还本金而增加的权益和期望的物业增值不是资产本身所带来的报酬，也就不应看作投资报酬。另外，物业增值必须等到物业出售后才可获得，而且届时物业出售所得的现金也不一定为历年来权益增加的总和。所以，有两个问题必须考虑到：一是资产或物业出售时其售价不一定等于当年购价，二是资产或物业出售时要负担佣金及其他费用。

**（四）回收期指标**

回收期是使各投资项目的预期现金收益等于初始投资的时间长度。在回收期分析中，项目的优劣是根据各项目收回初始投资所需时间的长短来确定的。收回初始投资所需时间越短的项目越好。对风险程度不同的项目，投资者可接受的最长回收期与潜在的风险呈反向关系。

同样，回收期与收益率之间也存在着倒数关系。由于收益指标不同，所以回收期也相应有不同的计算方法：

$$回收期 = \frac{市场价格}{净经营收益} （即全面资本化率的倒数） \qquad (5.10)$$

$$回收期 = \frac{初始股本投资}{税前现金流量} （即股本化率的倒数） \qquad (5.11)$$

$$回收期 = \frac{初始股本投资}{税后现金流量} （即现金回报率的倒数） \qquad (5.12)$$

从股本投资的角度，若每年预期现金流量（即税前现金流量或税后现金流量）相同，回收期 $= \dfrac{初始股本投资}{预期现金流量}$。当然，房地产投资项目的预期现金流量很少是每年都相等的，因此，回收期的计算很少会像上述公式那样直接。

若每年预期现金流量不同，则回收期是将每年预期现金流量求和直到等于初始投资额为止的时间。下例说明了这一计算过程（关于本指标的使用，本章第四节的"静态投资回收期"指标还有更详细的讨论）。

[例 5-2] 为了获得某物业需要支付初始股本（即首期付款）48 330 美元，每年税后现金流量的预测值与累计现金流量见表 5-12。试计算该物业的投资回收期。

表5-12　　　　　　　　　　　　　税后现金流量预测　　　　　　　　　　　　单位：美元

| 年份 | 税后现金流量 | 累计税后现金流量 |
|------|------|------|
| 1 | 7 145 | 7 145 |
| 2 | 8 185 | 15 330 |
| 3 | 9 222 | 24 552 |
| 4 | 10 171 | 34 723 |
| 5 | 11 115 | 45 838 |
| 6 | 12 054 | 57 892 |
| 7 | 12 895 | 70 787 |

解：从表5-12中可以看出，该投资项目预计第6年的累计税后现金流量为57 892美元（而第5年时为45 838美元），已经大于项目的初始股本投资48 330美元，说明该投资项目在第6年的某个时候可以全部回收初始股本支出。因此，投资回收期（用整年表示）为6年。

[例5-3] 某小型写字楼的市场价值为50万元，其中投资者投入的股本金为20万元，另外30万元为年利率7.5%、期限30年、按年等额偿还的抵押贷款。建筑物的价值为40万元，按税法规定可在25年内直线折旧。预计该写字楼的毛收入（即潜在总收入）为10万元，空置与收租损失为毛收入的10%，包括房产税、保险费、维修费、管理费、设备使用费和大修基金在内的运营费用为毛收入的30%。根据规定，该投资者的所得税税率为25%。预计该写字楼每年市场增值2%。请利用本节介绍的内容计算该写字楼相关的财务指标。

解：1.所需基本数据的计算（均为第1年）

（1）净经营收益：$100\,000 \times (1-10\%-30\%) = 60\,000$（元）

（2）年运营费用：$100\,000 \times 30\% = 30\,000$（元）

（3）年还本付息额：$300\,000 \times \dfrac{7.5\% \times (1+7.5\%)^{30}}{(1+7.5\%)^{30}-1} = 25\,400$（元）

其中：第1年利息 $=300\,000 \times 7.5\% = 22\,500$（元）

第1年本金 $=25\,400-22\,500 = 2\,900$（元）

（4）税前净现金流量：$60\,000-25\,400 = 34\,600$（元）

（5）折旧额：$400\,000 \div 25 = 16\,000$（元）

（6）所得税额：

根据第一章内容，可以有两种计算方法：

① （税前净现金流量+本金-折旧）×所得税税率 $=(34\,600+2\,900-16\,000) \times 25\%$

$=5\,375$（元）

② （净经营收益−利息−折旧）×所得税税率=（60 000−22 500−16 000）×25%

$$=5\ 375（元）$$

（7）税后净现金流量：34 600−5 375=29 225（元）

2.计算各财务指标

（1）总收益乘数 $=\dfrac{\text{市场价格}}{\text{总收入}}=\dfrac{500\ 000}{100\ 000}=5$

（2）净收益乘数 $=\dfrac{\text{市场价格}}{\text{净经营收益}}=\dfrac{500\ 000}{60\ 000}=8.33$

（3）营业比率 $=\dfrac{\text{经营支出}}{\text{实际总收入}}\times100\%=\dfrac{30\ 000}{90\ 000}\times100\%=33\%$

（4）损益平衡比率 $=\dfrac{\text{经营支出}+\text{还本付息额}}{\text{潜在总收入}}\times100\%$

$$=\dfrac{30\ 000+25\ 400}{100\ 000}\times100\%=55.40\%$$

（5）偿债保障比率 $=\dfrac{\text{净经营收益}}{\text{年债息总额}}=\dfrac{60\ 000}{25\ 400}=2.36$

（6）全面资本化率 $=\dfrac{\text{净经营收益}}{\text{市场价格}}\times100\%=\dfrac{60\ 000}{500\ 000}\times100\%=12\%$

（7）股本化率 $=\dfrac{\text{税前现金流量}}{\text{初始股本投资}}\times100\%=\dfrac{34\ 600}{200\ 000}\times100\%=17.30\%$

（8）现金回报率 $=\dfrac{\text{税后现金流量}}{\text{初始股本投资}}\times100\%=\dfrac{29\ 225}{200\ 000}\times100\%=14.61\%$

（9）经纪人收益率 $=\dfrac{\text{税后现金流量}+\text{权益增加额}}{\text{初始股本投资}}\times100\%$

$$=\dfrac{29\ 225+2\ 900}{200\ 000}\times100\%$$

$$=16.06\%$$

考虑增值后的经纪人收益率=（29 225+2 900+500 000×2%）÷200 000×100%

$$=21.06\%$$

（10）投资回收期：有两种分析方法

从总投资的角度：

投资回收期 $=\dfrac{\text{总投资(市场价格)}}{\text{净经营收益}}=\dfrac{500\ 000}{60\ 000}=8.33$年（约 8 年 4 个月）

从资本金的角度：

①不考虑所得税时，

投资回收期 $=\dfrac{\text{初始股本投资}}{\text{税前现金流量}}=\dfrac{20\ 0000}{34\ 600}=5.78$年（约 5 年 9 个月）

②考虑所得税时，

$$投资回收期 = \frac{初始股本投资}{税后现金流量} = \frac{200\,000}{29\,225} = 6.84年（约6年10个月）$$

## 二、投资分析的合理化趋势

### （一）传统财务分析方法的不足

通过上述各指标的计算与分析可以发现，传统的财务分析方法具有以下不足：

（1）忽略了整个持有期内所有预期的现金流量，而仅仅集中在经营期的第1年，最多也是前面几年的经营情况。

（2）未考虑投资期末处置（即销售）物业所带来的现金流量。对于有些物业投资来说，期末转售物业的收益或许在整个物业投资收益中占有更大的比重。

（3）忽略了净现金流量的时间（资金的时间价值）问题。

### （二）发展趋势

一项房地产是否值得投资，主要取决于以下因素：投资者获得的预期净现金流量的多少、预期现金流量持续的时间长短、预期的现金流量的数量和时间及其置信程度如何、其他投资机会的收益水平、投资者对风险的态度等，理想的盈利能力分析方法应包括以上所有要素。投资分析发展的合理化趋势就是，项目的投资收益要进行数量、质量和时间三方面的修正。数量指的是期望净现金流量的大小；质量指的是期望净现金流量的确定性；而时间指的是获取期望净现金流量的时点。

前面说传统的财务分析也可以作出比较正确的投资决策，但并不是说投资者应该采用这种方法来进行决策。借助于一些现代化的手段，投资者采用折现方式进行财务分析，所需的时间和精力将会减少。一般情况下，投资者会综合考虑各种经验分析值以及项目的财务净现值和内部收益率等现代财务分析指标之后，再作决策。

# 第四节　现代财务分析

尽管传统的财务分析方法还在被一些分析人员使用，但它们通常只能起到对投资方案的初选作用。美国的一位研究人员罗伯特·J.威瑞在对美国72家人寿保险公司、49家房地产信托投资公司和37家房地产公司进行了调查之后[①]，得到了如下结论：

1.投资者特别强调运用权益投资收益率

在被调查的所有投资者中只有10%的投资者是采用购置价（初始投资额）而

---

① 吴德夫.国际房地产投资分析和物业管理［M］.北京：中国建筑工业出版社，1997：107-108.

不是权益投资额来计算收益率。从中可以看出绝大多数房地产权益投资者都是将投资方案与权益投资额联系起来加以分析的。

2.投资者强调运用现金流量

调查结果表明,绝大多数投资者用的是现金流量而不是总收入、净经营收入或其他收入来评价投资收益率的。现金流量的运用意味着,投资者在计算各年的投资收益时要考虑贷款债务额的大小。调查中发现许多投资者采用税后现金流量以及减免所得税的数额来分析投资方案,从中可以看出投资者对折旧以及与应税有关的其他项目也极为关心。

3.许多投资者采用折现分析方法

虽然税前权益投资收益(即税前现金流量)采用得最多,但仍然有不少投资者兼而采用税后折现分析方法,其中内部收益率法用得最多,还有32%的投资者采用考虑时间因素的税前权益投资收益率法。

虽然这只是一项关于美国投资者的调查,但我国的房地产投资者正在走向成熟,我们的房地产投资分析工作也不应当拒绝一种看起来更完善的方法。有些国外投资者看好房地产投资的一个主要因素,就是它可以利用折旧和贷款利息来达到合理避税的目的。这一点由于国情不同、政策不同,在我国并不那么明显,但是我们对于房地产投资分析的认识已经提高了一大步,至少目前我们已经很重视权益投资的收益以及该收益获取的时间因素了。

## 一、现代财务分析指标的分类

投资项目的财务分析指标可以根据不同的标准加以分类。这些指标有主有次,从不同角度反映了投资项目的经济效果。

(1)根据是否考虑了资金的时间价值因素,分为静态分析指标和动态分析指标两大类(如图5-3所示)。

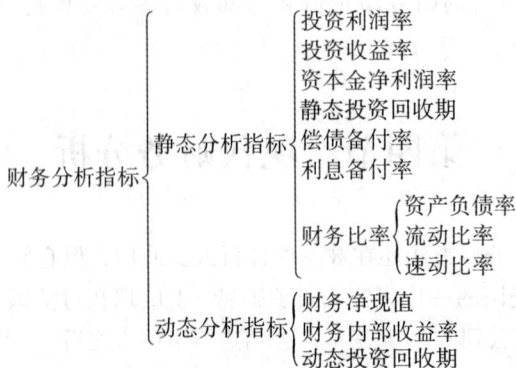

图5-3　财务分析指标分类(按资金时间因素)

(2)根据分析的目的,分为盈利能力指标、偿债能力指标和资金平衡能力指标三大类(如图5-4所示)。

财务分析指标
- 盈利能力指标
  - 财务内部收益率
  - 财务净现值
  - 投资回收期
  - 投资利润率
  - 投资收益率
  - 资本金净利润率
- 偿债能力指标
  - 偿债备付率
  - 利息备付率
  - 财务比率
    - 资产负债率
    - 流动比率
    - 速动比率
- 资金平衡能力指标

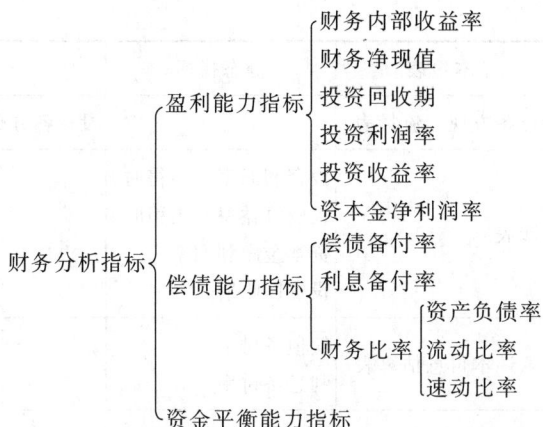

**图5-4　财务分析指标分类（按分析目的）**

（3）根据指标的性质，分为时间性指标、价值性指标和比率性指标三大类（如图5-5所示）。

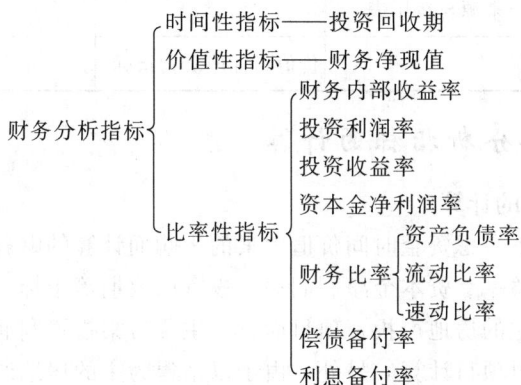

财务分析指标
- 时间性指标——投资回收期
- 价值性指标——财务净现值
- 比率性指标
  - 财务内部收益率
  - 投资利润率
  - 投资收益率
  - 资本金净利润率
  - 财务比率
    - 资产负债率
    - 流动比率
    - 速动比率
  - 偿债备付率
  - 利息备付率

**图5-5　财务分析指标分类（按指标性质）**

## 二、各财务分析指标与报表的关系

从上述有关财务分析的内容与财务分析指标体系，我们可以看出财务分析指标与财务基本报表之间的对应关系，具体见表5-13。

表5-13　　　　　　　　　　**财务分析指标与基本报表的关系**

| 分析内容 | 基本报表 | 静态指标 | 动态指标 |
| --- | --- | --- | --- |
| 盈利能力分析 | 项目投资现金流量表 | | 项目投资财务净现值（所得税前、后）<br>项目投资财务内部收益率（所得税前、后） |
| | 资本金现金流量表 | | 资本金财务净现值（税后）<br>资本金财务内部收益率（税后） |

续表

| 分析内容 | 基本报表 | 静态指标 | 动态指标 |
|---|---|---|---|
| 盈利能力分析 | 投资各方现金流量表 | | 投资各方财务内部收益率 |
| | 利润表 | 投资利润率（出售时）<br>投资收益率（出租时）<br>资本金净利润率<br>投资回收期 | |
| 偿债能力分析 | 借款还本付息估算表① | 偿债备付率<br>利息备付率 | |
| | 资产负债表 | 资产负债率<br>流动比率<br>速动比率 | |
| 资金平衡能力分析 | 资金来源与运用表 | | |
| 其他 | | 价值指标或实物指标 | |

## 三、各财务分析指标的计算

### （一）静态指标的计算

静态指标是指不考虑资金时间价值因素的影响而计算的财务指标，主要包括投资利润率、投资收益率、资本金净利润率、投资回收期等指标。

对于以销售为主的房地产投资项目而言，主要考察投资利润率、资本金净利润率指标，通常只针对项目计算。另外，由于以销售为主的房地产投资项目通常都不是长期经营项目，销售完毕，投资即收回，所以通常不计算投资回收期。

对于开发后出租或置业投资项目，主要考察投资收益率、投资回收期指标。因为是长期经营项目，因此计算中通常以年为时间单位。

1.投资利润率

投资利润率是指出售的房地产开发投资项目的利润总额与项目总投资的比率，主要用来评价开发投资项目的获利水平。其计算公式为：

$$投资利润率 = \frac{利润总额}{项目总投资} \times 100\% \tag{5.13}$$

式中：项目总投资=总成本费用；利润总额是房地产开发项目的净销售收入与成本费用之差，即税前利润。

2.投资收益率

投资收益率是指开发后出租或置业投资项目开始运营后的年收益额与项目总投资的比率。其计算公式为：

---

① 此表不是基本报表。

$$投资收益率(年) = \frac{年收益额}{项目总投资} \times 100\% \tag{5.14}$$

当然，这里的计算口径也由于收益额的内涵不同而不同。

根据可能获得的资料情况，收益额可以用净经营收益、税前净现金流量、税后净现金流量或者年平均净收益额表示。在用该指标对不同项目进行比较以判断项目投资价值的时候，应注意比较口径的一致性。

一般来说，如果年收益额是某一具体年份的净收益，则投资收益率就是该年的投资收益率；如果年收益额是项目达到正常出租率后的净收益额，则投资收益率是正常出租年份的投资收益率；如果年收益额是指项目开发完成后出租的每年平均净收益额，则投资收益率是平均投资收益率。

上述两个指标可以根据利润表的有关数据计算求得。在财务评价中，计算出来的投资利润率（收益率）要与同行业的投资利润率（收益率）或投资者的目标投资利润率（收益率）[1]进行比较，如果高于或等于该投资利润率（收益率），说明该项目投资经济效益高于或相当于本行业的平均水平，可考虑接受；反之，一般不予接受。

3.资本金净利润率

资本金净利润率表示项目资本金的盈利水平，是房地产开发项目缴纳所得税后的净利润与项目资本金之比。其计算公式为：

$$资本金净利润率 = \frac{税后净利润}{资本金} \times 100\% \tag{5.15}$$

项目资本金净利润率高于同行业的净利润率参考值，表明用项目资本金净利润率表示的盈利能力达到了同行业的收益水平，满足要求。

应该说，资本金净利润率反映了投资者自己出资所带来的净利润，因此，是投资者最关心的一个指标。

4.投资回收期

投资回收期是指以项目的净收益回收项目投资所需要的时间，也叫还本期。一般以年为单位，并从房地产投资起始年算起。投资回收期短，表明项目投资回收快，抗风险能力强。其基本表达式为：

$$项目投资额 = \sum_{t=1}^{n}(CI - CO)_t \tag{5.16}$$

或者：$\sum_{t=0}^{n}(CI - CO)_t = 0$ \hfill (5.17)

式中：$n$——投资回收期；$CI_t$——第 $t$ 年的现金流入量；$CO_t$——第 $t$ 年的现金流出量；$t$——项目计算期（$t=0, 1, \cdots, n$）。

注意（5.16）和（5.17）两个公式中 t 的区别：前者为 1～n，后者为 0～n。

---

[1] 作者认为，计算出的该指标到底符不符合投资人的要求，要看行业平均利润率或者投资人自己设定的利润标准，低于该标准的投资利润率就不能接受了。比如，虽然我们认为20%的投资利润率已经不错，但投资人希望该项目不低于25%，那么拥有20%投资利润率的项目就可能被投资人放弃。

在本章第三节中，我们知道，项目的净现金流量（或净收益）有时每年相同，有时每年不同，因此静态投资回收期的计算具体有两种方法：

（1）当项目投入经营后，每年的收益额大致持平、比较均匀时：

$$投资回收期 = \frac{项目总投资}{项目年平均收益额} （即投资收益率的倒数） \tag{5.18}$$

例如，某投资者投资100万元购买一小型公寓项目当年即开始出租，估计投入运营后各年的净租金收入稳定在10万元。求该项目的投资回收期。

根据公式得：投资回收期=100÷10=10（年）

该项目无贷款。如有贷款，则净租金收入应用税前现金流量代替。

一般来说，直接用公式（5.18）计算投资回收期应具备三个条件：一是项目投资额均发生在第1年年初；二是投资当年即有净收益；三是每年的净收益相等。但一般情况下这三点条件难以同时具备，直接用此公式不易准确计算出投资回收期。实践中遇到这种情况时，一般使用下面的方法。

（2）当项目投入经营后，每年的收益额不均衡、相差较大时：

$$投资回收期 = \left(\frac{累计净现金流量}{开始出现正值年数} - 1\right) + \frac{上年累计净现金流量的绝对值}{本年净现金流量} \tag{5.19}$$

其中，净现金流量和累计净现金流量可直接利用项目投资现金流量表中的数据计算求得。表中累计净现金流量由负值变为零的时点，即为项目的投资回收期。

[例5-4] 某投资项目各年的净现金流量见表5-14，计算该项目的投资回收期。

表5-14                      **现金流量表**                      单位：万元

| 年 份 | 0 | 1 | 2 | 3 | 4 | 5 | 6 |
|---|---|---|---|---|---|---|---|
| 净现金流量 | -160 | -100 | 40 | 50 | 70 | 80 | 80 |
| 累计净现金流量 | -160 | -260 | -220 | -170 | -100 | -20 | 60 |

解：根据公式（5.19），可得：

$$投资回收期 = 6 - 1 + \frac{|-20|}{80} = 5.25 （年）$$

用投资回收期法来分析或决策项目，简单明了，适用范围广，但也有很多缺点。它忽略了回收期之后的所有现金流量，这可能会使得那些几乎没有增值潜力的项目反而被选中，而那些在持有期之后由于不断增值几乎肯定能实现很大回报的项目却被拒绝，甚至在回收期内也没能区分现金流量的时间差异。因此该指标比较适用于对出租和自营的房地产项目投资回收的粗略评价。要全面对项目的资金回收情况进行评价的话，需要与其他投资效果指标一起进行。

在第三节我们曾介绍过投资回收期的几种计算方法，其中既考虑了总投资回收期和股本投资回收期的问题，也考虑了用税前现金流量与税后现金流量计算投资回收期的问题，还考虑了当净现金流量每年相等和每年不等时的情况，所以在此不赘述。

5.借款偿还期

借款偿还期是指在国家规定及房地产项目具体财务条件下，在房地产投资项目计算期内，使用可用于还款的利润、折旧、摊销及其他还款资金，偿还房地产项目借款本息所需要的时间，一般以年为单位。

$$\begin{array}{l}借款\\偿还期\end{array} = \begin{array}{l}借款偿还后开始\\出现盈余的年份\end{array} - \begin{array}{l}开始借款的\\年份\end{array} + \dfrac{当年借款额}{当年可用于还款的资金额} \qquad (5.20)$$

通常情况下，仅为出售的房地产项目一般可不计算国内借款偿还期[①]。

具有出租和自营部分的房地产项目应估算借款偿还期。需要说明的是，该借款偿还期只是为估算偿债备付率和利息备付率所用，不应与这两个指标并列。如果能够得知（比如事先约定好的还款期限）或根据经验设定所要求的借款偿还期，则不需要计算借款偿还期，可以直接计算偿债备付率和利息备付率指标；如果难以设定借款偿还期，也可以先大致估算出借款偿还期，再采用适宜的方法计算出每年需要还本和付息的金额，计算偿债备付率和利息备付率指标。

对于以出租经营为主的房地产项目来说，当年可用于还款的资金额包括利润、折旧、摊销费、预租收入等。

在实际操作中，项目投资的每一笔贷款均规定有具体的还本付息方式及贷款期限，项目借款偿还期往往已由借款合同确定。比如，债权人规定某笔贷款在两年内还完，方式是等本还款、利息照付或等额还本付息，或利息按期支付、本金到期一次还清等。换句话说，如果借款偿还期限是约定好的，则无须计算借款偿还期指标[②]，投资人只需安排好投资计划和收入计划，使得借款按期偿还即可。

值得注意的是，在分析项目的偿债能力时，房地产项目的投资回收（预售项目指预售收入）除了用于清偿债务外，还有相当大一部分要用于再投资。显然，当年用于还本付息与再投资的资金之和，不能超过当年的扣除增值税、税金及附加等的销售收入，即不能超过当年可运用资金的总和[③]。如果超过，说明资金有缺口，需要修订投资计划、资金筹措计划或以短期借款来弥补。

对筹措了债务性资金的项目，为了考查企业能否按期偿还借款，应进行偿债能力分析。其分析的主要指标有：偿债备付率、利息备付率、资产负债率、流动比率、速动比率等（见后续内容）。需要注意的是，一般情况下，项目财务评价中进行偿债能力分析时，应注重对法人而不只对该项目的偿债能力进行全面分析[④]。

①　中华人民共和国建设部.房地产开发项目经济评价方法［M］.北京：中国计划出版社，2000：24.
②　作者认为，当房地产投资项目按实际能力还款的时候，就应测算借款偿还期。因为投资人自己需要知道多长时间能还完款，贷款方是否同意按该时间还款。
③　通过参考表5-34"资金来源与运用表"与表5-36"资本金现金流量表"中第2年的数据来验证一下：（当年还本付息额+再投资资金）＜（当年可运用资金之和），即当年还本付息额+当年再投资资金=6 032+8 402.59=14 434.59（万元）；当年可运用资金之和=31 233.01-2 008.80-1 165.77-1 607.02=26 451.42（万元），则14 434.59万元＜26 451.42万元。
④　银行对房地产开发项目贷款时，不仅有对项目的评价指标，也有对企业法人的评价指标。比如，该企业有几个项目同时在运作，极有可能在某个项目上，或亏损，或不诚信，或资不抵债，此时，本开发项目的评价指标做得再好，银行也可能不放款给该企业，因为该企业有可能会用本项目的贷款还另外项目的欠债。所以，应对企业法人的偿债能力进行认真评价。

6.偿债备付率

偿债备付率是表示项目偿债能力的指标，表示可用于还本付息的资金偿还借款本息的保障倍数。针对房地产项目来说，它是物业投资所获得的年净经营收益与年还本付息额（或年债息总额）之比。其计算公式为：

$$偿债备付率 = \frac{净经营收益}{年还本付息额} \qquad (5.21)$$

它从还本付息资金来源的充裕性角度，反映项目偿付债务本息的保障程度和支付能力，所以该指标也可以叫"还本付息比率"。这个指标我们在前面曾介绍过，不过它是以"偿债保障比率"的形式出现的，其计算公式相同。例如，某物业投资的年净经营收益为30万元，年还本付息额为20万元，则该物业投资的还本付息比率为1.5（30÷20）。可以看出，某物业投资的还本付息比率越高，表明该投资的还贷能力越强。偿债备付率应分年计算。

国外房地产投资方面的资料表明，贷款人一般希望偿债备付率至少为1.2[1]，这样，项目才具有偿债能力，贷款机构才可以考虑接受这样的项目。国内通常认为房地产开发项目的偿债备付率的最低可接受值是1.3[2]。低于该值，表示当期资金来源不足以偿还当期债务，需要通过短期借款来偿还已到期的债务。在实践中，要结合债权人的要求确定。

7.利息备付率

利息备付率是指项目在贷款偿还期内各年用于支付利息的息税前利润，与当期应付利息费用的比率。息税前利润为利润总额与计入总成本费用的利息费用之和，当期应付利息为计入总成本费用的全部利息。其计算公式为：

$$利息备付率 = \frac{息税前利润}{年应付利息费用} \qquad (5.22)$$

利息备付率是使用项目利润偿付利息的保障倍数。对于一般房地产投资项目，国内通常认为，该指标值应不低于2。否则，表示项目没有足够的资金支付利息，付息能力保障程度不足，存在较大的偿债风险。

在商业房地产投资中，通常不计算利息备付率指标，因为商业房地产抵押贷款通常要求借款人在各年度内既付息又还本，所以主要通过计算偿债备付率指标来考察其还本付息的能力。如果需要计算利息备付率指标，一般简化为：利息备付率=净经营收入/应付利息费用。

利息备付率通常按年计算，也可以按整个借款期计算。

计算偿债备付率和利息备付率的相关数据均体现在借款还本付息估算表和利润表中。

---

① 布鲁曼 W，费雪 D.房地产金融与投资 [M].李秉祥，孙鸿飞，钱勇，译.大连：东北财经大学出版社，2000: 326.
② 国家发展改革委员会，建设部.建设项目经济评价方法与参数 [M].3版.北京：中国计划出版社，2006.

8.财务比率

这里的财务比率是指资产负债率、流动比率和速动比率。全部依据资产负债表相关数据计算。这三项指标既可以在计算期内计算一次，也可以在计算期内按年计算多次。

（1）资产负债率

资产负债率是项目负债总额与资产总额之比。该指标既表明在整个项目资金构成中债权人提供的资金所占的比率（即总资产中有多大比例是通过借债来筹集的），也揭示了投资者对债权人债务的保障程度，是分析项目长期债务偿还能力的重要指标。资产负债率的计算公式为：

$$资产负债率 = \frac{负债总额}{资产总额} \times 100\% \tag{5.23}$$

适度的资产负债率，表明企业经营安全、稳健，具有较强的筹资能力，也表明企业和债权人的风险较小。资产负债率高，则企业对负债的依赖性强，在经济萎缩或信贷政策有所改变时，应变能力较差。房地产开发属于资金密集型经济活动，房地产开发企业的资产负债率一般较高（一般在70%～80%之间）。

资产负债率究竟多高才算合理，取决于项目的收益率、银行贷款的利率、通货膨胀率、国民经济的积累率和国民经济发展水平。一般来说，项目盈利率较高，其可承受的资产负债率也高一些；贷款利率提高，会使企业负债减少；国民经济景气时，企业会提高资产负债率。另外，规模较大、期限较长、投资额较大的项目，其资产负债率也较高。

一般认为，房地产开发项目的资产负债率，其合理区间为35%～65%[①]。作为提供贷款的机构，通常可以接受100%以下的资产负债率，大于100%，表明企业已资不抵债，已达到破产的警戒线。

资产负债率增加，说明项目债务压力增加，破产风险增大。但对其分析还要结合对资金利润率的变化分析同时进行。一般而言，当自有资金利润率上升，且大于银行贷款利率时，说明负债经营是正确的，举债扩大了经营规模，新增利润在支付了贷款利息后增加了项目的净收益；反之，则说明负债偏高，给项目带来了风险，应采取适当的调整措施。

在项目财务分析中，长期债务还清后，通常不再计算资产负债率。

（2）流动比率

流动比率是指流动资产总额与流动负债总额之比，是反映流动资产变现为现金以偿还流动负债的能力的指标。其计算公式为：

$$流动比率 = \frac{流动资产总额}{流动负债总额} \times 100\% \tag{5.24}$$

流动比率的高低反映了项目偿还中、短期债务能力的强弱。流动比率越高，说明企业的营运资本（即流动资产减流动负债的余额）越多，该项目偿债能力越

① 国家发展改革委，建设部. 建设项目经济评价方法与参数［M］. 3版. 北京：中国计划出版社，2006.

强；对贷款人而言，其债权就越安全。对一般企业来说，该指标应达到的水平是流动资产减去存货至少要等于流动负债，只有这样，企业的短期偿债能力才能得到保证。

传统的观念认为，计算出的流动比率为200%时比较合理，小于200%将意味着项目在偿还短期债务时会遇到一些困难。不过随着市场经济的发展，这种看法也发生了一些变化。比如有人认为，房地产业的流动比率通常在120%左右[①]，而另有专家给出了合适的流动比率的区间为100%～200%[②]。流动比率的合理水平因行业性质不同而有较大的差别。即使是同一行业内部，也会因经营水平、管理水平、市场景气状况的不同而有所区别。

（3）速动比率

速动比率是指速动资产总额与流动负债总额之比。其计算公式为：

$$速动比率 = \frac{速动资产总额}{流动负债总额} \times 100\% \tag{5.25}$$

速动资产是指能迅速转变为货币资金的资产，如货币资金、应收账款等。它是短期偿债能力指标，反映了企业流动资产总体变现或近期偿债的能力，因此它必须在流动资产中扣除存货[③]部分，因为存货变现能力差，至少需要经过销售和收账两个过程，且会受到价格下跌、损坏、不易销售等因素的影响。所以，从流动资产中剔除了存货因素变为速动资产后，再用来评价项目短期偿债能力会更加精确些。

一般地，从债权人的角度看，速动比率接近100%比较合适。在此比率下贷款机构才愿意考虑接受该项目。不过，从各行业投资者的角度来看，速动比率不太容易达到这个指标。比如，有人认为，房地产行业的速动比率一般是65%[④]。而有些专家的看法是，房地产开发项目合理的速动比率在60%～120%之间[⑤]。

（二）动态指标的计算

动态指标是指考虑了资金时间价值的影响而计算获得的财务指标。也就是说，在动态分析方法中，不仅要考虑投资、收入、成本这些现金流量绝对值的大小，还要考虑它们的发生时间。因此，动态分析法更客观、科学地反映了项目投资效益的真实情况。常用的动态分析指标主要有财务净现值、财务内部收益率和动态投资回收期。

1.财务净现值

（1）财务净现值的含义

在第一章我们曾指出，房地产投资指的是以目前一定的资金或实物支出来获取项目未来收益的活动。只有未来的资金收入大于目前的支出，此项投资才被认为是

① 潘蜀健. 房地产项目投资［M］. 北京：中国建筑工业出版社，1999：411.
② 国家发展改革委，建设部. 建设项目经济评价方法与参数［M］. 3版. 北京：中国计划出版社，2006.
③ 存货是指企业为销售或耗用而储存的各种资产，包括主要材料、其他材料、周转材料、设备、低值易耗品、机械配件、在建工程、在产品、半成品、结构件等.
④ 潘蜀健. 房地产项目投资［M］. 北京：中国建筑工业出版社，1999：412.
⑤ 国家发展改革委，建设部. 建设项目经济评价方法与参数［M］. 3版. 北京：中国计划出版社，2006.

值得的。但二者应该建立在可比的基础之上，这个可比的基础就是现值。也就是说，如果投资项目未来收益的现值大于投资者支出资金的现值，投资方案才可行；否则，就不可行。这就是财务净现值分析的理论基础。

现值是指未来预期收益的现在价值。利用一个合适的贴现率对预期未来收益进行贴现，就得到这些收益的现值，然后减去初始投资，余额就是财务净现值。

换句话说，财务净现值是指按照投资者最低可接受的收益率 $i_c$（基准收益率），将房地产投资项目在计算期内的各年净现金流量折现到投资期初的现值之和。用财务净现值指标评价投资项目效益好坏的方法称为财务净现值法。以 $i_c$ 为例，其表达式为：

$$FNPV = \sum_{t=0}^{n} (CI - CO)_t (1 + i_c)^{-t} \tag{5.26}$$

式中：$FNPV$——财务净现值；$i_c$——行业或部门基准收益率或投资者最低要求收益率；其他同前。

（2）对财务净现值含义的理解

财务净现值的含义中涉及如下几个问题，需要加以明确：

①净现金流量。在计算财务净现值时，如果是针对项目投资的，净现金流量可以是税前的也可以是税后的，有时二者都需要计算；如果是针对资本金的，一般用税后净现金流量，因为投资者更关心其资本金所带来的纯收益的情况。当然，有时在资料不全的情况下进行预测，用税前现金流量也可以。只不过在各项目之间进行比较的时候需要统一比较基准，即进行不同项目比较时，现金流量要么都用税前的，要么都用税后的，这样才有可比性。

②基准收益率 $i_c$。基准收益率是项目净现金流量贴现时所采用的利率。它反映了资金的时间价值。在国际上，大多数以资本市场中长期贷款的利率为基准贴现率，即以同样数额的投资在别处也能获得的收益率作为标准，所以又称为"最低有吸引力的收益率"。

在我国，各类投资项目在财务评价中确定财务基准收益率的取值时，在充分考虑行业风险的基础上，应主要考虑资金成本、项目风险以及投资者的投资收益期望。既可以使用由投资者自行测定的项目最低可接受收益率，也可以选用国家或行业主管部门发布的行业财务基准收益率来确定。

房地产投资项目在可行性分析过程中，通常采用投资者可接受的最低收益率作为 $i_c$。该收益率有时也称为投资者所要求的最低收益率、投资者的最低满意收益率、投资者的目标收益率、投资者期望的最低回报率等，一般应高于银行贷款利率[①]。这对投资者是很重要的分析指标，它代表了项目投资所应获得的最低财务盈

---

[①]　实际中，有些开发商或投资人会以银行贷款利率的4倍作为基准收益率，或者根据项目的情况，直接将50%或60%作为基准收益率，这肯定有他们的考量，与本书的取值原则并不矛盾——只要是投资者要求达到的最低收益率，就可以作为 $i_c$。本书作者在设计案例时，并没有设置过高的 $i_c$，是因为正常的房地产市场中的 $i_c$ 不应该太高，同时，所求出的 $FIRR$ 也不应该过高。正如教材中所说，基准收益率定得过高与过低，都不合适。

利能力水平。显然，其大小对财务净现值计算结果影响很大。该贴现率（或收益率）过高，财务净现值就可能是负数，可行的项目就可能被否定；该贴现率过低，财务净现值就可能过大，不可行的项目就可能被选中。所以，项目分析评价人员在确定财务基准收益率时，一般要综合考虑以下因素：银行贷款利率（资金成本）；项目风险的大小；其他行业的投资收益率水平（机会成本）；投资者对项目收益增长能力的预期；项目的寿命期长短等。

国家发展改革委、建设部在《建设项目经济评价方法与参数》第3版中，通过专家调查，给出了房地产开发项目的财务基准收益率的参考数值：项目融资前税前财务基准收益率为12%；项目资本金税后财务基准收益率为13%。

根据投资人意图和项目的具体情况，项目最低可接受财务收益率的取值，可高于、等于或低于行业财务基准收益率。

③计算期。在第四章和本章的前述内容中，详细介绍过"计算期"的含义。从计算财务净现值的角度出发，这段时间应是指项目在经济上的可用时间而非耐用年限。尽管房屋建筑物的耐用年限较长（一般为50~70年），但在进行出租项目的财务净现值分析时，并不取过长的计算期。这是因为时间越长，净现金流量折现为现值数就越小。如以基准贴现率 $i_c$=20% 计，25年后的1元资金，贴现为现值仅为0.01元。由此可见，太长的折现年限，对于项目经济效益分析并无多大意义；另外，时间越长，不可预测的因素越多，不仅净现金流量的预测误差大，而且所承担的风险也大。因而，财务净现值分析的计算周期，一般在10~20年之间。

计算现金流的时间单位，一般采用年，也可采用其他常用的时间单位[①]。

（3）财务净现值指标的作用

财务净现值指标用来判别投资项目可行与否的标准，是其临界值为零。

当FNPV>0时，表明投资项目的收益率不仅可以达到基准收益率或贴现率所预定的投资收益水平，而且尚有盈余（即大于贴现率）；

当FNPV=0时，表明投资项目收益率恰好等于基准收益率或贴现率所预定的投资收益水平；

当FNPV<0时，表明投资项目收益率达不到基准收益率或贴现率所预定的投资收益水平（即小于贴现率）或最低可接受的回报率，甚至可能出现亏损，此时项目不可行，应拒绝。

因此，只有FNPV≥0时，投资项目在财务上才是可行的，才值得进一步考虑。

不过，财务净现值指标是一个绝对数指标，只能反映拟投资项目是否盈利以及盈利的"值"是多少，却无法反映拟投资项目的相对盈利水平。也就是说，当财务净现值大于或等于零时，只表明项目的预期收益率肯定会大于或等于所选定的贴现率，但并不表明这个"率"究竟是多少。内部收益率会解决这个问题。

---

① 如果某项目计算期较短，且在较短的时间间隔内（如月、季、半年等）现金流水平变化又较大的，可根据具体情况选择合适的计算现金流量的时间单位。比如，当一个住宅项目进行短期开发并出售时，可以季度为单位测算现金流量，此时的 $i_c$ 也应是以季度为单位的折现率。

2.财务内部收益率

（1）财务内部收益率的含义

从前面财务净现值的公式可以看出，如果现金流量不变，财务净现值将随折现率的变化而变化，而且两者变动的方向相反，即折现率与现值呈反向变动关系（如图5-6所示）。

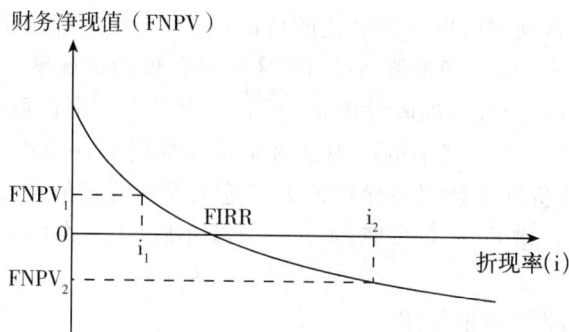

**图5-6　财务净现值与折现率的关系**

在图5-6中，当i值小于FIRR时（如$i_1$），对于所有的i值，FNPV都是正的；当i值大于FIRR时（如$i_2$），对于所有的i值，FNPV都是负的。在折现率由小向大的取值过程中，必有一个点使得财务净现值为0，这一点就是财务内部收益率FIRR。

因此，房地产投资项目的财务内部收益率是指使房地产投资项目在计算期内各期净现金流量现值累计之和等于零时的折现率。其表达式为：

$$\sum_{t=0}^{n}(CI - CO)_t(1 + FIRR)^{-t} = 0 \tag{5.27}$$

式中：$(CI - CO)_t$——第$t$期的净现金流量；$FIRR$——财务内部收益率；其他同前。

财务内部收益率的经济含义是指投资项目在这样的折现率下，到项目计算期终了时，当初的所有投资可以完全被收回。

在财务分析中，一般对财务内部收益率的判别基准（$i_c$）和计算财务净现值的折现率采用同一数值，可使FIRR≥$i_c$对项目效益的判断和采用$i_c$计算的FNPV≥0对项目效益的判断结果一致。计算净现值的折现率也可取不同于内部收益率判别基准的数值。但折现率的取值应非常谨慎，因为折现率的微小差异，会带来净现值数以万计的差异。

（2）财务内部收益率的计算

从财务净现值公式和财务内部收益率公式不难看出，这两个指标使用的是同一个公式，只不过前者是求财务净现值的具体数值，后者是求令财务净现值恰好等于零时的那个折现率FIRR。二者的区别是，前者需要在一开始分析时就预先确定一个折现率，后者却需要通过寻找确定这个折现率，这种寻找是通过求解上述那个高次方程来实现的。无疑这是一个相当麻烦的过程，又涉及多重根，所以求解FIRR

的一般方法是插入法。严格地说，插入法也不能直接算出这个折现率（内部收益率），而只是一个寻找过程，所以它有时也叫试算法、试差法。其公式为：

$$FIRR = i_1 + \frac{|FNPV_1|}{|FNPV_1| + |FNPV_2|}(i_2 - i_1)$$
(5.28)

式中：FIRR——内部收益率；$FNPV_1$——采用低折现率时财务净现值的正值；$FNPV_2$——采用高折现率时财务净现值的负值；$i_1$——财务净现值为接近于零时的正值的折现率；$i_2$——财务净现值为接近于零时的负值的折现率。

其计算步骤为：先按基准收益率 $i_c$（或目标收益率、最低可接受的收益率等）求得项目的财务净现值（其中的净现金流量可根据财务现金流量表得到），如为正，则采用更高的折现率使财务净现值为接近于零时的正值和负值各一个，最后用上述插入法公式求出。要注意的是，为减小误差，式中 $i_1$ 与 $i_2$ 之差不应超过2%。

（3）财务内部收益率的作用

财务内部收益率是项目折现率的临界值。在进行独立方案的分析评价时，一般是在求得投资项目的内部收益率后，与同期贷款利率i、同期行业基准收益率 $i_c$ 比较，以判定项目在财务上是否可行。

① FIRR与i比较，反映项目的盈亏状况：FIRR>i，项目盈利；FIRR＝i，项目盈亏平衡；FIRR<i，项目亏损。

② FIRR与 $i_c$ 比较，反映项目与行业平均收益水平相比的盈利情况：FIRR>$i_c$，项目盈利超出行业平均收益水平；FIRR=$i_c$，项目盈利等于行业平均收益水平；FIRR<$i_c$，项目盈利低于行业平均收益水平。

③ 结论：将内部收益率与行业基准收益率（或投资者目标收益率、最低可接受的收益率）$i_c$ 比较，当FIRR≥$i_c$时，即认为其盈利能力已满足最低要求，投资项目可行，值得进一步研究。因为是否能被接受，还有赖于投资者对风险的估计和其他投资机会的吸引力；反之，则不可行，应被拒绝。

如果没有规定的基准收益率，内部收益率应大于长期贷款的实际利率或银行贷款利率i。内部收益率表明了项目投资所能支付的最高贷款利率，如果后者大于前者，投资就会亏损。因此，所求出的内部收益率是可以接受的贷款最高利率。

在财务分析中，具体的投资项目可以计算两种财务内部收益率指标：项目投资内部收益率和资本金（自有资金、权益投资）内部收益率。

内部收益率虽然可以作为评价项目可行与否的一个标准，但也存在着一些问题，如再投资利率问题、多重根问题。另外，通常情况下，用净现值方法选择的项目，应该与内部收益率方法选择的项目得出相同的结论，但某些情况下，它们得出的答案并不相同[①]。

---

① 见第八章第二节中的"比选中应注意的问题"部分的"内部收益率与净现值"相关内容。桑荣林，梁桂. 房地产经营管理 [M]. 北京：高等教育出版社，2001：273-276.

3.动态投资回收期[1]

（1）动态投资回收期的含义

动态投资回收期是指考虑资金时间价值因素，在基准收益率（或投资者的目标收益率）$i_c$的条件下，项目从投资开始到以净收益补偿投资额为止所经历的时间。

换句话说，动态投资回收期是指自开发投资起始点算起，累计净现值等于零或出现正值的年份即为投资回收终止年份，即满足下式的n值。

$$\sum_{t=0}^{n}(CI-CO)_t(1+i_c)^{-t}=0 \tag{5.29}$$

式中：n——动态投资回收期；其他符号含义同前。

（2）动态投资回收期的一般公式

动态投资回收期的推算方法是把投资项目各年的净现金流量按基准收益率或贴现率贴现为现值后，再按推算静态投资回收期的办法求出。一般计算公式如下：

$$动态投资回收期=\left(\begin{array}{c}累计净现金流量\\的折现值开始\\出现正值期数\end{array}-1\right)+\frac{上期累计净现金流量折现值的绝对值}{本期净现金流量折现值} \tag{5.30}$$

动态投资回收期一般以年表示，其他时间单位可以折算成年数，小数部分可以折算成月数。

［例5-5］某投资项目各年的净现金流量现值见表5-15，试计算该项目的动态投资回收期。

表5-15 净现金流量现值表 单位：万元

| 年 份 | 0 | 1 | 2 | 3 | 4 | 5 | 6 |
|---|---|---|---|---|---|---|---|
| 折现净现金流量 | -1 200.00 | 267.86 | 239.16 | 249.12 | 254.21 | 226.97 | 303.98 |
| 累计折现净现金流量 | -1 200.00 | -932.14 | -692.98 | -443.86 | -189.65 | 37.32 | 341.30 |

解：根据公式（5.30），可得：

$$动态投资回收期=(5-1)+\frac{|-189.65|}{226.97}=4.84（年）$$

（3）动态投资回收期的特殊公式

如果投资项目的现金流量同时具备以下3个条件：①全部投资额（P）均发生在第1年年初；②投资当年即有净收益；③每年的净收益相等（都为A）。则此时，动态投资回收期成为满足下式的n值：

$$P=A\times\frac{(1+i)^n-1}{i(1+i)^n}$$

两边取对数，由此可推导出：

$$n=-\frac{lg(1-\frac{P\times i}{A})}{lg(1+i)} \tag{5.31}$$

---

[1] 本指标虽然在前面的表格中没有介绍，但却是很多房地产投资项目进行投资分析时所采用的指标，故在此详细介绍。

（4）动态投资回收期的特点

动态投资回收期与静态投资回收期指标的区别在于是否有 $(1+i_c)^{-t}$。也可以说，它通过计算净现值求得，考虑了时间因素对估值的影响，即不仅要回收资本的投入量，还应该按期望的投资回报率回收投入资本所应得到的资金时间价值。折现率越大，则净现值越小，因而投资回收期越长；反之，则越短。动态投资回收期的缺点是计算比较麻烦而且没有考虑投资回收以后的收益情况（如净转售收益）。通常在投资回收期不长或折现率不大的情况下，两种评价指标的差别不大。但若静态投资回收期较长，两种投资回收期的差别可能比较明显。

（5）动态投资回收期指标的作用与意义

在项目财务评价中，计算出的动态投资回收期可以与行业规定的平均投资回收期或基准回收期相比较，如果前者小于或等于后者，则投资项目在财务上就是可以考虑接受的。

动态投资回收期指标一般用于分析评价开发完成后用来出租或经营的房地产项目。

# 第五节　传统财务分析方法的应用

## ——某置业（股权）投资者和债权投资者对商场投资的可行性分析案例

在某城市的城乡接合部，有一栋小型商场，净可出租面积为 27 200 平方英尺，售价为 288 万美元。该商场的开发商给有意向购买的投资者提供了如下数据：同类项目目前市场租金为年 23.5 美元/平方英尺。空置率为 8%，经营支出（即运营费用）为年 9.2 美元/平方英尺。投资者通过和可能的抵押贷款人接触发现，目前最佳的贷款条件是：年利率为 11.5%，贷款期为 20 年。贷款人可接受的最低偿债保障比率为 1.2，且最多提供购买价 75% 的贷款。售价的另一部分由权益资金补足。

股权投资者是一个商业运营商，其可接受的最大损益平衡比率为 85%（即不超过 85%），可接受的最低股本化率为 6%（即不低于 6%）。

要求：根据净经营收入、潜在毛收入的计算，确定该商场的最低可接受租金水平（美元/平方英尺·年），并分别从投资人和贷款人可接受的角度，判断对商场的投资是否可行。

解：在分析这个项目之前，我们先进行一个简要回顾。

在本章第三节中我们介绍过："传统的财务分析指标也并不是一无是处，它们在进行项目的初步筛选时也是非常有用的，尽管它们没有考虑资金的时间价值因素。对某些小规模的置业投资项目、出租型或经营型项目以及一些不需要太复杂分析和计算的投资项目来说，完全可以使用本节介绍的这些传统的财务分析指标（这些指标通常代表了投资者的经验），来快速判断房地产投资项目的可行性。如果在此判断房地产投资项目是可行的，我们就可以进行更为复杂的分析（即现代的财务分析）。"

现在提供的这个案例，是对这段话的最好诠释。

简要分析：

这是一个小型商业地产项目。商业地产与住宅项目在开发、销售、价值链等方面的考虑均不同，商业地产的开发商在开发设计时就为这个价值链上的各方留下了利益空间。往往开发商、投资人、贷款人、经营者甚至消费者都能获益，开发商对该商业地产项目投资的价值才能最终得以实现。本案例主要是通过传统财务分析指标对项目进行一个初步分析，并且是从投资人和贷款人的角度快速判断其是否可行，分析的思路和角度与现代的财务分析方法有所不同。如果在此判断项目可行，我们可以继续做现代的复杂的财务分析（至于做与不做，那是另外一个问题）；如果投资人和贷款人都认为不可行，那么开发商开发该商场几乎就没什么意义。换句话说，一个没有人愿意接手、没有银行愿意为其贷款、对相关各方没有吸引力的项目，一个开发出来就面临销售和出租不出去的有市场风险的项目是不能进行开发的。

但是，项目中的利益各方看问题的角度往往并不相同，针对同一个指标，考察的结果也不同。不过，只要该项目能分别满足投资人和贷款人的约束条件，就可以进一步考虑该项目；如果不能，则应该考虑放弃该项目。

贷款人的目标是该项目能够产出足够的现金流量来偿还抵押贷款的利息和本金，并且一旦出现违约或拍卖的情况，该项目的出售价格应该足以清偿抵押贷款，这样的项目才是可行的。判断该情况的两个指标是偿债保障比率和贷款与价值比率[①]。

投资人的目标是该项目自己的股本投资能够产生充足的税前现金流量来偿还债务和支付运营费用，并且能够获得自己期望的租金水平，这样的投资才是可行的。判断该目标能否实现的两个指标是损益平衡比率和股本化率。

具体分析：

# 一、从投资人的角度分析该项投资

## （一）推算最低租金

1.计算基础数据

（1）已知：贷款年利率为11.5%，贷款期为20年，等额还本付息，则：

抵押常数（或年偿债系数，下同）：$\dfrac{11.5\% \times (1 + 11.5\%)^{20}}{(1 + 11.5\%)^{20} - 1} = \dfrac{1.014367}{7.82058415} = 0.1297$

（2）最高贷款额为购买价的75%，则贷款额为：288×75%=216（万美元）

（3）权益投资：288×（1-75%）=72（万美元）

---

① 　贷款与价值比率，简称"贷款价值比"，一般是指贷款金额和物业估值的比率。

2.年偿债额：贷款额×抵押常数=216×0.1297=28.02（万美元）

3.经营支出：9.2×27 200÷10 000=25.02（万美元）

4.损益平衡比率：85%

　　=（经营支出+年偿债额）÷潜在总收入

　　=（25.02+28.02）÷潜在总收入

5.潜在总收入：62.40万美元

　　除以：27 200平方英尺

6.可接受的最低租金：22.94美元/平方英尺

注：因为是传统财务分析指标的计算，所以一般只考虑第1年的情况。

**（二）计算本项目的股本化率**

1.潜在总收入：62.40万美元

　-空置或租金损失：8%

2.实际总收入：57.41万美元

　-经营支出：25.02万美元

3.净经营收入：32.39万美元

　-年偿债额 28.02万美元

4.税前现金流量：4.37万美元

　　除以初始股本投资（权益投资）：72万美元

5.本项目的股本化率：4.37÷72×100%=6.07%

结果分析：

　　推算出的最低租金为22.94美元/平方英尺，低于市场租金23.50美元/平方英尺。它意味着该项目的租金有上升的空间，所以该项目可行；而在满足投资人对损益平衡比率要求的基础上，测算出的股本化率为6.07%，满足权益投资人6%的最低要求，项目是可行的；项目也同时关注了债权投资人"最多提供购买价75%贷款的要求"。因此这项投资可以接受。

　　从投资人的角度进行分析时，他们可接受的"最大损益平衡比率"是计算基础，可接受的"最低股本化率6%"是用于最后比较的指标。换句话说，前一个条件作为已知，后一个条件作为对比的指标。投资人是从"损益平衡比率"推出"潜在总收入"和"最低租金"的。

　　投资人的分析也可以从股本比率开始。这时，将"可接受的最低股本化率6%"作为计算基础，将"最大损益平衡比率85%"作为最后比较的指标，结果为：最低租金22.92美元/平方英尺，最大损益平衡比率85.07%。项目也基本可行，这与前面分析所得出的结论基本一致。

　　过程如下：

**第一步，推算最低租金。**

1.计算基础数据

（1）已知：贷款年利率为11.5%，贷款期为20年，等额还本付息，则：

抵押常数：$\dfrac{11.5\% \times (1 + 11.5\%)^{20}}{(1 + 11.5\%)^{20} - 1} = \dfrac{1.014367}{7.82058415} = 0.1297$

（2）最高贷款额为购买价的75%，则贷款额为：288×75%=216（万美元）

（3）年偿债额：贷款额×抵押常数=216×0.1297=28.02（万美元）

2.权益投资：288×（1-75%）=72（万美元）

　　乘以最低股本化率：6%

3.最低税前现金流量：4.32万美元

　　+年偿债额：28.02万美元

4.净经营收入：32.34万美元

5.经营支出：9.2×27 200÷10 000=25.02（万美元）

　　+净经营收入：32.34万美元

6.实际总收入：57.36万美元

　　除以（1-空置率）（相当于加空置和坏账损失）

7.潜在总收入：62.35万美元

　　除以可出租面积：27 200平方英尺

8.可接受的最低租金：22.92美元/平方英尺

**第二步，计算本项目的损益平衡比率。**

本项目的损益平衡比率为：

损益平衡比率=（经营支出+年偿债额）÷潜在总收入

　　　　　　=（25.02+28.02）÷62.35×100%=85.07%

## 二、从贷款人的角度分析该项投资

现在，从贷款人的角度来判断该项投资是否可行。这时的计算角度将与投资人不同。一种角度是，首先按市场租金计算，考虑贷款价值比率的约束，看项目能否满足贷款人可接受的最低偿债保障比率1.2的要求；另一种角度是，首先是按市场租金计算，考虑偿债保障比率的约束，最终看该项目能支撑的最大抵押贷款额是否超过75%的比率。

角度一：

1.潜在总收入：27 200×23.5÷10 000=63.92（万美元）

　　-8%的空置损失：5.11万美元

2.实际总收入：58.81万美元

　　-经营支出（运营费用）：27 200×9.2÷10 000=25.02（万美元）

3.净经营收入：33.79万美元

由于贷款人要求贷款价值比率最高为75%，则贷款额为：288×75%=216（万美元）

4.最大年偿债额：216×0.1297=28.02（万美元）

5.偿债保障比率：33.79÷28.02=1.21

结果说明：

从市场租金—贷款价值比率—偿债保障比率的思路进行分析，该项目的各项数据满足贷款人的要求（贷款价值比率不超过75%，偿债保障比率不低于1.2），贷款人的这项债权投资是可行的。

不过，这个角度的分析，没有也无法考虑投资人的要求。前曾述及，商业地产项目应能使项目价值链上的各方均能获益，其投资价值才能最终得以实现。所以，需要再考虑投资人对股本化率的要求，才能得出合适的结论。

角度二：

1.潜在总收入：27 200×23.5÷10 000=63.92（万美元）

　－8%的空置损失：5.11万美元

2.实际总收入：58.81万美元

　－经营支出（运营费用）：27 200×9.2÷10 000=25.02（万美元）

3.净经营收入：33.79万美元

由于贷款人已经表明他们将坚持最低为1.2的偿债保障比率，这意味着抵押贷款额最高可为217.12万美元，计算过程如下：

　　净经营收入：33.79万美元

　　除以最低偿债保障比率：1.2

4.最大可支持年偿债额：28.16万美元

　　除以抵押常数（11.5%，20年）：0.1297

5.最高抵押贷款：217.12万美元

此时，如果仍不考虑投资人的要求，仅以此与该商场售价相比来求取贷款价值比率，则该指标为：

217.12÷288×100%=75.39%

虽然与贷款人的要求接近，但还是超出贷款人对贷款价值比率的要求。

不过，当我们考虑了投资人的要求以后，结论又发生了变化。

根据第一章"投资价值"的讨论，我们知道，对同一物业，买卖双方所预期的投资价值是不同的。本案例中的288万美元是开发方对该商场的定价，但有意购买该商场的投资方对此另有自己的价值估计。对投资方来说，投资价值是根据项目所能产生的税前或税后现金流量和投资者所能接受的最低收益率，计算得到的投资者购买该物业所支付的最大款额。这个最大款额（项目的最大价值或投资价值）的计算过程如下：

6.净经营收入：33.79万美元

　－年偿债额：28.16万美元

7.权益投资人的税前现金流量：5.63万美元

　　除以权益最低收益率（股本化率）：6%

8.最大权益投资：93.83万美元

　＋最高抵押贷款：217.12万美元

9.项目的最大价值（或投资价值）：310.95万美元

通常，投资者评估的物业的投资价值，大于或等于该物业的市场价格，是其投资行为或交易能够实现的基本条件。本项目的市场价格为288万美元，而投资者评估出的该项目的投资价值为310.95万美元，所以，该项投资已具备交易的基本条件。

由于贷款人可以接受的最高贷款与价值比率为75%，而上述计算中得到的抵押贷款和项目最大价值的比率为：217.12÷310.95×100%=69.82%。这说明，在兼顾投资人要求的情况下，该分析结果符合贷款人对贷款与价值比率不超过75%的要求。

所以，从贷款人角度进行分析，该项债权投资也是可行的。

从贷款人的角度进行分析时，"最高贷款与价值比率为75%"和"可接受的最低偿债保障比率1.2"都是约束指标。但分析时不能忽略投资人的约束条件，如果投资人的要求不能满足，可能最终不会去申请贷款，则这项债权投资也就不能进行了。

## 三、结论

通过以上分析，无论是从投资人的角度还是贷款人的角度，对该商场的投资都是可行的。

# 第六节 现代财务分析方法的应用

## ——某房地产开发项目财务分析案例[①]

## 一、项目概况

该房地产投资项目位于某市高新技术开发区科技贸易园内，根据该市规划局关于该地块规划设计方案的批复，其规划设计要点如下：

1.用地面积：11 417平方米；

2.建筑密度：≤35%；

3.容积率（地上）：≤4.62；

4.绿化率：≥25%；

5.人口密度：≤1 085人/公顷

6.规划用途：商住综合楼

## 二、规划方案及主要技术经济指标

根据规划设计要点的要求及对市场的调查与分析，拟在该地块上兴建一栋23

---

① 潘蜀健. 房地产项目投资［M］. 北京：中国建筑工业出版社，1999：414.很多地方有改动。

层的商住综合楼宇。该楼宇设两层地下停车库。裙楼共4层，1~2层为商业用途，3~4层以配套公建为主，包括社会文化活动中心、区级中心书店、业主委员会、物业管理办公室等。裙楼顶层作平台花园。塔楼2幢，均为19层高，为住宅用途。

本项目主要技术经济指标见表5-16和表5-17。

表5-16　　　　　　　　　　项目主要技术经济指标（一）

| 项目 | 单位 | 数量 | 项目 | 单位 | 数量 |
|---|---|---|---|---|---|
| 占地总面积 | 平方米 | 11 417 | 居住人数 | 人 | 1 064 |
| 总建筑面积 | 平方米 | 52 426（地上） | 平均每户建筑面积 | 平方米 | 122 |
| 居住面积 | 平方米 | 36 898 | 平均每户居住人数 | 人 | 3.5 |
| 公建面积 | 平方米 | 4 280 | 人均居住用地 | 平方米 | 34.68 |
| 绿化用地 | 平方米 | 2 854 | 道路面积 | 平方米 | 4 681 |
| 居住户数 | 户 | 304 | 车库面积 | 平方米 | 7 200 |

表5-17　　　　　　　　　　项目主要技术经济指标（二）

| | 层　数 | 功　能 | 所占面积（平方米） | 总面积（平方米） |
|---|---|---|---|---|
| 裙　楼 | 4 | 商　铺 | 11 248 | 15 528 |
| | | 公建面积 | 4 280 | |
| 塔　楼 | 19（2幢） | 住　宅 | 1 942（每层） | 36 898 |
| 地上总建筑面积 | | | | 52 426 |
| 地下室 | 2 | 车库 | 7 200 | 7 764 |
| | | 设备面积 | 300 | |
| | | 人防面积 | 264 | |

## 三、项目计算期及项目进度实施计划

1.计算期的确定

项目计算期为3年（从2014年3月至2017年2月）。

当完成该项目主体结构工程投资的70%时，开展预售工作（大约在第2年年中达到该预售条件）。预（销）售期与建设期有重叠。

2.项目实施进度计划

项目实施进度计划见表5-18。

表5-18　　　　　　　　　　　　　项目实施进度计划表

| 序号 | 项目名称 | 工程量 | 持续时间(月) | 进度安排(按双月计) | | | | | | | | | | | | | | | | | | | | |
|---|---|---|---|---|---|---|---|---|---|---|---|---|---|---|---|---|---|---|---|---|---|---|---|---|
| | | | | 2014 | | | | | 2015 | | | | | | 2016 | | | | | | 2017 | |
| | | | | 4 | 6 | 8 | 10 | 12 | 2 | 4 | 6 | 8 | 10 | 12 | 2 | 4 | 6 | 8 | 10 | 12 | 2 | 4 |
| 1 | 征地拆迁 | | 4 | | | | | | | | | | | | | | | | | | | |
| 2 | 前期工程 | | 4 | | | | | | | | | | | | | | | | | | | |
| 3 | 基础工程 | | 6 | | | | | | | | | | | | | | | | | | | |
| 4 | 主体结构工程 | | 8 | | | | | | | | | | | | | | | | | | | |
| 5 | 设备安装工程 | | 6 | | | | | | | | | | | | | | | | | | | |
| 6 | 室内外装修工程 | | 7 | | | | | | | | | | | | | | | | | | | |
| 7 | 红线内外工程 | | 3 | | | | | | | | | | | | | | | | | | | |
| 8 | 公建配套工程 | | 3 | | | | | | | | | | | | | | | | | | | |
| 9 | 竣工验收 | | 2 | | | | | | | | | | | | | | | | | | | |
| 10 | 销售 | | 18 | | | | | | | | | | | | | | | | | | | |

## 四、项目各种财务数据的估算

### （一）总成本费用（总投资）估算

1.开发成本估算

（1）土地成本

根据该市国有土地使用权出让标准，可计算出该地块的土地使用权取得成本为15 191万元。

（2）前期工程费

前期工程费估算过程见表5-19。

表5-19　　　　　　　　　　　前期工程费估算表　　　　　　　　　单位：万元

| 序　号 | 项目 | 计算依据 | 金额 |
|---|---|---|---|
| 1 | 规划设计费 | 建安工程费×3% | 330.39 |
| 2 | 可行性研究费 | 建安工程费×1.5% | 165.20 |
| 3 | 水文、地质、勘探费 | 建安工程费×0.5% | 55.06 |
| 4 | 通水、通电、通路费 | 建安工程费×2.5% | 275.33 |
| 5 | 场地平整费 | 60元/平方米 | 68.50 |
| | 总　计 | | 894.48 |

（3）建安工程费

参照有关类似建安工程的投资费用，用单位指标估算法得到该项目的建安工程费估算结果。其估算过程见表5-20。

表5-20　　　　　　　　　　　　建安工程费估算表　　　　　　　　　　金额单位：万元

| 序号 | 项目 | 建筑面积（平方米） | 土建 | | 装饰 | | 设备 | | 金额合计 |
|---|---|---|---|---|---|---|---|---|---|
| | | | 单价（元/平方米） | 金额 | 单价（元/平方米） | 金额 | 单价（元/平方米） | 金额 | |
| 1 | 塔楼 | 36 898.00 | 1 483.00 | 5 472.00 | 161.35 | 595.00 | 351.72 | 1 298.00 | 7 365.00 |
| 2 | 裙楼 | 15 528.00 | 1 483.00 | 2 303.00 | 514.72 | 799.00 | 351.72 | 546.00 | 3 648.00 |
| | 其中：商铺 | 11 248.00 | 1 483.00 | 1 668.00 | 514.72 | 579.00 | 351.72 | 396.00 | 2 643.00 |
| | 合计 | | | | | | | | 11 013.00 |

（4）基础设施配套费（区内配套）

基础设施配套费估算过程见表5-21。

表5-21　　　　　　　　　　基础设施配套费估算表　　　　　　　金额单位：万元

| 序号 | 项目 | 单价 | 计价数量 | 合计 |
|---|---|---|---|---|
| 1 | 供电工程 | 65.00万元/公顷 | 5.2426公顷 | 340.00 |
| 2 | 供水工程 | 15.00万元/公顷 | 5.2426公顷 | 78.64 |
| 3 | 道路工程 | 42.13万元/公顷 | 0.4681公顷 | 19.72 |
| 4 | 绿化工程 | 5.40万元/公顷 | 0.3501公顷 | 1.89 |
| 5 | 其他工程 | 占建安工程费的2% | 11 013万元 | 220.26 |
| | 合计 | | | 660.51 |

（5）开发期税费及其他工程费

根据当地的各项取费标准或根据类似工程项目的取费比例来估算。其估算过程见表5-22。

表5-22　　　　　　　　　开发期税费及其他工程费估算表　　　　　　单位：万元

| 序号 | 项目 | 金额 | 估算说明（估算依据） |
|---|---|---|---|
| 1 | 分散建设市政公用设施建设费 | 1 321.56 | 建安工程费×12% |
| 2 | 建筑工程质量安全监督费 | 44.05 | 建安工程费×4‰ |
| 3 | 供水管网补偿费 | 住宅：22.28　商铺：67.49 | 住宅：0.3吨/人，600元/吨　商铺：0.1吨/人，600元/吨 |
| 4 | 供电用电负荷费 | 住宅：58.37　商铺：89.98 | 住宅：4kVA/户，480元/kVA　商铺：8kVA/百平方米，1 000元/kVA |
| 5 | 电话初装费 | 275.33 | 建安工程费×2.5% |
| 6 | 绿化建设费 | 275.32 | 建安工程费×2.5% |
| 7 | 其他工程费 | 220.26 | 建安工程费×2% |
| | 合计 | 2 374.64 | |

（6）不可预见费。其取以上（1）～（4）项之和的3%，则不可预见费为：

（15 191+894.48+11 013+660.51）×3%=832.77（万元）

开发成本小计：30 966.40万元

2.开发费用估算

（1）管理费用。管理费用取以上（1）～（4）项之和的3%，则管理费用为：

（15 191+894.48+11 013+660.51）×3%=832.77（万元）

（2）销售费用。销售费用主要包括：广告宣传及市场推广费，占销售收入的2%；销售代理费，占销售收入的2%；销售人员工资等，占销售收入的1%。合计为销售收入的5%，即2 603.42万元。

估算此项费用前需先确定销售价格，由销售价格估算销售收入。详见"（二）项目销售收入估算"及表5-27。

至此，可以测算出不含财务费用的总投资为34 402.59万元。

（3）财务费用。财务费用指项目的借款利息。

估算财务费用的思路是：根据各年投资比例，计算每年需要的资金数；再根据土地成本等必须由开发商支付的前期费用和银行对资本金比例的要求，决定投入资本金的数额；达到申请贷款的条件后，根据贷款条件，安排各年所需银行贷款额，估算财务费用。

本项目根据情况与银行协商的借款条件为：第1年借款10 000万元，贷款利率为8%，要求从计算期第2年年末起，每年等本偿还，同时支付当年产生的利息，2年内还清。

经估算，财务费用为1 648万元。详见"（四）借款还本付息估算"及表5-31。

开发费用小计：5 084.19万元

不含财务费用的总成本费用合计：34 402.59万元

含财务费用的总成本费用合计：36 050.59万元

3.总成本费用估算汇总表（见表5-23）

表5-23　　　　　　　　　　　　总成本费用估算汇总表　　　　　　　　　　　单位：万元

| 序号 | 项目 | 金额 | 估算说明 |
|---|---|---|---|
| 1 | 开发成本 | 30 966.40 | 以下（1）～（6）项合计 |
| （1） | 土地成本 | 15 191.00 | |
| （2） | 前期工程费 | 894.48 | |
| （3） | 建安工程费 | 11 013.00 | |
| （4） | 基础设施建设费 | 660.51 | |
| （5） | 开发期税费及其他工程费 | 2 374.64 | |
| （6） | 不可预见费 | 832.77 | 上述（1）～（4）项之和的3% |
| 2 | 开发费用 | 5 084.19 | 以下（1）～（3）项合计 |

续表

| 序号 | 项目 | 金额 | 估算说明 |
|---|---|---|---|
| （1） | 管理费用 | 832.77 | 上述（1）～（4）项之和的3% |
| （2） | 销售费用 | 2 603.42 | 销售收入×5% |
| （3） | 财务费用 | 1 648.00 | 见借款还本付息估算表 |
| 3 | 合　计 | 36 050.59 | |

## （二）项目销售收入估算

1.销售价格估算①

销售价格的估算采用比较法确定（估价时点为2014年3月）。

（1）住宅部分

在市场上搜集到与该住宅所在区域、个别因素、交易情况及交易日期均类似或接近的4个比较案例A、B、C、D。其中A、B、D项目的交易日期均为2013年11月1日，C项目的交易日期为2013年9月1日。已知2013年下半年至今，该城市该类住宅和商铺价格的变动呈上升趋势，月平均变动率为+0.5%。其他条件见表5-24。

考虑了所有因素后，通过系数修正计算出加权平均数，确定本项目的住宅价格为7 457元/平方米（详见表5-24和表5-25）。

表5-24　　　　　　　　　　　　本项目住宅价格比较法系数修正表

| 序号 | 项目名称 | 成交价（元/平方米） | 交易日期修正 | 区域因素修正 | | | | 个别因素修正 | | | 交易情况修正 | 比准价格（元/平方米） |
|---|---|---|---|---|---|---|---|---|---|---|---|---|
| | | | | 交通 | 配套 | 环境 | 小计 | 装修 | 使用率 | 小计 | | |
| 1 | A | 7 986 | 1.02 | +1 | +2 | +3 | 100/106 | +5 | +1 | 100/106 | 100/100 | 7 250 |
| 2 | B | 8 660 | 1.02 | 0 | +5 | +3 | 100/108 | +5 | +2 | 100/107 | 100/100 | 7 644 |
| 3 | C | 8 500 | 1.03 | +1 | +5 | +3 | 100/109 | +7 | +1 | 100/108 | 100/100 | 7 437 |
| 4 | D | 8 200 | 1.02 | 0 | +2 | 0 | 100/102 | +5 | +3 | 100/108 | 100/100 | 7 593 |

表5-25　　　　　　本项目住宅价格比较法销售状况权重系数修正表　　　金额单位：元/平方米

| 项目名称 | A | B | C | D | 合计 |
|---|---|---|---|---|---|
| 比准价格 | 7 250 | 7 644 | 7 437 | 7 593 | |
| 销售状况权重（销售率） | 82% | 35% | 57% | 86% | 260% |
| 加权的相对价格 | 5 945 | 2 675 | 4 239 | 6 530 | 19 389 |
| 本项目住宅销售价格 | | | | | 7 457 |

---

① 本部分销售价格的估算，每种用途的商品房应该至少采用两种估价方法（住宅部分可采用增加成本法，商铺部分可采用增加收益法），但由于本书容量与内容所限，只采用了比较法，且其估价过程与正式的房地产估价过程比较，是相对简单的，因此，读者可以根据"房地产估价"课程内容，对本部分的估价方法与估价过程进行扩充，也算是对一份正式的房地产估价报告进行的撰写练习。

（2）商铺部分

虽然商铺的经营方式多为出租方式，但我们在市场上也搜集到了与该商铺相近的3个商铺出售项目E、F、G，并以它们作为比较实例。其中，E项目的交易日期是2013年11月1日，F项目的交易日期是2014年1月1日，G项目的交易日期是2014年3月1日，它们的价格变动情况同住宅相同，交易情况均为正常。但由于三者的销售状况权重难以确定，故最后采用简单算术平均值确定本项目的商铺单价为：18 305元/平方米（详见表5-26）。

表5-26　　　　　　　　　**本项目商铺价格比较法系数修正表**

| 序号 | 项目名称 | 成交价（元/平方米） | 交易日期修正 | 区域因素修正 | | | 个别因素修正 | 交易情况修正 | 比准价格（元/平方米） |
|---|---|---|---|---|---|---|---|---|---|
| | | | | 交通 | 繁华程度 | 小计 | | | |
| 1 | E | 18 500 | 1.02 | +2 | +3 | 100/105 | 100/100 | 100/100 | 17 971 |
| 2 | F | 18 000 | 1.01 | 0 | 0 | 100/100 | 100/95 | 100/100 | 19 137 |
| 3 | G | 17 800 | 1 | +1 | +1 | 100/102 | 100/98 | 100/100 | 17 807 |

（3）车位销售价格的确定

根据该市该区域目前的情况，车位平均售价为20万元/个～25万元/个。

（4）建议销售单价

在综合考虑了各方面对定价的影响后，分析人员建议该项目各部分的销售均价为：

住宅：7 400元/平方米

商铺：18 300元/平方米

车位：20万元/个

2.销售收入的估算

本项目可销售数量：住宅36 898平方米；裙楼中的商铺部分11 248平方米，地下车位209个（详见表5-27）。

表5-27　　　　　　　　　　　**销售总收入预测表**

| 用　途 | 可售数量 | 建议销售单价 | 销售收入（万元） |
|---|---|---|---|
| 住宅 | 36 898平方米 | 7 400元/平方米 | 27 304.52 |
| 商铺 | 11 248平方米 | 18 300元/平方米 | 20 583.84 |
| 车位 | 209个 | 200 000元/个 | 4 180 |
| 合计 | | | 52 068.36 |

3.销售计划与收款计划的确定

本项目自第2年中旬达到预售条件，住宅、商铺及车位预计第2年售出60%，第3年售出40%。假设一次性收款（详见表5-28）。

表5-28 　　　　　　　　　　销售收入分期按比例预测 　　　　　　　金额单位：万元

| 销售计划 | | | 各年度收款情况 | | | 合 计 |
|---|---|---|---|---|---|---|
| 年份 | 销售比例 | 销售数量 | 1 | 2 | 3 | |
| 第1年 | 0 | 0 | | | | |
| 第2年 | 住宅：60% | 22 138.8平方米 | | 16 382.71 | | 31 233.01 |
| | 商铺：60% | 6 748.8平方米 | | 12 350.30 | | |
| | 车位：60% | 125个 | | 2 500 | | |
| 第3年 | 住宅：40% | 14 759.2平方米 | | | 10 921.81 | 20 835.35 |
| | 商铺：40% | 4 499.2平方米 | | | 8 233.54 | |
| | 车位：40% | 84个 | | | 1 680 | |
| 合 计 | 100% | 100% | | 31 233.01 | 20 835.35 | 52 068.36 |

### （三）税金估算

本项目为房地产老项目，选用简易计税方法。

1.增值税和税金及附加估算（详见表5-29）

表5-29 　　　　　　　　　　增值税和税金及附加估算表 　　　　　　　单位：万元

| 序号 | 类　别 | 计算依据 | 合计 | 计算期 | | |
|---|---|---|---|---|---|---|
| | | | | 1 | 2 | 3 |
| 1 | 增值税 | 销售收入×5% | 2 603.42 | | 1 562.05 | 1 041.37 |
| 2 | 城市维护建设税 | 增值税×7% | 182.24 | | 109.34 | 72.90 |
| 3 | 教育费附加 | 增值税×3% | 78.10 | | 46.86 | 31.24 |
| 4 | 教育专项基金 | 增值税×4% | 104.14 | | 62.48 | 41.66 |
| 5 | 防洪工程维护费 | 销售收入×0.18% | 93.72 | | 56.23 | 37.49 |
| 6 | 印花税 | 销售收入×0.05% | 26.03 | | 15.62 | 10.41 |
| 7 | 交易管理费 | 销售收入×0.5% | 260.34 | | 156.20 | 104.14 |
| 合 计 | | 销售收入×6.43% | 3 348.00 | | 2 008.80 | 1 339.20 |

增值税和税金及附加按各年销售比例分摊。

2.土地增值税估算（详见表5-30）

表5-30 **土地增值税估算表** 金额单位：万元

| 序号 | 项目 | 计算依据 | 计算结果 |
|---|---|---|---|
| 1 | 销售收入 | 来自表5-27 | 52 068.36 |
| 2 | 扣除项目金额 | 以下4项之和 | 45 591.87 |
| 2.1 | 开发成本 | 来自表5-23 | 30 966.40 |
| 2.2 | 开发费用 | 来自表5-23 | 5 084.19 |
| 2.3 | 增值税和税金及附加 | 来自表5-29 | 3 348.00 |
| 2.4 | 其他扣除项目 | 取（2.1）项的20% | 6 193.28 |
| 3 | 增值额 | （1）－（2） | 6 476.49 |
| 4 | 增值率 | （3）/（2） | 14.21% |
| 5 | 增值税税率 | （4）≤50% | 取30% |
| 6 | 土地增值税 | （3）×（5） | 1 942.95 |

不考虑融资情况时，土地增值税应调整为没有财务费用影响的土地增值税，本书称之为"调整土地增值税"。按此计算，则从项目投资角度，土地增值税为2 437.35万元（读者可以自己计算一下）。

**（四）借款还本付息估算**

根据估算，该项目可以获得银行贷款10 000万元。各年使用多少由投资计划来决定，但既已借来款项，利息就要开始计算。根据前述贷款条件，建设期借款利息计算如下：

第1年应计利息：（0+10 000÷2）×8%=400（万元）

第2年应计利息：（10 000+400）×8%=832（万元）

第2年年末开始，分两年等本偿还，同时支付当年产生的利息，则：

$I_c$=本金+利息=10 000+400=10 400（万元）

则各年偿还额为：10 400÷2=5 200（万元）

第2年年末还本付息额：5 200+832=6 032（万元）

其中：原本金为5 000万元，应付利息为1 032万元。

第3年应计利息：5 200×8%=416（万元）

第3年还本付息额：5 200+416=5 616（万元）

其中：原本金为5 000万元，应付利息为616万元。

则财务费用（应付利息）为：1 032+616=1 648（万元）

详见表5-31。

表5-31　　　　　　　　　　借款还本付息估算表　　　　　　　　单位：万元

| 序号 | 项目名称 | 合计 | 计算期 | | |
|---|---|---|---|---|---|
| | | | 1 | 2 | 3 |
| 1 | 借款还本付息 | | | | |
| 1.1 | 年初借款本息累计 | | 0 | 10 400 | 5 200 |
| 1.2 | 本年借款 | | 10 000 | 0 | 0 |
| 1.3 | 本年应计利息 | | 400 | 832 | 416 |
| 1.4 | 本年还本付息 | 11 648 | | 6 032 | 5 616 |
| 1.5 | 其中：还本 | 10 000 | | 5 000 | 5 000 |
| 1.6 | 付息 | 1 648 | | 1 032 | 616 |
| 1.7 | 年末借款本息累计 | | 10 400 | 5 200 | 0 |
| 2 | 借款还本付息的资金来源 | | | | |
| 2.1 | 预售收入 | 11 648 | 0 | 6 032 | 5 616 |

**（五）投资计划与资金筹措**

该项目开发经营期（计算期）为3年。经测算，共需建设总投资36 050.59万元。土地成本在项目开始时一次投入，余下不含土地成本及财务费用的投资中，第1年投入45%，第2年投入55%。第2年年末竣工。

根据该投资计划，第1年应投入：（36 050.59-15 191-1 648）×45%+15 191=23 836.22（万元）；

第2年应投入：（36 050.59-15 191-1 648）×55%=10 566.37（万元）。

该项目的资金来源有3个渠道：一是企业的自有资金，即资本金；二是银行贷款；三是预售收入用于再投资部分。本项目开发商投入资本金16 000万元作为启动资金，从银行贷款10 000万元，不足款项根据实际情况通过预售收入解决①。资金的使用顺序是资本金、银行贷款、预售收入。

根据该资金筹措计划，第1年所需资金为23 836.22万元，其资金来源为：资本金16 000万元，银行贷款7 836.22万元；第2年所需资金为10 566.37万元，其资金来源为：银行贷款2 163.78万元，资金缺口8 402.59万元由预售收入解决（根据销售计划，第2年年中即可预售）。

所以，所需的不含财务费用的总投资，筹措途径为：资本金16 000万元、银行贷款10 000万元和预售收入8 402.59万元。财务费用也需由预售收入解决。

资本金16 000万元全部于第1年投入，是因为要满足两个约束条件：一是土地成

---

① 通常情况下，预售收入首先要解决项目当年的必要支出（如各种税金的支付），然后才是银行债务本息的清偿和再投资问题。所以，在安排预售收入时，其用于还本付息和再投资的资金之和，不能超过当年的净销售收入（指扣除了各种支出后的收入）。

本和一些必要的前期费用必须由自有资金解决；二是要满足35%的资本金比例要求。

详见表5-32。

表5-32　　　　　　　　　　　　　投资计划与资金筹措表　　　　　　　　　　　单位：万元

| 序号 | 项目名称 | 合　计 | 计算期 | | |
|---|---|---|---|---|---|
| | | | 1 | 2 | 3 |
| 1 | 项目总投资 | 36 050.59 | 23 836.22 | 11 598.37 | 616 |
| 1.1 | 开发建设投资 | 36 050.59 | 23 836.22 | 11 598.37 | 616 |
| | 其中：财务费用 | 1 648.00 | | 1 032.00 | 616 |
| 2 | 资金筹措 | 36 050.59 | 23 836.22 | 11 598.37 | 616 |
| 2.1 | 资本金 | 16 000.00 | 16 000.00 | 0 | 0 |
| 2.2 | 银行借款 | 10 000.00 | 7 836.22 | 2 163.78 | 0 |
| 2.3 | 预售收入（包括还息） | 10 050.59 | 0 | 9 434.59 | 616 |

## 五、项目财务评价

### （一）利润表及静态盈利分析

1.利润表（见表5-33）

为简化计算，表5-33中：

（1）总成本费用、增值税和税金及附加、土地增值税，均按各年销售比例结转。在填利润表时，总成本费用或总投资可以结转到有收入的年份；如果单就"总成本费用"进行估算，则按成本费用的发生年度计算。

表5-33　　　　　　　　　　　　　　　　利润表　　　　　　　　　　　　　　　单位：万元

| 序号 | 项目名称 | 计算依据 | 合　计 | 计算期 | | |
|---|---|---|---|---|---|---|
| | | | | 1 | 2 | 3 |
| 1 | 销售收入 | 来自表5-28 | 52 068.36 | 0 | 31 233.01 | 20 835.35 |
| 2 | 总成本费用 | 来自表5-23（按销售比例结转） | 36 050.59 | 0 | 21 630.35 | 14 420.24 |
| 3 | 增值税和税金及附加 | 来自表5-29（同上） | 3 348.00 | 0 | 2 008.80 | 1 339.20 |
| 4 | 土地增值税 | 来自表5-30（同上） | 1 942.95 | 0 | 1 165.77 | 777.18 |
| 5 | 利润总额 | （1）－（2）－（3）－（4） | 10 726.82 | 0 | 6 428.09 | 4 298.73 |
| 6 | 所得税 | （5）×25% | 2 681.71 | 0 | 1 607.02 | 1 074.68 |
| 7 | 税后利润 | （5）－（6） | 8 045.12 | 0 | 4 821.07 | 3 224.05 |
| 8 | 盈余公积 | （7）×10% | 804.51 | 0 | 482.11 | 322.40 |
| 9 | 可分配利润 | （7）－（8） | 7 240.61 | 0 | 4 338.96 | 2 901.65 |

（2）其余项目由上至下依次计算而来。

不考虑融资情况时，所得税应调整为没有财务费用影响的所得税，一般称之为"调整所得税"。按此计算，则从项目投资角度，所得税为 2 970.10 万元（读者可以自己计算一下）。

2.评价指标

（1）投资利润率=利润总额÷总投资额×100%

$$=10\ 726.82÷36\ 050.59×100\%$$

$$=29.75\%$$

（2）资本金利润率=利润总额÷资本金×100%

$$=10\ 726.82÷16\ 000×100\%$$

$$=67.04\%$$

（3）资本金净利润率=税后利润÷资本金×100%

$$=8\ 045.12÷16\ 000×100\%$$

$$=50.28\%$$

3.静态盈利分析

本项目以上3个指标与房地产行业内项目相比应该是比较好的，故项目可以考虑接受。

**（二）资金来源与运用表及资金平衡分析**

1.资金来源与运用表（见表5-34）

表5-34　　　　　　　　　　　资金来源与运用表　　　　　　　　　单位：万元

| 序号 | 项目名称 | 合　计 | 计算期 | | |
|---|---|---|---|---|---|
| | | | 1 | 2 | 3 |
| 1 | 资金来源 | 78 068.36 | 23 836.22 | 33 396.79 | 20 835.35 |
| 1.1 | 销售收入 | 52 068.36 | 0 | 31 233.01 | 20 835.35 |
| 1.2 | 资本金 | 16 000.00 | 16 000.00 | 0 | 0 |
| 1.3 | 银行借款 | 10 000.00 | 7 836.22 | 2 163.78 | 0 |
| 2 | 资金的运用 | 62 068.36 | 23 836.22 | 26 201.03 | 12 031.11 |
| 2.1 | 开发建设投资（不含息） | 34 402.59 | 23 836.22 | 10 566.37 | 0 |
| 2.2 | 借款还本付息 | 11 648.00 | 0 | 6 032.00 | 5 616.00 |
| 2.3 | 增值税和税金及附加 | 3 348.00 | 0 | 2 008.80 | 1 339.20 |
| 2.4 | 土地增值税 | 1 942.95 | 0 | 1 165.77 | 777.18 |
| 2.5 | 所得税 | 2 681.71 | 0 | 1 607.02 | 1 074.68 |
| 2.6 | 税后利润 | 8 045.12 | 0 | 4 821.07 | 3 224.05 |
| 3 | 盈余资金（1）-（2） | 16 000.00 | 0 | 7 195.76 | 8 804.24 |
| 4 | 累计盈余资金 | —— | —— | 7 195.76 | 16 000.00 |

2.资金平衡能力分析

根据表5-34，本项目每年累计盈余资金均大于或等于零，故从资金平衡角度分析，该项目是可行的。

**（三）现金流量表及动态盈利分析**

在项目投资现金流量表与资本金现金流量表中，假设投资与收入均发生在年初，针对这两表，本案例选取的 $i_c$ 不同，这表明，在融资与不融资两种情况下，投资者对项目的期望是不同的。

1.项目投资现金流量表（$i_c$=18%）（见表5-35）

表5-35　　　　　　　　　　　**项目投资现金流量表**　　　　　　　　　单位：万元

| 序号 | 项目名称 | 合　计 | 计算期 | | |
|---|---|---|---|---|---|
| | | | 1 | 2 | 3 |
| 1 | 现金流入 | 52 068.36 | 0 | 31 233.01 | 20 835.35 |
| 1.1 | 销售收入 | 52 068.36 | 0 | 31 233.01 | 20 835.35 |
| 2 | 现金流出 | 43 158.04 | 23 836.22 | 15 817.64 | 3 504.18 |
| 2.1 | 开发建设投资 | 34 402.59 | 23 836.22 | 10 566.37 | 0 |
| 2.2 | 增值税和税金及附加 | 3 348.00 | 0 | 2 008.80 | 1 339.20 |
| 2.3 | 调整土地增值税 | 2 437.35 | 0 | 1 462.41 | 974.94 |
| 2.4 | 调整所得税 | 2 970.10 | 0 | 1 780.06 | 1 190.04 |
| 3 | 税后净现金流量（1）-（2） | 8 910.32 | -23 836.22 | 15 415.37 | 17 331.17 |
| 4 | 税后折现净现金流量 | 1 674.63 | -23 836.22 | 13 063.87 | 12 446.98 |
| 5 | 税前净现金流量（3）+（2.4） | 11 880.42 | -23 836.22 | 17 195.43 | 18 521.21 |
| 6 | 税前折现净现金流量 | 4 037.82 | -23 836.22 | 14 572.40 | 13 301.64 |

评价指标：

（1）税前项目投资财务净现值（FNPV）=4 037.82万元

（2）税后项目投资财务净现值（FNPV）=1 674.63万元

（3）税前项目投资财务内部收益率（FIRR）=31.32%

（4）税后项目投资财务内部收益率（FIRR）=23.54%

2.资本金现金流量表（$i_c$=20%）（见表5-36）

评价指标：

（1）税后资本金财务内部收益率（FIRR）=32.04%

（2）税后资本金财务净现值（FNPV）=2 367.01万元

表5-36 **资本金现金流量表**

| 序号 | 项目名称 | 合 计 | 计算期 | | |
|---|---|---|---|---|---|
| | | | 1 | 2 | 3 |
| 1 | 现金流入 | 52 068.36 | 0 | 31 233.01 | 20 835.35 |
| 1.1 | 销售收入 | 52 068.36 | 0 | 31 233.01 | 20 835.35 |
| 2 | 现金流出 | 44 023.24 | 16 000.00 | 19 216.18 | 8 807.06 |
| 2.1 | 资本金 | 16 000.00 | 16 000.00 | 0 | 0 |
| 2.2 | 预售收入再投入（未含息） | 8 402.59 | 0 | 8 402.59 | |
| 2.3 | 借款本金偿还 | 10 000.00 | 0 | 5 000.00 | 5 000.00 |
| 2.4 | 借款利息支付 | 1 648.00 | 0 | 1 032.00 | 616.00 |
| 2.5 | 增值税和税金及附加 | 3 348.00 | 0 | 2 008.80 | 1 339.20 |
| 2.6 | 土地增值税 | 1 942.95 | 0 | 1 165.77 | 777.18 |
| 2.7 | 所得税 | 2 681.70 | 0 | 1 607.02 | 1 074.68 |
| 3 | 税后净现金流量（1）-（2） | 8 045.12 | −16 000.00 | 12 016.83 | 12 028.29 |
| 4 | 税后折现净现金流量 | 2 367.01 | −16 000.00 | 10 014.03 | 8 352.98 |

**3.动态盈利分析**

（1）财务净现值

开发项目在整个经济寿命期内各年所发生的现金流量差额，为当年的净现金流量。将本项目每年的净现金流量按基准收益率折算为项目实施初期（即为本项目开始投资的当年年初）的现值，此现值的代数和就是项目的财务净现值。

基准收益率是项目的净现金流量贴现时所采用的折现率，本案例以投资者最低期望收益率作为基准折现率。投资者希望该房地产投资项目最低能获得的收益率是：融资前为18%，融资后为20%。

财务净现值评价标准的临界值是零。经过上面的计算，本项目税前、税后投资的财务净现值（FNPV）分别为4 037.82万元和1 674.63万元，均大于零，资本金的税后财务净现值（FNPV）为2 367.01万元，也大于零。这说明本项目可按事先规定的基准收益率获利，在所确定的计算期内发生投资净收益，经济效果可嘉，项目可行。

（2）财务内部收益率

财务内部收益率是指项目计算期内各年净现金流量的现值累计之和等于零时的折现率。

　　财务内部收益率是项目折现率的临界值。本项目属于独立方案的评价与分析，经上面计算，项目投资税前、税后的财务内部收益率（FIRR）分别为31.32%、23.54%；资本金的税后财务内部收益率（FIRR）为32.04%，均大于同期贷款利率8%和各自的基准收益率18%、20%（$i_c$），说明项目盈利，达到同行业的收益水平，项目可行。

## 六、项目财务分析指标汇总

　　项目财务分析指标汇总详见表5-37。

表5-37　　　　　　　　　　　　项目财务分析指标汇总表

| 类别 \ 项目 | 静态指标 | | 动态指标 | | | |
|---|---|---|---|---|---|---|
| | | | FNPV（万元） | | FIRR | |
| | 投资利润率 | 投资净利润率 | 税前 | 税后 | 税前 | 税后 |
| 项目投资（$i_c$=18%） | 29.75% | — | 4 037.82 | 1 674.63 | 31.32% | 23.54% |
| 资本金（$i_c$=20%） | 67.04% | 50.28% | — | 2 367.01 | — | 32.04% |

## 七、结论

　　从项目的财务分析来看，项目税前、税后全部投资财务净现值与税后资本金投资财务净现值均大于零，内部收益率均大于基准收益率和贷款利率，且每年累计盈余资金大于零，故从盈利能力、偿债能力和资金平衡能力的角度分析来看，该项目都是可行的。

# 第七节　基本报表填列与相应指标的计算案例分析

　　本节以第四章"第五节财务基础数据估算案例分析"中的案例为例，增加已知条件：所得税税率为25%；投资者最低期望收益率为$i_c$=16%；假设投资与收入均发生在年初。

　　要求按照本章学习内容：

　　（1）补充该案例中的基本报表：利润表、资金来源与运用表、资本金现金流量表、项目投资现金流量表。

　　（2）计算相应的静态与动态指标。

　　具体分析过程如下：

## 一、利润表及静态指标的计算

1.利润表的填列（见表5-38）

表5-38 利润表 单位：万元

| 序号 | 项目名称 | 合　计 | 计算期 | | |
| --- | --- | --- | --- | --- | --- |
| | | | 1 | 2 | 3 |
| 1 | 销售收入 | 2 500.00 | | 1 500.00 | 1 000.00 |
| 2 | 总成本费用 | 1 960.48 | | 1 176.29 | 784.19 |
| 3 | 增值税和税金及附加 | 150.00 | | 90.00 | 60.00 |
| 4 | 土地增值税 | 20.50 | | 12.30 | 8.20 |
| 5 | 利润总额 | 369.02 | | 221.41 | 147.61 |
| 6 | 所得税 | 92.26 | | 55.35 | 36.91 |
| 7 | 税后利润 | 276.76 | | 166.06 | 110.70 |

2.静态指标计算

（1）投资利润率$=\dfrac{利润总额}{总投资额} \times 100\%=369.02 \div 1\,960.48 \times 100\%$

$=18.82\%$

（2）资本金利润率$=\dfrac{利润总额}{资本金} \times 100\%=369.02 \div 740 \times 100\%$

$=49.87\%$

（3）资本金净利润率$=\dfrac{税后利润}{资本金} \times 100\%=276.76 \div 740 \times 100\%$

$=37.4\%$

## 二、资金来源与运用表

资金来源与运用表见表5-39。

## 三、项目投资现金流量表及动态指标的计算

1.项目投资现金流量表的填列

在$i_c=16\%$时，项目投资现金流量表的填列见表5-40。

2.动态指标计算

（1）税前项目投资财务净现值（FNPV）=132.70万元。

（2）税后项目投资财务净现值（FNPV）=33.40万元。

（3）税前项目投资财务内部收益率（FIRR）=21.35%。

（4）税后项目投资财务内部收益率（FIRR）=18.01%。

表5-39　　　　　　　　　　　　　　资金来源与运用表　　　　　　　　　　单位：万元

| 序号 | 项目名称 | 合　计 | 计算期 | | | |
|---|---|---|---|---|---|---|
| | | | 1 | 2 | 3 | 4 |
| 1 | 资金来源 | 4 291.00 | 1 300.05 | 1 990.95 | 1 000.00 | 0 |
| 1.1 | 销售收入 | 2 500.00 | | 1 500.00 | 1 000.00 | |
| 1.2 | 资本金 | 740.00 | 740.00 | | | |
| 1.3 | 银行借款 | 1 051.00 | 560.05 | 490.95 | 0 | 0 |
| 2 | 资金的运用 | 3 551 | 1 300.05 | 814.66 | 855.11 | 581.18 |
| 2.1 | 开发建设投资 | 1 791.00 | 1 300.05 | 490.95 | | |
| 2.2 | 借款本金偿还 | 1 051.00 | | | 525.50 | 525.50 |
| 2.3 | 借款利息支付 | 169.48 | | | 113.80 | 55.68 |
| 2.4 | 增值税和税金及附加 | 150.00 | | 90.00 | 60.00 | |
| 2.5 | 土地增值税 | 20.50 | | 12.30 | 8.20 | |
| 2.6 | 所得税 | 92.26 | | 55.35 | 36.91 | |
| 2.7 | 税后利润 | 276.76 | | 166.06 | 110.70 | |
| 3 | 盈余资金 | 740.00 | 0.00 | 1 176.29 | 144.89 | −581.18 |
| 4 | 累计盈余资金 | — | — | 1 176.29 | 1 321.18 | 740.00 |

表5-40　　　　　　　　　　　　　　项目投资现金流量表　　　　　　　　　　单位：万元

| 序号 | 项目名称 | 合　计 | 计算期 | | |
|---|---|---|---|---|---|
| | | | 1 | 2 | 3 |
| 1 | 现金流入 | 2 500.00 | | 1 500.00 | 1 000.00 |
| 1.1 | 销售收入 | 2 500.00 | | 1 500.00 | 1 000.00 |
| 2 | 现金流出 | 2 134.26 | 1 300.05 | 696.90 | 137.31 |
| 2.1 | 开发建设投资 | 1 791.00 | 1 300.05 | 490.95 | |
| 2.2 | 增值税和税金及附加 | 150.00 | | 90.00 | 60.00 |
| 2.3 | 调整土地增值税[①] | 71.34 | | 42.80 | 28.54 |
| 2.4 | 调整所得税 | 121.92 | | 73.15 | 48.77 |
| 3 | 税后净现金流量（1）-（2） | 365.74 | −1 300.05 | 803.10 | 862.69 |
| 4 | 税后折现净现金流量 | 33.40 | −1 300.05 | 692.33 | 641.12 |
| 5 | 税前净现金流量（3）+（2.4） | 487.66 | −1 300.05 | 876.25 | 911.46 |
| 6 | 税前折现净现金流量 | 132.70 | −1 300.05 | 755.39 | 677.36 |

①　本栏的"调整土地增值税"与2.4栏的"调整所得税"，都是剔除了财务费用影响的数值。计算方法同前一案例，读者可以自己计算。

## 四、资本金现金流量表及动态指标的计算

1.资本金现金流量表的填列（$i_c=16\%$）（见表5-41）

表5-41 资本金现金流量表 单位：万元

| 序号 | 项目名称 | 合 计 | 计算期 | | | |
|------|---------|-------|------|------|------|------|
| | | | 1 | 2 | 3 | 4 |
| 1 | 现金流入 | 2 500.00 | | 1 500.00 | 1 000.00 | 0 |
| 1.1 | 销售收入 | 2 500.00 | | 1 500.00 | 1 000.00 | 0 |
| 2 | 现金流出 | 2 223.24 | 740.00 | 157.65 | 744.41 | 581.18 |
| 2.1 | 资本金 | 740.00 | 740.00 | | | |
| 2.2 | 借款本金偿还 | 1 051.00 | | | 525.50 | 525.50 |
| 2.3 | 借款利息支付 | 169.48 | | | 113.80 | 55.68 |
| 2.4 | 增值税和税金及附加 | 150.00 | | 90.00 | 60.00 | |
| 2.5 | 土地增值税 | 20.50 | | 12.30 | 8.20 | |
| 2.6 | 所得税 | 92.26 | | 55.35 | 36.91 | |
| 3 | 税后净现金流量（1）-（2） | 276.76 | -740.00 | 1 342.35 | 255.59 | -581.18 |
| 4 | 折现净现金流量 | 234.81 | -740.00 | 1 157.20 | 189.95 | -372.34 |

2.动态指标计算

（1）税后资本金财务内部收益率（FIRR）=75.6%

（2）税后资本金财务净现值（FNPV）=234.81万元

# 第八节　小结

财务分析是房地产投资分析的核心部分。它是依据国家财税制度、现行价格和有关法规，分析项目的盈利能力、偿债能力和资金平衡能力，并据此判断项目财务可行性的一种经济评价方法。

这些能力是通过各种报表和一系列指标体现的。

财务分析的基本报表有：利润表、资金来源与运用表、现金流量表（分为项目投资和资本金）、资产负债表。独立的房地产开发项目，一般不用编制资产负债表。

要注意区分房地产项目与其他项目财务报表的不同之处。

至此，我们需要编制大量的辅助报表和基本报表。多个案例的计算经验表明，报表的编制顺序非常重要，它可以提高估算和分析的效率。建议读者在进行财务分

析时，按以下顺序编制：销售计划表、销售收入或租金收入与增值税和税金及附加估算表、借款还本付息估算表、总投资估算表（也可增加用款计划表）、投资计划与资金筹措表、土地增值税估算表、利润表、资金来源与运用表、项目投资现金流量表、资本金现金流量表等。也可以根据需要增加明细表，但上述报表是必不可少的。特别建议用 Excel 来编制，这样可以减少因不断修改数据带来的大量计算工作。

　　财务分析的系列指标可作三种不同形式的分类：按是否考虑资金的时间价值因素，分为静态指标和动态指标；按指标的性质，分为时间性指标、价值性指标和比率性指标；按财务分析的目标，分为反映盈利能力、偿债能力和资金平衡能力的指标。

　　反映盈利能力的静态指标主要包括：投资利润率、资本金利润率、资本金净利润率、静态投资回收期；动态指标主要包括：财务净现值、内部收益率、动态投资回收期。反映项目的偿债能力的指标主要包括：借款偿还期、偿债备付率（偿债保障比率、还本付息比率）、利息备付率、资产负债率、流动比率、速动比率。

　　另外，一些传统的分析方法所涉及的指标也仍然有它的利用价值。对于一些不太复杂的项目，完全可以用这些指标进行初步筛选，然后对筛选出来的有价值的项目用现代的方法再进一步分析。这些指标有收益乘数、损益平衡比率、偿债保障比率、全面资本化率、股本化率与现金回报率等。不过，没有考虑货币的时间价值问题是其重大缺陷，因为资金流入与流出的时间是几个投资项目进行比较时的重要因素。

　　但是，在考虑了资金时间因素的现代财务分析理论中，基准收益率的选择将非常难，它的微小变化都会影响对投资项目的评价或排序问题。基准收益率又称基准折现率、基准贴现率，是决策者对项目方案投资的资金时间价值的估算或行业（部门）的平均收益水平。在房地产项目的投资分析中，基准收益率也叫目标收益率或最低期望收益率，它是项目经济评价中的重要参数。

　　本章后三节介绍的三个实例，基本上涵盖了财务分析所能涉及的各类报表和指标。它是从实务角度对财务分析过程的一次演练。

## ☐ 思政课堂

### 由基准收益率的选取想到的

　　在房地产投资项目的经济分析中，各评价参数的选取往往会受到投资者个人的影响。

　　比如，参数之一"基准收益率 $i_c$"，在房地产投资领域通常被称作投资者要求的最低收益率、投资者的最低满意收益率、投资者的目标收益率、投资者期望的最低回报率等，一般应高于银行贷款利率。这对投资者是很重要的分析指标，它代表了项目投资所应获得的最低财务盈利能力水平。

　　但多少为"最低"，这里可能会有两种取值。一种是咨询方从客观立场出发，可能认为 $i_c$ 取 15% 就比较符合当前大多数投资人的最低收益要求。但另一种是，委托方从其投资者个人的立场出发，认为 $i_c$ 取 16% 才符合他的最低要求；或者投资者比较保守，认为 $i_c$ 取 14% 才是最低要求。由于委托方并不认为大多数人的选择就应该是他的选择，咨询方也是接受委托方的委托对项目进行分析并得出是否值得投资、是否可行的结论，因此，如果委托方坚持自己的观点，咨询方应该尊重委托方的意愿。

显然，$i_c$ 对财务净现值计算结果影响很大。该基准收益率过高，财务净现值就可能是负数，可行的项目就可能被否定；该基准收益率过低，财务净现值就可能过大，不可行的项目就可能被选中。$i_c$ 过高或过低都不利于对项目作出正确的评价。

对基准收益率的选取让我们认识到，一个人的一生选择什么，往往都与所站的立场、角度有关，同时也基于对自己的正确评价和各种因素的影响，不过分高估自己，也不过分低看自己，理性认识自己才能作出理性判断和理性选择。换位思考也许会得出不一样的结论。

## 关键概念

财务分析　现金流量表　资金来源与运用表　利润表　资产负债表　静态指标　动态指标　现值　财务净现值　财务内部收益率　投资利润率　资本金净利润率　资产负债率　静态投资回收期　动态投资回收期　收益乘数　偿债备付率　利息备付率　全面资本化率　损益平衡比率　股本化率　现金回报率　再投资利率　基准收益率

## 复习思考题

1. 财务分析的主要目标是什么？
2. 财务分析的程序有哪几步？
3. 财务分析的指标体系是如何划分的？
4. 什么是时间性指标？常见的时间性指标有哪些？各指标的概念、计算公式是什么？
5. 什么是价值性评价指标？常见的价值性指标有哪些？
6. 什么是比率性评价指标？常见的比率性指标有哪些？
7. 财务分析有哪些报表？各报表的含义与作用是什么？
8. 传统的财务分析方法和现代的财务分析方法有何不同？
9. 静态形式下的财务分析指标有哪些？如何计算？
10. 动态形式下的财务分析指标有哪些？如何计算？
11. 动态指标和静态指标与各报表的关系如何？
12. 在使用财务杠杆与否的情况下，税后净现金流量的计算有何不同？
13. 比较全面资本化率与股本化率的概念。
14. 为什么一些投资人要寻求营业比率高的房产进行投资？
15. 一房产预计未来12个月净营运收入为30万美元，与贷方协商后确定最低可接受的偿债保障比率为1.20，贷款期限为20年，年利率为14%，按月偿还。问：

（1）投资者能支持的最大年偿债额为多少？

（2）上述最大年偿债额意味着他可得到的最高贷款额为多少？

16.确定基准收益率时，需要考虑哪些因素？

17.在计算财务净现值时需对现金流量的再投资利率作何种假定？那么在计算内部收益率时又是如何呢？

18.项目投资现金流量表中的"开发建设投资"，为什么要扣除财务费用？

19.项目投资现金流量表与资本金现金流量表中的所得税和土地增值税有何不同？为何不同？

20.房地产开发项目的经济评价特点有哪些？

## □ 案例分析题

一、现有一20个单元的小型旧公寓打算出售，报出的价格是120万元。在出售以前，该公寓一直对外出租。经过调查，如果购买后继续出租，下列数据是可信的：

每单元月租金为1 000元，自动售货机每年1 200元，空置率维持在5%。年运营费用（房产税、保险费、管理费、修理费等）为52 000元。

如果购买该公寓，权益投资额为40万元，余下可获得80万元、利率7%、期限10年的贷款，要求按年等额还本付息。

折旧基数为公寓价格的80%，按20年计算。投资者的个人所得税税率为20%。

要求：

（一）根据上述条件，为投资者进行如下分析：

第1年现金流量分析

1.潜在毛收入

2.加上：其他收入

3.减去：空置和租金损失

4.等于：实际总收入

5.减去：年经营费用

6.等于：净经营收入

7.减去：年还本付息额

8.等于：税前现金流量

所得税分析

9.净经营收入（或税前现金流量）

10.减去：利息（或加上：本金）

11.减去：折旧

12.等于：应纳税收入

13.乘以：所得税税率

14.等于：税收支付或节余

税后现金流量分析

15.税前现金流量

16.减（加）：税收支付（税收结余）

17.等于：税后现金流量

（二）如果投资者请你做顾问，他还想听到如下数据信息：

1.总收益乘数是（    ）

2.净收益乘数是（    ）

3.损益平衡比率是（    ）%

4.偿债保障比率是（    ）

5.全面资本化率是（    ）%

6.税前现金流量占现金投资的比率是（    ）%

7.税后现金流量占现金投资的比率是（    ）%

8.如果市场流行的全面资本化率是10%，应该为这20个单元的公寓房支付的最高市场价格是多少万元？你认为这是一个好的或者合适的购买行为吗？

二、某投资者获得这样一个投资机会，某写字间要价200万元，能够产生的预期税后现金流量见表5-42（收入发生在年末）。预计可以获得150万元的抵押贷款。该投资者准备出租经营7年，最理想的估计，7年后处理该物业的税后现金流量为80万元。

表5-42　　　　　　　　　　　　**某项目税后现金流量**　　　　　　　　　　单位：元

| 年　份 | 1 | 2 | 3 | 4 | 5 | 6 | 7 | 7 |
|---|---|---|---|---|---|---|---|---|
| 税后现金流量 | 65 000 | 75 000 | 85 000 | 90 000 | 93 000 | 99 000 | 105 000 | 800 000 |

要求使用10%的折现率计算：

（1）该物业投资的财务净现值；

（2）该物业投资的内部收益率。

三、已知某房地产开发项目开发经营期间发生的现金流量见表5-43。

表5-43　　　　　　　　　　　　**各年现金流量**　　　　　　　　　　　单位：万元

| 年份（年初） | 1 | 2 | 3 | 4 | 5 | 6 | 7 |
|---|---|---|---|---|---|---|---|
| 现金流出 | -3 000 | -1 500 | -300 | -300 | 0 | 0 | 0 |
| 现金流入 | 0 | 0 | 3 000 | 2 000 | 1 500 | 500 | 100 |

假设基准收益率为12%，求该项目的动态投资回收期。

四、某开发商通过拍卖获得一宗熟地的50年使用权，拟开发建设一建筑面积为2 000平方米的写字楼项目，建设期为2年，准备采用"滚动开发"的方式。该开发项目总投资为1 000万元。第1年项目投资600万元，其中资本金200万元，银行贷款400万元，年利率为10%，期限为2年，按年单利计息，期末一次还清本息。

第1年该写字楼预售了400平方米，均价8 000元/平方米。第2年项目投资400万元，全部以自有资金投入，第2年预售了600平方米，均价为7 800元/平方米。项目竣工时，开发商决定将未销售出去的1 000平方米改为出租经营。假设前3年的出租率分别为60%、70%、80%，之后各年保持90%的出租率。假设在整个经营期限内月租金不变，出租经营期间的运营成本为毛收入的30%。若开发商要求的资本金目标收益率为16%，该办公楼的最低月租金为多少？（假设投资发生在年初，收入和运营成本均发生在年末）

五、某开发商购得一宗商业用地的使用权，拟建一商场出租经营。据估算，项目的建设期为2年，第3年即可出租，经过分析，得到以下数据：

（1）项目建设投资为1 800万元。第1年投资1 000万元，其中资本金400万元；第2年投资800万元，其中资本金230万元。每年资金缺口由银行借款解决，贷款年利率为10%。建设期只计息不还款，第3年开始采用等本偿还并支付利息的方式还本付息，分3年还清。

（2）第3年租金收入、经营税金、运营费用等分别为2 000万元、130万元、600万元。从第4年起每年的租金收入、经营税金、运营费用分别为2 500万元、150万元、650万元。

（3）计算期（开发经营期）为20年。

要求根据以上资料，完成以下任务：

（1）编制借款还本付息估算表；

（2）编制资本金现金流量表（税前）。

六、根据第四章案例分析习题二的已知条件及本题的补充条件，请填写利润表、资金来源与运用表、项目投资现金流量表、资本金现金流量表，并计算相应的静态和动态指标。补充条件：所得税税率为25%，投资者可接受的最低收益率为20%。

七、延续第二章第15题，仍以该项目为例，在已进行了市场分析、区位分析、投资基础数据估算分析的前提下，对该项目进行财务分析。

拓展阅读1

关于内部收益率
存在的问题

拓展阅读2

资金时间价值

参考答案

# 第六章

# 房地产投资项目不确定性分析

□ 学习目标

　　不确定性分析主要包括盈亏平衡分析和敏感性分析。通过本章学习，要求学生掌握盈亏平衡分析、敏感性分析的方法和其指标的计算；熟悉盈亏平衡分析、敏感性分析的概念和目的，并通过分析结果解释它们所面临的风险情况；了解其各自的应用范围及局限性。另外，学完本章，学生还应清楚了解房地产投资项目所面临的不确定性因素有哪些，以便在后续的投资方案比选中提高决策的准确性和可靠性。

　　不确定性分析主要包括盈亏平衡分析和敏感性分析。通过本章学习，要求学生掌握盈亏平衡分析、敏感性分析的方法和其指标的计算；熟悉盈亏平衡分析、敏感性分析的概念和目的，并通过分析结果解释它们所面临的风险情况；了解各自的应用范围及局限性。另外，学完本章，还应清楚了解房地产投资项目所面临的不确定性因素有哪些，以便在后续的投资方案比选中提高决策的准确性和可靠性。

## 第一节　房地产投资项目的不确定性概述

### 一、房地产投资项目不确定性的含义

　　前面所论述的财务分析，是指房地产投资分析人员在计算一些基础数据和基本指标时，在调查研究的基础上，根据分析者和决策者的经验与搜集的历史资料，所作的特定假设、估计和预测，在评价当时有一定的把握性或确定性。这些评价与分析可以做得很精确，很具有诱惑力，但没有告诉投资人或委托人，如果存在预测错

误，可能会导致严重的投资失误。

事实上，由于环境、条件及有关因素的变动和主观预测能力的局限，前面所确定的基础数据、基本指标和项目的经济效益结论，有时不符合分析者和决策者所作的某种确定的预测和估计，有些数据甚至可能没什么用处；或者由于时间的关系，其数据和结论发生了变化，上述这些现象被称为不确定性。

当估计租金、价格、费用的未来变化时，有经验的或有过教训的房地产投资分析人员比较愿意使用一些保守的数字，并且常常在提供的最终分析报告上，声明这些数字和结论仅仅是估计而不能加以保证。这些行为是分析人员对自己的保护，也是对投资者负责。

同时，这些房地产投资分析人员希望采取一些方法，对这些不确定现象尽量提前预测一个变化的范围，然后说明，当上述数据在这个范围内变化的时候，结论将会产生怎样的变化，以便给投资者一个思考的空间和决策的余地。本章要解决的就是这样一个问题。

产生不确定性的因素有很多，如国家的经济政策和法规、建设的各种费用、建设工期、利率、汇率、通货膨胀等，这些因素都会对项目的经济效益产生影响。

## 二、房地产开发投资项目的主要不确定性因素

房地产投资是一个动态的过程，它具有周期长、资金投入量大等特点，因此很难在一开始就对整个房地产投资过程中的有关费用和后期的收益情况作出准确的估计。这就意味着，计算中涉及的因素如租售价格、建造成本等都是理想状态下的估计值，而实际上这些值的确定取决于许多变量。因此，这些因素可以说都是房地产投资项目中的不确定性因素。其中，租售价格、土地费用、开发经营期、建安工程费、融资成本、建筑面积、资本化率等因素是主要的不确定性因素。进行投资分析时有必要对上述因素或参数的变化对财务评价结果产生的影响进行深入研究，从而为房地产投资决策提供科学的依据。

### （一）租售价格

租金收入或销售收入构成了房地产投资项目的主要现金流入，因此，租金或售价对房地产投资项目收益的影响是显而易见的，而准确地估算租金和售价又非易事。在项目分析过程中，租金或售价的确定是通过与市场上近期成交的类似物业的租金或售价进行比较、修正后得出的。这种比较实际上隐含着一个基本假设，即不考虑通货膨胀因素以及租金和售价在投资期间的增加或减少，而仅以"今天"的租金和售价水平估算。但同类型物业市场上供应与需求之间关系的变化，开发过程中政治、经济、社会和环境等因素的变化对租金和售价水平的影响很难定量地进行描述。

### （二）土地成本

土地成本是房地产投资分析中一个重要的计算参数。在进行开发投资分析时，如果开发投资者还没有获取土地使用权，土地成本往往是一个未知数。因

此，通常要参照近期土地成交的实例，通过比较法或其他方法来估算土地成本。土地成本由土地使用权出让金、城市建设配套费用和土地开发费用以及相关契税组成，在地块现状条件比较复杂和房地产市场不健全的情况下，很难估算得比较准确，同时，房地产市场的变化也会导致土地成本的迅速变化。随着城市的发展和城市可利用土地资源的减少，土地成本在城市房地产开发总成本中所占的比例日益增大。因此，分析土地成本变化对房地产开发项目财务评价结果的影响十分重要。

**（三）开发经营期**

项目开发经营期大体上由前期、建造期和经营期（也叫租售期）三个阶段组成。

在前期阶段，开发商要进行征地、房屋征收、安置、补偿工作，委托建筑师作规划设计方案和方案审批，还要办理市政基础设施的使用申请等手续。如果开发商报送的方案不能马上得到政府有关部门的批准或批准的方案开发商不满意，这不仅会使项目的规模、布局发生变化，还会拖延时间。另外，在项目建设工程开工前，开发商还要安排招标工作，招标过程所需时间的长短又与项目的复杂程度、投标者的数量有关，而招标时间长短亦会影响开发经营期的长短。

在建造期阶段，建筑施工工期的变化影响投资收益实现时间的长短和贷款利息的多少。某些特殊因素的影响还可能导致施工工期延长，例如建筑材料、人工或施工机械的短缺，恶劣气候，施工中遇到特殊地质构造或发现文物，资金不能按时到位，社会政治经济形势的突变，施工中因合同等原因引起的法律纠纷等都可能会导致工程停工，使施工工期延长。施工工期延长，开发商一方面要承担更多的贷款利息，另一方面还要承担总费用上涨的风险。另外，承包合同形式选择不当也可能导致承包商有意拖延工期。

在出租期或出售期阶段，出租期或出售期的长短与宏观的社会经济状况、市场供求状况及居民购买力有直接的关系。在宏观社会经济状况比较稳定、市场需求增加、居民购买力上升的情况下，出售期或出租期会缩短。出租期或出售期延长会使购置土地及建筑工程所占用的资金承担更多的利息，进而增加整个开发项目总的财务费用。特别是在贷款利率较高的情况下，出租期或出售期的延长会给开发商带来沉重的财务负担。

在进行投资分析时，为了计算的需要，开发经营期就叫作"计算期"。

**（四）建安工程费**

在对房地产开发项目进行投资分析的过程中，建安工程费的估算比租金售价的估算要容易一些。但即使这样，分析时所估算的建安工程费与实际建安工程费之间也不一定相符。导致建安工程费发生变化的原因主要有以下两点。

（1）开发商在决定购置某块土地进行开发之前，通常要进行或委托工程造价咨询机构进行整个建造成本的详细估算，并在此基础上测算能承受的最高地价。当开发商获得土地使用权后，就要选择一个合适的承包商，并在适宜的时间从该承包商处得到一个可以接受的合理报价，即标价，并据此签订建筑工程承发包合同。由于建安工程费的估算时间与承包商报价时间之间经历了购置土地使用权等一系列前期准备工作，两者往往相差半年到一年时间，这期间可能会出现由于建筑材料和劳动力价格水平的变化导致建安工程费上涨或下跌的情况，使进行项目分析时估计的建安工程费与签订承包合同时的标价不一致。如果合同价高于原估算值，则开发商利润就会减少许多；如果合同价低于原估算值，则开发商利润就会增加。

（2）当建筑工程开工后，由于建筑材料价格和人工费用发生变化，导致建安工程费改变。这种改变对开发商是否有影响，要看承包合同的形式如何。如果承包合同是一种固定总价合同，则建安工程费的改变由承包商负担，对开发商无太大影响。否则，开发商要承担项目建设阶段由于建筑材料价格和人工费用上涨所引起的建造成本增加额。

**（五）融资成本**

融资成本是由贷款利率决定的。贷款利率的变化对许多财务评价指标都有影响。房地产开发商在开发建设一个项目时，自有资金往往只占投资总额的35%左右，其余部分都要通过向金融机构借款或预售楼宇的方式筹措，所以，融资成本即利息支出对开发商最终获利大小的影响极大。房地产投资周期长，其间政府宏观政策的变化及经济运行情况都可能引起贷款利率的变化。

**（六）建筑面积**

当项目用地面积一定时，容积率的大小就决定了项目可建设的建筑面积的数量，而建筑面积直接关系到项目的租金或销售收入与总建造成本。如前所述，项目分析阶段，开发商不一定能拿到政府有关部门的批文，容积率及其他规划指标是不能确定的，因此建筑面积也是不确定的。另外，即使有关部门批准了开发项目的容积率或建筑面积，项目可供出租或出售的面积仍然不能完全确定。因为建筑物出售时公共面积的可分摊和不可分摊的部分，建筑物出租时可出租面积占总建筑面积的比例在项目分析阶段只能根据经验大致估算。

**（七）资本化率**

资本化率也是影响房地产项目经济评价结果最主要的因素之一，其取值的变化对现金流量分析、投资项目开发价值和一些盈利能力评价指标有影响，资本化率的微小变化都会影响财务评价的最终结果。如前所述，项目总开发价值或物业资本价值可用项目建成后年净经营收入除以资本化率得到。现假定某项目年净租金收入预期值不变，则对物业资本价值或总开发价值而言，现实中市场上的资本化率与分析时的预期资本化率即使只差1%，所求得的结果也会相差很远，这种无法避免的误差，会使投资者承担许多附加风险。另外，有些收益率如内部收益率、目标收益率等，在进行项目分析时，对项目的投资决策也会有很大影响。

目前，计算房地产开发项目资本化率的常用办法是选取若干个参照项目的实际年净租金收入与售价的比值，取其平均值作为所分析项目的资本化率，即：

$$R = \frac{\dfrac{P_1}{V_1} + \dfrac{P_2}{V_2} + \dfrac{P_3}{V_3} + \cdots + \dfrac{P_n}{V_n}}{N} = \frac{1}{N} \sum_{i=1}^{n} \frac{P_i}{V_i} \tag{6.1}$$

式中：$P_i$——第 $i$ 个参照项目的年净租金收入；$V_i$——第 $i$ 个参照项目的市场价值或售价；$R$——资本化率。

由于不同分析人员的经验、专业知识以及手中所掌握的市场资料不同，所选择的参照项目不同，因此会有不同的结论。另外，由于开发周期内市场行情的改变，以及参照项目与所分析项目之间的差异，分析时所选择的资本化率与将来的实际资本化率相比，也不可避免地会出现误差，从而使开发商承担附加风险。

从以上分析可以看出，房地产开发过程中所涉及的这些变量，或者以独立的形式，或者以相互同步或不同步的形式发生着变化。假如开发项目的总收入和总费用是同步变化的，那么开发商的纯利润将基本保持不变。在这种前提下对项目进行不确定性分析的意义不大。但在开发过程中，总收入和总费用的变化并不同步，因此，有必要对各变量的变化情况，以及这些变化对开发商的收益有何影响、影响程度怎样，进行详细分析，以保证开发商的决策有充分的依据。

### 三、房地产置业投资项目的主要不确定性因素

对于房地产置业投资项目，影响其投资经济效果的主要不确定性因素包括：购买价格、权益投资比率、租金水平、出租率、运营费用、有效面积系数和融资成本等。由于租金水平和融资成本对置业投资项目影响的机理与房地产开发项目相同，因此，这里重点分析其他不确定性因素。

#### （一）购买价格

购买价格是房地产置业投资项目的初始投资数额，其高低变化在很大程度上影响着房地产置业投资经营的绩效。高估或低估初始购买价格，会使经济评价指标偏低或偏高，可能导致投资者失去投资机会或承担过多的投资风险。房地产投资分析中购买价格的确定，应该以房地产分析人员估算的拟购买房地产的公开市场价值或价格为基础，很显然，这种基于估算的购买价格有很大的不确定性。

#### （二）权益投资比率

权益投资比率指投资者所投入的权益资本或资本金占初始投资总额的比例。权益投资比率低，意味着投资者使用了高的财务杠杆，使投资者所承担的投资风险和风险报酬相应增加，权益投资收益率提高。通常情况下，当长期抵押贷款利率较低、资金较容易获得时，风险承受能力较强的投资者喜欢选用较低的权益投资比率。但金融机构出于控制信贷风险的考虑，通常要求投资者权益投资比率不得低于某一要求的比率。

#### （三）出租率

出租率是已经出租出去的建筑面积占总的可出租的建筑面积的比例。与之相对应的一个概念是空置率。空置率是准备出租但没有出租出去的建筑面积占总的可出

租建筑面积的比例。数值上，空置率=1-出租率。对于建成后用于出租的房地产开发项目而言，出租率和空置率的估计对于计算项目的有效毛收入非常重要。在一定的租金水平下，出租率高、空置率低，说明项目有效租金收入较高；出租率低、空置率高，说明项目有效租金收入较低。而二者的变化又与宏观经济环境、市场供求关系、使用者支付租金的能力等有关。从客观上讲，出租率的不确定性带来的风险是投资者难以控制的，所以，准确地估计某类物业的出租率，并不是一件容易的事。

**（四）运营费用**

运营费用是为了保持物业正常运行，满足租户的使用要求而支付的费用。虽然可以通过与物业管理公司签署长期合约来减少物业维护管理费用的变动，但仍不能排除通货膨胀因素对这部分费用的影响。尤其是对于旧物业的投资，其大修理费用和设备更新费用，也存在着较大的不确定性。与持有物业相关的房地产财产税，也会依不同的年度而有所变化。

## 四、房地产投资项目不确定性分析的作用

房地产投资项目不确定性分析是分析不确定性因素对项目可能造成的影响，并进而分析可能出现的风险。不确定性分析是房地产项目经济评价的重要组成部分，对房地产项目投资决策的成败有着重要影响。

**（一）不确定性分析可以帮助投资者作出正确的投资决策**

对投资项目进行不确定性分析就是要掌握未来将要发生的情况，分析这些不确定性因素在什么范围内变化，看这些因素的变化对项目的经济效益影响程度如何。通过综合分析，就可以对是否接受投资建议作出判断，或提出具体的论证和建议，对原投资方案进行修改，以便作出更切合实际的投资决策。

**（二）不确定性分析可以预测投资项目的抗风险能力**

通过不确定性分析，可以预测项目投资对某些不可预见的政治、经济、自然等因素的变化的抗冲击能力，从而说明项目的可靠性和稳定性。尽量弄清和减少不确定性因素对项目的经济效益的影响，避免投入经营后不能获得预测的利润和收益的情况发生。

本书中，房地产投资项目的不确定性分析主要包括盈亏平衡分析和敏感性分析。

# 第二节　盈亏平衡分析

## 一、盈亏平衡分析的含义

盈亏平衡分析是在完全竞争或垄断竞争的市场条件下，研究房地产投资项目产

品成本、产销量与盈利的平衡关系，并找出项目盈亏平衡点的一种技术经济分析方法。对于一个投资项目而言，随着产销量的变化，盈利与亏损之间一般至少有一个转折点，即盈亏平衡点，在这一点上，开发企业的销售收入扣除增值税、税金及附加与土地增值税后与总成本费用相等，既不亏损也不盈利。盈亏平衡分析就是要找出项目方案的盈利与亏损的分界点，这个分界点也有以下叫法：临界点、收支平衡点、保本点、损益平衡点等。

通过盈亏平衡分析，投资者可以判断投资项目对市场需求变化的适应能力和抗风险能力。它特别适用于先开发后出售的投资项目的经济评价。

盈亏平衡点越低，表明项目适应市场变化的能力越大，盈利的可能性越大，抗风险能力越强。

盈亏平衡点可以采用公式计算，也可利用图解方法求取。

## 二、盈亏平衡分析的数学模型

通常情况下，盈亏平衡分析是通过分析房地产投资项目的开发或销售量、成本、利润之间关系，找出投资项目的盈亏临界点。而量、本、利之间的这种相互关系可以通过一个数学模型来表示。这个模型应当除了开发或销售量（即业务量）和利润之外，都是常数，使业务量与利润之间建立起直接的函数关系。

### （一）成本与业务量

房地产项目的开发经营成本与其他商品经营成本一样，按成本额与业务量的关系可分为固定成本与变动成本两类。固定成本是指在一定范围内不随业务数量的变化而变化的相对稳定的成本。变动成本是指随着业务数量的变化而变化的成本，如对开发商来说，在取得土地后进行房地产投资分析时，土地成本属固定成本[①]类；建安工程费、公共配套设施建设费、专业人员费用、销售费用等属变动成本类。

把成本分为固定成本与变动成本后，再把收入和利润加进来，开发量或销售量、成本与利润之间的关系就可以统一于一个数学模型了。

### （二）盈亏平衡分析的数学模型

不考虑土地增值税等其他因素的影响，项目的产量（开发量）或销售量、成本与利润之间存在着下列关系：

税前利润=销售收入–增值税和税金及附加–总成本费用　　　　　　　（6.2）

由于：

销售收入=单位售价×销量　　　　　　　　　　　　　　　　　　　（6.3）

销售税金=销售收入×销售税率[②]=单位售价×销量×销售税率　　　（6.4）

总成本=变动成本+固定成本=单位变动成本×产量+固定成本　　　（6.5）

---

　　①　在尚未取得土地时，根据招拍挂的土地使用权出让制度，土地成本是无法固定的，可能原先预计的购地价格因为被一再举牌而升高。所以，把土地取得成本作为固定成本来进行盈亏平衡分析，适用于取得土地使用权后的房地产项目分析。
　　②　此处的销售税率为增值税和税金及附加税率，后同。

假设产量和销量相同，则：

税前利润=单位售价×销量-单位售价×销量×销售税率-单位变动成本×销量-固定成本

　　　　=单位售价×销量×（1-销售税率）-单位变动成本×销量-固定成本　　（6.6）

设：$Z$表示税前利润；$P$表示单位售价；$Q$表示销（产）量；$r$表示销售税率；$C_V$表示单位变动成本；$C_F$表示固定成本。

则上述公式可表示为：

$$Z=PQ（1-r）-C_VQ-C_F \qquad (6.7)$$

在对房地产投资项目进行经济评价时，通常把单价、单位变动成本、固定成本、销售税率视为稳定的常量，只有销量和税前利润两个自由变量，因此，给定销量时，可利用该方程式直接计算出预期利润；给定目标利润时，可以直接计算出应达到的销售量。当然为了分析的需要，也可以把销量当作常量，单价当作变量进行分析，看给定单价时，预期利润为多少；给定预期利润时，单价为多少。

盈亏平衡分析可分为线性分析和非线性分析。房地产投资项目评价中，通常仅进行线性盈亏平衡分析。

## 三、线性分析

### （一）线性分析的应用条件

线性分析有以下5个假设条件：

（1）房地产产品的总销售收入和生产变动成本与房地产开发面积（或者产品产量）呈线性关系，即销售收入和变动成本是开发面积（或销售面积）的线性函数。

（2）房地产产品的投资开发量等于销售量（即房地产开发面积等于销售面积），即开发的房地产产品能全部销售出去。

（3）房地产产品的固定成本在开发和租售期内保持不变，即固定成本为常数。

（4）销售收入随开发面积的变化而变化，但平均单位售价为常数。

（5）计算使用的各种数据是正常开发年份的数据。

当同时开发几种不同类型的房地产产品时，应按单一开发产品计算。

### （二）线性分析的基本计算公式

盈亏平衡分析的数学模型 $Z = PQ(1 - r) - C_V Q - C_F$ 中含有相互联系的6个变量，给定其中5个，便可求出另一个变量的值。所以，公式经过变形，可以分别求出 $Z$、$Q$、$P$、$C_V$、$C_F$。

（1）求预期利润时：$Z = PQ(1 - r) - C_V Q - C_F$　　　　　　　（6.8）

（2）求销量时：$Q = \dfrac{Z + C_F}{P(1 - r) - C_V}$　　　　　　　　　　（6.9）

（3）求销售单价时：$P = \dfrac{Z + C_V Q + C_F}{Q(1 - r)}$　　　　　　（6.10）

（4）求销售收入时：$S = QP = \dfrac{Z + C_F}{P(1 - r) - C_V} \times P$　　　　（6.11）

---

---

公式（6.11）中，$S$ 表示商品房项目计划年销售收入。

（5）求单位变动成本时：$C_V = \dfrac{PQ(1-r) - C_F - Z}{Q}$ 　　(6.12)

（6）求固定成本时：$C_F = PQ(1-r) - C_V Q - Z$ 　　(6.13)

（7）求税后利润时：

上述公式中的利润是税前利润，如果考虑企业应该缴纳的所得税的话，就应扣除所得税后再计算预期利润。所得税是根据利润总额和所得税税率计算的，既不是固定成本，也不是变动成本。

税后利润＝利润总额−所得税

　　　　＝利润总额−利润总额×所得税税率

　　　　＝利润总额×（1−所得税税率）　　(6.14)

将公式（6.7）代入上式的利润总额，则得：

$Z' = [PQ(1-r) - C_V Q - C_F](1 - r')$ 　　(6.15)

公式（6.15）中，$Z'$ 表示税后利润，$r'$ 表示所得税税率。

## （三）盈亏平衡点的计算（公式计算法）

盈亏平衡点是开发项目利润为零时的点，即令公式（6.7）中的利润 $Z=0$，可以求出盈亏平衡点的各项数值。则：

（1）当 $Z=0$ 时，盈亏平衡点的销售量 $Q_0$（生产单一房地产产品时）为：

$Q_0 = \dfrac{C_F}{P(1-r) - C_V}$ 　　(6.16)

公式（6.16）中 $Q_0$ 表示项目若不发生亏损，产品必须达到的销售量，也叫作最低销售量，它说明当项目的产（销）量达到 $Q_0$ 时，项目的总收入与总支出相等。$Q_0$ 与预计产品销售量之间的差距越大，说明该房地产投资项目承受市场风险的能力越强。

一般还要计算出销售量允许降低的最大幅度（$\eta_Q$）。其计算公式为：

$\eta_Q = \dfrac{Q - Q_0}{Q} \times 100\%$ 　　(6.17)

然后再根据对项目产品的市场调查和预测，判断这种最大幅度出现的可能性大小。可能性越大，说明项目的风险越大；可能性越小，说明项目的风险越小。

（2）当 $Z=0$ 时，盈亏平衡点的销售收入 $S_0$（生产多种产品时）为：

$S_0 = Q_0 P = \dfrac{C_F}{P(1-r) - C_V} \times P$ 　　(6.18)

公式（6.18）中 $S_0$ 表示项目若不发生亏损，产品必须达到的最低销售收入。$S_0$ 与预计销售收入距离越大，说明该房地产投资项目抗风险能力越强。

同时，还要计算出销售收入允许降低的最大幅度（$\eta_S$），其计算公式为：

$\eta_S = \dfrac{S - S_0}{S} \times 100\%$ 　　(6.19)

同样再根据对项目产品的市场调查和预测，来判断销售收入出现最大跌幅的可能性大小。可能性越大，说明项目的风险越大；可能性越小，说明项目的风险越小。

（3）当 $Z = 0$ 时，盈亏平衡点的销售单价 $P_0$ 为：

$$P_0 = \frac{C_v Q + C_F}{Q(1 - r)} \tag{6.20}$$

公式（6.20）中 $P_0$ 表示项目若不发生亏损，产品必须达到的最低售价。$P_0$ 与预计售价之间的差距越大，说明该房地产投资项目承受跌价风险的能力越强。

同时，还要计算出售价允许降低的最大幅度（$\eta_p$）。其计算公式为：

$$\eta_p = \frac{P - P_0}{P} \times 100\% \tag{6.21}$$

同样，再根据对产品价格的市场调查和价格趋势的预测，来判断产品价格出现最大跌幅的可能性大小，可能性越大，说明项目的风险越大，反之亦然。

（4）当 $Z = 0$ 时，盈亏平衡点的生产能力利用率 $Q_l$ 为：

$$Q_l = \frac{Q_0}{Q_j} \times 100\% \tag{6.22}$$

公式（6.22）中 $Q_l$ 表示房地产产品的生产能力利用率，$Q_j$ 表示计划建设房地产产品的全部产量（建筑面积）。最低生产能力利用率表示达到盈亏平衡时，盈亏平衡点的销售量与计划建设房地产产量（建筑面积）的比率。这个比率的平衡点即 $Q_l$，是保证企业不亏本的最低生产能力利用率的要求比率。换句话说，当生产能力利用率达到 $Q_l$ 时，项目即可达到盈亏平衡点。

以上我们分析了盈亏平衡点状态下的最低销售量、最低销售收入、最低售价和最低生产能力利用率。

**（四）盈亏平衡分析中，预期利润一定时的平衡点分析**

盈亏平衡分析是分析利润为零时的各项数值。但在盈亏平衡分析中，还有另一种分析——当预期利润一定时（而非利润为零，比如利润为投资额的20%），求取的其他各项不确定因素的极值。如当利润一定时，求取项目的最低租售价格、最低租售数量、最高土地取得价格、最高工程费用、最高购买价格、最高运营费用比率等。

1.最低租售价格分析

租金和售价是房地产项目最主要的不确定性因素，能否实现预定的租售价格，通常是房地产开发投资项目成败的关键。

最低售价是指开发项目的房屋售价下降到预定可接受最低盈利时的价格，房屋售价低于这一价格时，开发项目的盈利将不能满足预定的要求。

最低租金是指开发投资项目的房屋租金下降到预定可接受最低盈利时的水平，房屋租金低于这一水平时，开发投资项目的盈利将不能满足预定的要求。

最低租售价格与预测租售价格之间差距越大，说明房地产项目抗市场风险的能力越强。

2.最低租售数量分析

最低销售量和最低出租率，也是房地产项目最主要的不确定性因素，能否在预定售价下销售理想的数量，或在一定的租金水平下达到理想的出租率，与最低租售价格一样，也是房地产开发投资项目成败的关键。

最低销售量，是指在预定的房屋售价条件下，要达到预期的最低盈利所必须达到的销售量。最低出租率，是指在预定的房屋租金水平下，要达到预期的最低盈利，所必须达到的出租率水平。

最低销售量与可供销售数量之间的差距越大，最低出租率的值越低，说明房地产项目抗市场风险的能力越强。

3.最高土地取得价格分析

最高土地取得价格，是指在开发项目销售额和其他费用不变的条件下，要满足预期收益水平，所能承受的最高土地取得价格。土地取得价格超过这一价格时，开发项目将无法获得预期的收益。最高土地取得价格与实际估测的土地取得价格之间的差距越大，开发项目承受土地取得价格风险的能力越强。

4.最高工程费用分析

最高工程费用是指在预定的销售额下，要满足预期收益水平所能承受的最高工程费用。最高工程费用与预测可能的工程费用之间的差距越大，说明开发项目承受工程费用增加风险的能力越强。

5.最高购买价格分析

对于房地产置业投资项目，初始购买价格对能否实现预期投资收益目标非常重要。最高购买价格高出实际购买价格的数额越大，说明该置业投资项目抵抗风险的能力越强。

6.最高运营费用比率分析

运营费用比率是指置业投资项目中运营费用支出占毛收入的比率。该比率越高，预示着投资项目所获得的净经营收入越低，进而影响投资项目的投资绩效。最高运营费用比率，是指满足投资者预期收益目标时的运营费用比率。最高运营费用比率越高，说明投资项目抗风险的能力越强。

**（五）线性分析的应用**

[例6-1] 某房地产开发公司拟开发一普通居民住宅楼，预计建成后，每平方米售价2 000元，总建筑面积2 500平方米，销售税率为5.53%，预计每平方米建筑面积的变动成本为1 000元，假设开发期间的固定成本为120万元，试计算该开发项目的预期利润。

解：该开发项目的预期利润为：

$$Z=PQ\ (1-r)\ -C_VQ-C_F$$

$$=2\,000×2\,500×\ (1-5.53\%)\ -1\,000×2\,500-1\,200\,000=1\,023\,500\ （元）$$

　　［例6-2］假设［例6-1］中的房地产开发公司拟实现目标利润200万元，问最低应开发并销售多少建筑面积？

　　解：该开发项目实现利润200万元时，应开发并销售的建筑面积为：

$$Q = \frac{Z + C_F}{P(1 - r) - C_V} = \frac{2\,000\,000 + 1\,200\,000}{2\,000 \times (1 - 5.53\%) - 1\,000} = 3\,597.93（平方米）$$

　　［例6-3］假设［例6-1］中的其他因素不变，但欲实现开发利润150万元，问每平方米售价最低应定为多少元？

　　解：该开发项目在实现利润150万元时，每平方米最低售价应为：

$$P = \frac{Z + C_V Q + C_F}{Q(1 - r)} = \frac{1\,500\,000 + 1\,000 \times 2\,500 + 1\,200\,000}{2\,500 \times (1 - 5.53\%)} = 2\,201.76（元/平方米）$$

　　［例6-4］假设［例6-1］中的企业在开发面积、单位售价、固定成本都不变的情况下欲实现120万元的利润，每平方米变动成本应降为多少？

　　解：在上述情况下每平方米变动成本应降为：

$$C_V = \frac{PQ(1 - r) - C_F - Z}{Q}$$

$$= \frac{2\,000 \times 2\,500 \times (1 - 5.53\%) - 1\,200\,000 - 1\,200\,000}{2\,500} = 929.4（元/平方米）$$

　　［例6-5］假设［例6-1］中的企业在其他因素不变的情况下，欲实现120万元的利润，固定成本最高应控制在什么水平？

　　解：在上述情况下的固定成本应控制在：

$$C_F = PQ（1-r）- C_V Q - Z$$

$$= 2\,000 \times 2\,500 \times（1-5.53\%）- 1\,000 \times 2\,500 - 1\,200\,000 = 1\,023\,500（元）$$

　　［例6-6］试计算在所得税税率为25%时，［例6-1］中的企业欲实现95万元的税后利润，最低应开发并销售多少平方米建筑面积？

　　解：根据公式 $Z' = [PQ(1 - r) - C_V Q - C_F](1 - r')$ 导出：

$$Q = \frac{C_F + \dfrac{Z'}{1 - r'}}{P(1 - r) - C_V}$$

　　所以，这种情况下应销售的建筑面积为：

$$Q = \frac{C_F + \dfrac{Z'}{1 - r'}}{P(1 - r) - C_V} = \frac{1\,200\,000 + \dfrac{950\,000}{1 - 25\%}}{2\,000 \times (1 - 5.53\%) - 1\,000} = 2\,773.41（平方米）$$

　　［例6-7］某房地产开发公司，生产住宅建筑预制产品，年计划生产能力为60\,000件，每件售价为3\,200元，年预计销售收入为1.92亿元，固定成本为5\,768万元，每件产品耗用变动成本为1\,552.2元，生产总成本为15\,081.2万元，产品销售税率为8.75%，求该公司预制产品实际产量、销售价格、销售收入和生产能力利用率的盈亏平衡点。

　　解：（1）求 $Q_0$ 和 $\eta_Q$

根据题意并利用公式（6.10）和（6.11）得：

$$Q_0 = \frac{C_F}{P(1-r) - C_V} = \frac{57\,680\,000}{3\,200 \times (1 - 8.75\%) - 1552.2} = 42\,170 \text{（件）}$$

$$\eta_Q = \frac{Q - Q_0}{Q} \times 100\% = \frac{60\,000 - 42\,170}{60\,000} \times 100\% = 29.72\%$$

（2）求 $P_0$ 和 $\eta_p$

根据题意并利用公式（6.14）和（6.15）得：

$$P_0 = \frac{C_V Q + C_F}{Q(1-r)} = \frac{1\,552.2 \times 60\,000 + 57\,680\,000}{60\,000 \times (1 - 8.75\%)} = 2\,755 \text{（元/件）}$$

$$\eta_p = \frac{P - P_0}{P} \times 100\% = \frac{3\,200 - 2\,755}{3\,200} \times 100\% = 13.9\%$$

（3）求 $S_0$ 和 $\eta_s$

根据题意并利用公式（6.12）和（6.13）得：

$$S_0 = Q_0 P = \frac{C_F}{P(1-r) - C_V} \times P = 42\,170 \times 3\,200 = 134\,944\,000 \text{（元）}$$

$$\eta_s = \frac{S - S_0}{S} \times 100\% = \frac{192\,000\,000 - 134\,944\,000}{192\,000\,000} \times 100\% = 29.72\%$$

（4）求 $Q_l$

根据题意并利用公式（6.22）得：

$$Q_l = \frac{Q_0}{Q_j} \times 100\% = \frac{42\,170}{60\,000} \times 100\% = 70.28\%$$

［例6-7］的计算结果表明：

（1）该公司产品计划产量为60 000件，实际产量为42 170件，即意味着在保证项目保本的情况下，产（销）量允许降低的最大幅度为29.72%，也就是说该项目在生产或销售过程中假如市场形势不好，产（销）量从原来的60 000件减少至42 170件，项目还不亏本，说明项目有一定的适应市场需求量变化的能力。

（2）该公司产品在保证项目不亏本的情况下，产品销售价可以由原定的3 200元/件跌至2 755元/件，最大允许跌幅可达13.9%，说明项目在售价上也具有一定的适应市场竞争和变化的能力。

（3）该公司产品年产量只要达到计划量的70%，销售收入只要达到13 494.4万元即可保本，在原计划年收入1.92亿元的基础上最大允许下降幅度可达29.72%，说明项目在年产量及年销售收入上具有较强的承受市场风险的能力。

（4）该公司生产能力只需达到原来年产量60 000件的70.28%即可保本，而盈利潜力为生产能力的30%左右，说明项目具有较强的抗风险能力和盈利能力。

## （六）盈亏平衡分析的图解法

盈亏平衡分析既可以用前述的公式计算法分析，也可以用图解法分析。将销量、成本、利润之间的关系反映在直角坐标系中，即形成盈亏平衡分析的图解法。绘制盈亏平衡点分析图（如图6-1所示），可按下列步骤进行：

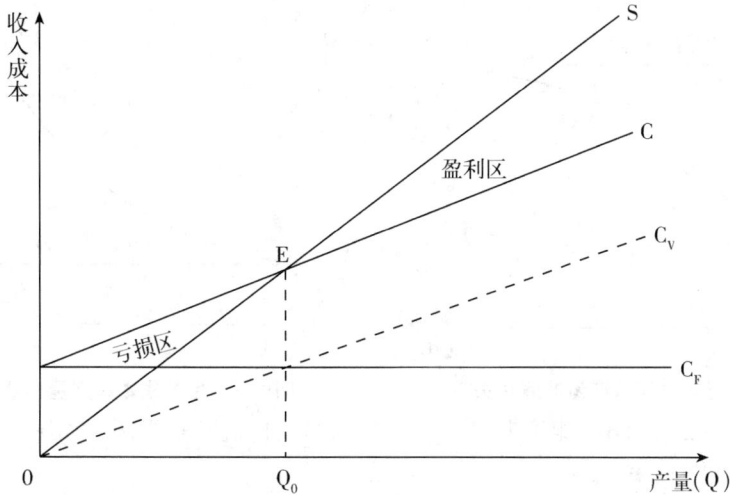

注：C为总成本线；$C_V$为可变成本线；$C_F$为固定成本线；S为销售收入线；Q为产（销售）量。

**图6-1 盈亏平衡点分析图**

（1）选定直角坐标系，以收入和成本为纵轴，产量或销售量为横轴。

（2）在纵轴上找出固定成本数值，以此为起点，绘制一条与横轴平行的固定成本线。

（3）以固定成本线的起始点为起点，以单位变动成本为斜率，绘制总成本线。

（4）以坐标原点为起点，以单价为斜率，绘制销售收入线。

从图6-1可以看出，总成本线与销售收入线相交点E为盈亏平衡点，此时收支平衡，所对应的销量为$Q_0$，也叫保本量。$EQ_0$线将图示区域分为两部分：在左侧区域，总成本高于销售收入，是亏损区；在右侧区域，销售收入高于总成本，是盈利区。如果产量超过盈亏平衡点的产量，项目有盈利；而低于此点，项目就亏损。由此，盈亏平衡点越低，达到盈亏平衡点的产量和销售收入与成本也就越少，只要生产少量的产品就能达到项目的收支平衡。所以盈亏平衡点的值越小，项目的盈利机会就越大，亏损的风险就越小。

## 四、非线性分析

线性分析是在假设房地产项目的销售收入和生产总成本与产销量呈线性关系的条件下进行的分析。而在实际中，固定成本、单位产品可变成本和售价等均会发生变动，销售收入和生产成本与产销量的关系并不一定是线性关系。当销售量超过一定范围，市场需求趋于饱和时，销售收入随产量的增加其上升的幅度会越来越小；当产量超过一定范围时，便会出现产品积压，导致积压资金、销售收入减少等。而由于生产条件及其他因素的变化，单位可变成本也可能会随产量的增加而快速增加。这时，产品成本和销售收入就不是产量或销量的线性函数了（如图6-2和图6-3所示）。在这种情况下就要采用非线性分析方法进行分析。

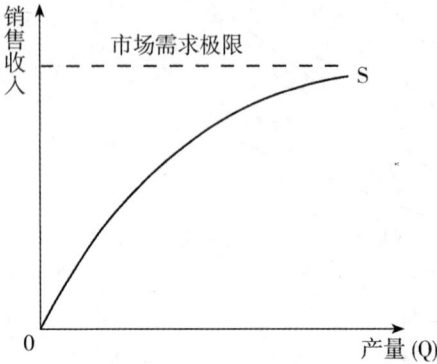

图6-2　销售收入和产量非线性关系

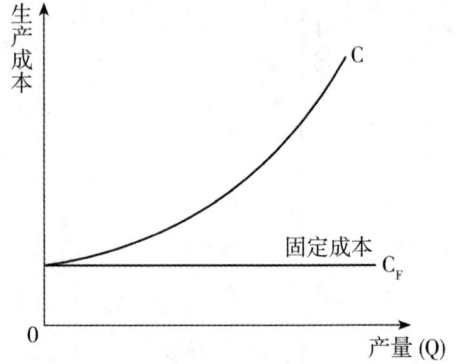

图6-3　生产成本和产量非线性关系

如把图6-2和图6-3组合起来，就可得到非线性盈亏临界图，如图6-4所示。

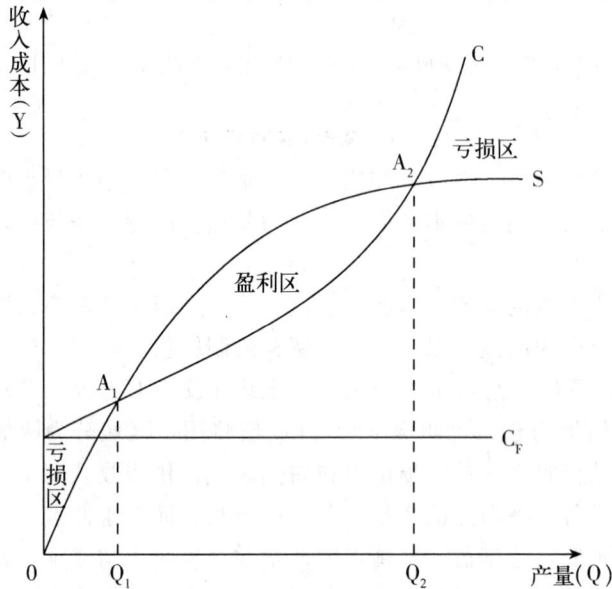

图6-4　非线性盈亏临界图

图6-4中纵轴表示收入成本（Y），横轴表示产量（Q），直线表示固定成本线（$C_F$线），两条曲线分别表示总成本线（C线）和销售收入线（S线）。C线与S线的两个交点 $A_1$ 和 $A_2$ 均为盈亏临界点，$A_1$ 点和 $A_2$ 点分别对应产量 $Q_1$ 和 $Q_2$，即为盈亏平衡时的开发量（销售量）。当 $Q_1 < Q < Q_2$ 时，项目盈利；当 $0 \leqslant Q < Q_1$ 或 $Q > Q_2$ 时，项目亏损；当 $Q = Q_1$ 或 $Q = Q_2$ 时，项目不盈不亏。

［例6-8］某房地产投资公司开发一住宅项目，开发的固定成本为 2 800 万元，单位变动成本为 2 000 元/平方米，住宅销售价格为 4 500 元/平方米，开发建筑面积为 35 000 平方米。从市场调查和预测可知，虽然近几年市场需求量较大，但市场竞争也十分激烈，故拟采取降价促销措施，按销售量的1%递减售价，并按销售量的1%递增单位可变成本，试问这种情况下：

（1）该公司开发规模在什么范围内可盈利？

（2）最大盈利时的开发规模是多大？

解：（1）求开发规模的盈利范围

设最佳开发规模为 Q，则根据题意和有关公式建立方程，得：

销售收入：$S = (P - Q \times 1\%)Q = 4\,500Q - 0.01Q^2$

生产总成本：$C = C_F + (C_V + Q \times 1\%)Q = 28\,000\,000 + 2\,000Q + 0.01Q^2$

如能达到盈亏平衡，则有：$S = C$

即：$4\,500Q - 0.01Q^2 = 28\,000\,000 + 2\,000Q + 0.01Q^2 - 0.02Q^2 + 2\,500Q - 28\,000\,000 = 0$

经计算求得盈亏平衡点的产量：$Q_1 = 12\,438$，$Q_2 = 112\,563$

显然，该项目盈利区落在（12 438，112 563）范围内，且当开发规模大于 12 438 平方米小于 112 563 平方米时，该项目可盈利；当开发规模小于 12 438 平方米或大于 112 563 平方米时，该项目亏损，因此该项目开发规模应保持在 12 438~112 563 平方米之间。

（2）求最大盈利时的最佳开发规模

设该项目盈利函数为 y（考虑了 S 和 C 两个变量），则：

$y(Q) = -0.02Q^2 + 2\,500Q - 28\,000\,000$

为求出最大盈利点，借助高等数学的极值原理，对方程求极大值。$y(Q)$ 的极大值所对应的 Q 值即为最大盈利点，对 $y(Q)$ 先求它的一阶导数并令导数为零。即：

$$\frac{dy(Q)}{dQ} = -0.04Q + 2\,500 = 0, \text{ 则 } Q = 62\,500$$

求其二阶段导数，即：

$$\frac{d^2y(Q)}{dQ^2} = -0.04$$

因为当 $Q = 62\,500$ 时，

$$\frac{d^2y(Q)}{dQ^2} = -0.04 < 0$$

即，当 $Q = 62\,500$ 时，是盈利函数的极大值点，将 $Q = 62\,500$ 代入原方程可得最大盈利为：

$y(Q) = -0.02 \times 62\,500^2 + 2\,500 \times 62\,500 - 28\,000\,000 = 50\,125\,000$（元）

结论：

该项目开发规模在 12 438 ~ 112 563 平方米之间时，公司可盈利。目前的开发规模 35 000 平方米虽在盈利区间内，但并非最佳开发规模。盈利的最佳开发规模为 62 500 平方米，当开发规模达到 62 500 平方米时，公司可获最大盈利 5 012.5 万元。

上述分析是单纯从经济效益的角度进行的。事实上，任何投资项目的最优规划

产销量都要受到诸如资源供应、市场吸纳、生产能力等条件的限制。以房地产开发项目为例，项目的商品房建筑面积主要取决于占地面积、城市规划所确定的容积率、土地利用系数以及规划用途、建筑物高度等众多因素。因而，上述分析结果只能从一个角度为项目的投资决策提供一种论证意见。

综上所述，房地产投资项目的盈亏平衡分析主要是通过房地产开发总投资、产（销）量（建筑面积）、售价和利润之间的函数关系预测、分析房地产开发项目盈利能力和考察项目风险承受能力的一种技术方法。但应用这一方法，只能对项目风险作定性分析，而无法定量测度风险的大小，即对项目的风险只能进行程度上的描述，这是盈亏平衡分析在技术上的局限性。

# 第三节　敏感性分析

## 一、敏感性分析的含义

敏感性分析是研究和预测项目的主要变量发生变化导致反映项目投资效益的主要经济评价指标发生变动的敏感程度的一种分析方法。如果某变量变化幅度很小但对主要经济评价指标的影响极大，则认为项目对该变量的不确定性是很敏感的。

房地产投资分析中的主要经济指标是财务净现值、财务内部收益率、开发商利润、投资利润率等，而主要变量是指本章第一节中介绍的七项因素。

## 二、敏感性分析的目的和作用

一是通过敏感性分析，寻找敏感因素，观察其变动范围，了解项目可能出现的风险程度，以便集中注意力，重点研究敏感性因素产生的可能性，并制定出应变对策，最终减少投资风险，提高决策的可靠性。

二是通过敏感性分析，计算出这些敏感因素允许变化的最大幅度（或极限值），或者说预测出项目经济效益变化的最乐观和最悲观的临界条件或临界数值，以此判断项目是否可行。

三是通过敏感性分析，可以对不同的投资项目（或某一项目的不同方案）进行选择，一般应选择敏感程度小、承受风险能力强、可靠性大的项目或方案。

## 三、敏感性分析的方法

敏感性分析侧重于对最敏感的关键因素及其敏感程度进行分析。通常是分析单个变量变化，必要时也可分析两个或多个变量的变化对项目经济评价指标的影响程度，所以敏感性分析分为单变量敏感性分析和多变量敏感性分析两种。

## （一）单变量敏感性分析

假设各变量之间相互独立，每次只改变一个变量的数值，估算单个变量的变化对项目效益产生的影响，这种分析叫单变量敏感性分析，也叫单因素敏感性分析。

## （二）多变量敏感性分析

多变量敏感性分析是指同时改变两个或两个以上的变量，估算多变量同时发生变化对项目效益产生的影响，从而通过对多个变量的测试找出那些关键变量的方法，也叫多因素敏感性分析。

为了找出关键的敏感性因素，通常进行单变量敏感性分析。

项目对某种变量的敏感程度可以有两种表示方法：一是通过列表法表示该变量按一定比例变化时引起评价指标的变动幅度（即敏感性分析表）；二是通过图解法表示评价指标达到临界点（如财务内部收益率等于财务基准收益率）时，某个变量允许变化的最大幅度即极限值（如敏感性分析图所示），超过此极限，则认为项目不可行。敏感性分析既可用于不考虑资金时间价值的静态指标的分析，也可用于考虑资金时间价值的动态指标的分析。

# 四、单变量敏感性分析

## （一）单变量敏感性分析的步骤

### 1.确定分析指标

敏感性分析指标就是前面介绍过的经济评价指标，即敏感性分析的具体对象。一般来说，敏感性分析指标应与确定性分析（财务分析）所使用的指标一致。最基本的分析指标是财务内部收益率，根据项目的实际情况也可选择净现值、开发商利润或投资回收期等评价指标，必要时可同时针对两个或两个以上的指标进行敏感性分析。

### 2.选择需要分析的变量

在影响项目方案效益的多个变量中，可以根据两个原则选择主要的变量进行敏感性分析：一是预计在可能的变动范围内，该变量的变动将会强烈地影响方案的经济评价指标值；二是对在确定性分析中所采用的该变量的数据的可靠性、准确性把握不大。

经验表明，对于一般的房地产投资项目来说，要作敏感性分析的变量通常从下列因素中选出：项目投资额、租售价格（可以导致销售收入、租金收入的变化）、经营费用或成本、建设期、投资收益率、建筑面积、出租率或空置率等。

### 3.确定各变量的变动范围

研究并确定各变量的变动范围，并列示各变量不同的变化幅度，一般为±5%、±10%、±15%、±20%等；对于不用百分数表示的变量，例如建设期，可采用延长一段时间表示，如延长一年，然后计算这种变化对经济评价指标的影响数值或程度。

### 4.确定敏感性因素

通过分析各变量变动对经济评价指标的影响程度，并按影响程度大小对敏感性因素进行排序，就可以找出对项目影响最大的敏感因素。

敏感因素是指对经济评价指标影响较大的因素。根据分析问题的目的不同，一般可通过两种方法来确定。

一是相对测定法，即设定要分析的变量均从初始值开始变动，且假设各个变量每次变动的幅度均相同，分别计算在同一变动幅度下各个变量的变动对经济评价指标的影响程度，也即灵敏度或敏感程度，然后按灵敏度的高低对各个变量进行排序，灵敏度高的因素就是敏感因素。用绝对值表示的因素变化可以得到同样的结果。

二是绝对测定法，即假定要分析的变量均只向对经济评价指标产生不利影响的方向变动，当变动到某一极限值时，会使经济评价指标超过项目可行的临界值，从而改变了项目的可行性。一般来说，当该变量为费用科目时，即为其增加的百分比；当其为效益科目时，即为其降低的百分比。

绝对测定法可以求出项目的临界数值，也叫临界点。临界点也可用该百分率对应的具体数值表示。

临界点的高低与计算临界点指标的初始值有关。若选取基准收益率为计算临界点的指标，对于同一个项目，随着设定基准收益率的提高，临界点就会变低（即临界点表示的不确定性因素的极限变化变小）；而在一定的基准收益率下，临界点越低，说明该因素对项目评价指标影响越大，项目对该因素就越敏感。

换句话说，相对测定法求的是灵敏度（也即敏感度系数）；而绝对测定法求的是临界点。这也是敏感性分析的两个计算指标。

### (二) 单变量敏感性分析图

敏感性分析图是通过在坐标图上作出各个不确定性因素的敏感性曲线，进而确定各个因素的敏感程度的一种图解方法，它可以求出导致项目由可行变为不可行的不确定性因素变化的临界值。具体做法是：

（1）将各个变量因素的变化幅度作为横坐标，以某个评价指标（敏感性分析的对象，如财务内部收益率）为纵坐标作图。

（2）根据敏感性分析的计算结果绘出各个变量因素的变化曲线（取点范围小时，近似为直线，本书为了方便说明，均画成了直线），其中与横坐标相交角度较大的变化曲线所对应的因素就是敏感性因素。

（3）在坐标图上作出项目分析指标的临界曲线（如财务净现值（FNPV），财务内部收益率（FIRR）$=i_c$等），求出变量因素的变化曲线与基准收益率曲线（即临界曲线）的交点，则交点处所对应的横坐标称为变量因素变化的临界值，即该变量因素允许变动的最大幅度，或称项目由盈到亏的极限变化值。

变量因素的变化超过了这个极限，项目就由可行变为不可行（如图6-5所示）。

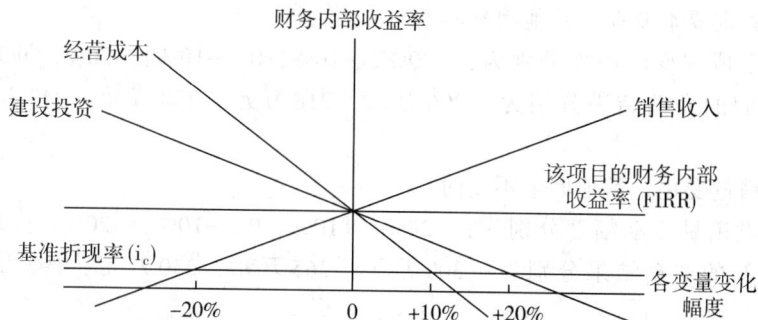

图6-5　敏感性分析示意图（各变量对财务内部收益率的敏感性程度）

由于项目评价指标的变化与不确定性因素变化之间不是直线关系，因此，通过敏感性分析图求取临界点的近似值时，会有一定误差。

### （三）单变量敏感性分析的应用

1.单变量静态指标的敏感性分析

［例6-9］某房地产开发公司拟开发一住宅小区，预计开发建筑面积为1万平方米，开发所需的固定成本为120万元，每平方米变动成本为600元，预计售价为1 000元/平方米，销售税率为5%。

若分别以售价、单位变动成本、固定成本、销量为不确定性因素，试对该项目的经济指标——预期利润进行单变量敏感性分析。

解：根据基本公式（6.2），正常情况下，该住宅小区项目的预期利润为：

$Z=PQ（1-r）-C_VQ-C_F$

$=0.1×10 000×（1-5%）-0.06×10 000-120=230$（万元）

（1）售价变动，其他因素不变时

设售价变动幅度分别为：+20%、+10%、0、-10%、-20%，则预期利润的变动结果分别为：

① $Z=0.1×（1+20%）×10 000×（1-5%）-0.06×10 000-120=420$（万元）

② $Z=0.1×（1+10%）×10 000×（1-5%）-0.06×10 000-120=325$（万元）

③ $Z=0.1×10 000×（1-5%）-0.06×10 000-120=230$（万元）

④ $Z=0.1×（1-10%）×10 000×（1-5%）-0.06×10 000-120=135$（万元）

⑤ $Z=0.1×（1-20%）×10 000×（1-5%）-0.06×10 000-120=40$（万元）

（2）单位变动成本变动，其他因素不变时

设单位变动成本变动幅度分别为：+20%、+10%、0、-10%、-20%，则预期利润的变动结果分别为：

① $Z=0.1×10 000×（1-5%）-0.06×（1+20%）×10 000-120=110$（万元）

② $Z=0.1×10 000×（1-5%）-0.06×（1+10%）×10 000-120=170$（万元）

③ $Z=0.1×10 000×（1-5%）-0.06×10 000-120=230$（万元）

④ $Z=0.1×10 000×（1-5%）-0.06×（1-10%）×10 000-120=290$（万元）

⑤ $Z=0.1×10 000×（1-5%）-0.06×（1-20%）×10 000-120=350$（万元）

（3）固定成本变动，其他因素不变时

设固定成本变动幅度分别为：+20%、+10%、0、-10%、-20%，同理可以求出预期利润的变动结果分别为：206 万元、218 万元、230 万元、242 万元、254 万元。

（4）销量变化，其他因素不变时

同样设销量变动幅度分别为：+20%、+10%、0、-10%、-20%，同理可以求出预期利润的变动结果分别为：300 万元、265 万元、230 万元、195 万元、160 万元。

上述有关资料和分析结果，通过编制单变量敏感性分析表可以更清晰地看到（见表6-1）。

表6-1　　　　　　　　　　　　单变量敏感性分析表　　　　　　　　　单位：万元

| 变动因素 ＼ 变动幅度 利润 | -20% | -10% | 0 | +10% | +20% |
|---|---|---|---|---|---|
| 售价单方变动 | 40 | 135 | 230 | 325 | 420 |
| 单位变动成本单方变动 | 350 | 290 | 230 | 170 | 110 |
| 固定成本单方变动 | 254 | 242 | 230 | 218 | 206 |
| 销量单方变动 | 160 | 195 | 230 | 265 | 300 |

列表法的缺陷是不能连续表示变量之间的关系，为此，利用以上分析资料，绘制敏感性分析图，即前述的图解法（如图6-6所示）。

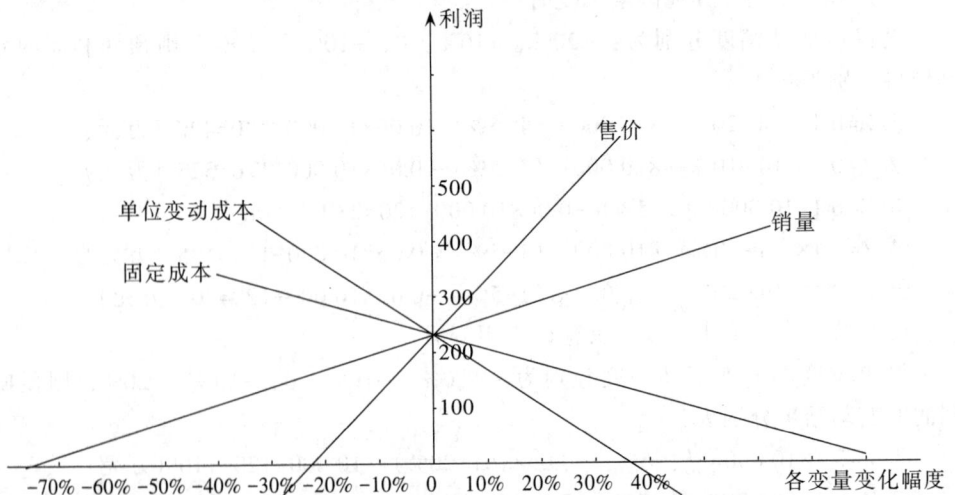

图6-6　各变量对利润的敏感性程度

图 6-6 中横轴代表单位变动成本、固定成本、销量、售价各因素变动的百分比，纵轴代表利润。根据原来的利润点（0，230）和单位变动成本变化后的点

（+20%，110），可画出单位变动成本线，这条直线反映了单位变动成本不同变化水平时所对应的利润值和利润变动百分比。其他变量的直线画法与此类似。

直线与利润的夹角越小（或者直线与横轴的夹角越大），表明直线的斜率越大，其对应因素对利润的敏感程度越高。在本案例中，对利润的敏感程度从高到低的顺序依次为售价、单位变动成本、销量、固定成本。

2.单变量动态指标的敏感性分析

［例6-10］某房地产开发公司计划投资1亿元开发建设某写字楼，建设期为5年，项目经营期为28年，从建设期的第3年开始营业，投资与收入均发生在年初。正常情况下该项目的投资、收入及支出情况见表6-2。投资者期望的最低投资收益率为10%。下面对该项目的财务净现值和财务内部收益率进行敏感性分析。

表6-2　　　　　　投资方案正常投资、收入、支出情况下的财务净现值　　　金额单位：万元

| 年末 | 项目投资额 | 营业收入 | 营业成本 | 净现金流量 | 折现系数 $\dfrac{1}{(1+10\%)^n}$ | 财务净现值 |
|---|---|---|---|---|---|---|
| ① | ② | ③ | ④ | ⑤=③-②-④ | ⑥ | ⑦=⑤×⑥ |
| 0 | 1 000 | | | -1 000 | | -1 000 |
| 1 | 2 000 | | | -2 000 | 0.9091 | -1 818.18 |
| 2 | 3 000 | 800 | 80 | -2 280 | 0.8264 | -1 884.19 |
| 3 | 2 000 | 900 | 80 | -1 180 | 0.7513 | -886.53 |
| 4 | 2 000 | 1 000 | 90 | -1 090 | 0.6830 | -744.47 |
| 5 | | 1 000 | 85 | 915 | 0.6209 | 568.12 |
| 6 | | 1 200 | 100 | 1 100 | 0.5645 | 620.95 |
| 7 ~ 29 | | 1 500* | 105* | 1 395* | 5.0143 | 6 994.95 |
| 合计 | 10 000 | 39 400 | 2 850 | 26 550 | | 1 850.65 |

注：*表示每年的数值。

解：（1）计算在正常情况下项目的财务净现值和财务内部收益率

财务净现值（FNPV）为1 850.65万元，财务内部收益率（FIRR）为12.68%。计算过程见表6-2。

（2）项目投资额增加10%的敏感性分析

正常情况下，项目投资额为10 000万元。假设该项目投资额增加10%，即增加1 000万元，由于该项目的建设期为5年，所以，这1 000万元增加到不同的年份，对财务净现值和财务内部收益率将有不同的影响。这里我们假设这1 000万元均增加到第1年年初，则该项目的财务净现值将变为850.65万元（计算方法同上）。运用插入法，可求出财务内部收益率为11.17%。

（3）项目建设周期延长1年的敏感性分析

建设周期延长1年（即变为6年），则总投资和收益的分布将发生各种变化，对财务净现值和财务内部收益率也将有不同的影响。这里我们仅考虑其中一种变化，即假设前3年（第0～2年）的投资计划不变，第3、4、5年投资额分别为：1 500万元、1 500万元和1 000万元。此时，财务净现值变为1 946.88万元，计算过程见表6-3。

表6-3                             建设周期延长1年对净现值的影响                        金额单位：万元

| 年末 | 项目投资额 | 营业收入 | 营业成本 | 净现金流量 | 折现系数 $\frac{1}{(1+10\%)^n}$ | 财务净现值 |
|------|------|------|------|------|------|------|
| ① | ② | ③ | ④ | ⑤=③-②-④ | ⑥ | ⑦=⑤×⑥ |
| 0 | 1 000 | | | −1 000 | | −1 000 |
| 1 | 2 000 | | | −2 000 | 0.9091 | −1 818.18 |
| 2 | 3 000 | 800 | 80 | −2 280 | 0.8264 | −1 884.29 |
| 3 | 1 500 | 900 | 80 | −680 | 0.7513 | −510.88 |
| 4 | 1 500 | 1 000 | 90 | −590 | 0.6830 | −402.97 |
| 5 | 1 000 | 1 000 | 85 | −85 | 0.6209 | −52.78 |
| 6 | | 1 200 | 100 | 1 100 | 0.5645 | 620.95 |
| 7～29 | | 1 500* | 105* | 1 395* | 5.0143 | 6 994.95 |
| 合计 | 10 000 | 39 400 | 2 850 | 26 550 | | 1 946.88 |

注：*表示每年的数值。

运用插入法，可求出财务内部收益率为12.89%。

如果这1亿元的投资额在这6年的分布依次变为3 000万元、2 000万元、3 000万元、1 000万元、500万元、500万元，则财务净现值和财务内部收益率又会产生变化，读者可以自己尝试计算这种改变，同时后面对敏感因素的排列也可能发生变化。

（4）项目营业成本增加10%的敏感性分析

在正常情况下，项目营业成本为2 850万元，增加10%则变为3 135万元。假设增加的285万元的营业成本为第3年增加200万元、第4年增加85万元，同样，营业成本的增加如果分配到不同的年份，对财务净现值和财务内部收益率也将有不同的影响。此处仅考虑前设情况，运用前述分析方法，可求出该项目在营业成本变动后的财务净现值为1621.51万元，财务内部收益率为12.29%。

（5）价格下降造成营业收入减少10%的敏感性分析

正常情况下，项目营业收入为39 400万元，减少10%则变为35 460万元。假设减少的3 940万元为第3～6年每年减少200万元，第7年减少380万元，第8～30年每年减少120万元。可参照前述方法，计算出营业收入减少10%后，该项目的财务净现值为554.35万元，财务内部收益率为10.88%。

上述分析结果可以汇总为表6-4。

表6-4　　　　　　　　　　　　**敏感性分析结果汇总表**　　　　　　金额单位：万元

| | 财务内部<br>收益率（%） | 财务内部收益率<br>与正常情况的差异 | 财务净现值 | 财务净现值<br>与正常情况的差异 |
|---|---|---|---|---|
| 正常情况 | 12.68 | 0 | 1 850.71 | 0 |
| 投资额增加10% | 11.17 | −1.51 | 850.71 | −1 000.00 |
| 建设周期延长1年 | 12.89 | 0.21 | 1 946.88 | 96.25 |
| 营业成本增加10% | 12.29 | −0.39 | 1 621.41 | −229.22 |
| 营业收入减少10% | 10.88 | −1.80 | 554.35 | −1 296.36 |

从表6-4中可以看出，各个变量的变动，对项目收益（动态指标）的影响是不同的，即敏感程度不同。财务内部收益率和财务净现值对建设周期这个变量的敏感性程度最低；二者对营业成本这个变量的敏感程度次低；投资额的增加对二者的影响较大；营业收入的减少是该项目中对财务内部收益率和财务净现值指标影响最大的敏感性因素。所以，在项目的投资过程中应慎重选择降低价格的策略，以确保投资项目取得预期收益。

[例6-11] 某房地产公司开发一物业出租经营。开发总投资为1 000万元，建设期1年，投资在期初一次性投入。年租金收入为300万元，年经营费用为75万元（租金收入与经营费用均发生在年初）。物业出租期为10年，出租期结束后净转售收入为800万元。该开发商考虑到通货膨胀和当前银行存款利率不断上升的情况，认为自己的最低目标收益率应为15%。试对该投资项目进行敏感性分析。

解：（1）选择财务净现值为敏感性分析的主要经济指标

根据财务净现值公式，可计算出项目的财务净现值：

FNPV=−1 000 +（300−75）（P/A，15%，10）+ 800（P/F，15%，11）

=301.18（万元）

因为 FNPV=301.18≥0，所以项目可行。

（2）选择需要分析的变量因素：投资额、年租金收入和年经营费用

（3）设定这3个变量因素的变动范围，并列示各变量的不同变化率

3个变量在初始值基础上分别变动±10%、±20%。再分别计算这种变动对财务净现值指标的影响数值，得出的结果见表6-5。

表6-5　　　　　　　　　　　**单变量敏感性分析表**　　　　　　　单位：万元

| 变动因素 ＼ 变动幅度（财务净现值） | −20% | −10% | 0 | +10% | +20% |
|---|---|---|---|---|---|
| 投资额 | 501.18 | 401.18 | 301.18 | 201.18 | 101.18 |
| 年租金收入 | 0.05 | 150.61 | 301.18 | 451.74 | 602.30 |
| 年经营费用 | 376.46 | 338.82 | 301.18 | 263.54 | 225.90 |

（4）确定各变量因素对财务净现值的影响程度，找出敏感性因素

从表6-5中可以看出各变量因素对财务净现值的影响结果。在其他因素均不发生变化的情况下，由表6-5可以计算：

①投资额每变动+10%，财务净现值下降（向不利方向）：

$$\frac{201.18 - 301.18}{301.18} \times 100\% = -33.20\%$$

②年租金收入每变动-10%，财务净现值下降（向不利方向）：

$$\frac{150.61 - 301.18}{301.18} \times 100\% = -49.99\%$$

③年经营费用每变动+10%，财务净现值下降（向不利方向）：

$$\frac{263.54 - 301.18}{301.18} \times 100\% = -12.50\%$$

由此可以看出：在各个变量因素变化率（向不利方向变动的变化率）相同的情况下，按财务净现值对各个变量因素的敏感程度来排序，依次是：年租金收入、投资额、年经营费用，即年租金收入的变动对财务净现值的影响程度最大，年租金收入每减少1%，财务净现值下降约5%；其次是投资额，投资额每增加1%，财务净现值下降3.32%；最后是年经营费用，年经营费用每增加1%，财务净现值下降1.25%。

（5）临界点的极限值分析

我们可以通过敏感性分析图来解决这个问题（如图6-7所示）。

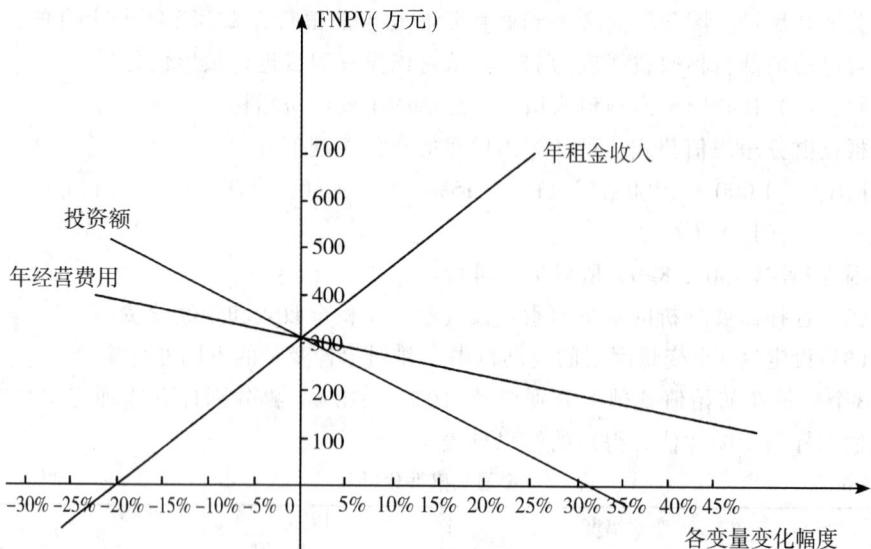

图6-7　单变量敏感性分析图（各变量对财务净现值的敏感性程度）

从图6-7中我们可以看出，临界点即当财务净现值为0时，该项目不盈不亏，而此时，年租金收入的下降幅度为20%，投资额的增加幅度为30.12%，年经营费用的增加幅度为80.01%。这也就意味着，年租金收入的下降幅度不应超过20%；投资额的增加幅度不应超过30.12%；年经营费用的增加幅度不应超过80.01%。如

果超过上述极限，财务净现值将由正变负，项目将由可行变为不可行。

有兴趣的读者也可以通过令财务净现值等于零的方法，设各个变量为未知，分别代入净现值公式，求解这些极限值，来证明上述结论。

在实际工作中，敏感性分析需要的数据很多，计算工作量很大。因为现金流量包括现金流入和流出，影响两者的变化因素非常多，当这些变量中每一个变量发生变化时，都需要算出投资方案涉及的税前利润、投资利润率、财务净现值、财务内部收益率等一系列经济效益指标的相应变化幅度，计算量很大，没有计算机的帮助以及分析者的高度耐心和细心，就算是单变量敏感性分析，也很难圆满完成。

## 五、多变量敏感性分析

单变量敏感性分析是敏感性分析中最基本的方法，它为投资者提供了关于项目盈利性的有用信息和它对主要变量的敏感性，同时指出了哪些变量是最关键的变量，但单变量分析方法忽视了各变量之间的相互作用关系。在实际投资过程中，很可能有几个变量同时发生变化，且其所造成的分析结果失真比单变量大，因此对一些重要的、投资额大的投资项目除了要进行单变量敏感性分析以外，还应进行多变量敏感性分析。

下面以两变量同时变化为例说明多变量敏感性分析的方法。

**（一）两变量敏感性分析的步骤**

（1）选定敏感性分析的主要经济指标作为分析对象。

（2）从众多的不确定性因素中，选择两个最敏感的因素作为分析的变量。

（3）列出方程式，并按分析的期望值要求，将方程式转化为不等式。

（4）作出敏感性分析的平面图。

横轴和纵轴分别代表两种因素的变化率，并将不等式等于零时的一系列结果描绘在平面图上，由代表这些结果的一条线将平面划分为两半，该直线就作为临界线，直线的一边表示投资项目的效益指标在两因素同时发生变化的情况下仍能达到规定的要求，而直线的另一边则表示投资项目的效益指标是不可行的（即财务净现值小于零或财务内部收益率小于基准收益率等）。

**（二）两变量敏感性分析的应用**

［例6-12］根据［例6-11］的数据，对该投资项目方案进行两变量敏感性分析。

解：（1）确定敏感性分析的主要经济指标，仍取财务净现值。

（2）根据单变量敏感性分析的计算结果，选择年租金收入和投资额作为影响投资项目方案投资效益指标的两个敏感因素。

（3）列出敏感性分析的方程式。

$FNPV = -1\,000 + (300 - 75)(P/A, 15\%, 10) + 800(P/F, 15\%, 11)$

设 X 表示投资额变化的百分率，Y 表示年租金收入变化的百分率，则财务净现值可表示为：

$$FNPV = -1\,000(1 + X) + [\,300(1 + Y) - 75\,](P/A，15\%，10) + 800(P/F，15\%，11)$$
$$= -1\,000X + 1\,505.63Y + 301.18$$

由 $FNPV \geqslant 0$，则有：$Y \geqslant 0.664X - 0.20$。

（4）将上述不等式绘成图形，就得到两变量敏感性分析图，如图6-8所示。

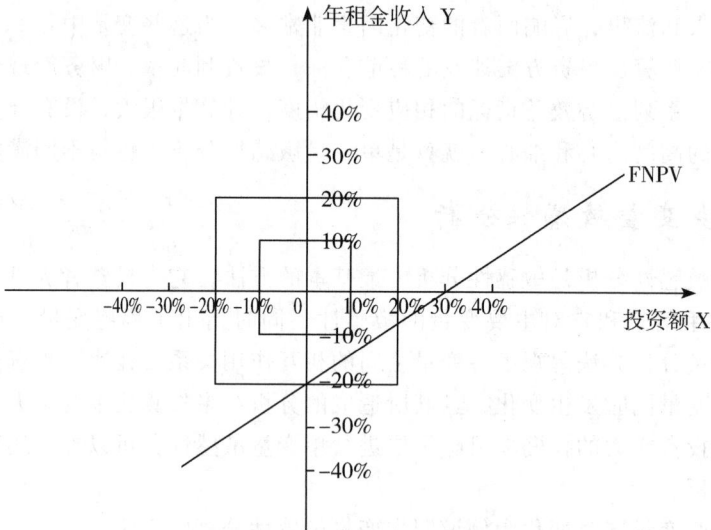

**图6-8　两变量敏感性分析图**

从图6-8中可以看出，$Y \geqslant 0.664X - 0.20$ 为 FNPV= 0 的临界线，在临界线的左上方的区域内，表示 FNPV>0；在临界线右下方的区域内，表示 FNPV<0。在各个正方形内，财务净现值小于零的面积占整个正方形面积的比例反映了两变量在此范围内变动时方案风险的大小。比如，在±10%的区域内，财务净现值完全大于零，这表明当年租金收入与投资额在±10%的范围内同时变化时，方案盈利的可能性为100%，没有出现亏损的可能性。在±20%的区域内，财务净现值小于零的面积大约占10%，这就表明当年租金收入和投资额在该范围内同时变化时，方案盈利的可能性在65%左右，出现亏损的可能性约占35%。

## 六、敏感性分析的局限性

敏感性分析对于项目分析中不确定性因素的处理是一种简便易行的、有效实用的方法，在一定程度上定量地描述了不确定性因素的变动对项目投资效益结果的影响，得到了维持投资方案在经济上可行所允许的不确定性因素发生不利变动的最大幅度，但它也有局限性：

（1）敏感性分析对项目的不确定性因素只能作程度上的评价，而不能对其大小进行测定。

（2）对各种风险因素变化范围的确定是模糊的、人为的，主观性强，缺乏科学性（如增加10%，降低10%），它没有给出这些因素发生变化的概率，而这种概率与项目的风险大小密切相关。比如，某些因素在未来发生不利变动的可能性很小，虽然它可能是一个敏感因素，但实际上它给项目带来的风险并不大，而另外有一些因素，虽然它们不太敏感，不是敏感因素，但由于它们在未来发生不利变化的可能性很大，因而实际上给项目带来的风险可能比敏感因素还要大。对于此类问题，敏感性分析是无法解决的，还要借助第七章的风险分析来解决。

（3）在分析某一因素的变动时是以假定其他因素不变为前提的，这种假定条件在实际经济活动中是很难实现的，因为各种因素的变动都存在着相关性。

# 第四节　小结

不确定性分析是房地产投资项目经济评价的重要内容。在此以前的财务数据的估算和财务分析基本上都是确定性的分析，是在我们所预测的基础数据假定不变的情况下所作的分析。但这些预测因素在实际中是可变的、不确定的，与实际数据总有差异，由此导致了对财务评价结果的影响，这种影响往往也代表了某种风险。所以，对项目的不确定性因素进行分析是非常必要的。

这些不确定性因素主要有：租售价格、土地费用、开发经营期、建安工程费、融资成本、资本化率、建筑面积和出租率等。

不确定性分析包括盈亏平衡分析和敏感性分析两种。

盈亏平衡分析是对房地产投资项目中的各变量（开发或销售量、成本、销售利润等）进行综合分析的一种技术经济分析方法。盈亏平衡分析的目的是确定投资活动的盈亏平衡点（也有将其叫作"临界点"的，要注意区分这个"临界点"与敏感性分析中"临界点"的不同），以及有关因素变动对盈亏临界点的影响等问题。

敏感性分析是研究和预测项目的主要变量发生变化时，导致项目投资效益的主要经济评价指标发生变动的敏感程度的一种分析方法。敏感性分析的目的是找出对项目影响最大的敏感性因素，以便项目实施过程中的操作人员及时采取对策并进行有效的控制。如果某变量变化幅度很小但对某主要经济评价指标的影响极大，则认为项目对该变量的不确定性是很敏感的。

盈亏平衡分析的数学模型 $Z = PQ(1 - r) - C_V Q - C_F$。

盈亏平衡分析涉及如下概念：

盈亏平衡点是房地产开发项目盈利与亏损的分界点，在这一点上，项目的收入与支出持平，净收入等于零。

固定成本是指在一定范围内不随业务数量的变化而变化的相对稳定的成本。

变动成本是指那些随着业务数量的变化而变化的成本。

当利润=0时，利用数学模型，我们可以分别求出房地产项目在盈亏平衡点处的最低销售量、最低售价、最低销售收入和最低生产能力利用率。

最低售价是指房地产项目在盈亏平衡点处的售价，即项目在盈亏平衡时，产品必须达到的售价。

最低销售量是房地产项目在盈亏平衡点处的销量，即项目在盈亏平衡时，产品必须达到的销售量。

最低生产能力利用率是房地产项目达到盈亏平衡时，盈亏平衡点销售量与计划建设房地产产量（建筑面积）的比率。

最低销售收入是房地产项目在盈亏平衡点处的销售收入，即项目在盈亏平衡时产品必须达到的最低收入。

盈亏平衡点的值无论是用产（销）量，还是用价格、销售收入和生产能力利用率来表示，均为越低越好。它说明了以下4点：①当项目达到较低产量时就可以保本；②盈利区大，亏损区小，项目能取得较好的经济效益；③项目生命力强，有较强的竞争能力；④项目的抗风险能力大。

当利润=预期利润时，利用数学模型，我们也可以分别求出房地产项目在取得预期利润时的最低租售价格、最低租售数量、最高土地取得价格、最高工程费用、最高购买价格、最高运营费用比率等。

盈亏平衡分析包括线性分析和非线性分析两类，注意二者应用的前提条件。

盈亏平衡分析的方法有两种：公式计算法和图解法。

敏感性分析侧重于对最敏感的关键因素（即不利因素）及其敏感程度进行分析。通常是分析单个变量变化，必要时也可分析两个或多个变量的变化对项目经济评价指标的影响程度。所以敏感性分析方法有单变量敏感性分析和多变量敏感性分析两种。

敏感性分析的计算和分析方法包括列表法和图解法。列表法表示该变量按一定比例变化时引起评价指标的变动幅度（即敏感性分析表）；图解法表示评价指标达到临界点（如财务内部收益率等于财务基准收益率或财务净现值等于零）时，某个变量允许变化的最大幅度即极限值（即敏感性分析图），超过此极限，即认为项目不可行。

敏感性分析既可用于不考虑资金时间价值的静态指标的分析，也可用于考虑资金时间价值的动态指标的分析。

盈亏平衡分析主要是求取项目的盈亏平衡点，以说明项目的安全程度；敏感性分析则要说明影响项目经济效益的主要风险因素（如总开发成本或总投资、售价、开发建设周期或贷款利率）在一定幅度内变化时，对全部投资和自有资金的经济评价指标的影响情况。

盈亏平衡分析主要分析的是盈亏平衡点即利润=0时各项指标的最低值，也包括对利润=预期利润时各项指标的最不利数值的分析。

敏感性分析的临界点是经济指标的临界点，即 $FNPV=0$，$FIRR=i_c$。

换句话说，盈亏平衡分析主要分析的是项目在盈亏平衡点时应达到的最低售价、最低销售收入、最低销售量和最低生产能力利用率，说明项目的抗风险能力。敏感性分析主要分析的问题有两个：一个是变动幅度；另一个是临界点的极限值。

通过变动幅度来找最具敏感性因素；极限值是某个变量或不确定性因素向不利方向变动时允许达到的最低值，超过此值，项目由可行变为不可行。

上述两种方法虽然从某种角度上能描述项目的抗风险能力，但又各具局限性。

盈亏平衡分析只能对项目风险作定性分析，而无法定量测度其风险的大小，即对项目的风险只能进行程度上的描述。

敏感性分析对项目的不确定性因素只能作程度上的评价，而不能对其大小进行测定；在分析某一因素的变动时，是以假定其他因素不变为前提的，这种假定条件在实际经济活动中很难实现，因为各种因素的变动都存在着相关性。

## □ 思政课堂

### 认真与严谨，才能减少不确定性

财务分析之后是不确定性分析。财务分析所用的基础数据是预测和估算出来的，在评价当时有一定的把握性或确定性。但房地产投资是一个动态的过程，它具有周期长、资金投入量大等特点，因此很难在一开始就对整个房地产投资过程中的有关费用和后期的收益情况作出准确的估计。这就意味着，项目本身因素如土地取得成本、租售价格、建安工程费、开发经营期、融资成本等不确定性因素，在计算时估计得越准确越好；同时国家政策和法规、通货膨胀等项目外因素也是预测得越准确越好。如果估算或预测的误差较大，依此计算结果作出的投资决策可能会导致严重的投资失误。

那么，如何才能使这项工作做得准确从而减少不确定性和投资失误呢？那就是认真、严谨。

认真，要求我们亲自去市场调查，而不是道听途说或只看广告宣传。比如市场上的房屋出售价格，是成交价还是挂牌价，是产权价格还是使用权价格？是开盘时的价格还是尾盘时的价格？这些数据是否存在非正常交易因素？基础数据的取得时点是否合适或有效？所有数据都要多方考证，不轻易判断其真假，也不随意使用来源不明的数据或轻率引用他国或其他地区的经验。更不能偏重二手资料而忽视实地调查，结果使一些数据失真，从而导致投资的盲目性。

严谨，字面上就是严肃和谨慎。它要求我们多问自己：为什么是这个数字而不是那个数据？用这个数据是否有漏洞？是否可靠和准确？用这些数据会得出分析结论吗？该结论站得住脚吗？其中的逻辑关系成立吗？这种表述是否清晰？财务报表之间的数据是否与不确定性分析中的数据对应吻合？前后观点是否冲突？会不会令使用者误读？而且，自己是否误读了国家政策从而将委托方引入误区？对市场的判断和对项目的分析不要带有浓厚的个人色彩，对基础数据和这些不确定性因素要深究而不是浅探。

认真、严谨地做好基础数据的估算和各种外部不确定性因素的预测，既是专业的要求，也是投资分析人员的职业使命。

人生也充满了不确定性，有时候受个人性格的影响，有时候受外界因素的影响……没有谁的一生是一成不变的。但是，如不确定性分析一样，你可以找到影响自己成功的最敏感因素，深入研究，把握它不偏向不利方向，控制它在你可接受的变化范围内，你的人生，不确定性就会减少。而面对生活和工作中的外部因素，你认真做事，诚信做人，严谨思考，努力工作，理性分析，守法敬业，三观正确，与时俱进，不确定性同样也会减少。

### 关键概念

不确定性　盈亏平衡分析　敏感性分析　盈亏平衡点　固定成本　变动成本　最低销售量　最低售价　最低销售收入　最低生产能力利用率　线性分析　单变量敏感性分析　多变量敏感性分析

### 复习思考题

1.不确定性分析有哪些内容？不确定性分析的目的是什么？
2.房地产开发过程中，会面临哪些不确定性因素？
3.不确定性分析有哪些作用？
4.何谓盈亏平衡分析？它分析哪些主要因素？
5.盈亏平衡分析的目的是什么？它的作用是什么？
6.怎样通过盈亏平衡分析来判断项目的抗风险能力？
7.何谓敏感性分析？什么样的因素是敏感性因素？
8.敏感性分析的列表法和图解法分别说明了什么问题？
9.怎样通过敏感性分析来说明项目的抗风险能力？
10.敏感性分析的局限性是什么？

### 案例分析题

一、某房地产开发公司拟建一房地产开发项目，该项目的固定成本为5 000万元，单位可变成本为1 500元/平方米，项目建成后平均售价为3 000元/平方米，增值税和税金及附加为500元/平方米，试求项目盈亏平衡时的开发数量。

二、某开发商通过有偿出让方式获得一宗土地的使用权，土地面积为5 000平方米，拟投资开发一个房地产项目。该项目固定成本为6 000万元，单位面积可变成本是2 000元/平方米，预计售价为5 000元/平方米，则该房地产开发项目的容积率至少应为多少？

三、某房地产开发项目占地面积为1万平方米，容积率为1.5。如果房屋开发成本为3 000元/平方米（按建筑面积计算），预计能够以8 000元/平方米价格全部销售，则该项目实现盈亏平衡的最高土地取得价格（总价）为多少？

四、一房地产项目总开发面积为25 000平方米，预计售价为2 500元/平方米，单位变动成本为1 500元/平方米（建筑面积），销售税率为5%，所得税税率为25%。当变动成本上升10%和售价下降10%时，求税后利润变化的幅度，判别哪一个是本项目的最敏感因素。

五、某房地产开发项目的占地面积为 10 000 平方米，规划容积率≤4，预计开发完成后可供销售的面积为总建筑面积的 80%，项目的固定成本为 5 000 万元，预计平均销售单价为 4 500 元/平方米，则使项目达到盈亏平衡的单位变动成本为多少？当销售税率为 5% 时，达到盈亏平衡的销售面积应为多少？

六、某投资人欲购买一商铺，预计初始投资 200 万元，计算期按 10 年计，期末净转售收入为 100 万元。各年的经营收入、运营费用（已考虑税金）均相同，分别为 60 万元、20 万元。经分析，将来投资额、经营收入、运营费用可能在 ±10% 的范围内变化。试对 FNPV 进行敏感性分析（设 $i_c$=15%，投资发生在年初，收入与支出发生在年末）。

七、延续第二章第 15 题，仍以该项目为例，在已进行了市场分析、区位分析、投资基础数据估算分析和财务分析的前提下，对该项目进行盈亏平衡分析和敏感性分析。

拓展阅读

参考答案

# 第七章

# 房地产投资项目风险分析

□ **学习目标**

通过本章学习，要求学生掌握风险与风险分析的含义，重点掌握风险分析的步骤和各项指标的计算，并能运用这些指标来说明项目的风险大小；熟悉房地产投资风险的特征、类型和规避方法；理解风险与不确定性的区别、风险与回报的关系；了解风险分析的目的和其所要解决的问题，同时了解风险分析的作用。

项目经济评价所采用的基础数据（如投资、成本费用、租售价格、开发经营期等）都是对未来情况的预测与估算，因而具有不确定性。通过分析对拟建项目具有较大影响的不确定因素，计算其增减变化引起项目财务或经济效益指标的变化，找出最敏感因素及其临界点，预测项目可能承担的风险，可以使项目的投资决策建立在较为稳妥的基础上。

不确定性分析与风险分析既有联系，又有区别。人们对未来事物认识的局限性，可获信息的有限性以及未来事物本身的不确定性，使得投资项目的实施结果可能偏离预期目标，这就形成了投资项目预期目标的不确定性，从而使项目可能得到高于或低于预期的收益，甚至遭受一定的损失，导致投资项目"有风险"。通过不确定性分析可以找出影响项目效益的敏感因素，确定敏感程度，但尚无法确定这种不确定因素发生的可能性及影响程度。借助风险分析，可以得知不确定因素发生的可能性以及给项目带来的经济损失的程度。也就是说，风险分析不但考虑了风险因素在未来变动的幅度，还考虑了这种变动幅度在未来发生变动的可能性大小及对项目主要经济效益指标的影响。

不确定性分析找出的敏感因素又可以作为风险因素识别和风险估计的依据。有了定量的风险及其回报水平预测，投资者就能够作出更为合理的投资决策。学习本章后，可以充分认识投资决策中的风险问题，并能从容比较不同的投资机会下得到的风险回报。

# 第一节 房地产投资项目风险概述

## 一、风险的含义

关于风险，不同的著作有不同的解释。最初提出风险概念的是美国的A.M.威利特（A.M.Willet）。他在《风险与保险的经济理论》中提出，"风险是关于不愿意发生的事件发生的不确定性的客观体现"。在中国，有人认为，风险是指在一定条件下和一定时期内可能发生的各种结果的变动程度；[①]也有人认为，风险是指投资的实际收益与期望的或要求的收益的偏差；[②]还有观点认为，风险是指未来发生不利事件的概率或可能性[③]。以上几种表述，本质都是相同的。举个例子来说，你拿出10 000元进行投资，希望这笔投资能带来10%～20%的利润，结果会是怎样呢？第一种可能是，一年后剩下5 000元，亏损了5 000元；第二种可能是赚钱了，但却没有预计的那样赚10%～20%（1 000～2 000元），而是只赚了5%（500元）；第三种可能是赚钱了，不仅赚了你所希望的1 000～2 000元，而且还多出1 000元，共收回13 000元。前两种情况有风险：第一种情况损失是不幸的，也是你所不希望的；第二种情况虽赚了500元，却没有达到所期望的目标。至于第三种情况，就没有风险了。

看完了上面的例子，我们怎样理解经济领域的风险呢？所谓风险，在经济活动中包括两方面的内容：其一，遭受经济损失；其二，实际所获得的收益小于预期收益（希望获得的收益）。首先，风险是指"一定条件下"的风险，比如投资房地产，在什么时间投，投资于哪一个或哪几个项目，投多少，风险是不一样的。这些问题一旦决定下来，风险大小就无法改变了。这就是说，特定投资的风险大小是客观的，而投资者是否冒风险及冒多大风险，是可以选择的，也是由主观决定的。其次，风险是"一定时期内"的风险，风险的大小随时间延续而变化。如对于一个投资项目的成本，事先预计可能不很准确，但越接近项目完工则预计越准确。随着时间的延续，事件的不确定性在降低，事件完成，其结果也就完全肯定了。因此风险总是"一定时期内"的风险。

风险可能给投资人带来超出预期的收益，也可能带来超出预期的损失。一般来说，投资人对意外损失的关切，要比对意外收益强烈得多，因此，人们研究风险时，侧重减少损失，主要从不利的方面考察风险，经常把风险看成是未来发生不利

---

① 许乐群. 房地产投资项目分析 [M]. 北京：中国建筑工业出版社，1997：96.
② 刘洪玉. 房地产开发经营和管理 [M]. 北京：中国物价出版社，2001：15.
③ 国家发展改革委，建设部. 建设项目经济评价方法与参数 [M]. 3版. 北京：中国计划出版社，2006：143.

事件的可能性①。

## 二、风险与不确定性的区别②

决策情形可分为三种：确定性、风险和不确定性。

在确定性情况下，只可能有一种结果，所作的决策仅依据决策者对各种确定的选择项的偏好。然而很少有决策者能面对如此轻松的选择。对他们来说，更典型的情况通常是必须在伴随有风险因素、不确定性因素或两者都存在的结果之间进行选择。

应该说，从表面上看，风险与不确定性相似，但在真正的不确定性情况下，各种可能结果的数目是不可知的，所有可能结果的概率是不可测的，有关其发生可能性的信息也不多。风险虽然也具有不确定性，但它有一个特点，即它指的是各种可能结果发生的概率是已知的或可测的情形；换句话说，风险是"可测定的不确定性"。

在风险情况下，投资者可以事先知道所有可能结果及每种结果的变动程度。变动程度常用标准方差来表示，以描述分散的各种可能收益与均值偏离的程度。一般说来，标准方差越大，各种可能收益的分布就越分散，投资风险也就越大；标准方差越小，投资风险越小。如果说某事件具有不确定性，则意味着对于可能的情况无法估计其可能性。在这种情况下，对未来投资收益的估计就应该是定性的而非定量的。

## 三、房地产投资风险

经过上述分析，我们可以认为，房地产投资风险就是从事房地产投资而造成的损失的可能性大小，这种损失包括所投入资本的损失与预期收益未达到的损失。换句话说，房地产投资风险是指房地产投资过程中，某种低于预期利润，特别是导致投资损失的可能性。房地产投资具有的最大优势是可以获得较高的利润。但是它与其他一切投资类型一样仍然存在风险，特别是由于房地产投资价值量大、周期长、位置的不可移动及市场竞争不充分等特点，使房地产投资的风险程度更高。

就房地产置业投资而言，风险的具体表现形式有：

（1）高价买进的房地产，由于种种原因只能以较低的价格卖出。

（2）尽管卖出价高于买入价，但是卖出价低于预期价格。

（3）垫支房地产商品的货币资金由于某种原因遭受损失，投入的资金没有按期收回，或不能收回。

---

① 国家发展改革委，建设部．建设项目经济评价方法与参数［M］．3版．北京：中国计划出版社，2006：143．

② 对于风险和不确定性的不同，我国理论界并没有太大的异议，但在教材和各种著作中对这两者的分析应归属于哪一章却有所不同。一种看法是，应分为"不确定性分析"和"风险分析"两章来进行；另一种看法是，风险与不确定性的界限有时很难界定，因此把二者均放在"不确定性分析"一章来处理。笔者一直倾向于采纳前一种观点。值得说明的是，这种观点在国家发展改革委、建设部的《建设项目经济评价方法与参数》第3版中得到了支持：第3版已将第2版中的"不确定性分析"改为"不确定性分析与风险分析"。

（4）由于财务等方面原因，在违背自己意愿的情况下抛售房地产。

就房地产开发投资而言，投资的各个阶段的投资风险表现是不同的，它伴随着各个阶段的主要工作的发生而发生。例如，在论证设计阶段，主要的风险是市场研究和项目评估分析与预测的准确性；在资金筹措阶段，资本结构的变化对未来收益影响甚大；在项目建设阶段，承包商的项目控制与管理能力、通货膨胀、工期延长及不可预料事件的发生都对投资者投资目标的实现构成威胁。

房地产投资对于投资者来讲具有一种诱惑力，风险利益会使人作出某种风险选择，并导致风险行为的发生。房地产投资风险不但存在着风险损失、对风险成本的威胁，而且还存在着风险利益对投资者的诱惑。然而风险利益不是现实的利益，而是一种可能的、未来的利益，只有在实现风险目标之后才能获得这种利益。另外，在存在风险利益的同时又存在着风险损害，使之对投资者具有约束作用。一般来讲，投资者大多是回避风险的，风险因素出现的概率、损害能力和风险成本投入与变动情况会加强对投资者的约束。这两种力量的同时存在，必然要求投资者在决策过程中寻求一个平衡点，通过决策者的经验、知识、判断和选择来实现。

在确定降低风险因素的影响时，房地产投资者必须在报酬与安全之间进行适当的权衡。一般来说，房地产投资者所获取的收益会随着安全度的增加而减小。换句话说，房地产投资者获取的收益是对其承担的开发风险的一种回报。在市场经济条件下，市场的变动是经常存在的，没有谁甘愿放弃高于银行存款利率的收益，问题是如何处理"收益-安全-风险"之间的关系。当然，房地产投资者的首要目标不会是承担开发风险。而客户、承包商、投资商或地方政府，当他们以投资者的身份出现时也都是偏向安全而远离风险。

另外，风险的大小往往与拟投资项目的规模、类型和复杂程度直接相关。例如，在城市中心区投资开发较在新区投资开发风险为小，因为城市中心区各项配套设施较完备，且比较容易找到租户或买家，但在新区开发则有一个投资聚集的过程。虽然在新区开发费用较低，但开发出的物业难以租售出去的情形会经常出现，这在很大程度上加大了投资开发的风险。

## 四、风险与回报

投资回报是指因承担某种风险进行投资而获得的收益。承担风险可以获得回报，但风险与回报之间并不存在某种必然的、固定的关系，而是受很多不确定性因素的制约，具有很大的随机性。但从总体上看，获取高的回报意味着要承担高风险。选择低风险的投资一般只能获得较低的回报（如图7-1所示）。

图7-1中斜线PR表示风险与回报之间的关系，回报越高，风险越大。$P_0$表示零风险时投资者仍可取得一定回报，也称无风险投资回报，但这是一种理想状态。例如，国债投资常被当作一种无风险投资，但是从事国债投资，也意味着不能从事其他更高收益的投资，这个机会成本对投资者来说也是一种损失，换句话说，也是一种投资风险。

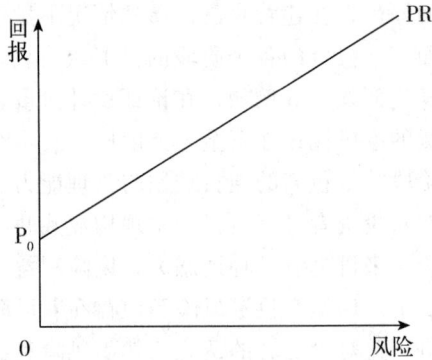

图7-1　风险与回报的一般关系

以上所表述的风险-回报关系是一种一般的情况，对于每一个特定投资主体来说，各自都有自己独特的风险-回报关系曲线。投资主体有大有小，各自投资的目的不同，对于投资风险的态度也不相同。有的为了追求高收益，不惜冒巨大的风险，而有的投资者则只求平稳的收益，从而轻易不愿涉足高风险的投资。除此之外，对于同样的预期风险，不同投资主体的预期投资回报也不相同。同样的风险，有的投资者认为很平常，而有的则只有在预期超额收益时才肯进行投资。进行了投资，承担了风险，所有理性投资者都渴望获得满意的回报，但由于各自投资目的和对风险态度的不同，对于预期收益和风险都有不同的判定标准。根据对风险所采取的态度不同，我们将投资主体分为三种类型：避险型、冒险型和普通型。

所谓避险型，即无论在何种情况下，投资者总是趋向于躲避风险，只有在能获得较大预期收益的前提下，才愿去冒很小的投资风险。这类投资者一般进行本金高度安全、回报较为可靠的投资，如国债等。冒险型则相反，他们偏爱风险，以冒险为乐，勇于接受风险的挑战，即使是仅有预期的很小回报，也愿意进行投资。这类投资者像赌徒一样，经常进行风险性很大的投机活动。由于巨大投资回报的诱惑，这类投资者在现实生活中还是存在的。

上述两种投资类型都是极端的情况，大多数的投资者，即普通型投资者，还是愿意进行较为理性的投资，他们头脑冷静，略偏保守。其特点是：

（1）在确定的预期风险下，投资者希望得到更高的回报。

（2）而在确定的预期收益下，他们宁愿要更小的风险。

（3）在预期收益增长的前提下，他们才愿意承担额外的风险。

由于投资者的投资决策主要取决于对未来投资收益的预期或期望，所以不论投资的风险是高还是低，只要同样的投资产生的期望收益相同，那么无论是选择何种投资途径都是合理的。只是对于不同的投资者，由于其对待风险的态度不同而采取不同的投资策略。

以上三种类型投资主体对风险-回报之间关系的态度，也可用图示的方法进行说明（如图7-2所示）。

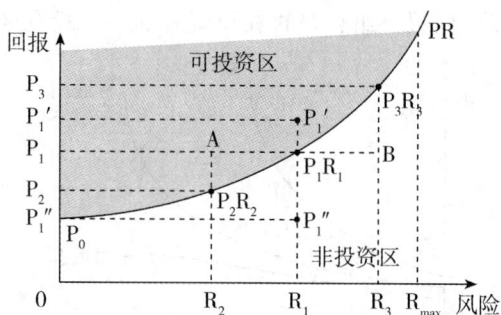

**图7-2　不同类型投资者：风险与回报的关系**

在图7-2中，PR是某一普通投资者的"风险-回报"曲线，这一曲线上及上部的所有点，都是该投资者可以接受的"风险-回报"水平的投资。如点$P_1R_1$，指在$P_1$的预期回报时，投资者甘愿冒$R_1$的风险。当预期回报上升至$P_3$时，投资者愿承担的风险也上升至$R_3$。从图7-2中我们也可以看到，对于$R_2R_1$和$R_1R_3$两段相同的风险距离，投资者对预期回报差距的要求却是不同的，$P_2P_1<P_1P_3$，即随着风险的增加，投资者对相同程度的风险所要求的回报也在提高，但当风险上升至$R_{max}$时，即使有更高的预期回报，投资者也不愿承受再多一点的风险，这个水平即投资者所能承受的最高风险水平。对投资者而言，PR上各点是他所愿接受的投资"风险-回报"组合，而对于落在这条曲线之外的"风险-回报"组合，投资者的态度又是如何呢？同样是在$R_1$的风险水平上，假如某投资有高于$P_1$即$P_1'$的预期回报，一般情况下，投资者肯定是乐意接受的，而如预期回报由$P_1$降至$P_1''$，则投资者会反对这个投资。如果同样是$P_1$的预期回报水平，当预期风险水平由$R_1$升至$R_3$即B点时，投资者会放弃投资。而$R_1$降至$R_2$即A点时，投资者会更倾向于投资。这说明在同样风险前提下，投资者倾向于更高的投资回报；而同样的回报，投资者乐意承担更小的投资风险，即当"风险-回报"曲线上各点向上或向左移动时，所形成的各种"风险-回报"组合都是投资者可以接受的，这些点组成图7-2中的阴影区，我们称之为某投资者的"可投资区"。而"风险-回报"组合曲线之下各点即"风险-回报"曲线上各点向右或向下移动所形成的各种"风险-回报"组合，都不能为投资者所接受，这些点形成的区域称为某投资者的"非投资区"。投资者不同，"风险-回报"曲线、可投资区和非投资区都会有所不同，"风险-回报"曲线越陡，表明投资者越趋于躲避风险，相反，投资者越趋于冒险。一般情况下，三种类型投资主体的"风险-回报"曲线有如图7-3所示的差异。

从图7-3中可以看到，避险型投资者的"风险-回报"曲线特别陡，而冒险型投资者的则较平缓。就各种类型投资者可接受的"风险-回报"组合即可投资区而言，冒险型投资者的可投资区最大，一般的投资他都能接受，而避险型投资者则较为谨慎，可投资区非常小。

进行风险分析，能否正确确定投资主体对风险的偏好程度是很重要的。同一宗投资，不同的投资者对其可行性有不同程度的判断，能否接受这宗投资，就要看这宗投资所预期的"风险－回报"组合是否在投资者的"可投资区"内。

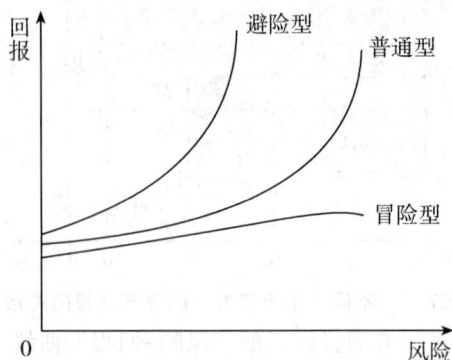

图7-3　不同类型投资者的风险曲线

　　人们常说，房地产投资者应该是风险管理的专家，实践也告诉人们，投资的成功在很大程度上依赖于对风险的认识和管理。人们的行动往往依赖于其对待风险的态度，但也要注意到不采取行动的风险可能是最大的风险。房地产投资经营过程中充满了风险，虽然房地产投资者尤其是开发商，由于更容易接受不确定性和风险，而称之为市场上最大的冒险家，但实际上他们也是在进行过精心估算之后，才去冒这种风险的。

## 五、房地产投资风险的特征

　　房地产投资风险的特征是房地产投资风险的本质及其规律的表现。正确认识房地产投资风险的特征，对于建立和完善风险控制和管理机制，减少风险损失，降低风险发生的可能性，提高房地产投资活动的效率具有重要意义。

### （一）客观性

　　房地产投资风险的客观性是说房地产投资的风险是客观存在的，它不以个人意志为转移。这是因为引起投资风险的各种不确定性因素是客观存在的，如自然灾害风险、通货膨胀风险、市场供求风险、周期风险、利率风险、政策性风险、政治风险等。进行房地产投资，注定要与外界经济、政治环境等发生联系。作为一种重要的商品，必然成为国家宏观经济调控的重要目标。投资者可以加强投资的内部管理，却无法排除外界对投资的影响。如1994年国家采取的缴纳土地增值税的措施，使许多项目无法通过流通牟取暴利，对这类投资者来说，这种投资风险是无论如何也不能被完全排除的（当然我们今天也可以说他们是投机者）。

### （二）多样性

　　纵向上，房地产投资是一项繁杂的系统工程。不仅开发公司内部的市场分析、项目决策、选址、购买土地、设计施工、监督验收、财务控制、宣传销售、物业管理各成体系，需要协调统一，还要有外部的"天时、地利、人和"，一招失误就可能满盘皆输。同时，横向上，房地产投资涉及面广，与政策法规、金融动向、宏观经济形势、区域供求现状、产业技术变革、需求方消费倾向等息息相关，易受各因素波动的影响，不同因素导致的风险也多种多样。

（三）补偿性

由于房地产投资的风险较高，投资者一般会要求在收益中对所承担的风险进行补偿，也称为风险溢价或风险回报。通常我们说，风险大，收益也高，风险与收益并存就是指房地产投资风险对于房地产投资不仅仅只有负面的影响。如果能够正确认识并且充分利用风险，可能还会使收益有很大程度的增加。所以对待风险不应该消极地预防，更不应惧怕，有时可以将风险当作一种机会，敢于承担风险，并在同风险的斗争中战胜风险。

（四）可测性

风险具有一定的不确定性，但这种不确定性并不是指对客观事物的全然无知。人们可以根据以往发生的一系列类似事件的统计资料，经过分析，对某种投资风险发生的频率及其造成的经济损失程度作出主观上的判断，从而对可能发生的风险进行预测和衡量。风险的测量过程就是对风险的分析过程。它对风险的控制与防范、决策与管理具有举足轻重的作用。

# 第二节　房地产投资风险的种类与控制方法

## 一、房地产投资风险的主要类型

关于风险的划分有很多种，每一种分类方式都从不同角度分析了可能对房地产投资的净经营收益产生影响的因素。考虑到本书内容，我们只介绍以下几种相关的种类。

（一）自然风险与意外风险

自然风险是指由于人们对自然力失去控制或自然本身发生异常所造成的损失。如雷电、风暴、火、地震、洪水等自然灾害的发生，会给房地产带来很大的破坏，给房地产所有者带来极大的损害。意外风险是指除了上述自然因素造成的损失以外，还包括一些人为因素所造成的后果，它既有人们的过失行为，也有人们的有意行为，如居民使用煤气不当造成的煤气爆炸，坏人纵火烧毁房屋等，这些意外事件都会给投资者带来不同程度的损失。

（二）财务风险

房地产投资者运用财务杠杆（即在使用贷款的条件下），既扩大了投资的利润范围，同时也增加了不确定性，这个不确定性就是财务风险。换句话说，财务风险是指增加的现金收益不足以偿还债务的可能性。通常我们把通过借款进行的投资叫作负债经营。在房地产领域，由于房地产投资额巨大，靠自有资金难以完成，一个大型项目一般都向金融机构贷款70%左右。这种负债经营有正负两方面的作用。我们可以通过一个简单的例子加以说明。

比如，甲公司自有资本100万元。以前市场繁荣时，每年盈利20万元，资本报酬率20%；市场情况差时，亏损10万元，资本报酬率-10%。假设公司今年市场情况不错，借入资金100万元，利息率10%，预期盈利40万元（200×20%），支付利息后盈利30万元（40-100×10%），资本报酬率上升为30%，这就是负债经营的好处。

但是，我们同时应该看到，这个借款加大了原有的风险。如果借款后遇上了市场萧条，公司付息前亏损20万元（200×10%），付息10万元后，亏损30万元，股本的资本报酬率变为-30%，即自有资金收益率大大低于银行贷款利率，增加贷款量也增加了营业收入不足以偿还债务的可能性，这就是负债经营的风险（此部分可参考第一章中"财务杠杆"的内容）。

**（三）经营风险**

即使经过最精确计算的经营预测也有可能发生错误。经营风险就是指由于房地产投资经营上的失误（或其可能性），造成的实际经营结果偏离预测值的可能性。这种风险既同投资企业的内在因素有关，也与外在的周围经济环境有关。投资企业内在因素导致的经营风险包括三种情况：一是由于得不到充分市场信息导致经营决策失误；二是由于投资者不懂交易所涉及的众多的法律条文、城市规划条例、赋税规定等造成投资失败；三是企业管理水平低、效率差，如住宅不能及时出售，或者房屋的出租空置率过高，导致经营费用增加，营业净收入低于期望值等。而外在因素的影响导致经营的失败是指周围经济条件可能没有原来预料的那样好，从而可能导致人们对房地产的需求偏低。如对沿海一些城市生产的大量高档花园别墅的需求没有预料的那样多，从而出售率或出租率很低，或者价格、租金下降等都会给投资者造成经营风险。

**（四）市场风险**

市场风险是由于房地产市场状况变化的不确定性给房地产投资者带来的风险。其中主要有：

（1）购买力风险。购买力风险是指由于社会物价总水平的上升，使投资者未来实际收益减少即购买力降低而形成的风险。因此，购买力风险的发生和大小是与通货膨胀率大小息息相关的。通货膨胀时期，出售或出租房地产获得的现金不能买到原来能买到的那么多东西，造成购买力下降。购买力风险也会影响消费者，在货币购买力水平普遍下降的情况下，人们会把有限的购买力用到最急需的消费品上，从而影响了对房地产的购买。这样即使房地产本身能够保值，由于人们降低了对它的需求，也会导致房地产投资者遭受一定的损失。

（2）变现风险。变现风险是指急于将商品兑换为现金时由于折价而导致的资金损失的风险。房地产商品的实体不能流动，它的变现性也就较差，主要由以下原因造成：一是它是不动产，不能由需求低的地方搬到需求高的地方；二是它的投资周期长，使用周期更长，一笔投资投入后要经过相当长的时间才能将房地产投放到市场上去；三是房地产价值量大，占用资金多，造成交易花费时间也长。这些都影响了房地产的流动性，进而影响了其变现性。当投资者为偿债或其他原因需要现金的时候，无法很快完成交易，只能等待合适的机会或以较低的价格卖出，从而蒙受折价损失。

**（五）政策风险**

政策风险是指由于国家或地方政府的有关房地产投资的各种政策变化而给投资者带来的损失。房地产投资是一项政策性非常强的业务，它受多种政策的影响和制约，例如投资政策、金融政策、利率政策、产业政策、房地产管理政策和税收政策等。这些政策都会对房地产投资者收益目标的实现产生巨大的影响，会使投资者的投资收益充满不确定性，从而给投资者带来风险。例如，我国1994年出台的土地增值税条例、2004年以来对房地产投资的宏观调控政策、2013年2月出台的"新国五条"①等，就使许多房地产投资者在实现其预期收益目标时遇到困难。我国近年来出台的各种住房公积金、抵押贷款、住房分配制度改革等有关文件、规定，既为房地产投资者提供了机遇，又对其形成了一定限制。避免这种风险的最有效方法是选择政府鼓励的、有收益保证的或有税收优惠政策的项目进行投资。

**（六）政治风险与社会风险**

政治风险与社会风险是指政治、社会因素变动，社会习俗、社会经济承受能力以及社会成员的心理状态等方面原因造成的投资风险。如战争、动乱、政权更迭、经济制裁、领导人的变换等政治因素会影响房地产市场；社会经济周期性波动、社会成员的收入状况与住房制度、居民的观念与消费行为、心理承受能力等也会引起房地产需求和价格的跌落，造成房地产市场的价格波动，从而使投资者的投资收益具有不确定性。

以上我们分析了房地产投资风险的种类，需要说明的是，房地产投资的具体项目是多种多样的，包括未开发的土地、公寓、住宅、写字楼、仓库、购物中心、酒店等。这些具体项目的投资特性不一样，因此面临的主要风险也不完全一样，这就需要投资者通过具体分析，有针对性地加强风险管理，提高房地产投资的经济效益。

## 二、房地产投资风险的规避和控制

在房地产投资过程中，风险是个普遍存在的问题，一个理性的投资者，并不否认风险的存在，但也不会任由投资风险发生，即并不被动地接受风险。对投资风险的认识在于能及时地发现或预测到这种风险并能及时采取有效的措施化解、缓和、减轻、控制这种风险，减少投资者预期收益损失的可能性。

规避和控制风险的基本思想是对某种损失的可能性进行调整，进而尽可能降低这种可能性。如果造成损失的不确定性因素有可能出现，也有可能不出现，那么在

---

① "新国五条"是指2013年2月20日国务院常务会议确定的五项加强房地产市场调控的政策措施，是相对于过去的"国五条"而言的。具体为：①完善稳定房价工作责任制；②坚决抑制投机投资性购房；③增加普通商品住房及用地供应；④加快保障性安居工程规划建设；⑤加强市场监管。

投资过程中应尽量避免可能出现的情况；如果造成损失的不确定性因素出现的可能性有大有小，则要采取措施使出现的可能性尽量小，进而减少损失的可能性。具体而言，风险规避和控制的主要方法有：

**（一）风险回避**

本方法的要点是：在预期收益相同的情况下，选择风险小的房地产项目。

房地产投资项目种类较多，它们的风险程度大小不一。有的风险大些，可能遭遇到的不确定性因素也较多，而有些投资项目的风险较小。选择风险较小的投资项目，可以使投资收益得到有效保证。只挑选那些结果很有把握的机会，可大大减少投资结果本身的不确定性（然而不能减少当通货膨胀率超过投资回报率时的不确定性，以及购买力降低引起的损失）。这种策略的一个不良后果是得到高额利润的机会也被减少了，预期收益值随着风险大小增减是自由市场的一个不可避免的特性。假如预期获利的机会没有相应的风险伴随，投资者将很快涌入市场，使预期收益降低到某一水平，这样一种水平在其他类似风险的投资机会中也能得到。

**（二）风险预控**

风险的客观存在使投资者不得不寻找更为积极的办法来预防风险。而做好市场研究就是这种积极的办法之一。风险在房地产投资活动中就是投资者的设想和实际结果之间不一致的可能性。要想降低这种可能性就需要作出比较正确的假设，而正确的假设只能通过市场调查，获取尽可能详尽的信息，然后作充分的市场研究才能做到。在投资过程中的收益和支出的预测，资金的机会成本和市场价值的估算等，都是从市场研究中得到的。全面的市场现状调查、客观的需求供给增长预测、严谨的未来供需缺口分析都要建立在科学手段基础之上，单凭主观臆断作出的可行性研究是风险发生的必要因素。投资者关于投资环境的信息越多，信息的质量越高，那么对投资所作的预想就越准确；对市场信息的研究越细致，对开发过程和经营成果的估计越准确，风险在事先得到很好控制的可能性就越大。

**（三）风险组合**

风险组合意味着通过多项目投资来分散风险。这个方法就是投资中经常提到的"不要把鸡蛋放在一个篮子里"。这种组合有不同项目类型的组合、不同地区项目的组合和不同时间项目的组合。

由于不同投资项目的风险、收益等因素是不同的，所以实行多项目投资组合可以获得比所有投资集中于一个项目上更稳定的收益。当然，各项目之间的相关性不能太强，相关性太强就会起不到降低风险的作用。这种方法是将许多类似的但不会同时发生的风险集中起来考虑，从而能较为准确地预测未来风险损失发生的状况，并使这一组合中发生风险的损失部分能得到其他未发生风险损失且取得风险收益部分的补偿。例如，房地产投资者分别将资金投入住宅和办公大楼，如果投入住宅的部分遭受损失，而投入办公楼的部分不但未遭受损失，而且获得较高的收益，那么，投入办公楼的收益就可以补偿投资于住宅所遭受的损失。

实力强大的投资者对房地产的投资也开始注重研究其地区分布、时间分布的合理性，以期既不冒太大的风险，又不失去获取较高收益的机会。房地产商品的位置固定性决定了房地产市场是一个区域性市场，由于各个地区经济政策、投资政策、市场条件、资金供求等各不相同，其对房地产商品价格的影响也各不相同，此外，经济景气程度在各地区之间也存在着很大差异，将投资分散于不同地区的房地产，就能达到降低房地产风险的目的。比如，香港新鸿基地产投资有限公司的董事会决议中，要求在内地的投资不能超过其全部投资的10%。另外，确定一个合理的房地产投资间隔，将房地产商品的买、卖分开，也可以避免因房地产市场变化而带来的时间风险。

不过，对于大多数投资者来说，有限的资金难以实行多项目的投资组合，若刻意追求投资组合的话，就可能牺牲规模经济效益。有效的解决办法就是将那些具有同样难题的投资者有限的资金集中起来，统一经营管理，这便是房地产信托投资产生的最根本的原因之一。

### （四）风险转移

风险转移是指房地产投资者以某种方式将风险损失转给他人承担。比如在租赁房地产业务中，租约规定承租人负担所有的经营费用、维修、保养费用甚至税收，这样就能将经营风险转移给承租人。在长期租约中规定租金随着物价指数上升而相应地变动，就能把购买力风险转移给承租者。在开发商与建筑商施工合同中，规定建筑材料由建筑商采购，也能起到类似的作用。另外，有些风险，如由于人们对自然力失去控制或自然本身发生异常造成损失的可能性，我们可以事先向专业保险公司投保，这种风险一旦发生，我们就可以向保险公司索赔，获得保险公司的补偿，从而将房地产投资风险转移给保险公司。虽然采用此策略房地产投资者必须以交付一定的保险费为代价，但由于这笔保险费用是定期的、均匀的，因而其对房地产投资者的影响不大。自然风险和意外风险较适合采用此方法。

综上所述，我们可以看出，理性的房地产投资者在作一次巨大的投资之前，将在以下几方面进行认真思考：

（1）仔细确定有关投资收益方面的投资目标，选择可接受的风险和收益水平。

（2）鉴定主要的风险因素，尽可能地对其进行量化。

（3）排除某些风险因素，将另外一些风险通过保险或其他方式转嫁，将剩余的风险限制在可接受的水平。

（4）根据总的投资目标，判断预期收益是否足以承担剩余的风险，并作出进行或放弃投资的决策。

当然，并不是所有的房地产投资活动都代表了理性的、有信息可据的风险承担行为。感情型的房地产投资者可能会走一条完全不同的道路。他们的特征是根据秘密消息或直觉进行投资。感情型的风险承担者，被预期利润的光彩所迷惑，对风险视而不见。

某些风险可以被转嫁掉，或者通过精明的投资管理降到最小的程度，但风险的避免是有代价的，许多投资者有意地承担一些风险，因为这样做带来的预期收益可能会超过潜在的成本。

# 第三节　房地产投资风险分析

前两节，我们对风险问题进行了基本的定性分析。本节我们将对风险的大小或风险程度进行定量的表述。

## 一、风险分析的含义与作用

风险分析是根据各种变量的概率分布，来推求一个项目在风险条件下获利的可能性大小。因此，风险分析有时也被称为概率分析。

风险分析是风险评价的主要手段，风险分析的方法就是根据不确定性因素在一定范围内的随机变动，分析确定这种变动的概率分布和它们的期望值以及标准偏差，说明房地产项目在特定收益状态下的风险程度，进而为投资者决策提供可靠依据。

房地产投资项目的风险分析可以帮助投资者根据房地产项目投资风险的大小和特点，确定合理的投资收益水平，提出控制风险的方案，有重点地加强对投资风险的防范和控制。

目前人们主要是借助于概率和统计的方法进行风险的测量和分析。

## 二、风险分析要解决的问题

通过以上分析，我们知道，进行风险分析的目的是辅助投资决策，尤其是要帮助投资者回答下列问题：

（1）预期的收益率是多少？出现的可能性有多大？

（2）相对于目标收益可融资成本或机会投资收益来说，产生损失或超过目标收益的可能有多大？

（3）相对于预期收益来说，收益的变动性和离散性如何？

## 三、风险分析的步骤

风险分析一般有以下4个步骤：

（1）选择风险分析使用的投资项目的经济评价指标。

（2）列出需要进行风险分析的不确定性因素，此因素应是所有因素中最为不确定的，同时将其余因素假设为确定因素。

（3）分析确定这个不确定性因素的变化范围，并将该不确定性因素的变化范围缩小为几个值，且对每一个值确定其概率，列出概率分布表。

（4）根据概率分布，计算上述条件下该经济评价指标的期望值、标准方差、置信区间和置信概率等，由此来分析某一投资项目的风险大小和对盈利的把握程度。

## 四、风险的测量与分析

风险的测量是可以通过概率与统计的方法来进行的。

### （一）概率论基本知识回顾

**1.概率**

在经济活动中，某一事件在相同的条件下可能发生，也可能不发生，这类事件称为随机事件。概率就是用来表示随机事件发生可能性大小的数值。一般随机事件的概率是介于0与1之间的一个数。概率越大表示该事件发生的可能性越大，各事件发生的概率之和等于1。

概率分为主观概率和客观概率。客观概率是在某变量过去长期历史数据基础上，进行统计、归纳得出的。但房地产开发项目评估中的各种变量，常常缺乏足够的历史统计资料，因而大部分都不能用完全建立在大量统计数据基础上的客观概率来表达。在实践中，人们经常使用建立在主观估计基础上的主观概率分布。

**2.概率分布**

由各个随机变量与其相应的概率组成的数列称为概率分布；或者所有可能结果以及它们相关概率的排列，称为概率分布。假如我们设 $x_i$（$i=1$，2，3，…，n）为各随机变量，$p(x_i)$ 为各 $x_i$ 相应的概率，这时的概率分布见表7-1。

表7-1　　　　　　　　　　　　　　　　**概率分布表**

| 随机变量 $x_i$ | $x_1$ | $x_2$ | $x_3$ | … | $x_n$ |
|---|---|---|---|---|---|
| 概率 $p(x_i)$ | $p(x_1)$ | $p(x_2)$ | $p(x_3)$ | … | $p(x_n)$ |

如［例7-1］中投资活动的预期投资收益率，其概率分布由表7-2给出。

［例7-1］某房地产开发公司有两个投资机会，A项目是娱乐性项目，如市场状况良好，可获得很高利润，否则也可能利润一般甚至亏损。B项目是普通商品住宅楼，销售前景可准确预测出来。假设未来的市场状况只有繁荣、正常、衰退3种情况，其概率分布及各种情况的投资收益率见表7-2。

表7-2　　　　　　　　　　**A、B两项目预期投资收益率的概率分布**

| 市场状况 | 发生概率 $p(x_i)$ | A项目预期收益（$x_i$） | B项目预期收益率（$x_i$） |
|---|---|---|---|
| 繁荣 | 0.3 | 120% | 25% |
| 正常 | 0.4 | 20% | 20% |
| 衰退 | 0.3 | -80% | 15% |
| 合计 | 1 | | |

表7-2中市场状况的发生概率表示每一种市场状况出现的可能性，同时也就是各种不同预期收益率出现的可能性。例如，未来市场状况出现繁荣的可能性为0.3，假如真的出现这种情况，A项目可获得高达120%的报酬率，也就是说选择A项目

获利120%的可能性是0.3。当然收益率作为一种随机变量，影响因素不可能只有市场状况一个，这里只是为了简化，假设其他因素都相同只有市场状况一个因素影响。还应注意各种市场状况出现的概率之和为1。

3.离散型分布和连续型分布

如果随机变量（例如投资收益率）只取有限个值，并且对应这些值有确定的概率，则称随机变量是离散型分布，前面［例7-1］中就是离散型分布，收益率取3个值，如图7-4所示。

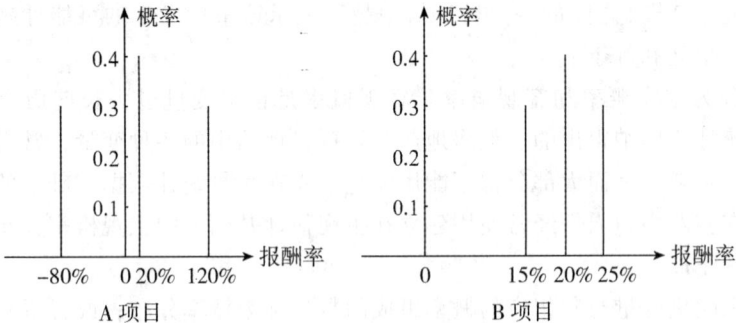

图7-4　离散型分布示意图

实际上，市场状况不止这3种，有无数可能的情况会出现，如果对每一种情况都赋予一个概率，并分别测定其收益率，则成为连续型分布，如图7-5所示。

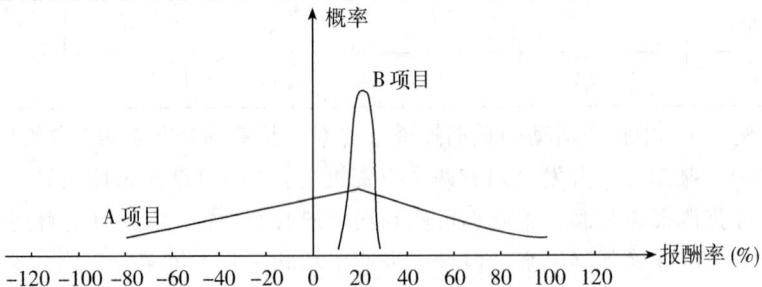

图7-5　连续型分布示意图

从图7-5可以看出，所举例子的收益率的概率分布为对称的钟形，我们称其为正态分布。实际上并非所有变量都按正态分布，但按统计学的理论，不论总体分布是正态分布或非正态分布，当样本很大时，如果被研究的变量受彼此独立的大量的偶然因素的影响，并且每个因素在总的影响中只占很小部分，那么，这个总影响所引起的数量上的变化，就近似服从于正态分布。所以正态分布统计上被广泛运用。

后面的标准偏差只有在概率分布相对对称——呈钟形曲线时，才能作为一种单一的风险测量手段起作用。如果曲线显著地偏向任何一边，那么测量模式中需要引入一个新的反映偏向度的量，要做到这一点是可能的，但将使计算高度复杂化。我们的分析只考虑对称分布的情况。

4.期望值

随机变量的各个取值，以相应的概率为权数计算的加权平均数，叫随机变量的预期值，也称数学期望或均值，它反映随机变量取值的平均化。

期望值可由公式（7.1）来表达：

$$\bar{x} = \sum_{i=1}^{n} x_i p_i \tag{7.1}$$

式中：$\bar{x}$——随机变量的期望值；$x_i$——随机变量出现的各种可能结果；$p_i$——各种可能结果出现的概率；$n$——所有可能结果的数目。

5.离散度测定

我们已经提到过，风险可定义为实际结果同预期值产生差异的可能性。用以概率为权数的加权平均值来表达预期值结果的方法，使得我们能用方差或标准偏差作为风险测量的手段。

（1）方差

方差是各种可能结果同预期结果差的平方和的加权平均值，用代数式（7.2）表示为：

$$\sigma_x^2 = \sum_{i=1}^{n} (x_i - \bar{x})^2 p_i \tag{7.2}$$

式中：$\sigma_x^2$——方差；$x_i$——第 $i$ 个可能结果的值；$\bar{x}$——随机变量的期望值；$p_i$——相关概率。

（2）标准偏差

由于方差用的是观测值与分布均值的平方，其关系是非线性的。方差的平方根，能够为我们提供一个更有用的衡量离散水平的手段，尤其是在各种投资机会的期望值具有明显差异的时候，它消除了方差的扭曲影响。

标准偏差用公式（7.3）表示为：

$$\sigma = \sqrt{\sigma_x^2} = \sqrt{\sum_{i=1}^{n} (x_i - \bar{x})^2 p_i} \tag{7.3}$$

式中：$\sigma$——标准偏差，其他符号意义同前。

标准偏差也称标准差、均方差，是方差的平方根，它反映了随机变量与预期值的偏离程度，可用来表示投资风险的大小。标准差越小，说明随机变量取值偏离其期望值的离散程度越小，项目风险就越小，反之则相反。

6.变异系数

对不同的投资项目，当计算出的期望值大致相同时，用标准偏差作为一种测量风险的手段，能较好地起到比较作用。但是当几个不同投资项目的期望值水平不同时，则需要计算出变异系数来分析各投资项目之间的风险程度，它是标准偏差除以期望值得到的商，有时也叫标准差系数或风险度。

$$v = \frac{\sigma}{\bar{x}} \tag{7.4}$$

式中：$v$——变异系数，其余符号含义同前。

变异系数排除了不同规模的投资项目由于期望值大小而产生的风险大小的影

响。变异系数越大，表示风险程度越大。

7.置信区间与置信概率

利用统计学中置信区间和置信概率的概念，可以对风险投资的收益率作进一步的分析。

根据统计学的原理，在概率分布为正态分布的情况下，随机变量出现在预期值±1个标准差范围内的概率为68.26%；出现在预期值±2个标准差范围内的概率为95.56%；出现在预期值±3个标准差范围内的概率为99.74%，如图7-6所示。

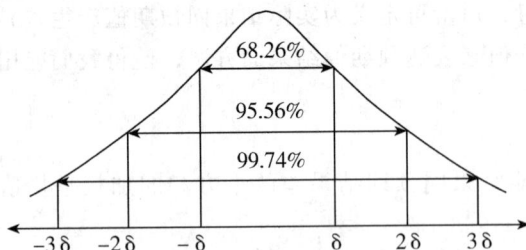

图7-6 置信区间及置信概率（±3个标准差）

"预期值±Z个标准差"称为置信区间，相应的概率称为置信概率。置信概率实际上是正态分布曲线与置信区间所组成的面积。或者说，只要基础概率是关于均值对称分布的，那么所有可能结果的68.26%将落在期望值的1个标准差之内。2个标准差能包含所有结果的95.56%，而期望值两侧3个标准差之内几乎包括了所有的可能结果。

如果预先给定一个随机变量的置信概率，就能找到相应的置信区间；如果预先给定一个随机变量的置信区间，即可求出相应的置信概率。不过首先要求出标准差的个数。

一旦均值的标准差已经确立，就可以确定任何所要的间隔值的发生概率。完成这项工作需要参考一张正态分布曲线面积表（由附表3给出）。附录3反映了所取值和其相关概率的关系。该表第1列和第1行组成标准差的个数，列和行交叉处的数字是相应的正态分布曲线下的面积占总面积的比重，即置信概率。但附录3中给出的仅是对称轴一侧的面积，例如，1个标准差所对应的数字是0.3413，则中轴两侧的面积占总面积的比重为68.26%（0.3413×2×100%）。

附录2有时又称为Z值表，它显示了标准分布状态下各种确定值左边和右边的面积比例。表中的Z值是均值与具体问题所取值的差值中包含的标准差的总数。该关系用数学式（7.5）表达为：

$$Z = \frac{x_i - \bar{x}}{\sigma_x} \tag{7.5}$$

式中：$x_i$——对称分布曲线对应的（常称作标准曲线）某一具体的值；$\bar{x}$——分布中点值（期望值）；$\sigma_x$——标准偏差值。

**（二）概率分析举例**

［例7-2］以［例7-1］为例，试求例中A、B两项目投资收益率的期望值、方差、标准偏差，并分析两项目的盈利性与风险性。

对该例简要分析：

（1）该例中，"预期投资收益率"为已选定的进行风险分析的主要经济指标。

（2）假设"市场状况"是进行风险分析最主要的不确定性因素，同时将其余因素假设为确定因素。

（3）把该不确定性因素变化范围缩小为3种情况：繁荣、正常、衰退，对每种情况确定其概率为0.3、0.4、0.3，概率分布见表7-2。

（4）根据概率分布，计算上述条件下投资收益率的期望值、标准方差、置信区间和置信概率。

（5）用上述数据说明这两个投资项目的风险大小，然后对这两个投资项目盈利的把握程度进行分析和判断。

解：已知随机变量是投资收益率；概率是主观概率；已有概率分布是离散型分布（只取有限的3个值）。

（1）求期望值

根据公式 $\bar{x} = \sum_{i=1}^{n} x_i p_i$ 得：

A项目预期投资收益率的期望值=0.3×120%+0.4×20%+0.3×（-80%）=20%

B项目预期投资收益率的期望值=0.3×25%+0.4×20%+0.3×15%=20%

两个投资项目预期投资收益率的期望值相等，但其概率分布是不同的。A项目的收益率分散程度很大，变动范围为-80%～120%，B项目收益率分散程度较小，为15%～25%。这反映了两个项目的投资风险的差别。为了定量分析风险大小，可使用统计学中衡量概率分布离散程度的指标。

（2）求方差

根据前面的已知，A、B两项目的期望值均为20%，因此，根据公式 $\sigma_x^2 = \sum_{i=1}^{n} (x_i - \bar{x})^2 p_i$ 得：

A项目的方差=（120%-20%）²×0.3+（20%-20%）²×0.4+（-80%-20%）²×0.3
　　　　　=0.6

B项目的方差=（25%-20%）²×0.3+（20%-20%）²×0.4+（15%-20%）²×0.3
　　　　　=0.0015

（3）求标准偏差

由A、B项目的方差，再根据公式 $\sigma = \sqrt{\sum_{i=1}^{n} (x_i - \bar{x})^2 p_i}$ 计算得：

A项目的标准偏差 $= \sqrt{0.6} \times 100\% = 77.46\%$

B项目的标准偏差 $= \sqrt{0.0015} \times 100\% = 3.87\%$

上述计算结果表明，A项目的投资风险比B项目大得多。

（4）分析两项目的盈利性

两项目的盈利性实际上需要通过求置信区间和置信概率来判断。

①置信区间

因为置信区间是在"期望值或预期值±Z个标准差"之间，根据前面的分析，我们知道，A项目的实际收益率有68.26%的可能性是在20%±77.46%的范围内，风险较大。B项目的实际收益率有68.26%的可能性是在20%±3.87%的范围内，风险较小，置信区间见表7-3。

表7-3 A、B两项目的置信区间

| 置信概率 | A项目的置信区间 | B项目的置信区间 |
|---|---|---|
| 99.74% | 20%±3×77.46% | 20%±3×3.87% |
| 95.56% | 20%±2×77.46% | 20%±2×3.87% |
| 68.26% | 20%±1×77.46% | 20%±1×3.87% |

②置信概率

"盈利"实际上是指两项目的投资收益率大于零的情况。所以对A项目来说，是指置信区间为0～∞时其盈利的可能性有多大；而对B项目来说，是指置信区间为0～∞时其盈利的可能性有多大。

A项目的置信概率：

第1步，先计算0～20%（均值）区间的面积。根据公式$Z=\dfrac{x_i-\bar{x}}{\sigma_x}$，该区间含有标准差的个数为：

$$Z=\frac{x_i-\bar{x}}{\sigma_x}=\frac{0-20\%}{77.46\%}=-0.26（负数只是表示从中值左偏，因为面积是不分正负的）$$

查表Z=-0.26时，对应的面积是0.1026，即10.26%。

第2步，计算20%～∞区间时的面积。因为20%～∞部分占总面积的一半（中点期望值的右侧面积），所以其对应面积为50%。

则：A项目盈利的概率=50%+10.26%=60.26%

A项目亏损的概率=50%-10.26%=39.74%

而A项目盈利的概率即图7-7中斜线所示的正态分布曲线下的面积。

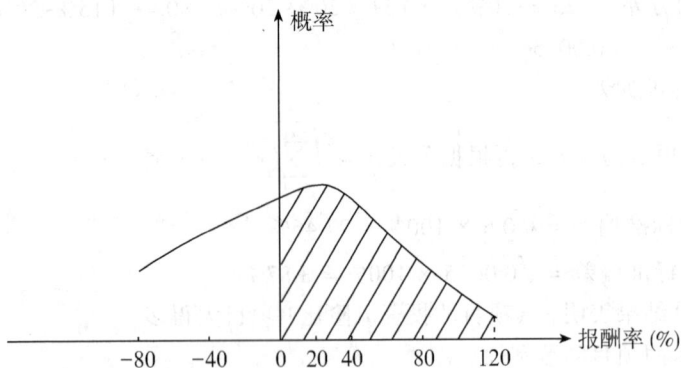

图7-7 A项目盈利的概率

同理，可计算 B 项目盈利的概率。

第 1 步，计算 0 ～ 20% 区间的面积。该区间含有标准差的个数，根据公式得：

$$Z = \frac{x_i - \bar{x}}{\sigma_x} = \frac{0 - 20\%}{3.87\%} = -5.17$$

查表知 Z≥3.9 时，面积均为 0.5，即 50%。

第 2 步，计算 20% ～ ∞ 区间的面积。因为 20% ～ ∞ 部分占总面积的一半（中点期望值的右侧面积），所以其对应面积为 50%。

则：B 项目盈利的概率=50%+50%=100%

也就是说，B 项目亏损的概率为 0。即 B 项目肯定盈利。

[例 7-3] 仍用上例，分析两个项目投资收益率在 25% 以上的概率。

解：利用上例中某些已计算出的数据计算得出：

（1）Z（A）=（25%-20%）÷77.46%≈0.07

查表得面积为 0.0279，所以：

A 项目投资收益率在 25% 以上的概率为：50%-2.79%=47.21%

同样，可计算 B 项目的投资收益率在 25% 以上的概率：

（2）Z（B）=（25%-20%）÷3.87%=1.29

查表得面积为 0.4015，所以：

B 项目投资收益率在 25% 以上的概率为：50%-40.15%=9.85%

比较而言，B 项目取得 25% 以上投资收益率的可能性很小。

综上所述，两个项目的平均收益率相同，但风险大小不同。A 项目可能取得高收益，但亏损的可能性也大；B 项目取得高收益的可能性小，亏损的可能性没有。究竟选哪一个项目，则由投资者根据其对风险的态度而定。愿意回避风险的人会选择 B 项目；愿意冒风险的人会选择 A 项目。

不过，经过以上分析计算，我们也清楚地看到，概率分析所用的主观概率是靠预测、估计得到的，因此这些主观概率值本身就含有大量的模糊性或不确定性等主观因素，而这些主观因素所造成的不确定性和风险是任何方法也不能排除的。随着科学技术的进步和模糊技术的发展及推广运用，用模糊技术代替难以确定的、主观的不确定性因素的变化概率的确定方法，将使概率分析方法更趋准确、科学。

当然，我们在此分析的仅是单一的随机变量的风险问题，因此上述分析方法相对简单些。实际投资活动中，每个投资项目都有若干个随机变量，每个随机变量又可能有若干个取值，这种情况下，就不能用这种方法而应该采用蒙特卡洛法进行分析。

蒙特卡洛法也叫模拟抽样法，它可以把一些具有经验分布统计特性的数据用于一个系统。如果模型是根据过去的房地产投资实际发生的情况来进行下一步投资决策的，我们可以借助于从真实分布中抽样的蒙特卡洛方法模拟一个房地产投资的全过程，从而使模拟系统中的各个经济变量及时间与过去的实际情况相对应。在上述所用的不确定性因素影响下的决策方法中，常常只考虑最好、最坏和最可能几种估计，如果这些不确定的因素有很多，只考虑这3种估计便会使决策发生偏差或失误。

对于大型的投资项目、大型的环境工程等常需要进行认真的风险分析。这些项目不仅规模大、投资大、难度大、风险也大，而且这些项目的建设周期也十分长，在合同期内，市场情况、利率、通货膨胀和技术进步情况等因素都在不断发生变化，因此，要进行房地产投资风险估计，首先面临的是对这些随机因素的影响作出估计。这可以说是十分困难的，因为对大型的投资项目不能进行物理实验。即使是使用计算机，要将所有的可能情况都计算一遍也是困难的，需要的时间和费用相当大。

蒙特卡洛法是对未来情况的幕景分析和模拟，所以可以说正是为解决这一困难而设计的，它可以看作一种对实际可能发生情况的模拟，是一种实验研究方法。如果我们对未来的情况不能确定而只知各输入变量按某一概率分布取值，便可以采用一个随机数生成器生成具有相同概率的数值，赋值给各输入变量，并计算各输出变量，以对应实际可能发生的情况，如此反复取值，得出多种数据，投资者便可根据这些数据求出输出量的概率分布。输出量的概率分布函数是随着反复的次数而变化的，次数越多则这种分布越接近真实的分布。

不过，由于这种方法需要准确估计各变量的变化范围以及各变量变化的概率分布（仅知道各自变量的数学特征是不能进行模拟实验的），而这在实际分析中，当市场资料不完整时是较困难的。所以，有些学者认为它虽然理论上是较完善的，但实用性不强，因而对其持否定态度。但从国外近些年的房地产投资项目分析的发展来看，由于计算机的大量使用和在房地产投资项目的信息搜集、分析、处理、预测等方面所作的大量研究，使用这种方法进行投资项目的风险分析已经相当普遍。[①]

# 第四节　小结

风险是指投资的实际收益与期望的或要求的收益的偏差。这种偏差包括两种情况：其一，遭受经济损失；其二，实际所获得的收益小于预期收益（希望获得的收益）。

不确定性分析与风险分析既有联系，又有区别。应把投资经济效益可作概率估计的情况称为风险，把无法进行概率估计的情况称为不确定性。在真正的不确定性情况下，各种可能结果的数目是不可知的，所有可能结果的概率是不可测的，有关其发生可能性的信息也不多；风险虽然也具有不确定性，但它指的是各种可能结果发生的概率是已知的或可测的情形。这种测量一般通过概率方法进行。

房地产投资风险是指房地产投资过程中，某种低于预期利润、特别是导致投资

---

① 杜海鹏. 房地产投资风险与防范 [M]. 北京：经济科学出版社，1998：301.

损失的可能性。

房地产投资一般会面临以下风险：自然风险与意外风险、财务风险、经营风险、市场风险、政策风险、利率风险、社会风险与政治风险。

房地产投资风险具有客观性、多样性、补偿性和可测性。

规避和控制这些风险的主要方法有：风险回避、风险预控、风险组合和风险转移。

投资回报是指因承担某种风险进行投资而获得的收益。投资回报与投资风险之间有一定的关系。一般情况下，在同样的风险前提下，投资者倾向于更高的投资回报；而在同样的回报情况下，投资者乐意承担更小的投资风险。

风险分析是根据各种变量的概率分布，推求一个项目在风险条件下获利的可能性大小。因此，风险分析有时也被称为概率分析。而进行风险分析的目的是辅助投资决策，确定合理的投资收益水平。

风险的测量是通过概率与统计的方法来进行的。这些方法有：计算期望值、标准偏差、变异系数、置信区间和置信概率，由此来分析某一投资项目的风险大小和盈利的把握程度。

单一的随机变量的风险问题可以用上述分析方法，但实际投资活动中，每个投资项目都有若干个随机变量，每个随机变量又可能有若干个取值，这种情况下，就不能用概率分析的方法而可以采用蒙特卡洛法进行分析，本章最后简要介绍了该方法。

## □ 思政课堂

### 疫情属于自然风险还是不可抗力风险？

要理解这个问题，我们需要回顾一下自然风险的概念。

自然风险是指由于人们对自然力失去控制或自然本身发生异常所造成的损失。如雷电、风暴、火、地震、洪涝等自然灾害的发生，会给房地产带来很大的破坏，给房地产所有者带来极大的损害。可见，自然灾害是人类依赖的自然界中发生的异常现象，所以，疫情不属于自然灾害。

《中华人民共和国民法典》第180条规定："……不可抗力是不能预见、不能避免且不能克服的客观情况。"

不可抗力因素具体包括以下几种情况：

（1）自然灾害属于不可抗力。例如地震、台风、洪水、冰雹、蝗灾、风暴等。

（2）政府行为属于不可抗力。例如征收、征用等。

（3）社会异常事件属于不可抗力。例如罢工、骚乱等社会异常的、突发的事件。

2020年初新型冠状病毒感染暴发，具有突发性，一般公众无法预见，且疫情暴发至今尚无有效治愈方法，一般公众亦不能避免。因此，疫情属于突发公共卫生事件，属于不能预见、不能避免且不能克服的不可抗力。

　　疫情这种不可抗力虽然并没有给房地产带来破坏，但对我国经济产生了深远影响，对房地产行业影响也较大，且存在着越来越多的法律风险。

　　这次的疫情防控彰显了我国社会治理制度的显著优势，我国社会治理体系战胜了疫情的挑战。

　　党的二十大报告指出，面对突如其来的新冠肺炎疫情，我们坚持人民至上、生命至上，坚持外防输入、内防反弹，坚持动态清零不动摇，开展抗击疫情人民战争、总体战、阻击战，最大限度保护了人民生命安全和身体健康，统筹疫情防控和经济社会发展取得重大积极成果。在抗击疫情过程中我们展现负责任大国担当，积极参与全球治理体系改革和建设，全面开展抗击新冠肺炎疫情国际合作，赢得广泛国际赞誉，我国国际影响力、感召力、塑造力显著提升。同学们无论在校内学习还是校外工作，都应当在坚持房住不炒和风险防范的前提下，多研究疫情给房地产业带来的各种叠加风险，正确理解中央"保持房地产市场健康平稳发展"的理念。

　　同时，作为大学生个人，应该做到个人层面的风险识别与安全防护，配合和拥护政府对疫情的检测、预警与应对等措施。

## 关键概念

　　风险　房地产投资风险　财务风险　经营风险　市场风险　风险分析　标准偏差
离散度　变异系数　期望值　置信区间　置信概率　蒙特卡洛法

## 复习思考题

　　1.风险有几种解释？你是怎样理解风险的？

　　2.风险和不确定性有何区别？

　　3.风险和回报之间有什么关系？它们与投资者的态度又有怎样的关系？

　　4.房地产投资风险有哪些特征？

　　5.房地产投资通常面临哪些风险？有哪些控制方法？

　　6.风险分析一般解决什么问题？

　　7.风险分析的步骤是什么？

　　8.风险分析的目的与作用是什么？

　　9.怎样通过标准偏差、变异系数来说明风险的大小？

　　10.简述变异系数的计算公式并解释它在投资分析中的用途。

　　11.某房地产公司有A、B两个投资机会，有关资料见表7-4。

表7-4　　　　　　　　　　　　　A、B两项目投资收益率的概率

| 市场状况 | 发生概率 | A项目投资收益率 | B项目投资收益率 |
|---|---|---|---|
| 繁荣 | 0.3 | 90% | 20% |
| 正常 | 0.4 | 15% | 15% |
| 衰退 | 0.3 | -60% | 10% |

要求：（1）计算两个项目的投资收益率的期望值和标准差。

（2）试分析两个项目盈利的可能性。

（3）分析两个项目投资收益率达到20%的可能性各是多少？

拓展阅读

不同阶段的投资
风险防范措施

参考答案

# 第八章

# 房地产投资决策分析

□ 学习目标

通过本章学习，要求学生掌握房地产投资方案比选的基本方法，能熟练运用各种指标进行投资方案的取舍；熟悉投资决策的类型和投资方案的类型，从而根据不同决策类型和方案类型，选择具体的指标进行房地产投资项目的方案比选和判断；了解投资决策的含义与程序、投资项目方案比选的意义和作用及比选过程中应注意的问题，学会在不同情况下进行投资决策。

一个房地产投资者在很多情况下都面临着如何选择和决策的问题。有时，一个项目有几个方案，当它们互相排斥时采用哪个方案？当它们相互独立时又采用哪个方案？有没有可能将它们相互组合然后找到最佳方案呢？有时，当你手中资金有限，你将进行何种投资——土地开发投资还是房屋开发投资？还有时，是采用何种经营方式的问题——开发完毕后是出售好还是出租好？出租经营时持有几年合适？或者如何选择筹资方式的问题——是自筹、借款还是通过发行有价证券？该不该借款？该借多少？等。投资者有时会面临其中的一个或几个问题，因此投资决策的内容是多方面的。不同的问题有着不同的投资决策方法。投资决策的实质，就在于选择最佳方案以取得最好的投资效益，并使得资源得到最优配置。

## 第一节 房地产项目投资决策概述

### 一、房地产投资决策的含义

一般地说，决策就是对需要处理的事情作出策略上的决定。投资决策就是围绕事先确定的经营目标，在拥有大量信息的基础上，借助现代化的分析手段和方法，通过定性的推理判断和定量的分析计算，对各种投资方案进行比较和选择的过程。在房地产投资活动中，一般都会有不同的投资方案可供选择，房地产投资决策就是利用有效、准确的方法作出正确的选择，在众多的投资方案中找出最佳方案。

构成一个房地产投资决策问题，必须具备以下几项基本条件：

（1）有明确的决策目标，即要求解决什么问题。确定目标是决策的基础，决策目标应明确具体，并且应是定量描述的。

（2）有两个以上可供选择和比较的决策方案。一个决策问题往往存在多种实施方案，决策的过程也就是方案的评价和比较过程。

（3）有评价方案优劣的标准。决策方案的优劣必须有客观的评价标准，并且这些标准应当尽可能地采用量化标准。

（4）有真实反映客观实际的数据资料。客观准确的原始数据资料与科学正确的决策方法一同构成了科学决策的两方面，二者缺一不可。

正确的决策不仅取决于决策者个人的素质、知识、能力、经验以及审时度势和多谋善断的能力，并且需要决策者熟悉和掌握决策的基本理论、基本内容和类型，以及应用科学决策的基本方法。

应当注意的是，目前影响房地产开发项目投资决策的因素已经越来越超越了项目本身的盈利与风险特征以及个人的素质与能力，越来越与企业的发展或扩张战略，以及企业的开发管理、投资与融资等能力密切关联。今后在决策时应考虑这一点。

## 二、房地产投资决策的程序

一项投资决策大体要经历以下程序：

（1）确定拟建项目要达到的目标。

（2）根据确定的目标，提出若干个有价值的投资方案。

（3）通过方案的比选，选出最佳投资方案。

（4）最后对最佳方案进行评价，以判断其可行程度。

如前所述，投资决策的内容非常广泛，既包括投资项目类型、开发条件、经营方式的比选，也包括投资时间、投资规模、筹资方式的比选，同时也包括经济效益和社会效益的比选，各类方案的经济效益是投资决策时的主要依据。进行投资项目的决策时，可以按各个投资项目方案的全部因素，进行全面的技术经济对比；也可仅就不同因素，计算比较经济效益指标，进行局部的对比。

## 三、房地产投资决策的类型

按照决策所需的外部条件或决策变量的自然状态（即确定的、部分确定部分估计的、不确定的3种状态）相应地分为确定型决策、风险型决策和不确定型决策。

### (一) 确定型决策

确定型决策是指决策者确知自然状态的发生，每一方案只有一个确定结果，方案的选择结果取决于对各方案的结果的直接比较。这种类型的决策方案比较成熟，主要使用数学方法。

确定型决策是在稳定或可控条件下进行的决策，是指影响决策的因素或自然状态是明确肯定的，是可以作定量描述的。如有固定买主的投资项目，未来的商品房销售对象和销售单价均已确定；短期、小型开发项目，投资建设期短，市场变化不大，销路和单价等均可事先作出较有把握的估计等这一类开发项目的决策问题。

确定型决策问题的决策准则就是各类方案的评价指标。它一般按决策目标所确定的定量标准，根据不同的约束条件，采用不同的数学模型和计量指标，进行程序化的决策。只需按事先选定的评价指标（如投资成本、利润总额以及反映静态投资效益的投资收益率、投资回收期、投资利润率；反映动态投资效益的净现值、内部收益率、等额年值指标等），进行计算分析即可。

不过，如果考虑投资方案互斥还是独立的情况后，其中某些指标会有一些变化。

一般常见的确定型决策有效益费用分析法、净现值法、内部收益率法等。

下面以效益费用分析法说明确定型决策的决策过程。

效益费用分析法把目标体系分为两大类：一类是消耗费用 $C(x)$，另一类是效益值 $V(x)$，效果指标——效益费用比（效费比）用 $E(x)$ 表示，可用公式（8.1）表示如下：

$$E(x) = V(x) \div C(x) \tag{8.1}$$

各种备选方案的 $E(x)$ 计算出来后，$E(x)$ 值最大且超过规定的标准效费比的方案为最优方案；若方案效费比相同，则选用 $V(x)$ 值最大的方案。

例如，某购物中心开发项目有3个投资方案，投资额分别为1 000万元、1 500万元和2 000万元，若建设期限与经营期限相同，而各自的收益分别为1 500万元、3 000万元和6 000万元，且标准效费比为1.8，试确定投资方案。

在本例中，投资项目实施的内外部条件是确定的、已知的，有3个可供选择的决策方案，且每个方案实施结果只有一个，而且可以量化。

即：方案一：E（1）=1 500÷1 000=1.5

方案二：E（2）=3 000÷1 500=2

方案三：E（3）=6 000÷2 000=3

由于 E（1）小于标准效费比（1.8），故方案一淘汰；而 E（2）、E（3）均大于标准效费比，且 E（3）＞E（2），故 E（3）为最优方案。

有关应用于确定型决策的净现值法和内部收益率法将在本章第二节——"房地产投资方案的比选"中加以介绍，在此不作展开。

## （二）风险型决策[①]

风险型决策又称随机型决策，是指每一种方案的执行都会出现若干种不同的结果，并且各种结果的出现都有一定的概率，即每种选择都存在风险。风险型决策由于决策者对待风险的态度不同，进行方案比较的标准即决策准则也不同。

这种方法要求决策者根据几种不同自然状态可能发生的概率开展决策工作。在房地产开发经营过程中，大量的决策问题都具有某种潜在的风险，而其风险多数遵循统计规律，也就是说，根据已掌握的资料，可对其各种情况发生的可能性（概率）作出估计。因此，风险型决策是以同时考虑方案的损益（经济效益）及其发生的概率的期望值作为决策准则。这是指一投资项目的多个可选择方案，在不同自然状态、不同概率、不同损益下的期望收益值，其中期望收益值最大的方案为优选方案。

投资方案的期望值按公式（8.2）计算：

$$\bar{x} = \sum_{i=1}^{n} x_i p_i \tag{8.2}$$

把每个方案的期望值求出来，然后加以比较，如果决策目标是收益最大化，则选择期望值最大的方案；如果决策目标是使损失最小，则选择期望值最小的方案。

［例8-1］某房地产开发公司计划开发建设住宅小区，面临两个备选方案。两方案的建设经营期限均为6年。方案A是进行大规模开发，需投资2亿元；方案B是进行小规模开发，需投资1亿元。根据市场调研和预测，该时期住宅销路好的概率为0.8，销路差的概率为0.2。两个方案的年损益值见表8-1。试评价两个方案。

表8-1　　　　　　　　　　　**年损益值表**　　　　　　　　　　单位：万元

| 投资方案 | 年损益值 | |
|---|---|---|
| | 销路好 $p_1 = 0.8$ | 销路差 $p_2 = 0.2$ |
| A：大规模开发 | 6 000 | -2 000 |
| B：小规模开发 | 3 000 | 1 000 |

解：为了评价两方案经济效益的好坏，我们分别计算两方案6年内的净收益期望值。并通过比较，选择期望值较大的方案为最优方案。代入上述公式：

$\bar{x}(A)=［0.8\times6\,000+（-2\,000\times0.2）］\times6-20\,000=6\,400$（万元）

$\bar{x}(B)=（0.8\times3\,000+1\,000\times0.2）\times6-10\,000=5\,600$（万元）

比较两方案损益值的期望，得出 $\bar{x}(A)>\bar{x}(B)$。所以选择大规模开发建设方案比选择小规模开发建设方案获利要多。

## （三）不确定型决策

投资决策所面临的客观条件完全未知时，决策者在一种无法肯定的情况下进行的决策称之为不确定型决策。风险型决策说明了一个风险事件在某一系统中发生的

---

[①]　风险型决策过程其实就是第七章所述的投资项目"风险分析"过程，所以此处不再赘述。

概率理论上说是可以主观估计出来的。但在实际中，有些事件却往往很难估计出其发生的概率，即对事件在系统中发生的概率不能作出主观可能的估计，而只能对风险后果有所估计。所以不确定型决策只能依靠主观推断，其决策的准确程度完全取决于决策者的经验、判断能力以及对风险所持的态度。同一数据，可能有完全不同的方案选择。通常有以下几种决策方法用来评价、选择投资方案。

1.悲观法——小中取大法

由瓦尔德创造的这种决策方法采取悲观的态度看待未来，即为了保险起见，决策者总是按最不利的状态作出决策。悲观法立足于把损失降到最小，把安全放在首位。其具体做法是：先计算每个方案在每种情况下的收益值；然后把各个方案的最小收益值（最不利状况下的收益）找出来，在这组最小的收益值中，对应收益值最大的方案为优选方案。故悲观法有时又称"小中取大法"。

［例8-2］某房地产开发公司针对一项目设计了3种投资方案A、B、C。而这3种方案的损益情况与房地产市场需求情况密切相关（见表8-2）。据分析，未来的市场需求将面临高、中、低3种状态，这3种状态发生的信息尚未掌握，此时应如何决策？

表8-2　　　　　　　　　　　　　　　损益值表　　　　　　　　　　　　单位：万元

| 方案＼需求状态 | 高 | 中 | 低 |
|---|---|---|---|
| A | 1 650 | 1 100 | 700 |
| B | 1 860 | 1 030 | 500 |
| C | 1 420 | 680 | 330 |

解：（1）求各决策方案中的最小损益值

minA=700万元

minB=500万元

minC=330万元

（2）找出各方案最小值中的最大值

max［min A，B，C］=700万元

此最大值所对应的方案A便是决策者心中的最优方案。就是说，在悲观法的判定下，如果该项目无论如何都要投资建设的话，决策者优先选择最不利情况下将获最大利益的A方案。

悲观法通常运用于投资者对投资结果要求稳当、慎重的情况下，其基本思想是不求大功但求无过，以保险和避免发生较大的损失作为效用标准。其缺点是，虽然可以避免出现较大的实际损失的风险，但也可能是盈利机会损失最大的。

2.乐观法——大中取大法

决策者对项目面临的未知状态持乐观态度。那些喜欢主动冒险的投资者，他们

总是能从所有最好的结果中选择一项最有利的方案。乐观准则的具体实施过程是：首先从每一方案的所有可能结果中选择一个最大收益值；然后将各方案的最大可能收益值进行比较，从中选择一个最大值，该最大值对应的方案便是最优方案。

［例8-3］试用乐观法对前例所示项目进行投资决策。

解：查表8-2中数据，得：

（1）求各决策方案中的最大损益值

maxA=1 650万元

maxB=1 860万元

maxC=1 420万元

（2）找出各方案最大值中的最大值

max［max A，B，C］=1 860万元

故按乐观法判定，B方案为最优方案。

3.折中法

悲观法与乐观法以两种极端的态度对待投资决策，显然这与现实不甚相符。事实上，从事房地产项目投资，任何决策者都不打算在所有项目上都去冒险。同样，也没有一位决策者会永远都不冒一点风险。正如我们在前面有关风险的分析中所指出的那样，大多数决策者是介于二者之间的。于是赫维茨创立了以乐观系数来表示乐观程度的所谓折中法。

折中法的决策过程是：决策者对每一决策方案取其最大和最小损益值的加权平均值；然后选出最大加权平均值，该最大加权平均值对应的方案就是最优方案。而权重通常根据决策者的经验确定。若每一决策方案最大值的发生概率为α，则最小值的发生概率为（1-α）。这里的α值描述决策者对项目未来状态的乐观程度（α介于0和1之间）。

［例8-4］设［例8-2］中所示投资项目，乐观系数α=0.7，试按折中法进行方案决策。

解：因为α=0.7，1-α=0.3，故折中损益值为：

A项目：0.7×1 650+0.3×700=1 365（万元）

B项目：0.7×1 860+0.3×500=1 452（万元）

C项目：0.7×1 420+0.3×330=1 093（万元）

显然，由于B项目的折中损益值最大，故决策者优选B方案进行该项目的投资。

4.后悔值法——大中取小法

在制定决策后，发生的自然状态没有导致最好的效果，就会产生遗憾或是后悔的感觉。在决策过程中，由于对形势估计错误选错方案而少获得的收益或者蒙受的亏损值称为"后悔值"。人们总是希望这种"后悔"的程度即错误决策所带来的损失越小越好。赛维奇把这种原则称为"后悔值准则"，以"后悔值"指标作为依据，以"后悔值"最小作为方案评价标准进行方案决策。这个后悔值应该等于各种

自然状态下的最大收益与其他拟选方案下的收益值之差。

运用后悔值法进行方案决策时，先将各种自然状态下的最大收益减去其他方案下的收益值，从中选出各种自然状态下各方案的后悔值，然后列出每一方案的最大后悔值，从中选择最小值，该最小后悔值所对应的方案便是该项目的最优方案。后悔值代表了人们未能选择最有利的行动而造成的效益损失量。

［例8-5］试用后悔值法对［例8-2］所示投资项目进行方案决策。

解：该项目后悔值法的决策过程是：

（1）分析各需求状态下各方案的最大损益值和后悔值

① 高需求状态下，1 650万元、1 860万元、1 420万元中，最大损益值为1 860万元。则拟选方案A的后悔值为1 860-1 650=210（万元）；拟选方案B的后悔值为1 860-1 860=0；拟选方案C的后悔值为1 860-1 420=440（万元）。

② 中等需求状态下，1 100万元、1 030万元、680万元中，最大损益值为1 100万元。则拟选方案A的后悔值为1 100-1 100=0；拟选方案B的后悔值为1 100-1 030=70（万元）；拟选方案C的后悔值为1 100-680=420（万元）。

③ 低需求状态下，700万元、500万元、330万元中，最大损益值为700万元。则拟选方案A的后悔值为700-700=0；拟选方案B的后悔值为700-500=200（万元）；拟选方案C的后悔值为700-330=370（万元）。

（2）找出各方案在3种状态下的最大后悔值

从以上分析可知：方案A在3种状态下的最大后悔值是210万元，方案B在3种状态下的最大后悔值是200万元，方案C在3种状态下的最大后悔值是440万元。

（3）找出最大后悔值中的最小后悔值，作出决策

在这3个方案的最大后悔值中，最小后悔值为200万元，对应的是方案B，所以，本项目把方案B作为优选方案。

5.机会均等法

机会均等法也叫拉普拉斯准则，即决策者在决策过程中，不能肯定各种自然状态出现的概率，便认为是等概率的，即如有几个自然状态，则每个自然状态出现的概率为$1/n$，然后按照风险决策的损益最大期望值作出决策。

［例8-6］某房地产开发经营公司，经全面市场调查，并针对本公司现有房源及销售情况得出表8-3显示的报酬率统计。试按机会均等法选择最佳方案。

表8-3　　　　　　　　　　　　报酬率统计表

| 方　案 | 逐渐看好的市场报酬率（%） | 逐渐衰退的市场报酬率（%） |
|---|---|---|
| A | 30 | -13 |
| B | 19 | -3 |
| C | 24 | -9 |
| D | 9 | -5 |

解：如按机会均等法分析上例，表8-3中4个方案机会均等，则各方案的损益期望值为：

$\bar{x}(A)=（30-13）\times 1/2=8.5$

$\bar{x}(B)=（19-3）\times 1/2=8$

$\bar{x}(C)=（24-9）\times 1/2=7.5$

$\bar{x}(D)=（9-5）\times 1/2=2$

由上述计算结果可知，A方案为最优方案。

## 四、决策类型案例分析

某商业房地产开发商准备建造一幢大型购物中心，因有关决策资料不完全，对购物中心建成后的日营业额只能估计为高营业额、中等营业额、低营业额3种情况。而对每种情况出现的概率不能作出预测。开发商拟订了3种投资方案：

方案一：开发建设大规模购物中心；

方案二：开发建设中等规模购物中心；

方案三：开发建设小规模购物中心。

以上每种方案的收益值见表8-4。

表8-4　　　　　　　　**方案在不同需求及自然状态下的收益值**　　　　　　单位：万元

| 方案 ＼ 自然状态 | 高营业额 | 中等营业额 | 低营业额 |
|---|---|---|---|
| 方案一：大规模购物中心 | 800 | 400 | -60 |
| 方案二：中等规模购物中心 | 500 | 450 | 80 |
| 方案三：小规模购物中心 | 350 | 230 | 180 |

请通过确定其决策类型来进行决策。

解：

（1）根据案例所示情况，通过分析确定，是否开发大型购物中心属于不确定型决策。

（2）不确定型决策有乐观法、悲观法、折中法、后悔值法和机会均等法等决策方法。本项目采用其中的3种方法来进行分析。

①采用乐观法。3个方案的最大收益值分别为800万元、500万元、350万元；在这3个收益值中，800万元为最大，其对应方案一，故方案一为优选方案。

②采用悲观法。上例中，3个方案的最小收益值分别为-60万元、80万元、180万元；在这3个收益值中，方案三的收益值最大，故把方案三作为优选方案。

③采用后悔值法。

A.根据后悔值法的描述，可得出各个方案在不同状态下的后悔值表，见表8-5。

表8-5　　　　　　　　　　　不同方案自然状态下的后悔值　　　　　　　　单位：万元

| 自然状态　　　方案 | 高营业额 | 中等营业额 | 低营业额 | 最大后悔值 |
|---|---|---|---|---|
| 方案一：大规模购物中心 | 800 | 400 | -60 | 240 |
| 方案二：中等规模购物中心 | 500 | 450 | 80 | 300 |
| 方案三：小规模购物中心 | 350 | 230 | 180 | 450 |

B.选择最小后悔值的方案。

选择最小后悔值的过程如下：

a.高营业额状态下，800万元、500万元、350万元中，最高损益值为800万元。则拟选方案一的后悔值为800-800=0；拟选方案二的后悔值是800-500=300（万元）；拟选方案三的后悔值是800-350=450（万元）。

b.中等营业额状态下，400万元、450万元、230万元中，最高损益值为450万元。则拟选方案一的后悔值是450-400=50（万元）；拟选方案二的后悔值是450-450=0；拟选方案三的后悔值是450-230=220（万元）。

c.低营业额状态下，-60万元、80万元、180万元中，最高损益值为180万元。则拟选方案一的后悔值为180-（-60）=240（万元）；拟选方案二的后悔值为180-80=100（万元）；拟选方案三的后悔值为180-180=0。

从以上分析可知：方案一在3种状态下的最大后悔值是240万元，方案二在3种状态下的最大后悔值是300万元，方案三在3种状态下的最大后悔值是450万元。而这3个方案的最大后悔值中，最小后悔值为240万元，对应的是方案一，所以，本案例把方案一作为优选方案。

（3）最终决策。

在乐观法、悲观法和后悔值法这3种决策方法中，两种方法都选择了方案一，故开发商可以以方案一作为最终的决策。

在商业房地产投资项目的决策中，不确定型决策出现的频率比较高，难度也比较大。这就要求决策分析人员不断提高素质，提升决策水平。

# 第二节　房地产投资项目的方案比选

前一节我们介绍了房地产投资项目决策的3种基本类型。但对于其中的确定型决策类型项目，在上一节我们没有进行详细阐述。一般来说，确定型项目决策的过程就是方案比选的过程，这使得我们有理由在本节对确定型决策中经常使用的决策指标与方案比选所使用的一些基本指标等同看待，从而加以展开叙述。

## 一、房地产投资项目方案比选的含义

以前各章的分析，是在这样一个假设前提下进行的：方案唯一。实际上投资者产生投资意向时，往往面临多种投资机会和可能方案，而由于资金的限制，再加上对风险因素的考虑，需从中选择预期收益最大者，然后进行详细而具体的投资分析，最后决定投资实施与否。因此，房地产投资项目的方案比选，即投资方案的比较与选择，是寻求合理的房地产开发方案的必要手段。它是对房地产投资项目面临的各种可供选择的开发经营方案，进行计算和分析，从中筛选出满足最低收益率要求的可供比较方案，并对这些方案作出最后选择的过程。它是房地产投资分析的重要组成部分，反映了项目分析的最终结果。

方案比选要做到合理，需要考虑的因素很多，诸如各方案是否具备可比的基础，不同投资方案的计算期是否相同，资金有无约束条件，投资规模是否相同等。投资者在进行项目的多方案比选时，首先必须分析各项目方案之间的相互关系，相应选择正确的评价指标，才能以简便的方法作出科学的决策。

## 二、投资方案的类型

由前面第六章的讨论可知，对于单方案的评价，运用价值性指标、比率性指标和时间性指标得出的结论基本是一致的。但对于多方案的评价，采用不同类型的指标，得出的结论未必一致。这就是我们要分析各项目方案之间的相互关系的原因。

投资项目方案的类型很多，按其相互之间的经济关系，大致有如下三类。

1.互斥方案

互斥方案是在若干个方案中，选择其中任何一个方案则其他方案就必须被放弃的一组方案。投资者经常必须从众多令人满意的投资项目中进行选择。例如，在某一个确定的地点有建商场、写字楼、住宅等方案，此时投资者选择其中任何一个方案其他方案就无法实施，方案之间具有排他性。资本资源有限是这类投资者的一个共同特点。接受一个项目意味着要倾其所有，因此不可能再接受其他项目。

一般地，若有N个互斥方案，则两两进行比较的次数共有$C_N^2$次，即$1/2$［N（N-1）］次，才能得到决策结果。例如，某组投资方案中，共有A、B、C、D四个方案，则需要比较的次数为：

$$C_4^2 = \frac{4 \times 3}{2} = 6（次）$$

2.独立方案

独立方案是指一组相互独立、互不排斥的方案。在独立方案中，选择某一方案并不排斥选择另一方案。独立方案的特点是诸方案之间没有排他性，只要条件（如资金）允许，就可以几个方案共存，直到资源得到充分运用为止。例如，某房地产开发公司想投资开发几个项目时，这些方案之间的关系是相互独立的。

就一组完全独立的方案而言，其存在的前提条件是：

（1）投资资金来源无限制。

（2）投资资金无优先使用的排列。

（3）各投资方案所需的人力、物力均能得到满足。

（4）不考虑地区、行业之间的相互关系及其影响。

（5）每一投资方案是否可行，仅取决于本方案的经济效益。

3.混合方案

混合方案是指兼有互斥方案和独立方案两种关系的混合情况。具体来说，是在一定条件（如资金条件）制约下，有若干个相互独立的方案，在这些独立方案中又分别包含着几个互斥型的方案。例如某开发公司欲投资几个项目，而每个项目分别有几个方案，比如A地块有 $A_1$、$A_2$ 两个方案，B地块有 $B_1$、$B_2$ 两个方案，C地块有 $C_1$、$C_2$、$C_3$ 等互斥方案。由于资金有限，需要选择能使资金得到充分运用的方案，这时就面临着混合方案的选择问题。

在方案选择前搞清这些方案属于何种类型是至关重要的，因为方案类型不同，其选择、判断的尺度也不同，因而选择的结果不同。

## 三、比选所用的指标

投资方案比选中常用的分析指标有投资收益率、投资回收期、净现值、净现值率、内部收益率、差额投资内部收益率、等额年值、费用现值和等额年费用等。这意味着财务分析中介绍过的一部分指标，也完全可以运用于方案的比选中。不过，有些指标已在前面进行了介绍，所以此处我们参考《房地产开发项目经济评价方法》[①]的规定，重点介绍前面没有介绍过的一些指标。

（一）静态指标

静态指标是指没有考虑资金的时间价值因素的指标。与投资方案比选密切相关的静态指标主要有两种：

1.差额投资收益率

差额投资收益率是单位追加投资所带来的成本节约额，有时也叫追加投资收益率。其表达式为：

$$\Delta R = \frac{C_1 - C_2}{I_1 - I_2} \qquad (8.3)$$

公式（8.3）中：$\Delta R$——差额投资收益率；$C_1$，$C_2$——两个比较方案的年成本；$I_1$，$I_2$——两个比较方案的总投资。

2.差额投资回收期

差额投资回收期是指通过成本节约收回追加投资所需的时间，有时也叫追加投

---

① 中华人民共和国建设部. 房地产开发项目经济评价方法［M］. 北京：中国计划出版社，2000.

资回收期。其表达式为：

$$\Delta P = \frac{I_1 - I_2}{C_1 - C_2} \tag{8.4}$$

公式（8.4）中：$\Delta P$——差额投资回收期；$I_1$，$I_2$——两个比较方案的总投资；$C_1$，$C_2$——两个比较方案的年成本。

**（二）动态指标**

动态指标是指考虑资金时间价值因素的指标。动态指标主要有以下几种：

1.净现值（NPV）[1]

第五章我们曾阐述过，净现值是投资项目净现金流量的现值累计之和。用净现值进行方案比选的方法叫净现值法，有时也叫现值法。其表达式为：

$$NPV = \sum_{t=0}^{n} (CI - CO)_t (1 + i_c)^{-t} \tag{8.5}$$

如果判断项目的可行性，则 NPV≥0 的拟建方案是可以考虑接受的；如果进行方案比选，则以净现值大的方案为优选方案。

2.净现值率[2]

净现值率是投资方案的净现值与投资现值的比率，它表明单位投资的盈利能力和资金的使用效率。由于用净现值指标进行多个项目的比选时，没有考虑各个项目投资额的大小，因而不能直接反映资金的利用效率。为了考虑资金的利用效率，通常采用净现值率指标作为净现值的辅助指标。

$$NPVR = \frac{NPV}{I_P} \tag{8.6}$$

公式（8.6）中：$NPVR$——净现值率；$NPV$——净现值；$I_p$——投资现值。

在进行方案比选时，净现值率大的方案为优选方案。

3.差额投资内部收益率（$\Delta IRR$）

差额投资内部收益率是两个方案各期净现金流量差额的现值之和等于零时的折现率，其表达式为：

$$\sum_{t=0}^{n} [(CI - CO)'_t - (CI - CO)''_t] (1 + \Delta IRR)^{-t} = 0 \tag{8.7}$$

公式（8.7）中：$\Delta IRR$——差额投资内部收益率；$(CI - CO)'_t$——投资大的方案第 $t$ 期净现金流量；$(CI - CO)''_t$——投资小的方案第 t 期净现金流量；$n$——开发经营期。

用这种方法比选的实质是，将投资大的方案和投资小的方案相比，其所增加的投资能否被其增量的收益所抵偿，即分析判断增量的现金流量的经济合理性。

其计算的一般步骤是：若多个方案比选，首先按投资由小到大排序，再依次就

---

[1]　本章的"净现值"同前述各章的"财务净现值"含义相同；则"NPV"也等于"FNPV"。

[2]　国家发展改革委与建设部在《建设项目经济评价方法与参数》第3版中，在方案比选的方法中，已取消了"净现值率"方法。原因是对此比选方法争议较大，既然有争议，就不是一定不行，所以，本书暂时保留。

相邻方案两两比选；在进行方案比选时，可将上述求得的差额投资内部收益率与投资者的最低可接受收益率（MARR，有时把 $i_c$ 作为投资者最低可接受的收益率）进行比较，当 $\Delta IRR \geq MARR$（或 $i_c$）时，以投资大的方案为优选方案；反之，当 $\Delta IRR < MARR$（或 $i_c$）时，以投资小的方案为优选方案。运用差额投资内部收益率法时，有一个问题必须注意，即只有较低投资额的方案被证明是合理的，较高投资方案方能与之比较。

4. 等额年值（AW）

将项目的净现值换算为项目计算期内各年的等额年金就是等额年值，用等额年值来进行多方案比选的方法称为等额年值法。等额年值是考察项目投资盈利能力的指标。其表达式为：

$$AW = NPV \frac{i_c(1+i_c)^n}{(1+i_c)^n-1} \tag{8.8}$$

从公式（8.8）中可以看出，AW 实际上是 NPV 的等价指标。也可以说，在进行方案比选时，等额年值大的方案应为优选方案。

5. 费用现值（PC）

把项目计算期内的各年投入（费用）按基准收益率折现成的现值就是费用现值。用费用现值进行方案比选的方法就叫费用现值法。它是一种特定情况下的净现值法。其表达式为：

$$PC = \sum_{t=0}^{n}(C-B)_t(1+i_c)^{-t} \tag{8.9}$$

式中：C——第 t 期投入总额；B——期末余值回收（房地产投资项目应为"净转售收入"）；n——项目的开发经营期。

在进行方案比选时，以费用现值小的方案为优选方案。

6. 等额年费用（AC）

将项目计算期内所有的费用现值，按事先选定的基准收益率，折算为每年等额的费用，叫作等额年费用。以此进行方案比选的方法，叫等额年费用比较法。其表达式为：

$$AC = PC \frac{i_c(1+i_c)^n}{(1+i_c)^n-1} \tag{8.10}$$

在进行方案比选时，以等额年费用小的方案为优选方案。

在效益基本相同或相似的项目之间进行投资方案比选时，主要考虑项目的投资额及未来的维护、使用成本额。由于这二者发生的时间不同，常需要通过动态等值变换，换算为费用现值或等额年费用，所以产生了上述这两种方法。

## 四、比选中应注意的问题

上面介绍的指标都是较常用的，且都有各自的适用范围。不过，费用现值和等额年费用指标在进行方案比选时，除了常用在效益相同或基本相似的房地产投资项目方案比选中以外,一般没有其他的局限性,而净现值、净现值率和内部收益率三个指标则有一定的限制条件。

## (一) 内部收益率与净现值

一般来讲,内部收益率比较直观,能直接反映项目投资的盈利能力,但当项目有大量追加投资时,则可能有多个内部收益率,从而使其失去实际意义。净现值的优点在于它也很直观地反映了投资项目的绝对经济效果;考虑了时间因素;考虑了项目整个计算期内的全部经营情况。不足之处是,它不能反映项目投资的相对经济效果,即只能表明项目投资的盈利能力超过、等于或达不到要求的水平,而目标项目的盈利能力究竟比要求的水平高多少,则表示不出来。另外,计算净现值时必须事先有已确定的基准收益率或折现率。

大多数情况下的独立项目的财务分析中,用净现值和内部收益率指标来判断项目的可行性,所得出的结论是一致的。因此,可选择任一指标作为项目财务分析指标。但是在某些情况下(如多个方案进行比较和选择时),相互矛盾的信号出现了,这两种方法可能会对现有的备选方案作出不同的排序。因为投资者必须在众多的备选方案中作出抉择,而不仅仅是接受或拒绝这样简单的选择问题,因此对备选方案的不同排序将引起严重的问题。尤其当资本金有限,而能够满足最低可接受标准的方案又同时存在好几个时,更是如此。

这种备选方案不一致的问题主要是由于各备选方案的初始投资规模不同,或者现金流量产生的时间不同。

1.规模不同所引起的差异

考虑两个互不相容的、在规模上差别巨大的投资项目A和B(比如说一个是宾馆,另一个是加油站),初始投资额和完工并销售时的现金流量情况见表8-6。

表8-6　　　　　　　　　　　　**A、B两项目的现金流量**　　　　　　　　　单位:万元

| 年　份 | 现　金　流　量 | | |
| --- | --- | --- | --- |
| | | A项目 | B项目 |
| 0 | 初始投资 | 10 | 150 |
| 1 | 资金回收 | 15 | 190 |

项目A要求的初始投资为10万元,第1年后回收15万元,内部收益率为50%;而项目B的初始投资为150万元,第1年后回收190万元,内部收益率为27%。因此根据内部收益率标准,项目A排在项目B之前。

但是从净现值角度来看,情况就不是这样了。假定最低可接受的回报率为12%,项目A的净现值为3.4万元,而项目B的净现值却高达19.6万元。按净现值标准,项目B排到A之前。

2.现金流量时间不同所引起的差异

再考虑两个互斥的投资项目C和D,其现金流量情况见表8-7。

表8-7 　　　　　　　　　　　C、D两项目的现金流量 　　　　　　　　　　　单位：万元

| 项目的现金流量<br>年份 | 现金流量 | |
|---|---|---|
| | 项目C | 项目D |
| 初始投资 | −10 000 | −10 000 |
| 1 | 2 000 | 4 000 |
| 2 | 3 000 | 4 000 |
| 3 | 5 000 | 4 000 |
| 4 | 6 000 | 4 500 |
| 5 | 7 000 | 5 000 |

项目C的内部收益率为28.2%，项目D的内部收益率为30.9%。如果这两个项目的最低可接受的回报率均为28.2%，并且假定这两个项目是相互排斥的（即投资了C就不能投资D），用内部收益率作为决策标准，投资者将选择项目D，而不是项目C。

然而，假定投资者的机会成本为12%，并用这一利率作为贴现率，分别求两项目的净现值。结果是项目C的净现值为5 521.29万元，而项目D为5 304.29万元。当采用净现值方法评价两个相互排斥的投资项目时，如果净现值都是正的，那么，净现值更大的投资项目（风险度相同）就是可接受的项目。在本例中，利用净现值和内部收益率方法得出的是相互矛盾的信号。采用内部收益率法，项目D优于项目C；而采用净现值方法，则项目C优于项目D。

当内部收益率方法与净现值方法提供的决策信号不同时，一般认为净现值方法更优。这是因为大多数投资分析师已接受了这样一种观点，即投资者应努力使他们的资产价值最大化。

不过，在这样的方案比选中，通常不直接采用内部收益率指标比较，而采用净现值和差额投资内部收益率指标作为比较指标。

**（二）净现值与净现值率**

净现值和净现值率两个指标在方案比较和项目排队时，有时也会得出相反的结论。因此，在进行方案比选时，若无资金限制条件，此时可采用净现值作为比选指标，相反，当事先明确了资金限定范围时，应进一步用净现值率来衡量，这就使用了净现值率排序法。该方法对多个方案进行排序时，往往是在资金限定的范围内，采用净现值率指标确定各方案的优先次序并分配资金，直到资金限额分配完为止。这样，既符合资金限定条件，又能使净现值最大的方案入选，以实现有限资金的合理利用。不过净现值率排序法的缺点是，由于投资方案的不可分性，经常会出现资金没有被充分利用的情况，所以不一定能保证获得最佳组合方案。

# 第三节　各比选指标的应用

前面我们介绍过，备选的投资方案主要有互斥方案、独立方案和混合方案三种。一般来说，这三种类型的方案在比选过程中所用的方法或指标有所不同。投资分析中最常遇到的问题就是互斥方案的比较与选择。

## 一、互斥方案的比较与选择

1.对于项目计算期相同的互斥方案，可直接用净现值、差额投资内部收益率或等额年值指标进行比选。

［例8-7］某房地产开发企业现有A、B、C三个互斥方案，各方案的初期投资、每年年末的经营收益及经营费用如表8-8所示。各投资方案的计算期为6年，6年后残值为零。基准收益率$i_c$=10%。请进行方案的比较与选择。

表8-8　　　　　　　　　**投资方案的现金流量表**　　　　　　　单位：万元

| 投资方案 | 初始投资 | 年经营收益 | 年经营费用 | 年净经营收益 |
|---|---|---|---|---|
| A | 2 000 | 1 200 | 500 | 700 |
| B | 3 000 | 1 600 | 650 | 950 |
| C | 4 000 | 1 600 | 450 | 1 150 |

解：（1）用净现值法

根据公式：$NPV = \sum_{t=0}^{n}(CI - CO)_t(1 + i_c)^{-t}$

因为各方案的年净经营收益是一个等额的、系列的收益，所以也可以利用年金现值公式来计算。

则计算各方案的净现值如下：

$$NPV(\text{A}) = \sum_{t=1}^{n}(CI - CO)_t(1 + i_c)^{-t} = -2\,000 + 700 \times \frac{(1 + 10\%)^6 - 1}{10\% \times (1 + 10\%)^6}$$

$$= 1\,049\,(\text{万元})$$

$$NPV(\text{B}) = \sum_{t=1}^{n}(CI - CO)_t(1 + i_c)^{-t} = -3\,000 + 950 \times \frac{(1 + 10\%)^6 - 1}{10\% \times (1 + 10\%)^6}$$

$$= 1\,137\,(\text{万元})$$

$$NPV(\text{C}) = \sum_{t=1}^{n}(CI - CO)_t(1 + i_c)^{-t} = -4\,000 + 1\,150 \times \frac{(1 + 10\%)^6 - 1}{10\% \times (1 + 10\%)^6}$$

$$= 1\,008\,(\text{万元})$$

由于B方案的净现值最大，所以B方案是最优方案。

（2）用等额年值法

根据公式：$AW=NPV\dfrac{i_c(1+i_c)^n}{(1+i_c)^n-1}$

各方案的等额年值如下：

$AW（A）=NPV（A）\times\dfrac{i_c(1+i_c)^n}{(1+i_c)^n-1}=1\,049\times\dfrac{10\%\times(1+10\%)^6}{(1+10\%)^6-1}=241$（万元）

$AW（B）=NPV（B）\times\dfrac{i_c(1+i_c)^n}{(1+i_c)^n-1}=1\,137\times\dfrac{10\%\times(1+10\%)^6}{(1+10\%)^6-1}=261$（万元）

$AW（C）=NPV（C）\times\dfrac{i_c(1+i_c)^n}{(1+i_c)^n-1}=1\,008\times\dfrac{10\%\times(1+10\%)^6}{(1+10\%)^6-1}=231$（万元）

根据等额年值选择标准，仍以B方案为最优，所以应选择B方案。

（3）用差额投资内部收益率法

第1步：按照投资规模，将投资方案按从小到大的顺序排列起来，则顺序为：A、B、C。

第2步：计算投资规模最小的方案A的内部收益率，如果所求得的内部收益率小于基准收益率或投资者最低可接受的收益率，则淘汰此方案。若所求得的内部收益率大于或等于基准收益率或投资者最低可接受的收益率，则转入下一步。

①先求方案A的净现值：$-2\,000+700$（P/A，10%，6）$=1\,049$（万元）

②再求方案A的内部收益率。因为净现值为正，所以提高折现率为26%，则此时A方案净现值为19.48万元。再提高折现率为27%，此时A方案净现值为$-25.3$万元。

用线性插入法求得：FIRR=26.45%。

③因为所求得的内部收益率26.45%大于基准收益率$i_c=10\%$，所以转入下一步。

第3步：计算B方案与A方案的现金流量差额，并求出投资增量的内部收益率$\Delta IRR_{B-A}$。即：

$-1\,000+250$（P/A，$\Delta IRR_{B-A}$，6）$=0$

用线性插入法求得：$\Delta IRR_{B-A}=13\%$。

因为13%比基准收益率$i_c=10\%$大，所以追加投资1\,000万元是合适的，即可认为B方案较A方案好，据此淘汰规模小的A方案，选择B方案。

第4步，计算C方案与B方案的现金流量差额，并求出投资增量的内部收益率$\Delta IRR_{C-B}$。即：

$-1\,000+200$（P/A，$\Delta IRR_{C-B}$，6）$=0$

用线性插入法求得：$\Delta IRR_{C-B}=5.5\%$。

因为追加1\,000万元的收益率仅有5.5%<$i_c$（10%），没有必要追加，淘汰C方案，选择B方案。

此时，只剩下B方案，因此B方案最优。

由以上计算可以看出，对于项目计算期相同的互斥投资方案，用上面三种方法来比选的结果是一致的。

2.对于项目计算期不同的互斥方案项目，一般采用等额年值指标进行比选。如果要采用差额投资内部收益率指标或净现值指标进行方案比选，需对各可供比较方案的项目计算期和计算方法按有关规定作适当处理。

［例8-8］某投资项目具有两个计算期不同的互斥型方案，各方案的投资额、年净收益及计算期见表8-9。若投资者要求的最低回报率为12%，选择何方案为最优？

表8-9　　　　　　　　　两个方案的投资、年净收益、计算期情况　　　　　　　单位：万元

| 方案 | 初期投资（万元） | 年净收益（万元） | 计算期（年） |
|---|---|---|---|
| A | 1 800 | 800 | 3 |
| B | 2 200 | 1 000 | 4 |

解：（1）用等额年值指标进行比选

①由于等额年值公式 $AW = NPV \dfrac{i_c(1 + i_c)^n}{(1 + i_c)^n - 1}$ 中，NPV为已知，则我们首先要计算净现值。

根据公式： $NPV = \sum\limits_{t=0}^{n}(CI - CO)_t (1 + i_c)^{-t}$ 得：

$$NPV(A) = \sum\limits_{t=0}^{n}(CI - CO)_t(1 + i_c)^{-t} = -1\,800 + 800 \times \frac{(1 + 12\%)^3 - 1}{12\% \times (1 + 12\%)^3}$$
$$= 121.47 \text{（万元）}$$

$$NPV(B) = \sum\limits_{t=0}^{n}(CI - CO)_t(1 + i_c)^{-t} = -2\,200 + 1\,000 \times \frac{(1 + 12\%)^4 - 1}{12\% \times (1 + 12\%)^4}$$
$$= 837.35 \text{（万元）}$$

②计算等额年值。根据等额年值公式得：

$$AW(A) = NPV(A) \times \frac{i_c(1 + i_c)^n}{(1 + i_c)^n - 1} = 121.47 \times \frac{12\% \times (1 + 12\%)^3}{(1 + 12\%)^3 - 1} = 50.57 \text{（万元）}$$

$$AW(B) = NPV(B) \times \frac{i_c(1 + i_c)^n}{(1 + i_c)^n - 1} = 837.35 \times \frac{12\% \times (1 + 12\%)^4}{(1 + 12\%)^4 - 1} = 275.68 \text{（万元）}$$

因为AW（B）>AW（A），所以，方案B为最优方案。

（2）用净现值指标进行比选。不过由于计算期的不同，在用该指标之前，需对各方案的计算期和计算方法进行统一处理。

在现实中很多方案的计算期往往是不同的，例如，在建造各种建筑物、构筑物时，采用的结构形式（比如砖混结构、钢结构、钢筋混凝土结构等）不同，其投资额及计算期也不同。这时如果采用净现值指标，由于各方案的比较基础不一样，无法直接进行比较。

为了使方案之间在时间上具有可比性，理论上可以有两种方法：一是方案重复

法，也叫最小公倍数法，是将各方案计算期的最小公倍数作为比较方案的计算期，并假定各个方案均在这样一个共同的期限内重复实施，对各个方案计算期内各年的净现金流量进行重复计算，直到计算期结束。这种方法在最小公倍数较小的情况下比较适用。二是最短计算期法，它是直接选取一个适当的分析期作为各个方案共同的计算期，通过比较各个方案在该计算期内的净现值来对方案进行比选。以净现值最大的方案为最佳方案。这里分析期的选择没有特殊规定，但显然以方案中计算期最短者为分析期，这样计算最为简便，而且完全可以避免重复型假设。这种方法在最小公倍数较长的情况下比较适用。比如，A、B 两个方案，A 方案寿命期为 8 年，B 方案寿命期为 9 年，则其最小公倍数寿命为 72 年，这就需要 A、B 两方案进行多次重复计算，而这样做显然不符合实际。因为技术进步往往使完全重复是不经济的，甚至是不可能的。这时采用最短计算期法比较可行。

我们仅以最小公倍数法为例来说明如何选择最优方案。仍以［例 8-8］说明。

解：以净现值法来进行方案的选优。由于 A 方案计算期为 3 年，B 方案计算期为 4 年，可以先统一各方案的计算期。

做法是：先将两方案的最小公倍数 12 年（3×4）作为统一计算期，再按重复型投资的现金流量来计算比较。因此，对 A 方案来说，现金流量要重复 4 个周期，而对 B 方案来说则需重复 3 个周期。在方案重复过程中，现金流量状态不变，如图 8-1 所示。

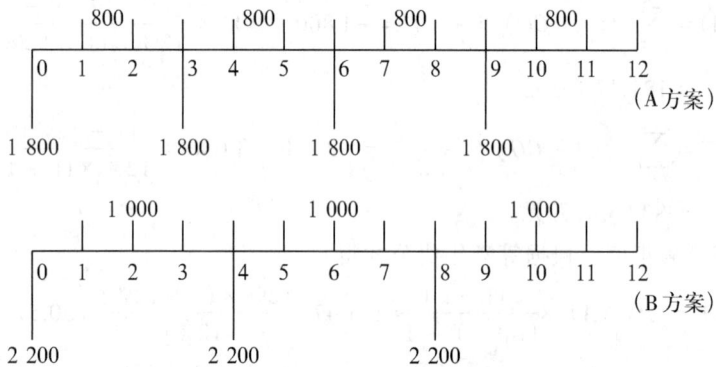

图 8-1　计算期不同时的现金流量图

设 $NPV_{A12}$ 为方案 A 的统一计算期 12 年内的净现值；$NPV_{B12}$ 为方案 B 的统一计算期 12 年内的净现值。则有：

$NPV_{A12}$=-1 800×（$P/F$，12%，9）-1 800×（$P/F$，12%，6）-1 800×（$P/F$，12%，3）-1 800+800×（$P/A$，12%，12）=313.26（万元）

$NPV_{B12}$=-2 200×（$P/F$，12%，8）-2 200×（$P/F$，12%，4）-2 200+1 000×（$P/A$，12%，12）=1 707.69（万元）

因为 $NPV_{B12}$>$NPV_{A12}$，所以 B 方案优于 A 方案。

为了证明等额年值法的简便，我们不妨再计算一下统一计算期内的等额年值。

设 $AW_{A12}$ 和 $AW_{B12}$ 分别代表统一计算期内方案 A 和 B 的等额年值，则有：

$AW_{A12}=NPV_{A12}$（$A/P$，12%，12）=313.26×0.16144=50.57（万元）

$AW_{B12}=NPV_{B12}$（$A/P$，12%，12）=1 707.69×0.16144=275.69（万元）

因为 $AW_{B12}>AW_{A12}$，所以 B 方案优于 A 方案。结论与净现值法一致。

不过我们也发现，AW（A）=$AW_{A12}$ 和 AW（B）=$AW_{B12}$。这说明用等额年值法时，计算一个周期的等额年值（即原计算期的等额年值）与计算最小公倍数的统一计算期的等额年值是相同的。而相比之下前一种计算等额年值的方法要简单，所以它常被用来进行这类方案的比较。

等额年值指标的好处在于，等额年值指标既适合计算期相同的方案之间的比较，也适合计算期不同的方案之间的比较和选择。

3. 对于计算期较短的出售型房地产项目，可直接用利润总额、投资利润率等静态指标进行比选。

4. 对于效益相同或基本相同的互斥房地产项目，为简化计算，可采用费用现值指标和等额年费用指标直接进行项目方案费用部分的比选。

［例 8-9］某投资项目拟定了 3 个使用功能相同的建设方案，3 个方案的费用支出情况见表 8-10。残值均按初始投资的 5% 计算，$i_c=12\%$。试求最优方案。

表8-10　　　　　　　　　　各方案投资、费用支出与残值回收　　　　　　　单位：万元

| 年末 | 支出项目 | 方　案 | | |
|---|---|---|---|---|
| | | A | B | C |
| 0 | 初始投资 | 1 000 | 1 500 | 2 000 |
| 1～10 | 年经营费用 | 210 | 120 | 100 |
| 10 | 残值回收 | 50 | 75 | 100 |

解：（1）用费用现值法进行比选，根据公式

$$PC = \sum_{t=0}^{n}(C - B)_t(1 + i_c)^{-t}$$

将已知数据代入上述公式，则有：

$$PC(A) = \sum_{t=0}^{n}(C - B)_t(1 + i_c)^{-t} = 1\,000 + 210 \times \frac{(1 + 12\%)^9 - 1}{12\% \times (1 + 12\%)^9} + \frac{210 - 50}{(1 + 12\%)^{10}}$$
$$= 2\,170.45\,（万元）$$

$$PC(B) = \sum_{t=0}^{n}(C - B)_t(1 + i_c)^{-t} = 1\,500 + 120 \times \frac{(1 + 12\%)^9 - 1}{12\% \times (1 + 12\%)^9} + \frac{120 - 75}{(1 + 12\%)^{10}}$$
$$= 2\,153.88\,（万元）$$

$$PC(C) = \sum_{t=0}^{n}(C - B)_t(1 + i_c)^{-t} = 2\,000 + 100 \times \frac{(1 + 12\%)^9 - 1}{12\% \times (1 + 12\%)^9} + \frac{100 - 100}{(1 + 12\%)^{10}}$$
$$= 2\,532.83\,（万元）$$

计算结果表明，B 方案的费用现值较小，B 方案最优。

（2）用等额年费用法进行比选，根据公式

$$AC = PC \frac{i_c(1 + i_c)^n}{(1 + i_c)^n - 1}$$

将已知数据代入上述公式，则有：

$$AC（A）= PC（A）\times \frac{i_c(1 + i_c)^n}{(1 + i_c)^n - 1} = 2\,170.45 \times \frac{12\% \times (1 + 12\%)^{10}}{(1 + 12\%)^{10} - 1} = 384.14（万元）$$

$$AC（B）= PC（B）\times \frac{i_c(1 + i_c)^n}{(1 + i_c)^n - 1} = 2\,153.88 \times \frac{12\% \times (1 + 12\%)^{10}}{(1 + 12\%)^{10} - 1} = 381.20（万元）$$

$$AC（C）= PC（C）\times \frac{i_c(1 + i_c)^n}{(1 + i_c)^n - 1} = 2\,532.83 \times \frac{12\% \times (1 + 12\%)^{10}}{(1 + 12\%)^{10} - 1} = 448.27（万元）$$

计算结果表明，B 方案等额年费用最小，B 方案最优。

## 二、独立方案的比较与选择

独立方案的选择可能会出现两种情况：

一种是投资者可利用的资金足够多，即通常所说的无资金限制条件，这时方案的选择和前面章节所介绍的单方案的经济评价方法相同。只要分别计算各方案的 NPV 或 FIRR，选择所有 NPV（$i_c$）≥0 或 FIRR≥$i_c$ 的项目即可。

另一种是投资者可利用的资金是有限制的。若资金不足以分配到全部 NPV（$i_c$）≥0 的项目时，独立关系转化为一定程度上的互斥关系，它形成了所谓资金约束条件下的优化组合问题。

因此，独立方案的比较与选优指的是在资金约束条件下，如何选择一组方案组合，以便获得最大的总体效益，即 $\sum$NPV（$i_c$）最大。

一般来说，它有四种基本选择方法：一是现值法；二是净现值率排序法；三是收益率分配法；四是互斥组合法。

前三种方法是在一定的资金约束下，把能满足基准收益率的方案，根据各方案的净现值、净现值率和内部收益率的大小来确定各方案的优先次序并分配资金，直到资金限额分配完为止的方案选择方法；其中根据第二、第三种方法选择出的方案组合，经常会出现资金没有被充分利用的情况，因而不一定能保证获得最优组合方案。实际上，前三种方法几乎与我们介绍的无资金约束条件下独立方案的选择方法一致。

而第四种方法——互斥组合法，是把各独立方案都组合成相互排斥的方案，其中每一个组合方案代表一个相互排斥的组合，这就可以利用前述互斥方案的比较方法，选择最优的组合方案。

一般来说，这种方法可以保证得到已知条件下的最优组合方案。

我们举例说明第四种方法。

［例 8-10］某房地产公司即将开发的项目有 3 个互相独立的投资方案，各方案投资额与每期期末的净收益见表 8-11，寿命期均为 8 年。若基准收益率为 12%，可

利用的资金总额只有300万元时，应怎样选取方案？

表8-11　　　　　独立方案A、B、C的投资额、年净收益与净现值　　　　单位：万元

| 方 案 | 投资额 | 年净收益 | 净现值 |
|---|---|---|---|
| A | -100 | 25 | 24.19 |
| B | -200 | 46 | 28.51 |
| C | -150 | 38 | 38.77 |

解：

分析：从表8-11中我们看到，A、B、C3个方案的净现值均大于零，从单方案检验的角度看，3个方案均可行。但已知资金限额为300万元，3个方案同时实施将使总投资为450万元，超过了投资限额，因此这里我们将采用独立方案的互斥组合法进行决策。

首先，建立所有互斥的方案组合（本例共8组）；其次，计算各组合的投资总额、年净收益及净现值（见表8-12）；最后，从满足资金约束条件的方案组合中选择净现值最大的组合方案。

表8-12　　　独立方案A、B、C互斥组合后的投资额、年净收益与净现值　金额单位：万元

| 组合号 | 方案组合 | 投资总额 | 年净收益 | 净现值 |
|---|---|---|---|---|
| 1 | 0 | 0 | 0 | 0 |
| 2 | A | -100 | 25 | 24.19 |
| 3 | B | -200 | 46 | 28.51 |
| 4 | C | -150 | 38 | 38.77 |
| 5 | AB | -300 | 71 | 52.70 |
| 6 | AC | -250 | 63 | 62.96 |
| 7 | BC | -350 | 84 | 67.28 |
| 8 | ABC | -450 | 109 | 91.47 |

根据表8-12，方案组合7、8的投资总额超出资金限额，所以不予考虑。对满足资金约束条件的前6个方案组合，由于第6个方案组合AC的净现值最大，故方案A与方案C的组合为最优投资组合，也即投资决策为投资方案A与C。

对于寿命期不同的独立方案，这时也可用内部收益率标准对所有方案由大到小排列，并在资金约束条件下选择方案组合，使其达到整体内部收益率最大。所谓整体内部收益率是指方案组合内各项投资的内部收益率的加权平均值，对其未使用的剩余资金则按基准收益率计算。

[例8-11] 设有5项独立投资方案，数据见表8-13，其基准收益率 $i_c=10\%$，资

金限额为3 000万元。试用整体内部收益率标准选取最优方案组合。

表8-13　　　　　　　　**各独立方案的投资额、寿命和FIRR**　　　　　　金额单位：万元

| 方　案 | 投 资 额 | 寿命（年） | FIRR（%） |
|---|---|---|---|
| A | −500 | 4 | 25.00 |
| B | −750 | 4 | 22.00 |
| C | −1 000 | 5 | 18.00 |
| D | −1 500 | 8 | 17.50 |
| E | −2 000 | 8 | 13.15 |

　　解：5个独立投资方案可构成一系列互斥的方案组合，其中将总投资额不超过3 000万元的部分互斥方案组合及其整体内部收益率计算结果列于表8-14。

表8-14　　　　　　　　**方案组合的投资额和整体FIRR**　　　　　　金额单位：万元

| 组合号 | 方 案 组 合 | 投资额 | 整体 FIRR（%） |
|---|---|---|---|
| 1 | ABC | −2 250 | 18.2 |
| 2 | ABD | −2 750 | 19.3 |
| 3 | ACD | −3 000 | 18.9 |
| 4 | CE | −3 000 | 15.0 |
| 5 | BE | −2 750 | 15.3 |
| ⋮ | ⋮ | ⋮ | ⋮ |

　　表8-14列举了几个整体内部收益率较大的方案组合。当资金限额大于方案组合的需要量时，假定多余资金能转作他用，并可获得基准收益率为10%的期望收益，则整体内部收益率的计算举例如下：

　　第一个方案组合ABC的整体内部收益率为：

$$\frac{1}{3\ 000} \times (500 \times 0.25 + 750 \times 0.22 + 1\ 000 \times 0.18 + 750 \times 0.10) \times 100\% = 18.2\%$$

　　由表8-12可知，方案组合ABD的整体内部收益率最大，因此，ABD为最优方案组合。

　　应该说明的是，这种方法适用于方案数目较少的情况。若方案数目较多，其方案组合数目会很大，该方法则显得相当麻烦。

## 三、混合方案的比较与选择

　　混合方案与独立方案的选择一样，也可分为有资金约束和无资金约束两种情况。如果资金无约束，只要从各独立项目中选择互斥型方案中净现值（或等额年值）最大的方案加以组合即可。如果资金有约束，选择的标准是净现值和差额内部

收益率（即不再是内部收益率）。

［例8-12］某投资者欲投资3个项目，每个项目的投资寿命期为8年。各项目彼此独立。其投资额和投资后的净收益见表8-15。各投资项目分别有3个、4个和3个方案，各方案之间是互斥的。该行业的基准收益率为15%。问该投资者拥有的资金数额分别为600万元和400万元时，应如何选择方案？

表8-15　　　　　　　　各项目投资方案的投资额与年净收益　　　　　　　单位：万元

| 项　　目 | 投资方案 | 初始投资 | 年净收益 |
|---|---|---|---|
| A | $A_1$ | 100 | 30 |
|  | $A_2$ | 200 | 70 |
|  | $A_3$ | 300 | 90 |
| B | $B_1$ | 100 | 20 |
|  | $B_2$ | 200 | 55 |
|  | $B_3$ | 300 | 75 |
|  | $B_4$ | 400 | 95 |
| C | $C_1$ | 200 | 85 |
|  | $C_2$ | 300 | 110 |
|  | $C_3$ | 400 | 150 |

分析：将各项目的互斥方案按某一评价指标（价值性指标或差额比率性指标均可）进行优选排序，并剔除不合格方案。我们采用价值性指标——净现值进行比选。

解：（1）求各项目各方案净现值。

A项目：

NPV（$A_1$）=-100+30×（P/A，0.15，8）=34.62（万元）

NPV（$A_2$）=-200+70×（P/A，0.15，8）=114.11（万元）

NPV（$A_3$）=-300+90×（P/A，0.15，8）=103.6（万元）

优选次序为$A_2$、$A_3$、$A_1$。

B项目：

NPV（$B_1$）=-100+20×（P/A，0.15，8）=-10.3（万元）

NPV（$B_2$）=-200+55×（P/A，0.15，8）=46.6（万元）

NPV（$B_3$）=-300+75×（P/A，0.15，8）=36.3（万元）

NPV（$B_4$）=-400+95×（P/A，0.15，8）=26（万元）

优选次序为$B_2$、$B_3$、$B_4$；剔除$B_1$方案。

C项目：

NPV（$C_1$）=-200+85×（P/A，0.15，8）=184.2（万元）

NPV（$C_2$）=-300+110×（P/A，0.15，8）=193.3（万元）

NPV（$C_3$）=-400+150×（P/A，0.15，8）=272.6（万元）

优选次序为$C_3$、$C_2$、$C_1$。

（2）对各项目的各独立方案，找出在资金限额条件下的较优互斥组合，从中选取最优者。所谓较优互斥组合，是指至少保证某一互斥关系中的最优方案得以入选的互斥组合。

本例中，若限额资金为400万元，则较优互斥组合方案有3个：$A_2B_2$、$C_3$、$A_2C_1$。计算出的净现值为：

NPV（$A_2+B_2$）=160.7（万元）

NPV（$C_3$）=272.6（万元）

NPV（$A_2+C_1$）=298.31（万元）

结果表明，应选$A_2C_1$组合，即：$A_2$、$C_1$入选。

若限额资金为600万元，则较优互斥组合方案有3个：$A_2B_2C_1$、$A_2C_3$、$B_2C_3$。计算出的净现值为：

NPV（$A_2+B_2+C_1$）=344.91（万元）

NPV（$A_2+C_3$）=386.71（万元）

NPV（$B_2+C_3$）=319.2（万元）

结果表明，应选$A_2C_3$组合，即$A_2$、$C_3$入选。

若按差额投资内部收益率指标评选，步骤同上，计算略。计算结果必然与按净现值指标评选的结果一致。

就中国现实而言，在进行投资决策的时候，大多数房地产投资者基本上都只是进行单一的分析，对组合方案进行分析，尚待时日。

# 第四节　案例分析[①]

张某目前有甲、乙两个投资方案。甲方案是用600万元购买一商铺，首付50%，其余为贷款。贷款期10年，利率8%，按年等额还本付息，年末还款。该商铺第2年出租，已与李某达成意向协议，租金年初收，租期19年。首年租金150万元，其后每隔5年上涨5%，年经营费用是毛收入的25%，目标收益率为15%。

乙方案是用400万元的自有资金购买写字楼，1年后交付使用并出租。他与杨某也达成协议，租期19年，年初收取租金，首年租金120万元保持10年，后9年190万元。年经营费用35万元，其目标收益率为15%。

---

① 选自某年房地产估价师执业资格考试试题。

在不考虑转售收入的情况下，要求：计算甲、乙两方案的净现值并用差额内部收益率法判定哪个方案更好。

解：（1）甲方案净现值

①求年还本付息额 A。

$$A=P\times\frac{i(1+i)^n}{(1+i)^n-1}=300\times\frac{8\%\times(1+8\%)^{10}}{(1+8\%)^{10}-1}=44.71（万元）$$

②求甲方案各年净租金收入。

1—5年各年：150万元

6—10年各年：

150×（1+5%）=157.50（万元）

11—15年各年：

157.5×（1+5%）=165.38（万元）

16—19年各年：

165.375×（1+5%）=173.64（万元）

③求甲方案各年运营费用。

1—5年各年：

150×25%=37.50（万元）

6—10年各年：

157.5×25%=39.37（万元）

11—15年各年：

165.375×25%=41.34（万元）

16—19年各年：

173.64375×25%=43.41（万元）

以上结果填入甲方案资本金现金流量表（见表8-16）。

表8-16　　　　　　　　　　　甲方案资本金现金流量表　　　　　　　　　　单位：万元

| 项目　　　　　　年份 | 计　算　期 | | | | |
|---|---|---|---|---|---|
| | 0 | 1—5 （有贷款） | 6—10 （有贷款） | 11—15 （无贷款） | 16—19 （无贷款） |
| 1.现金流入 | | | | | |
| 1.1租金流入 | | 150.00 | 157.50 | 165.38 | 173.64 |
| 2.现金流出 | | | | | |
| 2.1资本金投入 | 300 | | | | |
| 2.2运营费用 | | 37.50 | 39.37 | 41.34 | 43.41 |
| 2.3抵押贷款还本付息 | | 44.71 | 44.71 | | |
| 3.净现金流量 | −300 | 67.79 | 73.42 | 124.04 | 130.23 |

注："租金流入"栏，为"净租金收入"数字也可，但同时下面的"运营费用或经营费用"也应该没有，这并不影响"净现金流量"的计算结果。

④甲方案净现值。

计算公式：$NPV = \sum_{t=0}^{n}(CI - CO)_t(1 + i_c)^{-t}$

当 $i_c$ 为15%时，将表8-16中数字代入公式得：

NPV（甲）=198.06万元

（2）乙方案净现值

①乙方案初始投资（购置费用）：400万元。

②乙方案各年租金收入。

1—10年各年：120万元

11—19年各年：190万元

③乙方案各年运营费用：均为35万元。

以上结果填入乙方案现金流量表（见8-17）。

表8-17 　　　　　　　　　　乙方案项目投资现金流量表　　　　　　　　　单位：万元

| 　　　　　　　　年份<br>项目 | 计　算　期 | | | | |
|---|---|---|---|---|---|
| | 0 | 1—5 | 6—10 | 11—15 | 16—19 |
| 1.现金流入 | | | | | |
| 　1.1租金流入 | | 120 | 120 | 190 | 190 |
| 2.现金流出 | | | | | |
| 　2.1购置费用 | 400 | | | | |
| 　2.2运营费用 | | 35 | 35 | 35 | 35 |
| 3.净现金流量 | −400 | 85 | 85 | 155 | 155 |

④乙方案净现值。

计算公式为：$NPV = \sum_{t=0}^{n}(CI - CO)_t(1 + i_c)^{-t}$

当 $i_c$ 为15%时，将表8-17中数字代入公式得：

NPV（乙）=209.48万元

（3）通过差额内部收益率法进行比较

①分析：从净现值角度看，乙方案的净现值好于甲方案。这是互斥项目，投资了甲，就不能投资乙，但两方案净现值均为正，即均属于合理方案，所以可以采用差额投资内部收益率法进行方案比选。原理是，将投资大的方案和投资小的方案相比，看其所增加的投资能否被增量的收益所抵偿，即分析判断增量的现金流量的经济合理性。

差额投资内部收益率是两个方案各期净现金流量差额的现值之和等于零时的折现率，用 $\Delta IRR$ 表示。

②差额投资内部收益率的计算步骤为：若多个方案比选，首先按投资由小到大排序，再依次就相邻方案两两比选；在进行方案比选时，可将上述求得的差额投资内部收益率与投资者的最低可接受收益率（MARR，有时把$i_c$作为投资者最低可接受的收益率）进行比较，当$\Delta IRR \geq MARR$（或$i_c$）时，以投资大的方案为优选方案；反之，当$\Delta IRR < MARR$（或$i_c$）时，以投资小的方案为优选方案。运用差额投资内部收益率法时，有一个问题必须注意：即只有较低投资额的方案被证明是合理的，较高投资方案方能与之比较。

计算表达式为：

甲、乙两方案的差额净现金流量见表8-18。当然，具体计算时，也用插入法计算。

表8-18 甲、乙两方案的差额净现金流量 单位：万元

| 年末<br>方案 | 计 算 期 | | | |
|---|---|---|---|---|
| | 0 | 1—5 | 6—10 | 11—15 | 16—19 |
| 乙方案 | −400 | 85 | 85 | 155 | 155 |
| 甲方案 | −300 | 67.79 | 73.42 | 124.04 | 130.23 |
| 乙−甲 | −100 | 17.21 | 11.58 | 30.96 | 24.77 |

③比较。

当$i_c$为16%时，根据$FNPV = \sum_{t=0}^{n}(CI-CO)_t(1+i_c)^{-t}$：

NPV=−100+17.21÷$(1+16\%)^5$+$[11.58÷(1+16\%)^5]$÷$(1+16\%)^5$+$[30.96÷$
$(1+16\%)^5]$÷$(1+16\%)^{10}$+$[24.77÷(1+16\%)^4]$÷$(1+16\%)^{15}$
=4.88（万元）

则差额的NPV=4.88（万元）

当$i_c$为17%时，根据$FNPV = \sum_{t=0}^{n}(CI-CO)_t(1+i_c)^{-t}$：

$NPV$=−100+17.21÷$(1+17\%)^5$+$[11.58÷(1+17\%)^5]$÷$(1+17\%)^5$+$[30.96÷$
$(1+17\%)^5]$÷$(1+17\%)^{10}$+$[24.77÷(1+17\%)^4]$÷$(1+17\%)^{15}$
=0.97（万元）

则差额的$NPV$=−0.97（万元）

根据插入法公式：$FIRR = i_1 + \dfrac{|FNPV_1|}{|FNPV_1| + |FNPV_2|} \times (i_2 - i_1)$

则：

$\Delta IRR = 16\% + \dfrac{|4.88|}{|4.88| + |-0.97|} \times (17\% - 16\%) = 16.83\%$

④结论：因为FNPV（甲）=198.06万元；FNPV（乙）=209.48万元，$\Delta IRR$=16.83%，所以乙好于甲。

# 第五节　小结

房地产投资决策有三种类型：确定型决策、风险型决策和不确定型决策。针对这三种类型，确定型决策以各类方案的评价指标作为决策准则；风险型决策则是以同时考虑方案的损益（经济效益）及其发生的概率的期望值作为决策准则；不确定型决策由于是在一种无法肯定的情况下进行决策，只得提出若干不同的决策准则作为不确定型决策的依据，这些决策准则包括悲观准则、乐观准则、折中准则、后悔值准则和机会均等准则。

房地产投资项目的方案比选，即投资方案的比较与选择，是对房地产投资项目面临的各种可供选择的开发经营方案进行计算和分析，从中筛选出满足最低收益率要求的可供比较方案，并对这些方案作出最后选择的过程。

投资项目方案的类型很多，按其相互之间的经济关系，大致有如下三类：互斥方案、独立方案和混合方案。一般来说，在方案选择前搞清这些方案属于何种类型是至关重要的，因为方案类型不同，在比选过程中所用的方法或指标就有所不同，因而选择的结果也会不同。

投资方案比选中常用的分析指标有投资收益率、投资利润率、投资回收期、差额投资收益率、差额投资回收期、净现值、净现值率、内部收益率、差额投资内部收益率、等额年值、费用现值和等额年费用等。

差额投资回收期是指通过成本节约收回追加投资所需的时间，有时也叫追加投资回收期。差额投资收益率是单位追加投资所带来的成本节约额，有时也叫追加投资收益率。差额投资内部收益率是两个方案各期净现金流量差额的现值之和等于零时的折现率。净现值率是投资方案的净现值与投资现值的比率，它表明单位投资的盈利能力和资金的使用效率。等额年值就是用项目的净现值换算成项目计算期内的各年等额年金。多方案比选时，选等额年值最大的。费用现值就是把项目计算期内的各年投入（费用）按基准收益率折现的现值。多方案比选时，选择费用现值最小的。等额年费用就是把项目计算期内所有的费用现值，按事先选定的基准收益率折算成的等额年费用。多方案比选时，选择等额年费用最小的。

对于项目计算期相同的互斥方案，可以采用静态法和动态法两种方法进行比选。采用静态法时所用的指标主要是差额投资回收期法和差额投资收益率法；采用动态法时所用的指标主要是差额投资内部收益率、净现值、净现值率、等额年值、费用现值和等额年费用等。动态法由于考虑了资金的时间价值因素，因而可以对投资方案作出比较客观的评价和选择。

对于项目计算期不同的互斥方案项目，一般采用等额年值指标进行比选。如果要采用差额投资内部收益率指标或净现值指标进行方案比选，需对各可供比较方案的项目计算期和计算方法按有关规定作适当处理。

　　混合方案与独立方案的选择一样，也可分为有资金约束和无资金约束两种情况。如果资金无约束，只要从各独立项目中选择互斥型方案中净现值（或等额年值）最大的方案加以组合即可。如果资金有约束，选择的标准是净现值和差额内部收益率（不再是内部收益率）。

　　另外，对于计算期较短的出售型房地产项目，可直接用利润总额、投资利润率等静态指标进行比选。

　　而对于效益相同或基本相同的互斥房地产项目，为简化计算，可采用费用现值指标和等额年费用指标直接进行项目方案费用部分的比选。

　　在进行方案比选时，总费用现值和年费用指标没有一定的限制，而净现值、净现值率和内部收益率指标这三个指标则有一定的局限性。

## □ 思政课堂

### 方案选择的重要性

　　房地产投资决策就是在房地产投资活动中，利用有效、准确的方法对可供选择的投资方案进行正确的比较分析，从而在众多的投资方案中选择最佳方案的过程。

　　现实生活中，一方面，房地产投资者主观臆断、不系统研究市场、盲目地作出决策的现象较为普遍，结果遭受巨大损失（市场上出现的炸掉别墅群、半截子商业办公用房被迫改为解困房等现象）；另一方面，有些房地产投资者却过于相信市场分析的结论，没有注意到该项市场分析的调查结果可能不真实、实用性差，不适应市场需求，这样的结果将直接导致开发商方案选择的失误。重视方案选择的开发商或投资者如果能够认真比较、理性决策，失败是可以避免的。

　　一个房地产投资者在很多情况下都面临着如何选择和决策的问题。

　　一个学生也会面临在很多情况下的选择问题。选择决定成败。

　　选择正确的道路，永远比跑得快重要。以职业方向的选择为例，大学阶段是学生对未来的职业发展进行思考的黄金时期。大学生入学后的首要任务应基于自身条件，如家庭经济情况、知识储备优势、个人兴趣和爱好以及专业发展前景等，对未来的职业发展目标及其实现路径作出选择。这时，可能会有几个选择方案：毕业时是就业还是读研？如果就业，是从事已有深厚理论基础的本专业，还是更感兴趣的天性擅长的其他专业？如果读研，是在国内读还是到国外读？是跨专业读还是在本专业深造……对这些问题越早给出答案，就越有利于学生在学习时间和学习内容上的"排兵布阵"。有目标才有奋斗的方向和专注力，才能让大学时光更有效率和成就。

　　不可否认的一种可能是，如果项目的计算条件、决定开发项目成败的经济特性或房地产市场发生了重大变化，决策时有可能否定之前的选择，从而导致开发商或投资人不得不考虑是否放弃投资。为了避免投资失误，在某些情况下，不管是被迫放弃还是主动放弃该开发投资计划，都可能是最明智、最好的决策。

　　大学生对未来职业的选择也是如此。正确的决策不仅取决于决策者个人的素质、知识、能力、经验以及审时度势和多谋善断的能力，并且需要决策者熟悉和掌握决策的基本理论、基本内容和类型，以及应用科学决策的基本方法。

□ **关键概念**

投资决策　互斥方案　独立方案　混合方案　差额投资收益率　差额投资回收期　净现值率　差额内部收益率　等额年值法　等额年费用比较法　费用现值　房地产投资项目的方案比选　确定型决策　风险型决策　不确定型决策

□ **复习思考题**

1.什么是房地产投资方案的比选？房地产投资方案比选有什么意义？

2.房地产投资项目的方案比选所用的指标大体上有哪些？在具体方案比选过程中怎样选择指标？

3.怎样用差额内部收益率法、等额年值法和等额年费用比较法进行方案比选？

4.对于各种不同情况的房地产投资项目，在比选时应注意哪些问题？

□ **案例分析题**

一、某房地产投资项目有两个可供选择的投资方案（投资方案年费用情况见表8-19），其效益基本相同。假定基准折现率为10%。根据表8-19中的资料，试比较哪个方案较好？

表8-19　　　　　　　　　　**投资方案年费用情况**　　　　　　　　　　单位：万元

| 方案与年份 | A方案 | | | | B方案 | | | |
|---|---|---|---|---|---|---|---|---|
| 现金流量 | 1 | 2 | 3—10 | 11 | 1 | 2 | 3—10 | 11 |
| 各年投资额 | 200 | 400 | | | 300 | 400 | | |
| 各年运营费用 | | | 200 | 200 | | | 180 | 180 |
| 净转售收入 | | | | 230 | | | | 285 |

二、设互斥方案A、B的计算期分别为5年和3年，各自计算期内的净现金流量见方案A、B的净现金流量表（见表8-20），试用等额年值法评价选择（基准收益率为10%）。

表8-20　　　　　　　　　　**方案A、B的净现金流量表**　　　　　　　　　　单位：万元

| 年末 方案 | 计　算　期 | | | | | |
|---|---|---|---|---|---|---|
| | 0 | 1 | 2 | 3 | 4 | 5 |
| A | -400 | 120 | 120 | 120 | 120 | 120 |
| B | -200 | 98 | 98 | 98 | | |

　　三、某房地产公司准备铺设热力管道，现正在研究能够满足相同使用功能的管径为20厘米和30厘米管道哪种有利的问题：两种管道的工程费用分别为1 800万元和2 400万元；运行费用第1年分别为350万元和220万元，之后每年都以0.05%的比例递增；假设两种管道的使用寿命分别为8年和10年，到期后的净残值都是初期投资额的10%，折现率为10%。假定工程费用发生在年初，运行费用发生在年末。请判断这两种方案的关系，并选用适宜的方法比较两方案的优劣[①]。

　　四、延续第二章第15题，仍以该项目为例，在已进行了市场分析、区位分析、投资基础数据的估算分析、财务分析的前提下，再根据具体情况，对其增加一定的假设条件，对该项目的开发投资进行方案比选分析。

参考答案

---

　　①　本题来自2008年房地产估价师执业资格考试试题。

# 第九章
# 房地产开发投资项目案例分析

□ **学习目标**

本章介绍的三个案例，把本书前面各章节所讲述的内容综合归纳和穿插起来。通过本章的学习，要求学生清晰地了解房地产开发项目投资分析的完整过程，并重点掌握开发项目投资分析中所涉及的各种报表和各种重要指标的计算方法。学完本章，在面对预开发的房地产项目时，学生应能基本完成可行性研究工作；在此基础上，如果面对多个投资机会，应能考虑多种因素通过比选进行投资决策。

## 第一节　租售房地产开发项目案例分析①

### 一、市场分析

××市地处华北平原，是某省的小工业城市之一。

根据《××市统计年鉴》（2015），缺房户数 8 000 户，其中人均居住面积在 10 平方米以下的住房困难户 3 000 户，随着城市化进程加快，今后每年还将新增一定数量的住房困难户，因此，距我国城镇居民小康居住水平的要求差距还很大。

从全市商品房市场看，2014 年全市商品房竣工面积 132.24 万平方米，实际销售 110.66 万平方米，预售 13.89 万平方米，空置（含正常待售）12.97 万平方米，实际销售总金额达到 108 447 万元，总体情况比较理想。

调查资料显示，项目附近的事业单位和企业缺房户约有千余户，还有一些危旧

① 该案例取自建设部标准定额研究所. 房地产开发项目经济评价案例 [M]. 北京：中国计划出版社，2002.本案例的优点在于，这是个租售并举的项目，经营、销售、收款方式较为复杂，能给读者一些启发。除了原案例的规划面积数据及经营方式被保留外，本版根据广大读者的意见，对项目背景和部分文字进行了修改，对所有其他数据、报表和指标均重新进行了设定和计算。

房屋亟待拆除并还建。虽然市场上还有待售的住房，但结构上、户型上以及面积等方面并不完全匹配缺房户的要求，所以该区域职工家庭的需求尚未得到有效满足。

在这种情况下，某开发商拟建一住宅小区，预计该住宅小区的开发会解决该市部分住房供求矛盾，带动区域内危旧房屋的改造，使该区域居民的居住条件得到明显改善。

## 二、建设指导思想

根据建设部有关城市建设的法规及××市总体规划，小区规划设计旨在创造一个舒适、方便、安全、优美的居住环境，并按照"统一规划、分期实施、配套建设、充分利用土地"的原则，综合提高经济效益和社会效益。

## 三、建设内容和规模

××小区占地8.78公顷，总建筑面积15.7万平方米，其中，一期工程建筑面积3.4万平方米，已经竣工发售。××北小区项目属二期工程，拟建6层条式楼多栋，建筑面积3.1万平方米，占地5 683平方米；拟建少量营业用房，建筑面积1 320平方米，占地726平方米；楼群中部布置3栋26层点式楼，建筑面积9.1万平方米，占地3 850平方米，合计总建筑面积为123 320平方米。

## 四、规划选址

××北小区位于××市区东北部，南临东风路，西面与乡政府和乡医院相邻，北靠建设路，中部偏东有学院路自南向北纵向穿越，将小区分为两部分。区内临建设路处现有建设路小学、水文队、银行等单位，其余均为菜田。该地块南北长300米，东西宽约180米，呈矩形，自然地势南高北低，平均海拔高程71.50米左右，最大高差约0.3米，地势较为平坦。

## 五、规划与住宅布局

由于本地块的地形现状和特点，规划设计将小区中心设置在地块的几何中心部位，由中心绿地和居委会、文化活动站等设施组成，并采用空间划分和限定的手法，组织好由公共空间、半公共空间到私密空间的相互联系和组合。其他建筑布置紧紧围绕小区中心，以点式和条式住宅相互结合、协调搭配、错落有致的方法，丰富居住小区的环境和平面布局，使小区面貌更显得新颖别致、灵活多样。小区公共建筑设施沿周边布置，既丰富了城市道路和沿街景观，又给小区的建设开发创造了有利条件。

小区住宅以六层条式为主，适当点缀点式住宅，条式住宅布局采用周边式布置，三两栋为一组，组合成若干个半公共空间，既塑造了建筑的立面效果，又方便了小区的管理。依据小区道路的分隔与围合，小区分为4个组团，即南部的两个居住组团，北部的公建组团和学院路东的组团。以南部两个居住组团形成小区的基本居住单元。小区的主要入口有3个，分别面向建设路、东风路和学院路。在学院路的主要入口处设置新村标志，增强小区的识别性。同时，小区的平面布局综合考虑了日照、通风、防灾、消防等要求，日照间距为1：1.2。

## 六、小区绿化

为了创造一个接近自然、景色优美的居住环境，小区绿地按照集中、分散结合布置的原则进行建设，除小区中心绿地外，在零星地块见缝插绿地进行建设，利用道路与景观调节小区布局，方便居民，美化环境，使人们步入小区后，有一种步移景移、赏心悦目的美好心情。植物栽培以常绿植物为主，配以四季花卉、水池、亭子、花架、坐凳等园林小品，形成景色宜人、生机盎然的园林景观。

## 七、方案设想

××北小区住宅方案设计主要考虑了功能、舒适、美观、采光、通风及结构上的安全经济等因素，在经济适用方面下功夫，以满足不同家庭户型结构的需要。方案设计的原则是：

（1）坚持"住得好、分得开、放得下、买得起"的设计原则。

（2）坚持"节地、节能、节材"的设计原则：尽量采取小面宽、大进深等有效手法；在节能方面，主要在墙体厚度和材料、门窗尺寸选型、屋顶保温等方面采取一些行之有效的措施。

## 八、项目施工进度、租售计划及计算期

计划2016年4月初开始施工，建设期为3年。

从项目本身规模及市场条件来看，项目在第1年完成前期准备、区内基础设施建设及部分建安工程和部分配套工程，第3年建设完毕。住宅楼从项目开工第2年可以预售，之后多层、高层、部分营业用房预计在4年内全部售出；出租房第4年开始出租，3年后转售。按此计划，项目计算期应为6年。

## 九、项目总投资的估算①

首先测算不含财务费用的总投资。

（1）土地成本。开发商通过挂牌出让方式获得该熟地的土地使用权，其摘牌价格及4%的契税构成土地成本，为2 400万元。

（2）前期工程费。工程前期需要进行招投标、勘探设计、可行性研究、施工现场的三通一平等工作，这些前期工作预计发生的费用为建安工程费用的3%（"建安工程费"见下一项（3）），前期工程费为213万元。

（3）建安工程费。根据当地类似建安工程的经验数据，建安工程费估算为

---

① 本案例中的所有数据均在估算过程中四舍五入取整。

7 100万元。

（4）基础设施建设费。基础设施建设费主要包括项目所需的供水、供电、供气、排污、电信、绿化、道路、室外照明、环卫等设施的建设费用，各项设施与市政设施干线、干管、干道的接口费用等，根据当地实际，经估算为520万元。

（5）公共配套设施建设费。公共配套设施建设费主要指为居民服务配套建设的各种非营利性的公共配套设施的建设费用，经估算为680万元。

（6）其他工程费。按当地有关部门规定的标准或费率估算，取上述5项费用之和的3%，则其他工程费为327万元，已包含开发期税费。

（7）不可预见费。项目在建设过程中，必须考虑不可预见情况发生导致的费用上涨，根据本项目的实际情况，本项目取上述6项成本费用之和的2%，则不可预见费用为225万元。

上述开发成本合计为11 465万元。

（8）管理费用。在组织和管理房地产项目的开发经营活动时发生的各项费用为管理费用。本项目取前述6项成本费用之和的3%，则管理费用为337万元。

（9）销售费用。销售费用包括房地产开发企业在销售房地产产品过程中发生的各项费用，包括广告宣传及市场推广费、销售人员工资或者销售代理费等。本项目取销售收入的4%估算，则销售费用为956万元（销售收入为23 888万元，详见"十、经营收入及增值税、税金及附加估算"及表9-3）。

上述不含财务费用的总投资为12 758万元。

（10）财务费用。在估算财务费用之前，需先进行投资计划与资金筹措的安排，本步骤直接引用后续分析结果，财务费用经估算为1 686万元。详见"十一、投资计划与资金筹措"及表9-5。

上述开发费用合计为2 979万元。

则本项目含财务费用的总投资为14 444万元。

根据调查及以往开发经验，分析人员就上述投资作出了一张各年度用款计划表，见表9-1。

表9-1　　　　　　　　　　　　用款计划表

| 项目 | 金额（万元） | 第1年 | 第2年 | 第3年 | 第4年 | 第5年 | 第6年 |
|---|---|---|---|---|---|---|---|
| 土地成本 | 2 400 | 100% | | | | | |
| 前期工程费 | 213 | 100% | | | | | |
| 基础设施建设费 | 520 | 100% | | | | | |
| 建筑安装工程费 | 7 100 | 10% | 57% | 33% | | | |
| 公共配套设施建设费 | 680 | 25% | 33% | 42% | | | |
| 其他工程费 | 327 | 45% | 35% | 20% | | | |

续表

| 项目 | 金额（万元） | 第1年 | 第2年 | 第3年 | 第4年 | 第5年 | 第6年 |
|---|---|---|---|---|---|---|---|
| 不可预见费 | 225 | 33% | 34% | 33% | | | |
| 管理费用 | 337 | 33% | 34% | 33% | | | |
| 销售费用 | 956 | 17% | 50% | 33% | | | |
| 以上合计（万元） | 12 758 | 4 508 | 5 056 | 3 194 | | | |
| 财务费用（万元） | 1 686 | | | | 843 | 843 | |
| 以上合计（万元） | 14 444 | 4 508 | 5 056 | 3 194 | 843 | 843 | |

注：①此后各表中有效数字均为四舍五入取整，可能造成表中合计数与各年数字之和不等。在各年数字绝对值小于1时，用"…"表示。以后各表同。

②表中财务费用数据是作者对原案例进行的增加，它来自表9-5，可以先计算出来，再填入此表中。

## 十、经营收入及增值税、税金及附加估算

### （一）销售与出租计划

本项目采用租售并举的销售策略，且假设所有建筑面积按各自功能均为可出售或出租的。

本项目高层、多层住宅和部分营业用房计划在第2年开始出售，4年内全部售完，出售面积为122 660平方米。营业房的另一半于第4年开始出租，出租面积为660平方米，出租3年，第4年出租率为80%，以后各年均为100%，出租3年后转售。各类房屋各年销售比例及面积见表9-2。

表9-2　　　　　　　　　各类房屋各年销售比例及面积

| 年份 类型 | 2 | | 3 | | 4 | | 5 | | 合计 | |
|---|---|---|---|---|---|---|---|---|---|---|
| | 比例（%） | 面积（平方米） | 比例（%） | 面积（平方米） | 比例（%） | 面积（平方米） | 比例（%） | 面积（平方米） | 比例（%） | 面积（平方米） |
| 高层楼房 | 40 | 36 400 | 40 | 36 400 | 20 | 18 200 | | | 100 | 91 000 |
| 多层楼房 | 30 | 9 300 | 30 | 9 300 | 30 | 9 300 | 10 | 3 100 | 100 | 31 000 |
| 营业用房 | 30 | 198 | 30 | 198 | 40 | 264 | | | 100 | 660 |
| 合计 | | 45 898 | | 45 898 | | 27 764 | | 3 100 | 100 | 122 660 |

### （二）租售价格的确定

根据××市近期相同房地产项目的售（租）价和居民购买力，分析人员采用科学方法，评估确定本项目高层住宅售价2 000元/平方米，多层住宅售价1 750元/平

方米，营业用房一半出售，售价4 000元/平方米①。各年售房均价为：第2年、第3年均为1 958元/平方米②；第4年为1 935元/平方米；第5年，因为仅有多层出售，则为1 750元/平方米。营业用房另一半出租，租价1 200元/年·平方米，每年的租金收入是79万元；运营费用为每年租金收入的25%，经计算，第4年至第6年的经营费用分别为：16万元、20万元和20万元。建设期出租房不预租，且计算期结束时，即出租3年后转售，保守估计，转售价格仍为4 000元/平方米，净转售收入为264万元。

### （三）收款方式和收款计划的确定

本项目从建设期第2年开始预售，分期付款，按20%、70%和10%分3年付清。

### （四）租售收入及增值税、税金及附加

本项目为房地产老项目，选用简易计税方法。

本项目的经营收入由销售收入、出租收入和净转售收入组成。

增值税取销售收入的5%，税金及附加中城市维护建设税和教育费附加，分别为增值税的7%和3%。

运营费用按租金收入的25%估算。

根据上述租售方案，形成以下各表，见表9-3和表9-4。

表9-3　　　　　　　　销售收入与增值税、税金及附加估算表　　　　　　金额单位：万元

| 序号 | 项　　目 | 合　计 | 1 | 2 | 3 | 4 | 5 | 6 |
|---|---|---|---|---|---|---|---|---|
| 1 | 销售收入 | 23 888 | | 1 797 | 8 088 | 8 264 | 4 768 | 971 |
| 1.1 | 可销售面积（平方米） | 122 660 | | 45 898 | 45 898 | 27 764 | 3 100 | |
| 1.2 | 平均售价（元/平方米）③ | | | 1 958 | 1 958 | 1 935 | 1 750 | |
| 1.3 | 收款比例（%）④ | 100 | | 20 | 70、20 | 10、70、20 | 10、70、20 | 10、70、10⑤ |
| 2 | 增值税和税金及附加 | 1 313 | | 99 | 444 | 454 | 262 | 54 |
| 2.1 | 增值税 | 1 194 | | 90 | 404 | 413 | 238 | 49 |
| 2.2 | 城市维护建设税 | 83 | | 6 | 28 | 29 | 17 | 3 |
| 2.3 | 教育费附加 | 36 | | 3 | 12 | 12 | 7 | 2 |

注：各年售房收入的来历：按照销售计划和收款计划，项目从第2年开始预售，当年销售的部分从当年开始分3年收款。以第3年为例，售房收入为：45 898×1 958×70%（第2年出售的部分在第3年70%收款）＋45 898×1 958×20%（第3年出售的部分在第3年20%收款）≈8 088（万元）。依此类推，各年收入即可算出。

---

① 限于篇幅的限制，本节略去定价或评估过程，后同。粗略学习请见第四章相关内容；展开学习请阅读中国房地产估价师与房地产经纪人学会. 房地产估价理论与方法［M］. 北京：中国建筑工业出版社，2017.

② （2 000×91 000×40%＋1 750×31 000×30%＋4 000×660×30%）÷45 898＝1 958（元/平方米）。以下依此类推。

③ 只列入了该年度的主打价格，未列入不表示没有或不计算。

④ 注意：各年收款比例应对应其售出的面积，各年售房收入不是收款比例与可销售面积和售房均价简单相乘的结果。

⑤ 考虑到项目将于第6年年末转售，为了计算方便，第5年出售部分在第7年收款的10%，合并在第6年一起计算。

表9-4　　　出租收入、净转售收入与增值税、税金及附加估算表　　　金额单位：万元

| 序号 | 项　目 | 合　计 | 1 | 2 | 3 | 4 | 5 | 6 |
|---|---|---|---|---|---|---|---|---|
| 1 | 出租收入 | 221 | | | | 63 | 79 | 79 |
| 1.1 | 可出租面积（平方米） | 660 | | | | 660 | 660 | 660 |
| 1.2 | 单位租金（元/平方米） | 1 200 | | | | 1 200 | 1 200 | 1 200 |
| 1.3 | 出租率（%） | | | | | 80 | 100 | 100 |
| 2 | 增值税和税金及附加 | 12 | | | | 3 | 4 | 4 |
| 2.1 | 增值税 | 11 | | | | 3 | 4 | 4 |
| 2.2 | 城市维护建设税 | 1 | | | | … | … | … |
| 2.3 | 教育费附加 | … | | | | … | … | … |
| 3 | 净转售收入 | 264 | | | | | | 264 |

运营费用为：第4年：63×25%=16（万元）；第5年：79×25%=20（万元）；第6年：79×25%=20（万元），合计为56万元。

# 十一、投资计划与资金筹措计划

## （一）投资计划与资金筹措

前面已估算出不含财务费用的总投资为12 758万元。

由于项目投资较大，一般都不可能完全依靠自有资金完成项目的建设，因此需要在多方筹资基础上合理利用资金。根据央行以及国家有关政策要求，开发商至少在取得"四证"、土地使用权出让金全部付清、资本金比例达到总投资的35%后才能获得贷款，而且项目的预售必须在主体工程封顶后才能开始。开发商通常意义上的三种资金筹措渠道，两类资金渠道是有严格限制的，所以，提高了对开发商自有资金额度的要求，加大了项目第1年的投入。开发商的自有资金必须足够支付项目的前期费用，才能获得贷款和开展预售。考虑这些因素，再根据用款计划表，各年的具体投资计划与筹措情况如下：

总体上，本项目资本金投入至少为4 465万元，余下所需投资，计划从银行借款5 000万元；考虑到本项目市场前景不错，第2年可以预售，可安排部分预售收入作为投资。

第1年，需投资4 508万元，资本金安排2 708万元，从银行借款1 800万元；第2年，需投资5 056万元，资本金安排1 757万元，余下投资可由银行借款解决3 200万元和预售收入解决99万元，因为预售才开始，该年不宜安排更多预售资金；第3年所需投资3 194万元，全部由预售收入解决。

所以，本项目的资金筹措渠道有三个，所提供的资金分别为资本金4 465万元，银行借款5 000万元，预售收入回投3 293万元，合计为12 758万元。

### （二）财务费用的估算

银行在对项目的可行性、项目具备的贷款条件等相关问题进行考察后，同意给予该项目 5 000 万元的贷款。贷款条件是：年利率 9%，建设期内不还本付息，第 4 年末开始等额还本付息，2 年内还完。财务费用的估算过程如下：

第 1 年利息：1 800÷2×9%=81（万元）

第 2 年利息：（1 800+81+3 200÷2）×9%=313（万元）

第 3 年利息：（5 000+81+313）×9%=486（万元）

第 4 年开始等额还本付息：则 $I_c$=5 000+81+313+486=5 880 万元，两年内还完。

$$A=I_c \times \frac{i(1+i)^n}{(1+i)^n-1}=5\ 880 \times \frac{9\% \times (1+9\%)^2}{(1+9\%)^2-1}=3\ 343（万元）$$

分析：

第 4 年的还本付息额 3 343 万元中，利息为 5 880×9%=529（万元），本金为 3 343−529=2 814（万元）（其中原本金 2 500 万元，利息 314 万元）；第 5 年的还本付息额 3 343 万元中，利息为（5 880−2 814）×9%=276（万元），本金为 3 343−276=3 067 万元（其中原本金 2 500 万元，利息 567 万元）。

则本项目的财务费用合计为 1 686 万元。

本项目含财务费用的总投资：12 758+1 686=14 444（万元）

上述估算过程形成项目的借款还本付息估算表（见表 9-5）、项目总投资估算表（见表 9-6）、投资计划与资金筹措表（见表 9-7）。

表9-5　　　　　　　　　　　借款还本付息估算表　　　　　　　　　单位：万元

| 序号 | 项　　目 | 合计 | 1 | 2 | 3 | 4 | 5 | 6 |
|---|---|---|---|---|---|---|---|---|
| 1 | 借款及还本付息 | | | | | | | |
| 1.1 | 年初借款本息累计 | | | 1 881 | 5 394 | 5 880 | 3 067 | |
| 1.2 | 本年借款 | | 1 800 | 3 200 | 0 | 0 | 0 | |
| 1.3 | 本年应计利息 | 1 686 | 81 | 313 | 486 | 529 | 276 | |
| 1.4 | 本年还本付息 | 6 686 | | | | 3 343 | 3 343 | |
| 1.5 | 其中：还本 | 5 000 | | | | 2 500 | 2 500 | |
| 1.6 | 　　　　付息 | 1 686 | | | | 843 | 843 | |
| 1.7 | 年末借款本息累计 | | 1 881 | 5 394 | 5 880 | 3 067[①] | 0 | |
| 2 | 借款还本付息的资金来源 | | | | | | | |
| 2.1 | 利润 | | | | | | | |
| 2.2 | 折旧费 | | | | | | | |
| 2.3 | 摊销费 | | | | | | | |
| 2.4 | 预售收入 | 6 686 | | | | 3 343 | 3 343 | |

① 计算过程中因四舍五入取整，会有个位数上的误差。

表9-6　　　　　　　　　　　**项目总投资估算表**　　　　　　　　　单位：万元

| 序号 | 项　　目 | 总　投　资 | 估算说明 |
|---|---|---|---|
| 1 | 开发建设投资 | 14 444 | |
| 1.1 | 土地成本 | 2 400 | 摘牌价格 |
| 1.2 | 前期工程费 | 213 | 建安工程费用的3% |
| 1.3 | 建安工程费用 | 7 100 | |
| 1.4 | 基础设施建设费 | 520 | |
| 1.5 | 公共配套设施建设费 | 680 | |
| 1.6 | 其他工程费 | 327 | 前5项之和的3% |
| 1.7 | 不可预见费 | 225 | 前6项之和的2% |
| 1.8 | 管理费用 | 337 | 前6项之和的3% |
| 1.9 | 销售费用 | 956 | 销售收入的4% |
| 1.10 | 财务费用 | 1 686 | 来自表9-5 |
| 2 | 经营资金 | | |
| 3 | 项目总投资 | 14 444 | |
| 3.1 | 开发产品成本 | 14 444 | |
| 3.2 | 固定资产投资 | | |
| 3.3 | 经营资金 | | |

表9-7　　　　　　　　　　　**投资使用计划与资金筹措表**　　　　　　　单位：万元

| 序号 | 项　　目 | 合计 | 1 | 2 | 3 | 4 | 5 | 6 |
|---|---|---|---|---|---|---|---|---|
| 1 | 总投资 | 14 444 | 4 508 | 5 056 | 3 194 | 843 | 843 | |
| 1.1 | 项目建设投资 | 14 444 | 4 508 | 5 056 | 3 194 | 843 | 843 | |
| 1.2 | 其中：不含财务费用 | 12 758 | 4 508 | 5 056 | 3 194 | | | |
| 1.3 | 财务费用 | 1 686 | | | | 843 | 843 | |
| 2 | 资金筹措 | 14 444 | 4 508 | 5 056 | 3 194 | 843 | 843 | |
| 2.1 | 资本金 | 4 465 | 2 708 | 1 757 | | | | |
| 2.2 | 银行借款 | 5 000 | 1 800 | 3 200 | | | | |
| 2.3 | 预租售收入 | 4 979 | | 99 | 3 194 | 843 | 843 | |

## 十二、土地增值税的估算

根据土地增值税计算规定，土地增值税一般只对出售部分的土地增值计税，出租部分是不计土地增值税的。所以，严格说来，应将出租房成本在总投资成本中扣除，但考虑到这部分成本所占比例不大就没有扣除。另外，出租部分在6年后进行转售时也需计算土地增值税，两下相抵就忽略不计了。土地增值税的估算过程见表9-8。

表9-8 　　　　　　　　　　　　　**土地增值税估算表**　　　　　　　　金额单位：万元

| 序号 | 项　　目 | 计算结果 | 计算依据 |
|------|---------|---------|---------|
| 1 | 销售收入 | 23 888 | 来自表9-3 |
| 2 | 扣除项目金额 | 18 050 | 以下2.1~2.4项之和 |
| 2.1 | 开发成本 | 11 465 | 来自表9-6中1.1~1.7项 |
| 2.2 | 开发费用 | 2 979 | 来自表9-6中1.8~1.10项 |
| 2.3 | 增值税和税金及附加 | 1 313 | 来自表9-3 |
| 2.4 | 其他扣除项目 | 2 293 | 按2.1项×20%计 |
| 3 | 增值额 | 5 838 | （1）-（2） |
| 4 | 增值率 | 32.34% | （3）÷（2）×100% |
| 5 | 适用税率 | 取30% | （4）<50% |
| 6 | 土地增值税 | 1 751 | （3）×（5） |

为方便后续计算，土地增值税应分摊到有收入的各年。其计算公式为：

（当年销售收入÷总销售收入）×土地增值税=当年的土地增值税

则第2年~第6年土地增值税的估算结果分别为：132万元、593万元、606万元、349万元、71万元。

不考虑融资情况时，土地增值税在计算过程中需剔除财务费用的影响。所以，从项目投资角度，不含财务费用的土地增值税为2 257万元（过程略）。同理，其第2年~第6年土地增值税的估算结果分别为：170万元、764万元、781万元、450万元、92万元。

## 十三、财务分析

### （一）分析依据

建设部发布的《房地产开发项目经济评价方法》（中国计划出版社，2000）、国家发展改革委与建设部联合发布的《建设项目经济评价方法与参数》（中国计划出版社，第3版，2006）。

### （二）盈利能力分析

盈利能力的分析需要通过利润表和现金流量表进行，同时计算静态盈利能力和动态盈利能力指标。本项目所得税税率为25%，需提取公益金和法定盈余公积金，分别按税后利润的5%和10%计算。投资者期望的最低收益率为20%。假设投资与收入均发生在年初。

1.利润表及静态指标计算

利润表见表9-9。

表9-9　　　　　　　　　　　　　　利润表　　　　　　　　　　　　　单位：万元

| 序号 | 项目 | 合计 | 1 | 2 | 3 | 4 | 5 | 6 |
|---|---|---|---|---|---|---|---|---|
| 1 | 经营收入 | 24 373 | | 1 797 | 8 088 | 8 327 | 4 847 | 1 314 |
| 1.1 | 商品房销售收入 | 23 888 | | 1 797 | 8 088 | 8 264 | 4 768 | 971 |
| 1.2 | 房地产租金收入 | 221 | | | | 63 | 79 | 79 |
| 1.3 | 净转售收入 | 264 | | | | | | 264 |
| 2 | 经营成本 | 14 444 | | 1 081 | 4 864 | 4 973 | 2 872 | 654 |
| 2.1 | 商品房经营成本 | 14 367 | | 1 081 | 4 864 | 4 970 | 2 868 | 584 |
| 2.2 | 出租房经营成本 | 77 | | | | | | |
| 2.2.1 | 出租房已摊销部分 | 11 | | | | 3 | 4 | 4 |
| 2.2.2 | 出租房未摊销部分 | 66 | | | | | | 66 |
| 3 | 出租房运营费用 | 56 | | | | 16 | 20 | 20 |
| 4 | 增值税和税金及附加 | 1 325① | | 99 | 444 | 458 | 266 | 58 |
| 5 | 土地增值税 | 1 751 | | 132 | 593 | 606 | 349 | 71 |
| 6 | 利润总额 | 6 797 | | 485 | 2 187 | 2 274 | 1 340 | 511 |
| 7 | 所得税 | 1 699 | | 121 | 547 | 568 | 335 | 128 |
| 8 | 税后利润 | 5 098 | | 364 | 1 640 | 1 706 | 1 005 | 383 |
| | 公益金 | 255 | | 18 | 82 | 85 | 50 | 19 |
| | 法定盈余公积 | 510 | | 36 | 164 | 171 | 100 | 38 |
| | 应付利润 | 4 333 | | 310 | 1 394 | 1 450 | 855 | 326 |

注：①2.1项：先求出出售部分占总建筑面积的比例，再求出其所分摊的总成本费用，再按各年销售收入比例结转。如第4年商品房经营成本：（122 660÷123 320）×14 444×（8 264÷23 888）=4 970（万元）；②2.2项：先求出出租部分占总建筑面积的比例，再求出其所分摊的总成本费用，按20年经济寿命进行折旧摊销，再考虑出租率即可求出。如第4年出租房经营成本：（660÷123 320）×14 444÷20×80%=3（万元）。为计算方便，其土地使用权——无形资产摊销部分放在房产下一起折旧了，未单独核算。

计算指标：

投资利润率=利润总额÷总投资×100%=6 797÷14 444×100%=47.06%

资本金净利润率=税后利润÷资本金×100%=5 098÷4 465×100%=114.18%

分析：经过估算，从表9-9中可以看出，项目在计算期内经营收入24 373万元，可获利润总额6 797万元，扣除所得税、公益金、公积金后还有4 333万元可分配利润。项目缴纳的增值税和税金及附加为1 325万元，土地增值税为1 751万元，所得税为1 699万元，合计缴纳税金4 775万元。与投资者投入的资本金4 465万元相比，在6年内项目盈利和缴纳税金的绝对额是相当高的。项目的投资利润率为47.06%，资本金净利润率达到114.18%，所以，从静态指标看，项目的盈利能力是

---

① 此数是由销售与出租行为分别带来的"增值税和税金及附加"的合计数。具体来自表9-3与表9-4中第2项。

比较强的。

2.现金流量表与动态指标计算

项目投资现金流量表见表9-10。

表9-10　　　　　　　　　　项目投资现金流量表　　　　　　　单位：万元

| 序号 | 项　　目 | 合计 | 1 | 2 | 3 | 4 | 5 | 6 |
|------|----------|------|---|---|---|---|---|---|
| 1 | 现金流入 | 24 373 | | 1 797 | 8 088 | 8 327 | 4 847 | 1 314 |
| 1.1 | 售房收入 | 23 888 | | 1 797 | 8 088 | 8 264 | 4 768 | 971 |
| 1.2 | 租房收入 | 221 | | | | 63 | 79 | 79 |
| 1.3 | 净转售收入 | 264 | | | | | | 264 |
| 2 | 现金流出 | 18 390 | 4 508 | 5 472 | 5 064 | 1 936 | 1 132 | 278 |
| 2.1 | 开发建设投资 | 12 758 | 4 508 | 5 056 | 3 194 | | | |
| 2.2 | 出租房运营费用 | 56 | | | | 16 | 20 | 20 |
| 2.3 | 增值税和税金及附加 | 1 325 | | 99 | 444 | 458 | 266 | 58 |
| 2.4 | 调整土地增值税 | 2 257 | | 170[①] | 764 | 781 | 450 | 92 |
| 2.5 | 调整所得税 | 1 994 | | 147[②] | 662 | 681 | 396 | 108 |
| 3 | 税后净现金流量 | 5 983 | -4 508 | -3 675 | 3 024 | 6 391 | 3 715 | 1 036 |
| | 税后净现金流量现值 | 435 | -4 508 | -3 063 | 2 100 | 3 698 | 1 792 | 416 |
| 4 | 税前净现金流量 | 7 977 | -4 508 | -3 528 | 3 686 | 7 072 | 4 111 | 1 144 |
| | 税前净现金流量现值 | 1 648 | -4 508 | -2 940 | 2 560 | 4 093 | 1 983 | 460 |

计算指标：

项目投资财务内部收益率（%）（所得税前）=29.49%

项目投资财务内部收益率（%）（所得税后）=22.56%

项目投资财务净现值（所得税前）（$i_c$= 20%）=1 648万元

项目投资财务净现值（所得税后）（$i_c$= 20%）=435万元

项目投资回收期（所得税前）=3.62年

项目投资回收期（所得税后）=3.81年

---

在不考虑融资情况时，所得税应调整为没有财务费用影响的所得税，一般称之为"调整所得税"。按此计算，其应纳税所得额=（经营收入-总成本费用（不含利息）-运营费用-增值税和税金及附加-调整土地增值税）=24 373-12 758-56-1 325-2 257=7 977（万元）；则调整所得税为：7 977×25%=1 994（万元）。

资本金现金流量表见表9-11。

---

① 调整土地增值税总额按出售部分的商品房各年收入占总收入的比例分摊到有收入的年份。如第2年：（1 797÷23 888）×2 257=170（万元）。注意此处的"总收入"不含出租房收入及转售收入。因为后者是不征收土地增值税的。其余各年类推。

② 在按现金流入、现金流出数估算出调整所得税总额为1 994万元后，再按各年收入占总收入的比例，分摊到有收入的年份。相当于按销售收入比例预征。如第2年：（1 797÷24 373）×1 994=147（万元）。其余各年类推。

表9-11　　　　　　　　　　　　资本金现金流量表　　　　　　　　　　单位：万元

| 序号 | 项　目 | 合　计 | 1 | 2 | 3 | 4 | 5 | 6 |
|---|---|---|---|---|---|---|---|---|
| 1 | 现金流入 | 24 373 | | 1 797 | 8 088 | 8 327 | 4 847 | 1 314 |
| 1.1 | 售房收入 | 23 888 | | 1 797 | 8 088 | 8 264 | 4 768 | 971 |
| 1.2 | 租房收入 | 221 | | | | 63 | 79 | 79 |
| 1.3 | 净转售收入 | 264 | | | | | | 264 |
| 2 | 现金流出 | 19 275 | 2 708 | 2 208 | 4 778 | 4 991 | 4 313 | 2 774 |
| 2.1 | 资本金 | 4 465 | 2 708 | 1 757 | | | | |
| 2.2 | 预售收入再投入 | 3 293 | | 99 | 3 194 | | | |
| 2.3 | 出租房经营费用 | 56 | | | | 16 | 20 | 20 |
| 2.4 | 增值税税金及附加 | 1 325 | | 99 | 444 | 458 | 266 | 58 |
| 2.5 | 土地增值税 | 1 751 | | 132 | 593 | 606 | 349 | 71 |
| 2.6 | 所得税 | 1 699 | | 121 | 547 | 568 | 335 | 128 |
| 2.7 | 借款本金偿还 | 5 000 | | | | 2 500 | 2 500 | |
| 2.8 | 借款利息支付 | 1 686 | | | | 843 | 843 | |
| 3 | 税后净现金流量 | 5 098 | -2 708 | -411 | 3 310 | 3 336 | 534 | 1 037 |
| 4 | 税后净现金流量现值 | 1 853 | -2 708 | -343 | 2 299 | 1 930 | 258 | 417 |

计算指标：

资本金税后内部收益率=44.22%

资本金税后财务净现值=1 853万元

基准收益率（$i_c$）=20%

　　分析：从表9-10和表9-11可以看出，项目投资税前、税后内部收益率分别为29.49%、22.56%；在$i_c$为20%时，项目投资税前、税后净现值分别为1 648万元、435万元，资本金税后内部收益率为44.22%，项目净现值为1 853万元。净现值均大于0，财务内部收益率均大于投资者要求的最低收益率20%。所以从动态指标看，该项目也具备较强的盈利能力。

## （三）资金平衡分析

资金平衡分析需要借助资金来源与运用表（见表9-12）进行。

表9-12　　　　　　　　　　　资金来源与运用表　　　　　　　　　　单位：万元

| 序号 | 项　目 | 合　计 | 1 | 2 | 3 | 4 | 5 | 6 |
|---|---|---|---|---|---|---|---|---|
| 1 | 资金来源 | 33 838 | 4 508 | 6 754 | 8 088 | 8 327 | 4 847 | 1 314 |
| 1.1 | 商品房销售收入 | 23 888 | | 1 797 | 8 088 | 8 264 | 4 768 | 971 |
| 1.2 | 房地产租金收入 | 221 | | | | 63 | 79 | 79 |
| 1.3 | 银行借款 | 5 000 | 1 800 | 3 200 | | | | 264 |
| 1.4 | 资本金 | 4 465 | 2 708 | 1 757 | | | | |
| 1.5 | 净转售收入 | 264 | | | | | | |

续表

| 序号 | 项　　目 | 合计 | 1 | 2 | 3 | 4 | 5 | 6 |
|---|---|---|---|---|---|---|---|---|
| 2 | 资金运用 | 29 373 | 4 508 | 5 772 | 6 418 | 6 697 | 5 318 | 660 |
| 2.1 | 开发建设投资（不含息） | 12 758 | 4 508 | 5 056 | 3 194 | | | |
| 2.2 | 出租房经营费用 | 56 | | | | 16 | 20 | 20 |
| 2.3 | 借款本息偿还 | 6 686 | | | | 3343 | 3 343 | |
| 2.4 | 增值税和税金及附加 | 1 325 | | 99 | 444 | 458 | 266 | 58 |
| 2.5 | 土地增值税 | 1 751 | | 132 | 593 | 606 | 349 | 71 |
| 2.6 | 所得税 | 1 699 | | 121 | 547 | 568 | 335 | 128 |
| 2.7 | 税后利润 | 5 098 | | 364 | 1 640 | 1 706 | 1 005 | 383 |
| 3 | 盈余资金 | 4 465 | 0 | 982 | 1 670 | 1 630 | −471 | 654 |
| 4 | 累计盈余资金 | — | — | 982 | 2 652 | 4 282 | 3 811 | 4 465 |

　　从表9-12可以看出，在项目计算期内，各年累计盈余资金栏目均大于零，说明各期资金的来源与运用平衡有余。前期的资金筹措方案与借款还本付息计划的安排，使项目在实施过程中没有资金短缺现象，项目具有较高的资金平衡能力。

### （四）偿债能力分析

　　按照项目的借款条件和还款计划，项目建设期内不还款，从第4年开始分2年等额还本付息，每年还3 343万元；总计付利息1 686万元，项目在计算期的第5年就可以还完借款及利息。通过对表9-5的分析，再结合表9-12，说明项目的偿债能力也较强。

## 十四、敏感性分析

### （一）抗风险能力分析

　　将开发建设投资、售房价格和租金价格等因素作为不确定性因素进行敏感性分析，选择的分析指标为资本金税后财务内部收益率，分析结果表明，开发建设投资最为敏感，如果开发建设投资向不利方向变动10%，则资本金税后内部收益率将下降至24%，变化率为−45.73%；而售房价格（仅对其中一种价格）对项目效益的敏感性在其次，如果售房价格向不利方向变动10%，则资本金税后内部收益率将下降至28.26%，变化率为−36.09%；最不敏感的因素是租金价格，它对资本金税后内部收益率的影响微乎其微，当它向不利方向变动10%时，资本金税后内部收益率下降至44.13%，变化率只有−0.2%。这是因为计算期只有6年，而且是从第4年才开始出租，租金收益占整个项目收益的比重较小（详见表9-13和图9-1）。

表9-13　　　　　　　　　　　　　　敏感性分析表

| 序　号 | 项　　目 | 变动幅度（%） | 资本金（税后） | |
|---|---|---|---|---|
| | | | 内部收益率（%） | 变化率（%） |
| 0 | 基本方案 | | 44.22 | |
| 1 | 开发建设投资 | +10 | 24.00 | −45.73 |
| 2 | 售房价格 | −10 | 28.26 | −36.09 |
| 3 | 租金价格 | −10 | 44.13 | −0.2 |

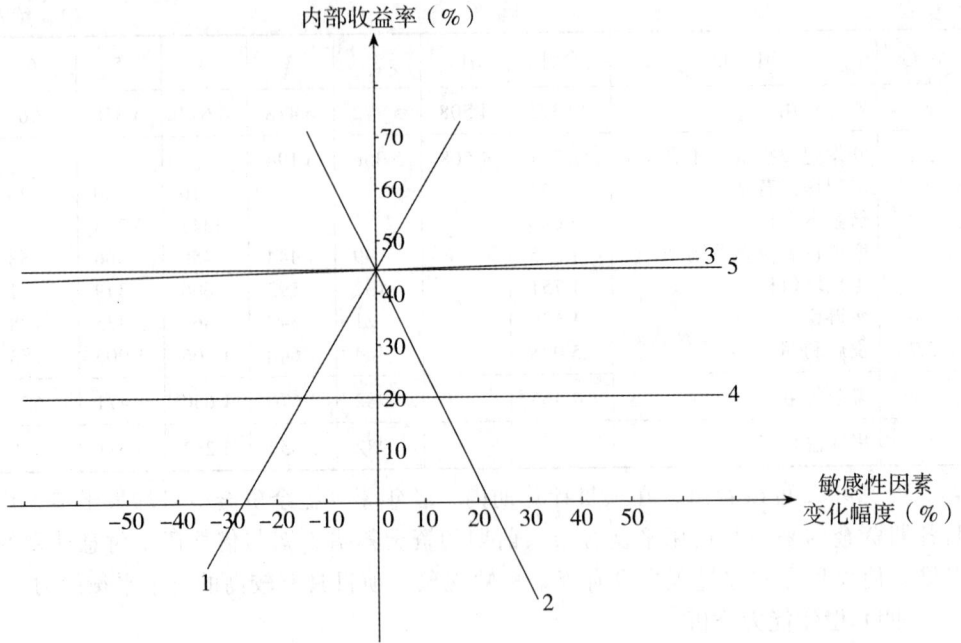

1——售房价格；2——开发建设投资；3——租金价格；4——基准收益率（$i_c$）；5——本项目的内部收益率（FIRR）。

**图9-1  敏感性分析图（资本金、所得税后）**

通过表 9-13 和图 9-1，我们可以看出，开发建设投资和售房价格在 -10% ~ +10% 的变化幅度内，项目资本金税后内部收益率都大于基准收益率 20%，说明项目的抗风险能力还是较强的。

（二）临界点分析

临界点分析是项目评价的另一重要方面，它反映在预期可接受的投资内部收益率下，投资方能承受的各种重要因素向不利方向变动的极限值。本项目投资者期望的内部收益率为 20%，两个重要因素分别为开发建设投资和售房价格。根据上述敏感性分析图，我们可以看出，在内部收益率为 20% 时，如果售房价格比原来下降 15%，临界点为每平方米 1 664 元，下降了 294 元；开发建设投资比原来提高 13%，临界点为 16 322 万元，增加了 1 878 万元（见表9-14）。

表9-14    **临界点极值分析表**

| 敏感因素 | 基本方案结果 | 临界点计算 | |
|---|---|---|---|
| 资本金税后内部收益率（%） | 44.22 | 期望值 | 20 |
| 开发建设投资（万元） | 14 444 | 最高值 | 16 322 |
| 售房价格（元/平方米） | 1 958 | 最低值 | 1 664 |

需要说明的是，通过敏感性分析图来求临界点的数值时，是一个近似值，有时会有一定的误差。

## 十五、分析结论

上述财务分析和敏感性分析的结果表明，该项目符合国家产业政策和发展方向，小区房屋销售价格适中，预计项目完工后，销售前景会令人满意。同时本项目具有较好的盈利能力、资金平衡能力和债务偿还能力，且具有较强的抗风险能力，因此该项目是可行的。

另外，该项目解决了该区域内许久以来的危房问题，6年内上缴各类税金总计达4 775万元，具有良好的社会效益。

从环境方面看，项目的实施将对××市的建设、改善居民居住条件和居住环境起到积极作用，项目选址适宜，总平面布置和方案设计合理，从技术方面看项目亦可行。

项目主要经济技术指标见表9-15。

表9-15            **本项目主要经济技术指标**

| 序号 | 项　目 | 单　位 | 数　据 |
|---|---|---|---|
| I | 项目设计规模 | | |
| 1 | 开发项目总建筑面积 | 平方米 | 123 320 |
| 1.1 | 商品房销售 | 平方米 | 122 660 |
| | 高层住宅楼 | 平方米 | 91 000 |
| | 多层住宅楼 | 平方米 | 31 000 |
| | 营业房 | 平方米 | 660 |
| | 商品房出租 | 平方米 | 660 |
| 1.2 | 营业房 | 平方米 | 660 |
| II | 项目经济数据 | | |
| 1 | 开发建设投资 | 万元 | 14 444 |
| | 其中：财务费用 | 万元 | 1 686 |
| 2 | 资金筹措 | 万元 | 14 444 |
| | 其中：资本金 | 万元 | 4 465 |
| | 银行借款 | 万元 | 5 000 |
| | 预售收入 | 万元 | 4 979 |
| 3 | 经营收入 | 万元 | 24 373 |
| 4 | 增值税和税金及附加 | 万元 | 1 325 |
| 5 | 总成本费用 | 万元 | 14 444 |
| 6 | 土地增值税 | 万元 | 1 751 |
| 7 | 利润总额 | 万元 | 6 797 |
| 8 | 所得税 | 万元 | 1 699 |
| 9 | 税后利润 | 万元 | 5 098 |

续表

| 序号 | 项　目 | 单　位 | 数　据 |
|---|---|---|---|
| Ⅲ | 财务评价指标 | | |
| 1 | 商品房投资利润率 | % | 47.06 |
| 2 | 商品房资本金净利润率 | % | 114.18 |
| 3 | 项目投资内部收益率（所得税前） | % | 29.49 |
| 4 | 项目投资内部收益率（所得税后） | % | 22.56 |
| 5 | 项目投资回收期（所得税前） | 年 | 3.62 |
| 6 | 项目投资回收期（所得税后） | 年 | 3.81 |
| 7 | 项目投资财务净现值（所得税前） | 万元 | 1 701.95 |
| 8 | 项目投资财务净现值（所得税后） | 万元 | 435.00 |
| 9 | 资本金内部收益率（所得税后） | % | 44.22 |
| 10 | 资本金财务净现值（所得税后） | 万元 | 1 853.00 |
| 11 | 借款偿还期 | 年 | 5.0 |

# 第二节　房地产投资项目可行性研究案例分析

## ——星海小筑住宅小区可行性分析①

**案例情况：**

2014年1月，某开发商在报纸上获知，大连市位于沙河口区南部的A地块，政府一级开发完毕，准备挂牌出让。规划条件如下：A地块规划建设用地面积为10 000平方米，容积率为4，规划土地用途为住宅，绿化率≥30%，出让年限70年，建筑密度为≤40%。按与户数1∶1比例配套停车位。要求有10%的安置房配建比例，项目竣工后，安置房部分由政府以9 500元/平方米的价格回购。

该开发商对此很感兴趣，委托房地产投资咨询机构做一个初步的可行性分析。他想要的结果是：在这样的规划条件下，如果他的最低期望收益率是16%，那么，购买该宗地后做住宅开发会不会赚钱？值不值得投资？

以下是某咨询机构为这一问题所做的初步可行性分析。

## 一、项目概况

### （一）房地产基本状况

（1）名称：咨询对象为大连市黑石礁尖山街××号住宅项目用地。

---

① 本案例是为了配合第十一章内容而做。为分析方便，假设案名为"星海小筑"。项目是模拟某土地公告中的规划条件进行的初步可行性分析，其中部分内容为假设；且由于篇幅的限制，本案例没有包括项目总说明中的"可行性分析的目的、时点、编制依据、咨询分析的假设与限制条件、分析结论的使用说明"等。如果有更详细的规划技术、成本、施工、销售及工程方面的数据或资料后，本项目可补充内容做详细可行性分析。另外，本案例为住宅项目，如果是商业用途项目，则需在经营方式、资金筹措、融资安排及各财务报表制作等方面考虑得复杂些。

（2）坐落：大连市沙河口区黑石礁中山路北侧、尖山街东侧。

（3）四至：咨询对象东至规划路，南至中山路，西至尖山街，与××附中隔路相望；北至旧住宅小区。

（4）规模：咨询对象规划用地面积 10 000 平方米。规划容积率为 4，总建筑面积为 40 000 平方米。停车位数与户数比为 1：1。

（5）用途：住宅（含配套公建）。

（6）权属：该地块是国有土地上出让的建设用地使用权。出让年限 70 年。

（7）其他规划指标：绿化率≥30%；建筑密度≤40%；安置房配建比例 10%。

**（二）区位描述与分析**

1.位置描述

（1）坐落：该地块位于大连市沙河口区尖山街××号。

（2）方位：该地块在大连市西南部黑石礁中山路与尖山街交会处，中山路北、尖山街东。

（3）距离：该地块距市中心青泥洼桥约 9 公里，距火车站约 10 公里，距大连港客运码头 14 公里，距大连北站（高铁站）20 公里，距机场约 12 公里。

2.交通描述

（1）道路状况

围绕项目有 3 条道路：中山路、尖山街、杭州街，路况良好，中山路交通流量大。

（2）出入可利用的交通工具

附近有 10 余条公共汽车、长途汽车、地铁、轻轨等经过。小区门口即为地铁站，步行 50~100 米即可到达公交站点，随时可以上车。出租车在项目 30 米距离的中山路旁设有 TAXI 停靠站，允许候客及上下车。

（3）交通管制的情况

小区门口的尖山街路段允许业主左右双向驶入尖山街，过此路段即为由南向北的单行道，限制行车速度为每小时 40 千米。中山路双向 6 排道，是去往市区及高新园区东西两向的主干道，本小区中业主的车辆由尖山街驶入中山路后，只能往高新园区方向或经左拐路口驶回市区方向，但行人出入不受限制。

（4）停车方便程度和收费标准

本项目有地下停车场、预计车位数量 342 个；附近尖山街与龙江路交会处（距项目 400 米左右）有一小型停车场，小型车 5 元/天。

3.周围环境和景观描述

（1）自然环境

本项目地势平坦，所在地气候湿润、冬暖夏凉，近海不靠海，空气清新，因临公园而环境优美（星海公园、黑石礁地质公园距此 1 千米）、风光秀丽。

（2）人文环境

本项目因在大学、中学、小学教育区内，附近高校云集，中小学教育资源实力雄厚、人群素质相对较高、治安状况较好、相邻房地产易售易租。该项目处于学府区与星海旅游区交会处，黑石礁地质公园、自然博物馆均在附近。周边文化氛围浓厚，购买方的社会地位、价值观念、教育水准等趋同，交流起来比较容易，因而易于相处，能够形成良好的邻里关系，这些会直接或间接地影响人的身心健康，同样，也会给该项目的销售带来好的影响。

（3）景观

本项目临近海岸线400米左右，可步行至著名的星海公园，部分高层可看到海景及公园。本项目与某大学东门相距50米左右，校园开放，允许市民进入，春可赏樱花缤纷，秋可观银杏落叶。所以项目周围景观宜人。

4.外部配套设施描述

外部配套设施包括外部基础设施和外部公共服务设施两大方面。

（1）外部基础设施：道路、供水、排水（雨水、污水）、供电、供气、供热、通信、有线电视等设施相当完备。

（2）外部公共服务设施：周边重点高中2所、初中3所、小学3所及大学5所、社区医院3所、大型医院1座、书店若干，酒店、快餐、公园、超市、购物休闲、娱乐、银行、邮电、菜场、洗浴、街道、市政公用和生活等设施非常完备。

## 二、市场分析

### （一）宏观市场分析（国家与城市）

（1）政治环境：近年来我国一直保持着政权的稳定性和政策的连续性，对房地产市场发展比较有利。

（2）法律环境：我国房地产方面的法律法规体系正在逐步完善。与房地产投资或市场有关的法律不断增加或细化，法律环境越来越好。

（3）经济环境：前些年，我国的GDP增速一直保持在8%左右，其中房地产业增加值占GDP的比重过去一直稳定在6.6%~6.8%，但2013年宏观政策调整，GDP增速保持在7.8%左右。受通胀压力的影响，居民的支付能力受到影响。

（4）市场环境：中国指数研究院2014年1月2日发布的"2013年中国300城市土地市场交易情报"显示，全国300个城市土地出让金总额为31 304.5亿元人民币，同比增加50%。共成交土地37 208宗，成交面积143 569万平方米，同比增加10%。据此判断，土地供应量增加的趋势会持续。然而，促进供给与需求的动态平衡是中长期才能完成的任务。一方面，通常土地两三年后才能上市形成供应，市场调整通常以3年为一个周期。而在政府垄断供给的局面下，也难以形成更大规模的供应。另一方面，部分城市的住房需求仍旧十分旺盛。这些现象表明，房地产市场短期内不会有大的波动。到目前为止，投机性需求基本被挤出市场，刚性需求迎来持续的释放。

（5）政策环境：前些年，房地产市场发展太过迅猛，开发量及销售价格方面，

2007年及2010年两次达到高峰，考虑住房保障及民生问题，国家于2010年开始对房地产市场进行宏观调控，抑制房地产投机。但经过3年多的消化，2013年下半年全国形势明显好转。虽然也有一些城市配合中央的调控政策，出台了一些新的紧缩性措施对房地产市场进行调整，但这些调整相当温和，不会对住房需求形成大幅压制，至多是延缓了一小部分的潜在购房需求。

（6）文化环境：大连市是浪漫之都，文化上具有本土性、多元性、开放性等特点。移民较多，这种文化环境可以给予房地产市场较多支撑。

（7）城市自然环境：大连地处辽东半岛最南端，是中国的副省级城市、计划单列市，也是中国14个沿海开放城市之一，南与渤海湾相连，城市紧凑精致、风景优美、空气清新、气候宜人，是中国最适合人类居住的城市之一。

**（二）微观市场分析（项目所在地）**

微观市场分析包括区域市场分析、竞争分析、项目SWOT分析、客户群定位分析。本项目的分析如下：

1.区域市场分析

（1）在该城市中的地理位置

本项目位于沙河口区黑石礁商圈的核心地点，学府区和星海湾景区交会处，空气质量较好，交通发达，地理位置优越。

（2）基础、配套设施状况

周边交通便利，给排水、污水设施齐全，通信设施完备，电力、暖气、煤气等管线铺设完整。社区商业、生活设施配套完善。

（3）大连市场情况

2013年前7个月，大连市商品房交易量实现了较快增长，1—11月累计销售面积24万平方米，同比增长18%。销售额917.4亿元，同比增长26%。2013年全市房地产行业实现地税税收203亿元，同比增长14.3亿元，占地税税收总量的30.3%和增量的31.1%，对税收增长贡献较大。随着城市化的不断推进，建筑业税收也不断增长，与房地产有关的上述两个行业，对地税税收增收的贡献率合计为58.2%，所以，大连市房地产市场在平静了两年多后，开始回暖，很多房地产在售项目业绩良好。

大连市沙河口区和高新园区商品房成交仍有相当数量。本项目跨两区交界，受其地段不可复制性的影响，刚性需求对本区域情有独钟。

2.竞争分析

（1）周边竞争性项目

周边竞争性项目主要有宏都筑景、软景E居、斯坦福院落、熙园、颐和星海、东方圣荷西等。

（2）产品供应特点分析

均为高层建筑、普通住宅，面积均为80～130平方米，离海较近、有教育氛围、客户群体定位明确，价格均在16 000元/平方米之上。

（3）主要竞争对手

附近两公里内各方面均相近的项目主要是：宏都筑景、斯坦福院落、颐和星海。主要竞争对手楼盘情况见表9-16。

表9-16　　　　　　　　　　　主要竞争对手楼盘情况

| 序号 | 项目名称 | 位置 | 类型 | 价格（元/平方米） | 主力面积（平方米） | 特点 |
|---|---|---|---|---|---|---|
| 1 | 宏都筑景 | 沙河口区连山街 | 高层住宅 | 18 000 | 80～120 | 邻医院、商业氛围好 |
| 2 | 斯坦福院落 | 沙河口区龙江路 | 高层住宅 | 16 000 | 80～130 | 邻大学、人文环境好 |
| 3 | 颐和星海 | 沙河口区中山路 | 高层住宅 | 19 500 | 98～140 | 邻医院与公园 |

3.项目的SWOT分析

（1）优势（Strength）

① 教育及医疗优势。沙河口区本身在大连就占尽了教育、人文、医疗资源优势，这是一片价值恒久的区域市场，本项目2公里内，分布2所重点中学、2所优质小学、3所重点大学，一所省直综合性三级甲等医院以及各类社区医院。这是本项目的诱人之处。

② 近海优势。本项目的海域特色明显。星海湾区域是大连最受推崇的区域，本项目在泛星海湾区域，临海不靠海，与大海有400米的距离，高层观海或者傍晚散步到海边，这种卖点非常现实，对项目销售有很好的推动作用。

③ 交通优势。本项目紧靠大连最长、横贯东西的主干道中山路，交通发达，周边十余条公交线路，分别通向大连的东、西、北部。大连地铁1号线经过门前，可直达大连高铁站，也可在西安路换乘地铁2号线去往机场，交通优势十分明显，加之前述的教育学区优势，购房者多会考虑这里的房地产。

④ 配套优势。附近银行金融、商业、大型超市、饮食、娱乐设施较多，商圈非常成熟，生活非常方便。

（2）劣势（Weakness）

① 经过现场勘察，项目附近小商贩居多，小吃一条街较为脏乱嘈杂，可能会影响低层居民的生活。

② 本项目两面临街，一面是交通主干道，一面道路窄小，又限制北向单行，上下班高峰时会影响出行。人流密集，车流缓慢，前述的交通优势在另一方面也会造成拥挤态势。

③ 项目附近有一个高架桥，轻轨经过会造成噪声影响。

（3）机会（Opportunity）

尽管整体房地产市场趋冷，但教育市场一直火爆。该项目的学府区教育设施资源非常丰富，周围有很多小学、中学、大学，因此分析认为，将会有很多学生家长选择在此处购买房产，面临的客户群体相对明确、潜在购买力不可小觑。

（4）威胁（Threat）

① 周边有较多类似居住项目，因此楼盘的竞争较为激烈，竞争威胁大。已有待售项目或已售项目不少。

② 国家近年出台的房地产相关政策一直影响着项目销售，市场观望气氛还在维持，如果买家追涨杀跌，不排除滞销可能，还款压力加大，资金回笼将受到威胁。

4.客户群定位分析

（1）目标客户分析

① 有正在接受教育以及准备上学孩子的家庭。

② 高新园区和软件园区的高收入群体。

③ 动迁户或附近习惯性居住的居民。

（2）目标客户购房动机分析

目标客户购房主要是为了方便孩子上学；工作一族上班离单位近；习惯性居住。

（3）客户群对价格的承受能力分析

这三个群体对该项目的价格有一定的承受能力。

## 三、项目开发相关分析与基础参数选择

### （一）开发内容与规模的分析与选择

（1）开发内容：本项目在城市规划条件范围内，应适应市场需求，开发高层普通住宅。这是在此区域内选择的最佳用途。同时满足绿化率为30%，建筑密度为40%的要求。

（2）开发规模：针对此区域及目前的销售市场情况，遵照规划容积率要求，开发规模为建筑面积4万平方米（含部分商业配套面积）。拟与政府协商，在扣除4%的不可售面积1 600平方米后，余下面积中配建10%安置房，为3 840平方米。在本项目可销售的商品住宅面积34 560平方米中，户型均按120平方米考虑则户数为288户。按政府停车场配建要求，此户型下户位数与停车位数配比可取1∶1.1，应建317个停车位（假设安置房部分不考虑配建车位），常规需地下停车场可售面积约为9 510平方米。但地下停车场除了可售停车位面积，还应有设备层、人防工程等占用的不可售面积，这部分按整个地下停车场面积的4%考虑，则需396平方米。整个地下停车场面积为9 906平方米[①]，可只建一层地下停车场。

### （二）计算期的确定

根据本项目及目前的市场情况，本项目计算期为3年。其中建设期2年（前期0.5年，建造期1.5年），销售期2年，第2年初达到预售条件时开始预售（与建设期交叠），当年售70%；次年售30%。

---

① 本案例估算过程中的数据均四舍五入取整。

### （三）融资方式与资金结构的分析与选择

1.融资方式的分析与选择

根据开发商自身条件、当前市场情况及融资可能性，本项目确定通过贷款方式和预售收入进行融资。

2.资金结构的分析与选择

开发商拟投入自有资金不仅要满足资本金不低于35%的比例要求，还应足够支付全部土地成本和部分前期工程费用，获得"四证"，才能获得银行贷款。所以，本项目对自有资金的比例要求较大，但不可能完全靠自有资金完成建设投资，必须考虑使用银行借款和预售收入回投。具体比例看后续对总投资的估算而定。

### （四）产品经营方式的分析与选择

根据本项目的性质与用途、考虑近期市场情况及推出时机，该项目选择的经营方式为预售，可售商品住宅部分与停车位计划第2年售出70%，第3年售出30%，以尽快回笼资金。

### （五）基础参数的选择

（1）时间类参数：根据本项目的开发规模，计算期为3年。其中，建设期2年（含前期0.5年，建造期1.5年），出售期为2年，从建设期的第2年开始计。

（2）融资类参数：本项目资本金并不足以完成全部投资，因此必须考虑银行贷款。根据金融市场实际情况，目前能获得的贷款利率为10%，宽限期2年。借款期间利息照付，第3年年初本金一次性偿还。

（3）评价标准类指标：以投资者要求的最低投资收益率为基准收益率，比率为16%。

## 四、投资基础数据的估算与分析[①]

### （一）总投资额的估算

1.土地成本

从公告条件可以看出，这是指用市场购买方式来取得土地使用权。结合大连市取费的实际情况，土地成本包括三部分：

（1）建设用地使用权购买价格

根据该地块在大连市的位置及近年摘牌的实际情况，采用比较法估出该土地楼面地价为5 000元/平方米。则该土地的购买价格为：

5 000×4=20 000（万元）

（2）土地取得税费

按大连市规定，要想获得该出让地块的使用权，还必须交纳土地购买价格4%

---

① 需要再次指出的是，教材受篇幅和容量所限，不能完全考虑尽现实中的各种情形。现实中房地产项目的特点、开发模式、财务状况、融资情况千差万别，比如，市场上的大型项目很多采用多期滚动开发的模式，其实际成本费用的核算存在很多分摊和成本、收入结转的问题；银行贷款也经常以季来计息，且还款要求也各不相同……这需要从业人员在学习和操作时，不拘泥于本教材，根据实际情况进行灵活并有针对性的分析。

的契税，开工前交纳每平方米200元的基础设施配套建设费（红线外、大配套）。则土地取得税费为：

20 000×4%+4×200=1 600（万元）

（3）地下停车场出让金及契税

因为地下停车位拟出售，所以其地下一层出售部分的面积应补交楼面地价的20%作为停车场土地出让金，同时缴纳4%的契税。则停车场部分土地出让金为：

9 510×5 000×20%（1+4%）÷10 000=989（万元）

土地成本为上述之和

20 000+1 600+989=22 589（万元）

2.前期工程费

根据本地市场平均水平，一般占建安工程费的2%左右（建安工程费可以先算出来，再作为这个数据的基数）。则前期工程费为：

10 979×2%=220（万元）

3.建安工程费（含公建配套设施费）

目前，本市市场相对稳定，根据本地市场类似工程、用途、结构等情况，框架结构的高层住宅建安工程费一般为2 200元/平方米。停车场的建造成本假设与建安工程成本相同。根据该项目情况，则建安工程费为：

（40 000+9 906）×2 200÷10 000=10 979（万元）

4.基础设施建设费（红线内、小配套）

根据大连市市场平均水平，按地上建筑面积计，一般为300元/平方米。则基础设施建设费为：

4×300=1 200（万元）

5.其他工程费（含开发期税费）

根据大连市市场平均水平，其他工程费一般为建安工程费的3%。则其他工程费为：

10 979×3%=329（万元）

6.不可预见费

由于国家对房地产市场的调控并没有放松，虽然因部分刚需要释放，市场有回暖迹象，但不确定性因素仍较多，因此，需考虑一定的不可预见费用，取上述所有成本费用之和35 317万元的3%计算。则不可预见费为：

35 317×3%=1 060（万元）

以上1～6项为开发成本，合计：36 377万元。

7.管理费用

根据项目实际情况与复杂程度，取上述费用之和的3%。则管理费用为：

36 377×3%=1 091（万元）

8.销售费用

（1）销售收入

在全部销售面积中，有1 600平方米作为物业管理用房、设备用房、居委会用房等不能出售。可售的商品住宅部分，经过对同类用途、同类结构、地段相连的项目实例分析，再考虑未来市场形势下滑的风险，用市场法（过程略）估算的销售单价为：15 000 元/平方米；安置房部分，政府回购价为 9 500 元/平方米；停车场部分，经市场调查与评估（过程略），此地段停车位为 200 000 元/个。则总销售收入为：

（34 560×15 000+3 840×9 500+317×200 000）÷10 000=61 828（万元）

（2）销售费用

根据大连同类项目的平均销售费用水平，再考虑本项目市场情况，决定销售费用取销售收入的 3%。则销售费用为：

61 828×3%=1 855（万元）

以上不含财务费用的总投资额为：39 323 万元。

9.财务费用

要计算财务费用，需要我们按下列步骤进行：

安排投资计划—资金筹措—建立融资方案，预测贷款条件——计算财务费用。

（1）投资计划与资金使用计划

不含财务费用的总投资额 39 323 万元中，土地成本 22 589 万元于期初一次投入，其余 16 734 万元，第 1 年投入 55%，第 2 年投入 45%。

则第 1 年投资应为：22 589+16 734×55% =31 793（万元）

第 2 年投资应为：16 734×45%=7 530（万元）

在大连，资本金比例满足最低要求、土地出让金全部支付、获取"四证"即可获得贷款。根据上述分析及相关规定，该项目土地成本已占总投资的 57.44%，可以考虑从银行借款。一般来说，土地成本、前期工程费用应由开发商自行解决，大约需资本金 22 809 万元，那么第 1 年所需余下工程建设投资为 31 793−22 809=8 984（万元），可以考虑使用银行贷款。第 2 年所需投资为 7 530 万元，使用预售收入解决。

（2）贷款条件与财务费用

据此，开发商或投资人可向银行申请 8 984 万元的贷款。

根据当前实际情况，银行可能的贷款条件是：年利率 10%，宽限期 2 年，第 3 年年初一次还本，借款期间利息照付。

第 1 年贷款利息为：8 984÷2×10%=449（万元）。第 1 年利息由资本金偿还。

第 2 年贷款利息为：8 984×10%=898（万元）。第 2 年利息由预售收入偿还。

则本项目的财务费用为 1 347 万元。

以上"管理费用、销售费用、财务费用"3 项为开发费用，合计为：4 293 万元。

10.总投资

本项目含财务费用的总投资为：39 323+1 347=40 670（万元）

对于这项含财务费用的总投资，筹措渠道及各年资金为：

第1年，资本金：22 809+449=23 258（万元），银行贷款：8 984万元，共计32 242万元。

第2年，预售收入：7 530+898=8 428（万元）

## （二）经营收入、增值税和税金及附加估算

### 1.经营收入

根据前面对开发经营期及销售面积、停车位的销售安排，再考虑此地段市场有一定热度及学区房优势等情况，预计商品住宅第2年可售70%，第3年可售30%，停车位与商品住宅同比例销售，但应该取整，所以，第2年计划售出222个，第3年售出95个，同时第3年安置房全部可售给政府。则各年的经营收入为：

第2年经营收入为：（34 560×15 000×70%+222×200 000）÷10 000=40 728（万元）

第3年经营收入为：（34 560×15 000×30%+95×200 000+3 840×9 500）÷10 000
$$=21\ 100（万元）$$

合计经营收入为：61 828万元

### 2.增值税和税金及附加

本项目为房地产老项目，选用简易计税方法。合计税率取经营收入的5.55%。

增值税和税金及附加为：61 828×5.55%=3 431（万元）

## （三）土地增值税的估算

按照土地增值税的计算规定，土地增值税估算过程如下：

（1）可扣除的项目金额=开发成本+开发费用+增值税和税金及附加+开发成本×20%
$$=36\ 377+4\ 293+3\ 431+36\ 377×20\%=51\ 376（万元）$$

（2）增值额：销售收入−可扣除项目金额=61 828−51 376=10 452（万元）

（3）增值率：增值额÷可扣除项目金额×100%=10 452÷51 376×100%=20.34%

（4）适用税率：未超过可扣除项目金额的50%，因此适用税率为30%。

（5）土地增值税：10 452×30%=3 136（万元）

# 五、辅助报表[①]

以上数据估算完毕，填列以下辅助报表：详见表9-17、表9-18、表9-19、表9-20、表9-21、表9-22。

表9-17　　　　　　　　　　　　　　销售收入计划表　　　　　　　　　　　单位：万元

| 项目 | | 合计 | 计算期 | | | 估算说明 |
|---|---|---|---|---|---|---|
| | | | 1 | 2 | 3 | |
| 住宅部分 | 商品住宅 | 51 840 | | 36 288 | 15 552 | 34 560平方米×15 000元/平方米 第2年70%，第3年30% |
| | 安置房 | 3 648 | | | 3 648 | 3 840平方米×9 500元/平方米 |
| 停车位 | | 6 340 | | 4 440 | 1 900 | 第2年70%，为222个，20万元/个 第3年30%，为95个，20万元/个 |
| 合计 | | 61 828 | | 40 728 | 21 100 | |

---

①　本案例辅助报表、基本报表及各指标的计算，均通过Excel表进行，可能与手工计算有一些误差。

表9-18　　　　　　　　　经营收入与增值税和税金及附加估算表　　　　　　单位：万元

| 序号 | 项　目 | 合　计 | 计算期 | | | 估算说明 |
|---|---|---|---|---|---|---|
| | | | 1 | 2 | 3 | |
| 1 | 经营收入 | 61 828 | | 40 728 | 21 100 | |
| 1.1 | 商品住宅收入 | 51 840 | | 36 288 | 15 552 | |
| 1.2 | 安置房收入 | 3 648 | | | 3 648 | |
| 1.3 | 停车位收入 | 6 340 | | 4 440 | 1 900 | |
| 2 | 增值税和税金及附加 | 3 431 | | 2 260 | 1 171 | |
| 2.1 | 增值税和税金及附加 | 3 431 | | 2 260 | 1 171 | 各年销售收入×5.55% |

表9-19　　　　　　　　　　　借款还本付息估算表　　　　　　　　　单位：万元

| 序号 | 项　目 | 合　计 | 计算期 | | |
|---|---|---|---|---|---|
| | | | 1 | 2 | 3 |
| 1 | 借款还本付息 | 10 331 | | | |
| 1.1 | 期初借款本息累计 | | | 8 984 | 8 984 |
| 1.2 | 本期借款 | 8 984 | 8 984 | | |
| 1.3 | 本期应计利息 | 1 347 | 449 | 898 | |
| 1.4 | 本期还本 | 8 984 | | | 8 984 |
| 1.5 | 本期付息 | 1 347 | 449 | 898 | |
| 1.6 | 本期还本付息 | 10 331 | 449 | 898 | 8 984 |
| 1.7 | 期末借款累计 | | 8 984 | 8 984 | 0 |
| 2 | 偿还借款的资金来源 | 10 331 | | | |
| 2.1 | 利润（资本金） | 449 | 449 | | |
| 2.2 | 折旧费 | | | | |
| 2.3 | 摊销费 | | | | |
| 2.4 | 预售收入 | 9 882 | | 898 | 8 984 |

表9-20                                    **总投资估算表**                              单位：万元

| 序号 | 项目 | 投资额 | 估算说明 |
|------|------|--------|----------|
| 1 | 土地成本 | 22 589 | |
| 2 | 前期工程费 | 220 | 建安工程费的2% |
| 3 | 建安工程费 | 10 979 | |
| 4 | 基础设施建设费 | 1 200 | |
| 5 | 其他工程费 | 329 | 建安工程费的3% |
| 6 | 不可预见费 | 1060 | 上述成本费用（1～5项）的3% |
| 7 | 管理费用 | 1091 | 上述成本费用（1～6项）的3% |
| 8 | 销售费用 | 1 855 | 销售收入的3% |
| 9 | 财务费用 | 1 347 | 见借款还本付息估算表 |
| | 合计 | 40 670 | 以上9项之和 |
| 10 | 其中：开发成本 | 36 377 | （1）～（6）之和 |
| | 开发费用 | 4 293 | （7）～（9）之和 |

表9-21                              **投资计划与资金筹措表**                          单位：万元

| 序号 | 项目 | 合计 | 计算期 | | |
|------|------|------|--------|--------|--------|
| | | | 1 | 2 | 3 |
| 1 | 项目总投资 | 40 670 | 32 242 | 8 428 | |
| 1.1 | 开发建设投资 | 40 670 | 32 242 | 8 428 | |
| | 其中：财务费用 | 1 347 | 449 | 898 | |
| 2 | 资金筹措 | 40 670 | 32 242 | 8 428 | |
| 2.1 | 资本金 | 23 258 | 23 258 | | |
| 2.2 | 银行借款 | 8 984 | 8 984 | | |
| 2.3 | 销售收入 | 8 428 | | 8 428 | |

表9-22　　　　　　　　　　　　土地增值税估算表　　　　　　　　　单位：万元

| 序号 | 项目 | 计算依据 | 计算结果 |
|---|---|---|---|
| 1 | 销售收入 | 销售面积×销售单价 | 61 828 |
| 2 | 扣除项目金额 | 以下4项之和 | 51 376 |
| 2.1 | 开发成本 | 见表9-20 | 36 377 |
| 2.2 | 开发费用 | 见表9-20 | 4 293 |
| 2.3 | 与转让房地产有关的税金 | 销售收入×5.55% | 3 431 |
| 2.4 | 其他扣除项目 | 2.1项×20% | 7 275 |
| 3 | 增值额 | （1）－（2） | 10 452 |
| 4 | 增值率 | （3）÷（2）×100% | 20.34% |
| 5 | 适用税率 | （4）<50% | 30% |
| 6 | 土地增值税 | （3）×（5） | 3 136 |

当不考虑融资情况时，土地增值税应剔除财务费用的影响，我们把它称作"调整土地增值税"。经过计算，本项目的调整土地增值税为3 539万元（此数据将用于项目投资现金流量表中）。

## 六、基本报表

在投资者期望的最低收益率为16%、所得税税率为25%的情况下，根据上述辅助报表中的基础数据，财务分析应填列的基本报表见表9-23、表9-24、表9-25、表9-26。（假设投资与收入均发生在年初）[①]

表9-23　　　　　　　　　　　　　利润表　　　　　　　　　　　　　单位：万元

| 序号 | 项目名称 | 合计 | 计算期 1 | 计算期 2 | 计算期 3 | 估算说明 |
|---|---|---|---|---|---|---|
| 1 | 销售收入 | 61 828 | | 40 728 | 21 100 | 来自销售收入计划表 |
| 2 | 总成本费用 | 40 670 | | 26 791 | 13 879 | 按各年销售收入比例结转[①] |
| 3 | 增值税和税金及附加 | 3 431 | | 2 260 | 1 171 | 来自经营收入与增值税和税金及附加估算表 |
| 4 | 土地增值税 | 3 136 | | 2 066 | 1 070 | 按各年销售收入比例结转 |
| 5 | 利润总额 | 14 591 | | 9 611 | 4 980 | （1）－（2）－（3）－（4） |
| 6 | 所得税 | 3 648 | | 2 403 | 1 245 | （5）×25% |
| 7 | 税后利润 | 10 943 | | 7 208 | 3 735 | （5）－（6） |

[①]　按各年销售收入占总销售收入的比例结转。因为原商品住宅销售比例70%、30%中，未考虑安置房收入。安置房既有收入也有成本，均需在利润表中结转。

　　当不考虑融资情况时，所得税应剔除财务费用的影响，我们把它称作"调整所得税"。经过计算，本项目的调整所得税为 3 884 万元（此数据将用于项目投资现金流量表中）。

表9-24　　　　　　　　　　　项目投资现金流量表　　　　　　　　单位：万元

| 序号 | 项目名称 | 合　计 | 计　算　期 | | | 估算说明 |
|------|----------|--------|------|------|------|----------|
| | | | 1 | 2 | 3 | |
| 1 | 现金流入 | 61 828 | | 40 728 | 21 100 | |
| 1.1 | 销售收入 | 61 828 | | 40 728 | 21 100 | 来自利润表 |
| 2 | 现金流出 | 50 178 | 31 793 | 14 681 | 3 704 | (2.1)～(2.4)之和 |
| 2.1 | 开发建设投资（不含息） | 39 323 | 31 793 | 7 530 | | 来自投资计划与资金筹措表 |
| 2.2 | 增值税和税金及附加 | 3 431 | | 2 260 | 1 171 | 来自利润表 |
| 2.3 | 调整土地增值税 | 3 539 | | 2 332 | 1 208 | 计算出"调整土地增值税"后按销售收入比例结转 |
| 2.4 | 调整所得税 | 3 884 | | 2 559 | 1 325 | 计算出"调整所得税"后按销售收入比例结转 |
| 3 | 税后净现金流量 | 11 650 | -31 793 | 26 047 | 17 396 | (1)－(2) |
| 4 | 税后净现金流量现值 | 3 589 | -31 793 | 22 454 | 12 928 | |
| 5 | 税前净现金流量 | 15 534 | -31 793 | 28 606 | 18 721 | (3)＋2.4 |
| 6 | 税前净现金流量现值 | 6 780 | -31 793 | 24 660 | 13 913 | |

表9-25　　　　　　　　　　　资本金现金流量表　　　　　　　　单位：万元

| 序号 | 项目名称 | 合　计 | 计　算　期 | | | 估算说明 |
|------|----------|--------|------|------|------|----------|
| | | | 1 | 2 | 3 | |
| 1 | 现金流入 | 61 828 | 0 | 40 728 | 21 100 | |
| 1.1 | 销售收入 | 61 828 | 0 | 40 728 | 21 100 | 来自表9-17或表9-23 |
| 2 | 现金流出 | 50 885 | 23 258 | 15 157 | 12 470 | (2.1)～(2.7)之和 |
| 2.1 | 资本金 | 22 809 | 22 809 | | | |
| 2.2 | 预售收入回投 | 7 530 | | 7 530 | | 来自表9-21"2.3"（不含息）[①] |
| 2.3 | 借款本金偿还 | 8 984 | | | 8 984 | 来自表9-19 |
| 2.4 | 借款利息支付 | 1 347 | 449 | 898 | | 来自表9-19 |
| 2.5 | 增值税和税金及附加 | 3 431 | | 2 260 | 1 171 | 来自表9-18或表9-23 |
| 2.6 | 土地增值税 | 3 136 | | 2 066 | 1 070 | 来自表9-23 |
| 2.7 | 所得税 | 3 648 | | 2 403 | 1 245 | 来自表9-23 |
| 3 | 税后净现金流量 | 10 943 | -23 258 | 25 571 | 8 630 | |
| 4 | 税后净现金流量现值 | 5 200 | -23 258 | 22 044 | 6 413 | |

　　① 在表9-21"2.3"中，第2年资金缺口8 428万元，只能由"预售收入"渠道弥补。其中银行利息缺口为898万元（已估算出），由预售收入归还；则开发建设投资缺口为7 530万元（8 428-898），由预售收入回投解决。

表9-26                         资金来源与运用表                    单位：万元

| 序号 | 项目名称 | 合计 | 计算期 | | |
|---|---|---|---|---|---|
| | | | 1 | 2 | 3 |
| 1 | 资金来源 | 94 070 | 32 242 | 40 728 | 21 100 |
| 1.1 | 销售收入 | 61 828 | | 40 728 | 21 100 |
| 1.2 | 资本金 | 23 258 | 23 258 | | |
| 1.3 | 银行借款 | 8 984 | 8 984 | | |
| 2 | 资金运用 | 70 812 | 32 242 | 22 365 | 16 205 |
| 2.1 | 开发建设投资（不含息） | 39 323 | 31 793 | 7 530 | |
| 2.2 | 借款本金偿还 | 8 984 | | | 8 984 |
| 2.3 | 借款利息支付 | 1 347 | 449 | 898 | |
| 2.4 | 增值税和税金及附加 | 3 431 | | 2 260 | 1 171 |
| 2.5 | 土地增值税 | 3 136 | | 2 066 | 1 070 |
| 2.6 | 所得税 | 3 648 | | 2 403 | 1 245 |
| 2.7 | 税后利润 | 10 943 | | 7 208 | 3 735 |
| 3 | 盈余资金 | 23 258 | 0 | 18 363 | 4 895 |
| 4 | 累计盈余资金 | | | 18 363 | 23 258 |

# 七、财务分析

## （一）盈利能力分析（根据表9-22、表9-23和表9-24计算）

1.静态分析指标

项目投资的投资利润率=利润总额÷总投资额×100%=35.88%

资本金投资利润率=利润总额÷资本金×100%=62.74%

资本金净利润率=税后利润÷资本金×100%=47.05%

分析：根据表9-23中数据的计算，以上3个指标与房地产行业内同类项目相比，盈利能力较强，利润水平较高，项目可以考虑接受。

2.动态分析指标（$i_c$=16%）

动态分析指标主要包括财务净现值和财务内部收益率。

财务净现值是按事先规定的基准贴现率（或投资者期望的最低收益率），将计算期内各年净现金流量折现到项目期初的现值之和，主要考察项目在计算期内的盈利能力。财务净现值大于或等于零时的项目才是可行的。

财务内部收益率是项目在整个计算期内各年净现金流量的现值累计之和等于零时的折现率，其反映项目所用资金的盈利率，也主要考察项目的盈利水平。当财务内部收益率大于基准收益率时，则认为项目盈利能力已满足最低要求。该项目这两个指标的计算结果是：

（1）融资前

税前项目投资财务净现值（FNPV）=6 780万元

税后项目投资财务净现值（FNPV）=3 590万元

税前项目投资财务内部收益率（FIRR）=33.94%

税后项目投资财务内部收益率（FIRR）=25.52%

（2）融资后

税后资本金财务净现值（FNPV）=5 200万元

税后资本金财务内部收益率（FIRR）=37.03%

分析：

根据数据的计算以及融资前、后的分析，可以看出，项目投资和资本金的财务净现值均大于零，内部收益率均大于 $i_c$，说明已满足投资者16%的最低收益率要求，该项目是可行的。

### （二）偿债能力分析

根据表9-19借款还本付息估算表及表9-26资金来源与运用表，项目能在规定期限内按时还款，具备偿债能力，项目可行。

从另一角度也可得出这个结论。我们在第五章第四节"各财务分析指标的计算"中，在介绍"静态指标的计算"中的"借款偿还期"时，曾经说明，在分析项目的偿债能力时，房地产项目的投资回收（预售项目指预售收入）除了用于清偿债务外，有时还有相当大的一部分要用于再投资。但是当年用于还本付息与再投资的资金之和，不能超过当年应扣除各项税金后的销售收入，即不能超过当年可运用资金的总和。如果超过，说明资金留有缺口，就要重新修订投资计划、资金筹措计划等。这一点，我们曾经通过第五章的表5-34和表5-36第2年的数据进行过验证。[①]

本案例继续验证这个问题。

根据表9-25和表9-26资金来源与运用表第2年和第3年的情况，分析如下：

第2年：当年还本付息资金与再投资之和为8 428万元（898+7 530）；而当年可运用资金之和为33 999万元（40 728-2 260-2 066-2 403）。则8 428万元<33 999万元，前者没有超过后者，项目具有偿债能力。

第3年：当年还本付息资金与再投资之和为8 984万元（8 984+0）；当年可运用资金之和为17 614万元（21 100-1 171-1 070-1 245）。则8 984万元<17 614万元，前者也没有超过后者，项目也具有偿债能力。

另外，经过咨询和调查，该开发企业信用等级3A以上，法人的偿债能力也较强。

### （三）资金平衡能力分析

根据表9-26的数据，我们看到，本项目各期的"累计盈余资金"均大于零，这说明该项目各年资金安排不存在缺口，有一定的资金平衡能力，因此从资金平衡

---

[①] 见第五章第四节"三、（一）静态指标的计算5.借款偿还期"中的内容。

角度分析，该项目可行。

通过以上分析可以看出，该项目无论是盈利能力、债务偿还能力还是资金平衡能力，均达到了要求。因此，从经济角度看，该项目是可行的。

## 八、不确定性分析

### （一）盈亏平衡分析

1.盈亏平衡点数值求取

影响本项目税前利润的几个主要因素分别是总投资额（总成本费用）、商品住宅销售价格、商品房销售率等。当上述因素向不利方向变动，达到项目税前利润为零时的点，即为盈亏平衡点，也叫项目盈亏平衡时的临界点。这是静态的不确定性分析。

令税前利润=销售收入−总成本费用−增值税和税金及附加−土地增值税=0，则通过利润表可计算：

（1）总投资额的盈亏平衡点

设盈亏平衡点时的总投资额为X，则令：

$61\,828-X-3\,431-3\,136=0$，解得X=55 261（万元）。

（55 261−40 670）÷40 670×100%=35.88%，说明总投资额如果增加35.88%，本项目的税前利润为零。

（2）商品住宅销售价格的盈亏平衡点

设盈亏平衡点时的销售单价（仅指商品住宅部分）为X，则令：

$34\,560X+3\,648+6\,340-40\,670-3\,431-3\,136=0$，解得X=10 778（元/平方米）。

（15 000−10 778）÷15 000×100%=28.15%，说明在安置房准时由政府回购、停车位能按计划全部出售的情况下，商品住宅销售价格如果下降28.15%，本项目的税前利润为零。

（3）商品住宅销售率的盈亏平衡点

设盈亏平衡点时的商品住宅销售率为X，则令：

$15\,000\times34\,560X+3\,648+6\,340-40\,670-3\,431-3\,136=0$，解得X=71.85%。

说明在安置房准时由政府回购、停车位能按计划全部出售的情况下，商品住宅售出71.85%时，项目的税前利润为零。

盈亏平衡点详见表9−27。

表9−27　　　　　　　　　　　盈亏平衡表

| 项　　目 | 不确定性因素 | | |
|---|---|---|---|
| | 总投资额（万元） | 商品住宅销售价格（元/平方米） | 商品住宅销售率（%） |
| 正常情况（税前利润为14 591万元时） | 40 670 | 15 000 | 100 |
| 因素盈亏平衡点变化百分比 | 35.88% | −28.15% | −28.15 |
| 因素盈亏平衡点值 | 55 261 | 10 778 | 71.85 |
| 税前利润 | 0 | 0 | 0 |

2.盈亏平衡点分析

综上所述，当项目的总投资增加35.88%，或商品住宅销售价格下降28.15%，或商品住宅销售率下降28.15%时，达到盈亏平衡点。咨询人员由于坚持谨慎原则，在初始分析时就对投资额及价格的不利因素进行了充分考虑，在合理范围内，成本费用在估算时定得相对较高，销售价格定得相对较低，所以，预计该项目的总投资增加不会超过15%，商品住宅平均销售单价不会低于14 000元/平方米，商品住宅销售率不会低于85%，因此，这种情况下，该项目有盈无亏。

**（二）敏感性分析**

本项目敏感性分析选择了资本金（税后）财务净现值指标，使用的是单变量敏感性分析的绝对测定法，即分别测算销售单价下降10%、投资额增加10%时，对财务净现值这个经济评价指标的影响，从中找出对财务净现值影响最大的敏感性因素，并确定使得项目由可行变为不可行的极限值。

1.选择财务净现值为敏感性分析的主要经济指标

根据前面的计算，已知资本金税后财务净现值为5 200万元，项目是可行的。

2.选择需要分析的变量因素：项目销售价格、总投资额

3.先设定这两个变量因素的变动范围

分别向不利方向变动10%，再分别计算这种变动对净现值指标的影响数值（假设一个因素变化时，其他因素不变）。

（1）销售价格下降10%，即商品住宅价格由15 000元/平方米变为13 500元/平方米（安置房由政府回购、价格不变），停车位由20万元/个变为18万元/个，此时，第2年和第3年的销售收入将发生改变，分别变为36 655万元和19 355万元。在资本金现金流量表中，第2年和第3年的税后净现金流量将分别变为21 499万元和6 885万元。则净现值将变为392万元。那么，净现值下降：

$$\frac{392 - 5\,200}{5\,200} \times 100\% = -92.46\%$$

（2）项目总投资额增加10%，为4 067万元，全部增加到第2年中（增加的投资额分布在各年或增加到别的年份，结果均会不同。本次假设全部增加到第2年），同理，净现值将变为1 694万元。那么，净现值下降：

$$\frac{1\,694 - 5\,200}{5\,200} \times 100\% = -67.42\%$$

上述计算结果见表9-28。

表9-28　　　　　　　　　　　　　敏感性分析表

| 序　号 | 项　目 | 变动幅度（%） | 资本金（税后） | |
|---|---|---|---|---|
| | | | 财务净现值（万元） | 变化率（%） |
| 0 | 基本方案 | | 5 200 | |
| 1 | 项目总投资 | +10 | 1 694 | −67.42 |
| 2 | 销售价格 | −10 | 392 | −92.46 |

4.确定各变量因素对净现值的影响程度，找出敏感性因素

从表9-28中，可以看出各变量因素对净现值的影响结果。在各个变量因素变化率相同的条件下，按净现值对各个变量因素的敏感程度来排序，销售价格在前，总投资额在后。换句话说，销售价格的变动对净现值的影响程度最大，每下降10%，净现值下降92.46%；投资额的变动其次，每增加10%，净现值下降67.42%。

5.临界点的极限值分析

临界点的极限值分析，也可以叫作临界值分析，是项目评价的另一个重要方面。它反映在预期可接受的内部收益率下（本案例为16%），投资方能承受的各种重要因素向不利方向变动的极限值。在本案例中，我们可以通过敏感性分析图来解决这个问题（如图9-2所示）。

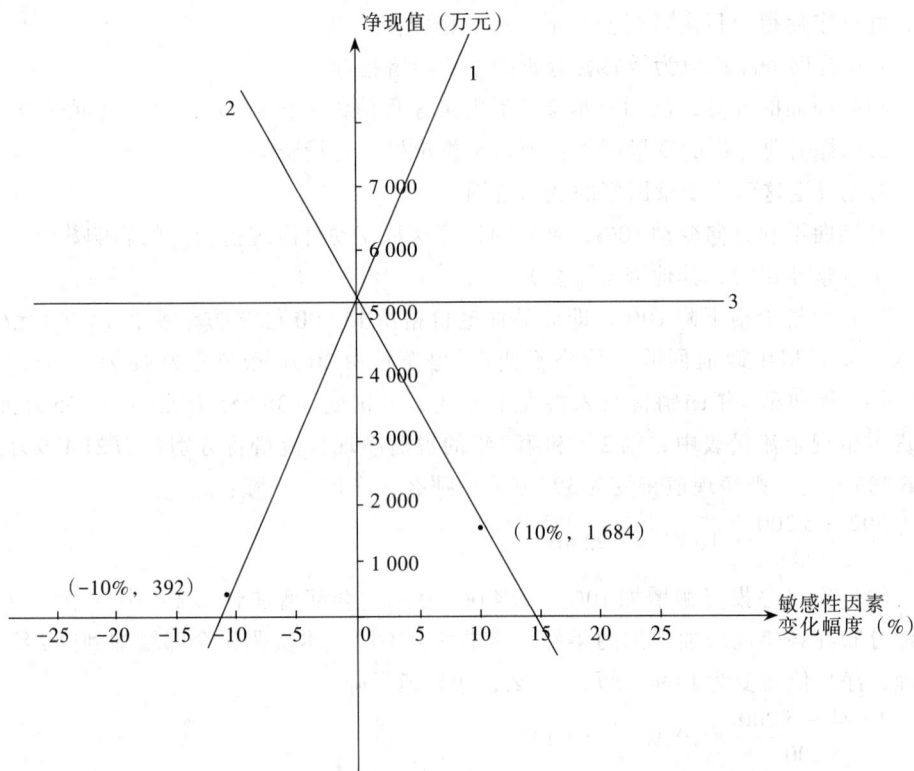

1——销售价格；2——项目总投资；3——本项目的财务净现值（FNPV）。

图9-2　敏感性分析图（资本金、税后）

根据图9-2所示的敏感性分析图，我们可以看出，临界点时（即当净现值为零时），销售价格的下降幅度约为10.915%，临界点销售收入为55 079万元，下降了6 749万元；项目总投资的增加幅度约为14.83%，临界点为46 701万元，增加了6 031万元（详见表9-29）。如果超过上述极限，财务净现值将由正变负，项目将由可行变为不可行。

表9-29　　　　　　　　　　　　**临界点极值分析表**

| 敏感因素 | 基本方案结果 | 临界点计算 | |
|---|---|---|---|
| 财务净现值（万元） | 5 200 | 期望值 | 0 |
| 项目总投资（万元） | 40 670 | 最高值 | 46 701 |
| 销售收入（万元） | 61 828 | 最低值 | 55 079 |

需要说明的是，通过敏感性分析图来求临界点的数值时，是一个近似值，有时会有一定的误差。

与盈亏平衡分析不同，敏感性分析的临界点通常是指净现值等于零、内部收益率等于 $i_c$ 的情况，而盈亏平衡分析的临界点通常是指税前利润等于零时的情况，即各指标的最低数值。通过表9-28和图9-2，我们可以看出，项目总投资在增加10%和销售价格在减少10%的变化幅度内，项目资本金财务净现值还都大于零，说明项目有一定的抗风险能力。

## 九、结论与建议

### （一）结论

（1）经济可行性结论。

本项目从财务分析的角度，在投资人的 $i_c$、银行利率以及各种税率的约束下，从盈利能力角度、偿债能力角度、资金平衡能力角度分析，均可行，所以，项目值得投资。

从不确定性分析角度，虽然项目在不确定性因素向不利方向的变动在10%范围内时有一定的抗风险能力，但在这个变动范围外，项目的风险还是较大的。比如销售价格下降一旦超过10.92%、总投资额增加一旦超过14.83%，项目就进入拐点，项目将变得不可行。最终是否投资开发，要看投资人对风险的态度、对项目总成本费用的控制能力、对市场未来走势的预期（销售价格是否会提升）等。

（2）环境分析结论。

从环境方面看，项目的实施将对该区域内的建设、改善居民居住条件和居住环境起到积极作用，本项目的开发不存在破坏环境问题，也不会对周围环境造成污染。相反，因为旁侧有一臭水沟多年流入海里，对海水造成的污染一直是该区域居民投诉的热点，要求治理的呼声很高，因此，项目开发前，环境评价以及环保部门会提出要求，要求在建设过程中一并解决。另外，本项目的开发建设也会使此区域脏、乱、差的环境得到改观。项目开发中产生的主要污染源为生活污水和垃圾，无其他污染源。建成后，生活污水经处理后排放不会影响周边环境。因此项目具有一定的环境效益。

（3）社会效益分析结论。

经现场勘查与实地调查，该小区为危改项目，原址为危旧房屋与菜市场所在地，本项目的开发建设会改变这一现象，部分居民的居住条件会得到较大的改善。项目具有一定的社会效益。

**（二）建议**

目前，我国房地产投资的政治环境与法律环境不断完善，从2010年开始，国家对房地产市场的宏观调控一直未放松，3年多的时间里，房地产市场理性和冷静了不少，市场情况趋于正常，最近还出现了上升回暖迹象。由于大连所处的地理位置有得天独厚的优势，辐射东三省和冀、蒙、晋、京、津等省、市，房地产市场一直保持平稳发展态势，至少房价并没有下跌。但是，国家一旦出台新的调控政策，任何开发商的项目都会受到政策出台时的惯性影响，系统风险不可避免，这样势必会影响项目的销售，不利于资金回笼。所以建议：

（1）根据咨询的谨慎原则，本项目已尽可能高估成本而低定价格，如果市场呈现出积极的一面，可以在期房转为现房的过程中，适时调高价格，根据当前形势，这种可能性较大。

（2）目前周边类似项目（但非学区房）售价为每平方米16 000～18 000元，本项目以15 000元/平方米开盘是较为保守的销售价格，且在估算过程中未做上涨考虑。就居民"重视教育"这个出发点来说，学区房是个相当好的卖点。这意味着，敏感性分析中的最敏感因素"销售价格"，可能不会给项目带来过大的负影响。因其已预留了上涨空间，所以，价格下降的可能性较小，同时，投资额变动敏感度一般，即使增加投资，也可能会被项目的优势消化。另外，正因为所定的初始销售价格并不高，销售价格又是最敏感因素，因此，策略上一定要慎重采取降价措施。

（3）周边类似项目既没有紧邻地铁也很少有十几条交通线路加持，但本项目具有这个优势。交通便捷会极大节省交通成本和出行时间，通常是住宅项目的另一大卖点。项目可以在销售时加大该优势的宣传，既可能使价格上涨，也会使项目迅速销售。

（4）做好银行贷款可能紧缩的准备，同时考虑其他融资渠道。

（5）向街道或政府提出小吃一条街搬迁的申请，以改变周边环境，消除劣势影响，增加项目的吸引力，提高销售率，早日回收投资。

（6）认真做好动态分析，应密切关注政策变化，注意对市场风险的评估及防范。应随时调整策略，以保证项目利益的最大化。

（7）要做好销售期延长的心理准备，并抓住时机、利用多种策略促进销售。

# 第三节　商业地产开发项目案例分析

**案例情况：**

某开发商用股本金500万元购买了一块商业用地，准备在上面开发一幢面积为

1.1万平方米的小型社区购物中心，前期的招商策划基本完成，已谈妥两家主力店加盟该购物中心，两家主力店也是购物中心的最可靠租户：一家食品店和一家药店；剩余空间将主要靠一些小型的专卖店和零售商租用。一家商业投资公司已经同意在项目完工之后购买该购物中心，并且用于出租。该开发商预计能在1年半内将一个被租用的购物中心向这家投资公司交付。

一家建筑公司已经做好了建筑设计和规划，几个总承包商也已递交了建筑标书，最后被选中的总承包商并不是出价最低的，但其在购物中心建设方面是最有经验的。开发商认为重要的是选择的承包商要能够按时保质完成建设任务，并将建设成本控制在1 200万元以内。

在开发该购物中心的过程中，开发商发生的另外的成本费用如下：前期工程费75万元，管理费用60万元，基础设施建设费和公共配套设施建设费100万元，其他工程费为35万元。

一家对该购物中心感兴趣的银行，同意提供上述费用的80%（土地费用除外）的贷款，利率为10%，1年半后，在开发商售给投资公司时，本、息一次偿还。购物中心的余下资金仍由开发商的自有资金解决（股本金均在期初投入）。

可靠租户已经签订了租赁合同，分别租用面积为4 000平方米和1 500平方米，共计5 500平方米。剩余的4 500平方米已经租给了那些小租户（项目有1 000平方米不是有效出租面积），具体市场租金情况见表9-30。

表9-30　　　　　　　为购物中心调查的竞争物业的租金水平

| 购物中心<br>名称 | 主要租户租金水平<br>（元/平方米·年） | 小租户租金水平<br>（元/平方米·年） |
|---|---|---|
| 甲 | 260 | 470 |
| 乙 | 250 | 460 |
| 丙 | 260 | 470 |
| 丁 | 255 | 465 |

表9-30中的租金水平指的是净租金，租户自己支付包括维修、保险和房产税在内的所有开支。虽然租赁合同中包含了附加条款，要求当销售量达到一定水平之后租金也随之上浮，但是从市场情况来看，不会有一个租户有望在今后3年内达到这一销售量。这家投资公司决定不考虑租金上浮的可能性，并将聘请一家物业服务企业管理该购物中心，运营费用（含物业服务费）为实际总收入的7%。

购物中心的购买者——投资公司，调查和搜集了最近购物中心的有关交易信息，通过售价与净经营收入的情况，得出了各购物中心的资本化率，见表9-31。

表9-31　　　　　　　　　　近期购物中心销售情况

| 购物中心编号 | 房龄（年） | 建筑规模（平方米） | 相应的资本化率 |
|---|---|---|---|
| 1 | 2 | 15 800 | 11% |
| 2 | 新 | 11 000 | 12% |
| 3 | 3 | 9 000 | 13% |
| 4 | 0.5 | 11 500 | 12% |
| 5 | 新 | 12 500 | 12% |
| 6 | 2 | 8 500 | 12.5% |

根据这一信息，买方投资公司同意按照市场上流行的资本化率标准购买这个购物中心。

开发商在销售该购物中心时，目标收益率为20%，所得税税率为25%。

要求从开发商角度计算：

（1）该购物中心的总投资额、净经营收入、售价、税前税后成本利润率、资本金净利润率。

（2）该购物中心的净现值和内部收益率。

分析：

这个项目虽然也是"开发-出售"模式，但因为是商业地产项目，其"开发-出售"过程其实包含了招商策划、订单地产、主力店等相关概念。这是不同于前面两个项目分析过程的一个案例。

关于商业地产开发，我们曾经在第五章提到过，它在开发、销售、价值链构造等方面与住宅项目均不相同。商业地产项目在开发设计时，就为这个价值链上的各方——开发商、贷款人、投资者、经营者，甚至消费者，留下了利益空间。其中，股权投资者（开发商）希望获得的报酬率是20%，债权投资者（贷款银行）希望获得的利息报酬率是10%；置业投资者（投资公司、买方）希望满足其售价的资本化率为市场流行的资本化率，而这是由它的收益水平决定的，通过分析确定为12%；而经营者（承租人），在满足其经营利润的前提下所能承受的租金水平，应该是一个市场租金水平（本案例中，主要租户的租金应选择260元/平方米·年；小租户的租金应选择470元/平方米·年）。而只有各方均能获益，该项目的开发价值才能最终得以实现。

1.总投资或总成本费用

（1）不含土地成本的总投资：1 200+75+60+100+35=1 470（万元）

（2）银行贷款为：1 470×80%=1 176（万元）

自有资金部分：1 470×20%=294（万元）

（3）财务费用为：$1\,176\times[(1+10\%)^{1.5}-1]=180.74$（万元）

（4）全部自有资金：500（土地成本）+294=794（万元）

（5）总投资为：794+1 176+180.74=2 150.74（万元）

2.购物中心年净经营收入

（1）该购物中心实际总收入。

按照市场同样水平，该购物中心的租金水平是：可靠租户应为260元/平方米·年，小租户应为470元/平方米·年。则：

该购物中心实际总收入=[（4 000×260）+（1 500×260）+（4 500×470）]÷10 000
　　　　　　　　　　=354.5（万元）

（2）该购物中心年净经营收入。

年净经营收入=实际总收入-运营费用=354.5-354.5×7%=329.69（万元）

3.购物中心售价

购物中心售价应是项目的净销售收入，也可以看成是项目的总开发价值。

本购物中心是整体出售，非零售（且不适合零售），所以在没有其他资料来计算项目的净销售收入时，应通过"资本化率"指标来推算出其市场销售价格。资本化率考虑了若干年的情况，考虑了时间价值因素。

因为：（1）资本化率=$\dfrac{净经营收益}{市场价格}\times100\%=12\%$

（2）净经营收益=329.69万元

所以，购物中心售价=329.69÷12%=2 747.42（万元）

4.购物中心的税前、税后成本利润率

（1）税前利润=净销售收入-总成本=2 747.42-2 150.74=596.68（万元）

则税前成本利润率为：（596.68÷2 150.74）×100%=27.74%

（2）税后利润=税前利润-所得税=596.68×（1-25%）=447.51（万元）

则税后成本利润率为：（447.51÷2 150.74）×100%=20.81%

5.资本金净利润率（也叫股本投资利润率，税后）

股本投资利润率：（447.51÷794）×100%=56.36%

6.购物中心的财务净现值（$i_c$为20%）

正常情况下，有收益的商业地产项目应该这样求净现值：

（1）各年的净经营收益-年还本付息额=各年税前现金流量；

（2）各年税前现金流量-所得税=各年税后现金流量；

（3）各年税后现金流量用目标收益率贴现，求和得现值；

（4）现值之和减初始股本投资，得净现值。

但本案例中，不知购物中心的未来净经营收益将持续多少年；此时，如果已知第1年的净经营收益和市场上类似购物中心的资本化率，则可以推算出购物中心的售价，之后再考虑还本付息额和所得税，就能得到税后现金流量了。

这就是本案例用售价（且不扣除总成本费用）来计算净现值的原因。

所以，净现值的计算过程如下：

（1）税后现金流量=售价−还本付息额−所得税

$$=2\ 747.42-1\ 356.73-149.17=1\ 241.52（万元）$$

（2）税后现金流量现值=$1\ 241.52\div（1+20\%）^{1.5}=944.46$（万元）

（3）净现值=944.46−794（初始股本投资）=150.46（万元）

7.购物中心内部收益率

因为净现值=150.46万元>0，所以，内部收益率>20%。

用试算法计算：

提高折现率为：34%，净现值为：$1\ 241.52\div（1+34\%）^{1.5}-794=6.38$（万元）

再提高折现率为：35%，净现值为：$1\ 241.52\div（1+35\%）^{1.5}-794=-2.50$（万元）

用插入法，则内部收益率为：

$$34\%+[6.38\div（6.38+2.50）]\times（35\%-34\%）=34.72\%$$

# 第四节　小结

第一章我们在对房地产投资进行分类时，曾按照房地产投资经营方式将房地产投资分为出售型房地产项目投资、出租型房地产项目投资和混合型房地产项目投资。本章介绍的3个案例，第一个是租售混合型房地产项目的投资分析，第二个是出售型房地产项目的投资分析，第三个是商业地产开发项目的投资分析。前两个案例概括了作为开发项目应该具备的投资分析的基本要素，如基本的项目概况、市场状况、基础数据的估算、各类财务报表、静态与动态分析指标、盈亏平衡点分析、敏感性分析、效益评价等。第三个案例介绍了商业开发项目的"开发−出售"模式（非持有模式），并从不同的角度分析了它的重要指标。当然，由于投资分析人的偏好不同，写作报告时会各有侧重，根据市场情况，定性分析也可能有多有少，但作为不可缺少的定量分析部分，本章已经比较全面。

熟悉了3个案例的数据来源及分析思路，同时回忆并巩固第四章、第五章和第六章所学过的知识后，作者认为，至此，作为房地产投资分析人员，应该能够撰写一份完整的房地产开发项目的投资分析报告。至于报告写得好坏，分析过程是否客观合理，数据结果是否科学真实，则有赖于投资分析人员的工作经验、写作能力和咨询的技术水平。

## □ 复习思考题

1.你认为一个完整的房地产投资分析报告应该包括哪些内容？

2.在这3个案例中，有哪些指标的计算过程是你不明白的？为什么？

3.请你把前2个案例中的任一案例当作全新的项目模拟操作（也可以适当修改其中的某些条件），作出一份房地产投资分析报告。或者你从市场上自选一个开发项目，完成这个模拟。

拓展阅读

房地产合作开发
——出售项目
案例分析

# 第十章

# 房地产置业投资项目案例分析

□ 学习目标

　　本章介绍了9个置业投资案例。通过对这些案例的分析和学习，要求学生了解置业投资的类型和分析中涉及的基本指标；熟悉各种类型的房地产置业项目投资分析的简要过程，并重点掌握置业项目投资分析中所涉及的方法和分析角度，从而在今后的工作中能为房地产置业投资者提供良好的决策咨询。

## 第一节　房地产置业项目投资分析概述

### 一、房地产置业投资的目的

　　从第一章我们得知，置业投资的目的主要有两个：一是满足自身生活居住或生产经营需要，二是作为投资将购入的物业出租给最终的使用者，以获取较为稳定的经常性收入。另外，投资者在不愿意持有该物业时还可以获取转售收益。置业投资的对象是开发商新建成的物业（市场上的增量房地产）或者是房地产市场上的二手房（存量房地产）。

　　置业投资的目的可以更具体地表现为以下几个方面：①满足日常消费；②获得一定的现金收益；③获得物业增值和保值收益；④对抗通货膨胀；⑤铺垫事业，提升自身价值。

### 二、房地产置业投资的主要方向

　　房地产置业投资的方向几乎包括所有类型的物业，如居住物业（普通住宅、公寓、别墅等）、商业物业（商铺、购物中心、写字楼、宾馆酒店等）、工业物业（工业厂房、仓库、货场等）以及其他物业。但我国目前置业投资的热点方向主要包括以下几种：

### 1.中小户型普通住宅

中小户型是指面积相对较小的户型，是以满足生活需要为首要目的的户型，通过减少享受空间，降低户型面积，降低总价。中小户型普通住宅近年来在房地产市场上需求旺盛，主要原因是：一是每套面积小，总房价较低，装修费和物业服务费也相应减少，工薪阶层能买得起；二是中小户型并不等于低品质住宅，中小户型同样可以满足人们的日常生活起居要求；三是中小户型住宅租住前景好。一般来说，只要质量好、环境好、物业服务好、区位好、房价或租金适宜，中小户型通常会成为有资金约束人群的购房首选以及租房消费的热选，市场潜力巨大。

所以，中小户型住宅可以很好地迎合租赁、投资以及过渡房的需求。

### 2.酒店式公寓

酒店式公寓也是住宅类物业，其户型面积从几十平方米到上百平方米不等，很注重装修、家具、家电、居住布局、硬件设施以及家居式的高水平物业服务，其管理水平达到酒店服务标准，但比传统的酒店更多了家的味道。因为主要集中在市中心的高档住宅区内，所以很受商务人士的青睐，出租率较高，租金也比一般公寓高30%。酒店式公寓的买家主要是房地产投资者，其购买目的非常明确，即是出租以收取稳定的投资回报。酒店式公寓单位小、好管理、易出租等特点是其他物业项目难以比拟的，但由于其占用的资金相对较多，回报的周期也相对较长，适合中长线的投资者。

### 3.社区商铺

社区商铺是指位于社区内的商用铺位，其表现形式主要是一至三层商业楼或住宅建筑底层商铺（也叫底商），有些铺面可以直接对外开门营业。社区商铺有很大的发展空间，其投资利润率可达到10%左右，是目前市场极为关注、投资者热衷的商铺投资形式。由于有稳定的社区居民客户流，未来的客户基础相对可靠，社区商铺投资风险小。因为社区商铺往往是单店形式，可以出租，也可以自己经营，并且可以根据市场的需求调整经营内容、出租方式和租金等，这样灵活的方式也是吸引人们投资的一个因素。

与产权式商铺不同的是，社区商铺购买后往往用租金或经营收益供楼，其所有权或经营权是统一的。所以，社区商铺也是产权式商铺的一种。产权式商铺一般是一个大商场内分割出众多铺位对外进行公开销售，由专业商业经营管理公司负责对外招商和整体经营，进入正常运营以后投资者根据产权的多少获得租金回报，其突出特点是所有权和经营权在投资者购买物业时就分离了，投资者获得规定年限内的收益权。

### 4.产权式酒店

产权式酒店是把酒店的每间客房分割成独立产权出售给投资者。投资者一般不在酒店居住，而是将客房委托给酒店经营，获取投资回报。一般情况下，投资者拥有该酒店每年一定时间段的免费居住权。根据用途可分为商务型酒店、度假型酒店和养老型酒店。这是一种新型的投资经营方式，开发商通常都会专门为置业投资者设计小户型的酒店单元，40～50平方米的标准单位，总价低、首付少，大部分置业投资者都能买得起，承受得了，这才能保证开发商通过出售客房产权回笼资金，扩大经营规模，分散经营风险，并借助国际酒店网络提高客源质量，实现盈利预期。投资者也可以跳出单一的"购房出租"模式，实现异地置业。但投资产权式酒店能否有可观的收益，与该酒店的位置和周边配套设施、酒店物业管理公司的经营、旅游季节都有很大的关系。但投资者如何能获得利益，谁来监督和保证合同规定的固定收益？这是很关键的问题。

### 三、房地产置业投资的种类

在第一章中我们曾述及，房地产投资是国家、企业或个人为了达到一定的目的，直接或间接地对房地产的开发、经营、管理、服务和消费所进行的投资活动。投资涉及的领域有：土地开发、旧城改造、房屋建设、房地产经营、置业等。

而其中的房地产置业投资往往是投资者购置房地产后，或寻机出售或租赁经营以获取收益的商业活动。房地产置业投资的目的不仅是回收垫付的资金，而且要获取盈利。房地产置业投资的投资收益主要是通过经营来实现的。

这些置业投资的种类主要有：以盈利为目的的房地产买卖投资；用于自己消费的置业投资；用于出租经营的置业投资；房地产租赁经营投资、用于自营的置业投资以及置业混合投资等。

投资者购买物业后，不是为了居住或出租，而是看好时机，通过低买高卖赚取差价来获利，这是房地产买卖投资[①]；投资者购买物业后只是为了居住，这是置业消费投资，但并不排除将来因改善居住条件的需要而转售物业；投资者购买物业后对物业进行适当装修并出租，通过收取租金来获取长期收益，这是房地产置业出租投资；投资者以每年或每月固定租金的形式包租了产权人的物业后，通过装修改造再出租物业，获取转租收益，这是房地产租赁经营投资；投资者在购入新房或二手房后，并不出售出租，而是用于经营，如开设商店、饭店等，通过经营收入回收投资，这是置业自营投资（如社区商铺就可以采取这种方式进行自营投资）；投资者购买物业后，对物业进行出售与出租的混合经营，比如先通过出租或自营获取租金或经营收入，当物业上涨到一定水平时，再把物业出售出去，获取转售收益。混合型投资形式灵活，兼有长期性投资与投机性投资的优点，越来越受到广大投资者的追捧。

---

① 严格地说，这就是房地产投机，但由于我国房地产市场发展的特殊性，多年来这种行为已经完全被看成是一种投资形式。

## 四、房地产置业投资分析的基本指标

由于置业投资较开发投资相对简单，因此，本章对置业项目所进行的投资分析也相对简单和容易。根据置业投资项目的规模大小、置业难易程度的不同以及已知条件的多少，本章对有些项目的分析采用了静态指标，对有些项目的分析采用了动态指标。

房地产置业投资分析时经常涉及的因素和指标有：

**（一）投资成本**

1.房地产买卖投资成本

（1）购置价款（一般含装修费用）；

（2）利息费用；

（3）维修改造费用；

（4）管理费用；

（5）税费（购买时的契税、印花税、交易手续费；出售时的印花税、增值税和税金及附加；所得税等）；

（6）物业服务费、供暖费用等；

（7）公共维修基金（增量房）；

（8）中介服务费（如果是委托中介购买的房屋）。

2.房地产出租或租赁经营投资成本[①]

（1）购置价款（出租情形下）；

（2）装修及租金支付款（租赁经营，即包租情形下）；

（3）运营费用（管理费用、利息、广告费用、维修与改造费用、物业服务费、供暖费用、增值税、税金及附加、中介服务费等）；

（4）空置或租金损失；

（5）所得税；

（6）押金利息（包租情形下）。

**（二）投资收益率**

投资收益率是指置业投资项目开始运营后的年均收益额与项目总投资的比率[②]。

投资收益率（年）=年均收益额÷项目总投资×100%

**（三）投资回收期**

投资回收期（主要适用于开发完毕后出租和自营的房地产项目）是指用房地产项目的净收益抵偿总投资所需要的时间。其一般以年表示，并从房地产项目开发期起始年（如果是置业投资项目，则从购置时）算起。

---

① 在实际生活中，许多住宅类物业在出租时并没有去相关部门进行备案或登记，相应地，增值税、税金及附加和所得税等就未被征收，所以没有登记或备案的出租投资，在分析时，出租成本中不应含这些税。
② 对该指标的理解，详见第五章第四节"三、（一）静态指标的计算"中"投资收益率"的内容。

## （四）投资利润率

投资利润率=（利润总额÷总投资）×100%

## （五）资本金利润率

资本金利润率=（年均利润总额÷资本金）×100%

## （六）资本金净利润率

资本金净利润率=（年均税后利润÷资本金）×100%

## （七）财务净现值

$$FNPV = \sum_{t=0}^{n} (CI - CO)_t (1 + i_c)^{-t}$$

## （八）财务内部收益率

$$\sum_{t=0}^{n} (CI - CO)_t (1 + FIRR)^{-t} = 0$$

$$FIRR = i_1 + \frac{|FNPV_1|}{|FNPV_1| + |FNPV_2|} (i_2 - i_1)$$

# 第二节　房地产买卖投资分析

[例10-1] 某投资者投资了30万元购买一套80平方米住宅，一次性付款，预计3年（假定空置暂不考虑租金收益及物业管理费等支出，但在实际分析中应当考虑）后可以卖到40万元。

其他条件如下：购房时的契税[①]和交易手续费分别为买价的1.5%、0.5%。增值税、城市维护建设税、印花税分别为售价的5%、增值税的1%、售价的0.5‰。评估、交易、登记等费用约2 000元，所得税税率为20%[②]。

如何分析这项投资？

解：简要投资回报分析如下：

（一）计算相应指标

1.购房总投资

（1）购买价：300 000元

（2）契税：300 000×1.5%=4 500（元）

（3）购买时交易手续费：300 000×0.5%=1 500（元）

该部分小计：306 000元

---

[①] 《中华人民共和国契税法》经第十三届全国人民代表大会常务委员会第二十一次会议于2020年8月11日通过，自2021年9月1日起施行。该法第3条规定，契税税率为3%至5%。第3条第3款规定，各省、自治区、直辖市依照程序在该幅度内对不同主体、不同地区、不同类型的住房的权属转移确定差别税率。该案例发生于此前，此处的税率未做更改。读者在购房或作为咨询人员进行投资分析时，应根据当时、当地的契税规定计算契税。

[②] 国家规定：财产租赁所得、财产转让所得，适用比例税率，个人所得税税率为20%。

2.未来有关税费

（1）增值税：400 000×5%=20 000（元）

（2）城市维护建设税：20 000×1%=200（元）

（3）印花税：400 000×0.5‰=200（元）

（4）出售时评估、交易、登记等费用：约2 000元

（5）所得税：

所得税=税前利润×20%=（销售价−购买价−契税−交易手续费−有关税费）×20%

　　　　=（400 000−300 000−4 500−1 500−20 000−200−200−2 000）×20%

　　　　=71 600×20%=14 320（元）

该部分小计：36 720元

3.税后利润（或"投资净收益"）

税后利润=销售价−购房总投资−未来有关税费

　　　　　=400 000−306 000−36 720

　　　　　=57 280（元）

或者：

税后利润=税前利润−所得税=71 600−14 320=57 280（元）

4.投资利润率：71 600÷306 000=23.4%

5.资本金净利润率（年投资收益率）：57 280÷3÷306 000×100%=6.24%

（二）简要分析

如果该投资者将其购房投资的30.6万元存入银行，3年定期年利率为4.68%[①]，3年利息为42 962元，扣除5%的利息税[②]2 148元，净收益为40 814元，总投资利润率为13.34%，年收益率（资本金净利润率）为4.45%。

二者相比，储蓄投资比购房投资的投资收益率低1.79%，但储蓄投资相对稳定，除通货膨胀外，基本上无风险，而购房投资的结果却有较大的变数，尤其是房价高的阶段。

在空置期间，如果国家调控政策频出，则市场观望气氛浓厚，房子有可能无法脱手或售价降低，当初的投资计划将无法按预定收益实现。

如果改变想法，在空置的3年内用于出租经营，则会有租金收益，租金收益一项相当于银行利息收益，如果将来出售时税费减免或转移（如卖家的税费由买家承担时）或售价增加，其收益更高。但如果售价没升幅，3年后仍无法售出，则只好转为长线投资，靠收取租金逐步回收投资，等待出售时机。

按照第七章内容，这项投资行为所面临的风险类型有：经营风险、政策风险、变现风险、通货膨胀风险、自然或意外风险。

---

[①]　这是案例发生时的存款利率政策。最近几年，央行根据我国宏观经济形势的变化，经常会通过上调或下调存贷款利率来调控房地产市场。本书今后不再频繁更改，读者可以尝试根据实际情况自行修改得到新的分析结果，并模拟咨询人员向投资者提出客观的建议。

[②]　该案例发生时，储蓄存款利息所得的个人所得税率为5%。事实上，同前一个问题一样，国家税务总局也会根据国家宏观经济形势的变化，作出对储蓄存款利息征收或免征个人所得税的规定。在本版书中，此处虽未修改，但读者或投资分析人员应时刻注意税收政策的变化对房地产投资收益的影响。

投资者在进行房地产买卖投资回报分析时，其收益率的底线通常是与银行存款利息作对比，如果在扣除了通货膨胀因素后，实际存款利率为负值，那么，购房投资的收益率至少比储蓄的实际收益率大，但风险依然存在。

# 第三节 房地产置业消费投资分析

［例10-2］某先生一家4口，包括1位老人，家有存款12万元，家庭月收入6 000元，日常开销约为3 000元。在购房时，有以下几种户型、面积、价格及付款方式可供选择（见表10-1）。

表10-1 置业投资选择

| 户　型 | 两房两厅 | 三房两厅 | 三房两厅 | 四房两厅 |
|---|---|---|---|---|
| 面积（平方米） | 80 | 100 | 120 | 140 |
| 价格（元/平方米） | 3 500 | 3 500 | 3 000 | 3 000 |
| 标准 | 成品房 | 成品房 | 毛坯房 | 毛坯房 |

其他条件如下：

（1）抵押贷款付款方式：首期付3成，贷款7成15年，每月1万元还款额为83.09元；首期付2成，贷款8成20年，每期1万元还款额为66.22元。

（2）预计办理购房各类手续费和税费共计约1万元。

（3）室内装修每平方米约500元，家居装饰每平方米约200元。

根据上述条件，请你给这位先生提供一个合理的置业建议。

解：简要分析如下：

1.有老人的4口之家，至少要有三房两厅才能满足基本的居住要求。

2.根据该先生的家庭经济状况与可供选择的条件，选择100平方米的户型、三房两厅、首付2成贷款8成。

3.购房后各种款项如下：

（1）总价：3 500×100=350 000（元）

（2）首期支付：350 000×20%=70 000（元）（月还贷尾数可计入首期付款）

（3）抵押贷款总额：350 000－70 000=280 000（元）

（4）每月还本付息额：28×66.22=1 854.16（元）

（5）本息总额：1 854.16×20×12=444 998（元）

（6）家居装饰：200×100=20 000（元）

（7）各种手续费、税费：10 000元

其中费用合计：10万元

4.分析与结论:

该先生付首期款、有关手续费、税费、家居装饰费用等,需支付款项共约10万元,付清后还剩2万元家庭备用金。

每月还款1 854元,再扣除3 000元的日常开销,每月还余约1 000元的家庭备用金,基本上还过得去。

所以,我们可以建议该先生购置100平方米,三房两厅的成品房,抵押贷款为8成20年。如果选择其他户型,显然不适合该先生。

该先生在20年里共支付款项约55万元,如果其住宅平均每月租金为1 800元,55万元约可支付25年的租金,其住宅使用期为70年,剩余的45年使用期是其所获的消费投资利益。消费与投资同行,已是当今众多家庭选择的一种理想投资方式。

# 第四节　房地产租赁投资分析

[例10-3]某单位一员工宿舍楼,腾出后由一投资者整体包租,该单位收取固定租金收益。基本情况如下:

总建筑面积为10 000平方米;总户数200户;户型为一室(无厅无厨房,有卫生间与阳台)和两室一厅(有厨房、卫生间和阳台)。

整体包租价格:10万元/月,按月支付;租期为10年;因装修免租1个月;押金相当于1个月的租金;整改装修、物业管理及空置风险全部由包租者承担。

打算包租的投资者在对该楼各方面的情况进行了调查和市场分析之后,决定将该楼市场定位为白领公寓。这样,需要进行适当的整改装修,添置一些设施和设备,例如一室的阳台可增设简易灶台、电源插座等,供承租人生活使用;每户增设电话、电视插座;对原有的设施、设备进行维修更换;对外墙进行清洗、修补,对室内进行全面翻新装饰等。所需整改投资共约80万元。(全部为自有资金,利息在利润中体现)

预测在未来的10年里,平均租金水平约为每月18元/平方米(含物业管理费),空置率为20%(含管理用房)。

根据上述条件,请你以包租投资者的身份分析一下该楼是否值得投资经营。

在具体分析这个案例之前,我们先来看一下包租与一般出租的区别。

(1)包租投资者与置业后出租的投资者有些不同。后者本身是物业的业主即所有者,把物业出租以获得租金收入,而包租投资者对手中的物业没有所有权,他只是从业主手里把物业以每年或每月固定租金的形式包下来,然后再对外出租。生活中这种情况很常见,如有的业主拥有大量房地产,却不熟悉房地产市场,也不想进行经营管理,以包租的形式委托给他人料理,收取固定的租金。而包租者投入一定的资金,根据出租情况的需要,对受托的房屋进行适度的整改,并承担经营管理、维修等义务。包租者所得营业收入，除按固定租金上交业主和支付经营费用后，差额部分属包租者收益。

（2）包租投资的收益是建立在出租经营的基础上，在有限的经营年期里，经营顺利便有利可图，经营不善则导致投资失败，血本无归；而置业出租的投资者在出租经营失败后，仍可将其购置的房地产转让出去，收回投资。另外业主还可以将其产权进行抵押贷款，套取资金用于其他周转。置业出租的经营收益、保值与升值，对于置业出租投资来说，可谓双保险。

（3）包租投资的运营费用收取标准只能往上升，往下降的空间非常有限，同时缴纳固定租金的压力始终都存在，置业出租投资可自由调整租金水平，如果是银行按揭贷款，在还款期也存在压力，但全款付清后，其压力也随之消失。

（4）包租投资无须承担由于不可抗力因素造成的房地产毁灭的巨大风险，承担的只是其前期整改投入与经营方面的市场风险；而置业出租投资则必须承担其全部风险。两者相比，前者压力则相应小一些。

解：简要分析如下：

**（一）相应指标计算**

1.租金收入：18×10 000×（1-20%）×12=1 728 000（元/年）①

2.整改装修费用：80万元

3.押金：10万元（不考虑押金利息）

4.年运营费用

（1）租赁推广费用：3万元

（2）租赁经营、管理费用：6万元

（3）维修费用：3万元

（4）物业服务费：6万元

（1）+（2）+（3）+（4）=18（万元）

（5）支付固定租金：120万元

5.有关税费

（1）增值税：1 728 000×5%=86 400（元）

（2）城市维护建设税：86 400×1%=864（元）

（3）教育费附加：86 400×1%=864（元）

（4）房屋租赁管理费：1 728 000×2%=34 560（元）

本项合计：122 688元≈12.3（万元）

以上过程见表10-2。

6.投资收益指标（静态）

（1）投资回收期：4年（从表10-2中可以看出）

（2）投资收益率

---

① 因装修免租一个月，所以该包租投资者在第一个月不用支付10万元包租租金；同时因装修也无法对外出租，包租投资者也没有收到第一个月的租金收入。为方便起见，本案例按整年收入进行了后续计算。

总投资：（80+10）+110+120×9=1 280（万元）

每年净经营收益：172.8-18-12.3=142.5（万元）

考虑押金返回，平均每年净经营收益为143.5万元。

则年投资收益率：143.5÷1 280×100%=11.21%

## （二）分析与结论

通过上述计算，从静态投资角度看，年投资收益率为11.21%，尚可；但若从动态投资的角度来看，经过折现，投资回收期会有延长，投资收益率会有所降低。这种情况下，是否还做这个项目，要看投资者期望获得的投资收益率为多少。如果投资者期望的目标收益率低于或等于11.21%，可考虑接受，反之不予接受。

表10-2　　　　　　　　　　　　**投资经营现金流量表**　　　　　　　　　　单位：万元

| 项目<br>年份 | 现金流入 | 现金流出 | | | | 净现金流量（税前） | 累计净现金流量 |
|---|---|---|---|---|---|---|---|
| | | 首次投入 | 付年租 | 运营费用 | 税费 | | |
| 1 | 172.8 | 90 | 110 | 18 | 12.3 | -57.5 | |
| 2 | 172.8 | | 120 | 18 | 12.3 | 22.5 | -35 |
| 3 | 172.8 | | 120 | 18 | 12.3 | 22.5 | -12.5 |
| 4 | 172.8 | | 120 | 18 | 12.3 | 22.5 | 10 |
| 5 | 172.8 | | 120 | 18 | 12.3 | 22.5 | 32.5 |
| 6 | 172.8 | | 120 | 18 | 12.3 | 22.5 | 55 |
| 7 | 172.8 | | 120 | 18 | 12.3 | 22.5 | 77.5 |
| 8 | 172.8 | | 120 | 18 | 12.3 | 22.5 | 100 |
| 9 | 172.8 | | 120 | 18 | 12.3 | 22.5 | 122.5 |
| 10 | 172.8 | | 120 | 18 | 12.3 | 22.5 | 145 |
| 退回押金：10 | | | | | | | 155 |

投资回收期：5年

注：假设经营期间租金收、付均无递增，经营费用与税费均无变化。

通过上述分析，包租投资者如果仍想进行投资经营，则应考虑如下几个方面：

（1）要求业主适当降租；

（2）要求业主给予至少3个月的装修过渡期；

（3）出租租金是否还有提高的可能性；

（4）有无降低出租空置率的可能性；

（5）控制运营费用在原有水平（因为原有运营费用水平是较低的）。

如果上述几个方面的问题能够得到解决，可以考虑进行投资经营。

# 第五节　房地产置业出租经营投资分析

［例10-4］ [①] 某公司以10 000元/平方米的价格购买了一栋建筑面积为27 000平方米的写字楼用于出租经营，该公司在购买写字楼的过程中，支付了相当于购买价格5.3%的各种税费（如契税、手续费、律师费用、其他工程费等）。其中，相当于楼价30%的购买投资和各种税费均由该公司的自有资金（股本金）支付，相当于楼价70%的购买投资来自期限为15年、固定利率为7.5%、按年等额还款的商业抵押贷款。

假设在该写字楼的出租经营期内，其月租金水平始终保持在160元/平方米，前3年的出租率分别为65%、75%、85%，从第4年开始出租率达到95%，且在此后的出租经营期内始终保持该出租率。出租经营期间的运营费用（含增值税、税金及附加等）为实际总租金收入的28%。如果购买投资发生在第1年的年初，每年的净经营收入和抵押贷款还本付息支出均发生在年末，整个出租经营期为48年，投资者的目标收益率为14%。

试从投资者的角度，计算该项目资本金税前财务净现值和财务内部收益率，并判断该项目的可行性。

解：简要分析如下：

**（一）相应指标计算。**

1.写字楼投资的基本情况

（1）写字楼购买总价：27 000×10 000÷10 000=27 000（万元）

（2）购买写字楼的税费：27 000×5.3%=1 431（万元）

（3）股本投资：27 000×30%+1 431=9 531（万元）

（4）抵押贷款额：27 000×70%=18 900（万元）

2.抵押贷款年还本付息额

$$A=P\times\frac{i(1+i)^n}{(1+i)^n-1}=18\ 900\times\frac{7.5\%\times(1+7.5\%)^{15}}{(1+7.5\%)^{15}-1}=2\ 141.13\ （万元）$$

3.写字楼各年净经营收入情况

第1年净经营收入：27 000×160×12×65%×（1-28%）=2 426.11（万元）

第2年净经营收入：27 000×160×12×75%×（1-28%）=2 799.36（万元）

第3年净经营收入：27 000×160×12×85%×（1-28%）=3 172.61（万元）

第4年及以后各年净经营收入：27 000×160×12×95%×（1-28%）=3 545.86（万元）

---

① 中国房地产估价师与房地产经纪人学会. 房地产开发经营与管理［M］. 6版. 北京：中国建筑工业出版社，2013：183-185.

本项目的资本金现金流量表见表10-3。①

表10-3　　　　　　　　　　资本金现金流量表（税前）　　　　　　　单位：万元

| 项目 ＼ 年份 | 0 | 1 | 2 | 3 | 4～15 (有贷款时)① | 16～48 (无贷款时) |
|---|---|---|---|---|---|---|
| 股本金投入 | 9 531.00 | | | | | |
| 净经营收入 | | 2 426.11 | 2 799.36 | 3 172.61 | 3 545.86 | 3 545.86 |
| 抵押贷款还本付息 | | 2 141.13 | 2 141.13 | 2 141.13 | 2 141.13 | 0.00 |
| 净现金流量 | −9 531.00 | 284.98 | 658.23 | 1 031.48 | 1 404.73 | 3 545.86 |

4.该投资项目的财务净现值

因为 $i_c=14\%$，故：

$$FNPV=-9\ 531+284.98\times(1+14\%)^{-1}+658.23\times(1+14\%)^{-2}+1\ 031.48\times(1+14\%)^{-3}+$$
$$1\ 404.73\div14\%\times[1-(1+14\%)^{-12}]\times(1+14\%)^{-3}+3\ 545.86\div14\%\times$$
$$[1-(1+14\%)^{-33}]\times(1+14\%)^{-15}$$
$$=789.81（万元）$$

5.该投资项目的财务内部收益率

因为 $i_1=14\%$ 时，$FNPV_1=789.81$ 万元，设 $i_2=15\%$，则：

$$FNPV_2=-9\ 531+284.98\times(1+15\%)^{-1}+658.23\times(1+15\%)^{-2}+1\ 031.48\times$$
$$(1+15\%)^{-3}+1\ 404.73\div15\%\times[1-(1+15\%)^{-12}]\times(1+15\%)^{-3}+$$
$$3\ 545.86\div15\%\times[1-(1+15\%)^{-33}]\times(1+15\%)^{-15}$$
$$=-224.34（万元）$$

用插入法，$FIRR=14\%+\dfrac{789.81}{|789.81|+|-224.34|}\times(15\%-14\%)=14.78\%$

（二）结论

因为 FNPV=789.81 万元>0，FIRR=14.78%>14%，故该项目可行。

[例10-5] 某写字楼售价1 950万元，该楼宇拥有办公单元60个，每个单元平均月租金6 000元，并以每年5%的速度递增。设每单元每年的空置及其他损失费为单元月租金收入的2倍。第1年的运营费用为实际总收入的20%，以后每年按6%的幅度递增。投资者可获得利率为12%、期限15年的1 500万元的贷款，要求按月等额还本付息。贷款成本（申报费、评估费、活动费等）占贷款额的2%，本项目综合税率（含增值税、税金及附加、所得税等）为应纳税收入额的30.85%（假设投资与收入均发生在年初）。

该写字楼物业使用15年（假定不考虑转售情况），按线性折旧法计算折旧费

---

① 一般在编制现金流量表时，根据需要，时间上要进行分段。比如，有贷款的年份和无贷款的年份要分开，这样便于计算不同年份的现金流量；现金流量相同的年份与现金流量不同的年份要分开，这样，相同的年份可以用年金现值公式计算现值，其他的单独计算。

用。折旧基数为投资额的85%。若投资者要求的投资收益率为20%，该项目是否值得投资？

分析：

大部分投资者都要依赖筹措的资金进行房地产投资，而抵押贷款是房地产资金筹措的主要形式。投资者经常面临的问题之一就是权衡抵押贷款投资的效益，作出投资决策。本案例实际上是想考察该项目的抵押贷款投资决策是否可行。也就是说，该项目在贷款的情况下再考虑各种应交税款，还能否获得预期收益。

为了求解这一问题，应分别计算该项目的贷款分期偿付计划、年度折旧额、税额、税前及税后现金流量，并依据税后现金流量及投资者要求的收益率计算该项目的净现值及内部收益率，据此作出投资决策。

解：1. 贷款分期偿付计划

已知：该笔贷款年利率 r=12%，期限 n=15×12=180 个月，要求按月还本付息，则：

（1）每月计息利率：$i=\dfrac{r}{n}=\dfrac{0.12}{12}=0.01$

（2）月还款系数：$\dfrac{i(1+i)^n}{(1+i)^n-1}=\dfrac{0.01\times(1+0.01)^{180}}{(1+0.01)^{180}-1}=0.01200168\approx0.012$

（3）月还本付息额：1 500×0.012=18（万元）

（4）年还本付息额：18×12=216（万元）

（5）年贷款余额

$$贷款余额=A\times\dfrac{(1+r/12)^{(n-t)\times12}-1}{r/12(1+r/12)^{(n-t)\times12}}$$

把上述已知条件代入，将会得到各年年末的贷款余额数值。

例如，第5年年末贷款余额为：

$$P_{余5}=A\times\dfrac{(1+r/12)^{(n-t)\times12}-1}{r/12(1+r/12)^{(n-t)\times12}}=18\times\dfrac{(1+12\%/12)^{(15-5)\times12}-1}{12\%/12\times(1+12\%/12)^{(15-5)\times12}}=1\,254.79（万元）$$

又∵某年偿还本金=上一年贷款余额–该年贷款余额

某年偿还利息=每年付款额–该年偿还本金

∴各年偿还本金和利息情况依次可以算出。

详见抵押贷款分期偿还计划表（见表10-4）。

表10-4　　　　　　　　　　　抵押贷款分期偿还计划表　　　　　　　　　　单位：万元

| 年份　　项目 | 年还本付息额 ① | 贷款余额 ② | 本　金 ③ | 利　息 ④=①-③ |
|---|---|---|---|---|
| 0 | | 1 500.00 | | |
| 1 | 216 | 1 461.92 | 38.08 | 177.92 |
| 2 | 216 | 1 419.02 | 42.90 | 173.10 |

| 项目<br>年份 | 年还本付息额<br>① | 贷款余额<br>② | 本　金<br>③ | 利　息<br>④=①-③ |
|---|---|---|---|---|
| 3 | 216 | 1 370.66 | 48.36 | 167.64 |
| 4 | 216 | 1 316.18 | 54.48 | 161.52 |
| 5 | 216 | 1 254.79 | 61.39 | 154.61 |
| 6 | 216 | 1 185.42 | 69.37 | 146.63 |
| 7 | 216 | 1 107.66 | 80.76 | 135.24 |
| 8 | 216 | 1 019.82 | 87.84 | 128.16 |
| 9 | 216 | 920.83 | 98.99 | 117.01 |
| 10 | 216 | 809.31 | 111.52 | 104.48 |
| 11 | 216 | 683.62 | 125.69 | 90.31 |
| 12 | 216 | 542.01 | 141.61 | 73.39 |
| 13 | 216 | 382.44 | 159.57 | 56.43 |
| 14 | 216 | 202.62 | 179.82 | 36.18 |
| 15 | 216 | 0 | 202.62 | 13.38 |

2.折旧计划

已知：该物业按线性折旧法计算折旧额。

折旧基数为：1 950×85%=1 657.5（万元）

则年平均折旧额为：1 657.5÷15=110.5（万元）

3.税前现金流量

各年税前现金流量=各年潜在总收入-各年空置及其他损失-运营费用-年还本付息额

按题设已知条件：

（1）该项目年潜在总收入=单元月租金×单元数×12个月×（1+升幅）

（2）该项目空置及其他损失=2×单元月租金×单元数×（1+升幅）

（3）实际总收入=潜在总收入-空置及其他损失

（4）运营费用：第1年为当年实际总收入的20%，以后每年按6%比例递增，即：

运营费用=第1年实际总收入×20%×（1+升幅）

（5）年均分摊融资成本=贷款总额×2%÷15

（6）净经营收入=实际总收入-运营费用-年均分摊的融资成本

（7）年还本付息额，见表10-4的①栏。

（8）税前现金流量=净经营收入-年还本付息额

根据上述步骤所计算出来的结果，我们编制一份第5章曾提供的置业投资项目税前现金流量表（见表10-5）。

表10-5　　　　　　　　　　　**税前现金流量计算表**　　　　　　　单位：万元

| 项目<br>年份 | 经营<br>收入<br>① | 空置及<br>其他损失<br>② | 实际<br>总收入<br>③=①-② | 运营<br>费用<br>④ | 年均分摊<br>融资成本<br>⑤ | 净经营<br>收入<br>⑥=③-<br>④-⑤ | 年还本<br>付息额<br>⑦ | 税前现<br>金流量<br>⑧=⑥-⑦ |
|---|---|---|---|---|---|---|---|---|
| 1 | 432.00 | 72.00 | 360.00 | 72.00 | 2.00 | 286.00 | 216 | 70.00 |
| 2 | 453.60 | 75.60 | 378.00 | 76.32 | 2.00 | 299.68 | 216 | 83.68 |
| 3 | 476.28 | 79.38 | 396.90 | 80.90 | 2.00 | 314.00 | 216 | 98.00 |
| 4 | 500.09 | 83.38 | 416.74 | 85.75 | 2.00 | 328.99 | 216 | 112.99 |
| 5 | 525.10 | 87.52 | 437.58 | 90.90 | 2.00 | 344.68 | 216 | 128.68 |
| 6 | 551.35 | 91.89 | 459.46 | 96.35 | 2.00 | 361.11 | 216 | 145.11 |
| 7 | 578.92 | 96.49 | 482.43 | 102.13 | 2.00 | 378.30 | 216 | 162.30 |
| 8 | 607.87 | 101.31 | 506.56 | 108.26 | 2.00 | 396.30 | 216 | 180.30 |
| 9 | 638.26 | 106.38 | 531.88 | 114.76 | 2.00 | 415.12 | 216 | 199.12 |
| 10 | 670.17 | 111.70 | 558.47 | 121.64 | 2.00 | 434.83 | 216 | 218.83 |
| 11 | 703.68 | 117.28 | 586.40 | 128.94 | 2.00 | 455.46 | 216 | 239.46 |
| 12 | 738.87 | 123.14 | 615.73 | 136.68 | 2.00 | 477.05 | 216 | 261.05 |
| 13 | 775.81 | 129.30 | 646.51 | 144.88 | 2.00 | 499.63 | 216 | 283.63 |
| 14 | 814.60 | 135.77 | 678.83 | 153.57 | 2.00 | 523.26 | 216 | 307.26 |
| 15 | 855.33 | 142.56 | 712.77 | 162.79 | 2.00 | 547.98 | 216 | 331.98 |

4.税金及税后现金流量计算

税后现金流量=税前现金流量-应纳税额

应纳税额=应纳税收入×综合税率

应纳税收入=净经营收入-利息-折旧

或　　　　　　　　=税前现金流量+本金-折旧

上述税后现金流量计算结果见表10-6。

表10-6　　　　　　　　　　　税后现金流量计算表　　　　　　　　　金额单位：万元

| 项目\年份 | 净经营收入 ① | 偿还利息 ② | 折旧费 ③ | 应纳税收入 ④=①-②-③ | 综合税率 ⑤ | 税额 ⑥ | 税前现金流量 ⑦ | 税后现金流量 ⑧=⑦-⑥ |
|---|---|---|---|---|---|---|---|---|
| 1 | 286.00 | 177.92 | 110.5 | -2.42 | 30.85% | -0.75 | 70.00 | 70.75 |
| 2 | 299.68 | 173.10 | 110.5 | 16.08 | 30.85% | 4.96 | 83.68 | 78.72 |
| 3 | 314.00 | 167.64 | 110.5 | 35.86 | 30.85% | 11.06 | 98.00 | 86.94 |
| 4 | 328.99 | 161.52 | 110.5 | 56.97 | 30.85% | 17.58 | 112.99 | 95.42 |
| 5 | 344.68 | 154.61 | 110.5 | 79.57 | 30.85% | 24.55 | 128.68 | 104.13 |
| 6 | 361.11 | 146.63 | 110.5 | 103.98 | 30.85% | 32.09 | 145.11 | 113.02 |
| 7 | 378.30 | 138.24 | 110.5 | 129.56 | 30.85% | 39.97 | 162.30 | 122.33 |
| 8 | 396.30 | 128.16 | 110.5 | 157.64 | 30.85% | 48.63 | 180.30 | 131.67 |
| 9 | 415.12 | 117.01 | 110.5 | 187.61 | 30.85% | 57.88 | 199.12 | 141.24 |
| 10 | 434.83 | 104.48 | 110.5 | 219.85 | 30.85% | 67.82 | 218.83 | 151.01 |
| 11 | 455.46 | 90.31 | 110.5 | 254.65 | 30.85% | 78.56 | 239.46 | 160.90 |
| 12 | 477.05 | 74.39 | 110.5 | 292.16 | 30.85% | 90.13 | 261.05 | 170.92 |
| 13 | 499.63 | 56.43 | 110.5 | 332.70 | 30.85% | 102.64 | 283.63 | 180.99 |
| 14 | 523.26 | 36.18 | 110.5 | 376.58 | 30.85% | 116.17 | 307.26 | 191.09 |
| 15 | 547.98 | 13.38 | 110.5 | 424.10 | 30.85% | 130.83 | 331.98 | 201.15 |

5.财务净现值及财务内部收益率的计算

（1）财务净现值的计算。

设基准收益率 $i_c$ 为20%，则财务净现值计算结果见表10-7。

表10-7　　　　　　　　　　　财务净现值计算表　　　　　　　　　金额单位：万元

| 项目\年份 | 初始投资 ① | 税后现金流量 ② | 贴现系数（1+20%）$^{-t}$ ③ | 现值 ④ |
|---|---|---|---|---|
| 0 | -450 | | 1.0000 | -450.00（①×③） |
| 1 | | 70.75 | 0.8333 | 58.96（本栏以下②×③） |
| 2 | | 78.72 | 0.6944 | 54.67 |
| 3 | | 86.94 | 0.5787 | 50.31 |

续表

| 项目　年份 | 初始投资 ① | 税后现金流量 ② | 贴现系数（1+20%)⁻ⁿ ③ | 现　值 ④ |
|---|---|---|---|---|
| 4 | | 95.42 | 0.4823 | 46.02 |
| 5 | | 104.13 | 0.4019 | 41.85 |
| 6 | | 113.02 | 0.3349 | 37.85 |
| 7 | | 122.33 | 0.2791 | 34.14 |
| 8 | | 131.67 | 0.2326 | 30.63 |
| 9 | | 141.24 | 0.1938 | 27.37 |
| 10 | | 151.01 | 0.1615 | 24.39 |
| 11 | | 160.90 | 0.1346 | 21.66 |
| 12 | | 170.92 | 0.1122 | 19.18 |
| 13 | | 180.99 | 0.0935 | 16.92 |
| 14 | | 191.09 | 0.0779 | 14.89 |
| 15 | | 201.15 | 0.0649 | 13.05 |
| ∑ | | | | FNPV=41.88 |

（2）财务内部收益率的计算。

财务内部收益率是使项目财务净现值为零时的收益率。由财务净现值计算可知：

当 $i_c$=20% 时，FNPV=41.88万元>0，则：

取 i=22%，按上述同样步骤可求得：FNPV=-4.42万元

此时，设 $i_1$=20%，$FNPV_1$=41.88万元；设 $i_2$=22%，$FNPV_2$=-4.42万元。

由插入法求得该项目的内部收益率为：

$$FIRR=i_1+\frac{|FNPV_1|}{|FNPV_1|+|FNPV_2|}(i_2-i_1)=20\%+\frac{41.88}{41.88+4.42}\times(22\%-20\%)=21.81\%$$

6.结论

因为该项目净现值为41.88万元>0；内部收益率为21.81%>20%，已超出投资者要求的投资收益率，说明该项目在贷款的情况下，考虑了各种应交税款后，能够获得预期收益。所以，该投资方案是可行的。

[例10-6] 案例10-5中的房地产投资者出于财务方面的考虑，决定在持有该写字楼6年后将其转售。根据当前市场情况及对以后市场的判断，预计6年后的净转售收入为1 800万元。同时，转售时尚未到期的借款一次性全部偿还（假设贷款方同意）。

其他条件不变，试重新计算该房地产投资项目的财务净现值及财务内部收益

率。通过计算结果来说明该投资者的这个安排是否合适，并与上一方案进行比较。

　　分析：该案例的最大改变，就是一切计算均在第6年年末截止。因此涉及的所有表格将不再进行到第15年。其他计算不变。当项目在持有期末增加了净转售收入并一次性偿还借款后，我们来看一下该项目的财务净现值和内部收益率会发生什么样的变化，同时也会发现该方案是否可行。

　　解：1.抵押贷款分期偿还计划表（见表10-8）

表10-8　　　　　　　　　　　**抵押贷款分期偿还计划表**　　　　　　　　单位：万元

| 年份＼项目 | 年还本付息额 ① | 贷款余额 ② | 本　金 ③ | 利　息 ④=①-③ |
|---|---|---|---|---|
| 0 | | 1 500.00 | | |
| 1 | 216 | 1 461.92 | 38.08 | 177.92 |
| 2 | 216 | 1 419.02 | 42.90 | 173.10 |
| 3 | 216 | 1 370.66 | 48.36 | 167.64 |
| 4 | 216 | 1 316.18 | 54.48 | 161.52 |
| 5 | 216 | 1 254.79 | 61.39 | 154.61 |
| 6 | 216 | 1 185.42 | 69.37 | 146.63 |

　　2.折旧计算（不变）

　　已知：该物业按线性折旧法计算折旧额。

　　折旧基数：1 950×85%=1 657.5（万元）

　　则年平均折旧额为：1 657.5÷15=110.5（万元）

　　3.税前现金流量的计算（见表10-9）

表10-9　　　　　　　　　　　　**税前现金流量计算表**　　　　　　　　单位：万元

| 年份＼项目 | 经营收入 ① | 空置及其他损失 ② | 实际总收入 ③=①-② | 运营费用 ④ | 年均分摊融资成本 ⑤ | 净经营收入 ⑥=③-④-⑤ | 年还本付息额 ⑦ | 税前现金流量 ⑧=⑥-⑦ |
|---|---|---|---|---|---|---|---|---|
| 1 | 432.00 | 72.00 | 360.00 | 72.00 | 2.00 | 286.00 | 216 | 70.00 |
| 2 | 453.60 | 75.60 | 378.00 | 76.32 | 2.00 | 299.68 | 216 | 83.68 |
| 3 | 476.28 | 79.38 | 396.90 | 80.90 | 2.00 | 314.00 | 216 | 98.00 |
| 4 | 500.09 | 83.35 | 416.74 | 85.75 | 2.00 | 328.99 | 216 | 112.99 |
| 5 | 525.10 | 87.52 | 437.58 | 90.90 | 2.00 | 344.68 | 216 | 128.68 |
| 6 | 551.35 | 91.89 | 459.46 | 96.35 | 2.00 | 361.11 | 216 | 145.11 |

### 4.税后现金流量的计算（见表10-10）

表10-10 　　　　　　　　　税后现金流量计算表 　　　　　　　金额单位：万元

| 项目<br><br>年份 | 净经营<br>收入<br>① | 偿还<br>利息<br>② | 折旧费<br>③ | 应纳税<br>收入<br>④=①-<br>②-③ | 综合<br>税率<br>⑤ | 税额<br>⑥ | 税前现金<br>流量<br>⑦ | 税后<br>现金流量<br>⑧=⑦-⑥ |
|---|---|---|---|---|---|---|---|---|
| 1 | 286.00 | 177.92 | 110.5 | -2.45 | 30.85% | -0.75 | 70.00 | 70.75 |
| 2 | 299.68 | 173.10 | 110.5 | 16.08 | 30.85% | 4.96 | 83.68 | 78.72 |
| 3 | 314.00 | 167.64 | 110.5 | 35.86 | 30.85% | 11.06 | 98.00 | 86.94 |
| 4 | 328.99 | 161.52 | 110.5 | 56.97 | 30.85% | 17.58 | 112.99 | 95.42 |
| 5 | 344.68 | 154.61 | 110.5 | 79.57 | 30.85% | 24.55 | 128.68 | 104.13 |
| 6 | 361.11 | 146.63 | 110.5 | 103.98 | 30.85% | 32.09 | 145.11 | 113.02 |
| 6 | | | | | | | | +1 800-<br>1 185.42 |

与前面案例不同的是，第6年年末税后现金流量还应该考虑两笔发生额，即物业的净转售收入及一次性贷款余额的偿还问题。因此，表中多出的这一栏就是为此而设。该栏数字也可直接加到第一个第6年中。

### 5.财务净现值及财务内部收益率的计算

（1）财务净现值的计算。

设基准收益率 $i_c$ 为20%，则财务净现值计算结果见表10-11。

表10-11 　　　　　　　　　财务净现值计算表 　　　　　　　金额单位：万元

| 项目<br><br>年份 | 初始<br>投资<br>① | 税后<br>现金流量<br>② | 贴现系数<br>$(1+20\%)^{-1}$<br>③ | 现 值<br>④ | 当系数为 $(1+22\%)^{-1}$<br>时的现值<br>⑤ | 当系数为 $(1+23\%)^{-1}$<br>时的现值<br>⑥ |
|---|---|---|---|---|---|---|
| 0 | -450 | | 1.0000 | -450.00（①×③） | -450.00 | -450.00 |
| 1 | | 70.75 | 0.8333 | 58.96<br>（本栏以下②×③） | 57.99 | 57.52 |
| 2 | | 78.72 | 0.6944 | 54.67 | 52.89 | 52.03 |
| 3 | | 86.94 | 0.5787 | 50.31 | 47.88 | 46.72 |
| 4 | | 95.42 | 0.4823 | 46.02 | 43.07 | 41.69 |
| 5 | | 104.13 | 0.4019 | 41.85 | 38.53 | 36.99 |
| 6 | | 113.02 | 0.3349 | 37.85 | 34.28 | 32.64 |
| 6 | | 614.58 | 0.3349 | 205.82 | 186.40 | 177.49 |
| ∑ | | | | FNPV=45.48 | FNPV=11.04 | FNPV=-4.92 |

（2）财务内部收益率的计算。

财务内部收益率是使项目财务净现值为零时的收益率。由财务净现值计算可知：

当 $i_c=20\%$ 时，FNPV=45.48万元>0，则：

提高折现率，取 $i_1=22\%$，按上述同样步骤可求得：$FNPV_1=11.04$ 万元>0

再提高折现率，取 $i_2=23\%$，按上述同样步骤可求得：$FNPV_2=-4.92$ 万元<0

由插入法求得该项目的内部收益率为：

$$FIRR=i_1+\frac{\left|FNPV_1\right|}{\left|FNPV_1\right|+\left|FNPV_2\right|}\ (i_2-i_1)=22\%+\frac{11.04}{11.04+4.92}\times（23\%-22\%）=22.69\%$$

6.结论说明

在上一方案中，该项目的财务净现值为41.88万元>0，财务内部收益率为21.81%>20%，项目可行。本方案实施后得到的结果是，财务净现值为45.48万元>0，财务内部收益率为22.69%>20%，同样可行。但两方案比较，后一方案更好。因为财务净现值与财务内部收益率均大于第一方案，而且只持有6年，在对市场形势判断准确并确信能充分把握市场机会的情况下，完全可以进行多次投资，以达到最佳的投资效益。因此，投资者的这个安排是合适的。

[例10-7]① 某开发商于2011年5月1日投资开发一商场，开发期为3年，平均售价为0.8万元/平方米。2013年5月1日，李某以1.1万元/平方米的价格购买了其中50平方米的店面，打算以后出租。当时，李某向开发商支付了5万元的定金，产权持有期为47年。2014年5月1日，开发商交房时，李某又支付了11.5万元，余款向商业银行申请了一笔年贷款利率为6.5%、抵押年限为10年、按年末等额还本付息方式偿还的贷款。

另外，一承租人看中了李某的店面，与李某签订了一份为期10年（2014年5月1日至2024年4月30日）的租赁合同。合同约定，第1年租金为每月150元/平方米，此后租金按每年2%的比率递增，每年年末收取。据估算，每年的平均出租经营费用为3万元。李某打算在出租期满时，将此店面装修后转售，装修费用估计为6万元。

如果李某要求其自有资金在整个投资经营期的内部收益率达到12%，试计算届时最低转售单价是多少？（注：计算时点为2014年5月1日，不考虑装修时间和转售税费，计算结果精确到个位）

分析：

这个案例也是一个置业出租的投资项目。该个人投资者的投资计划是：投资购买开发商的店面；收房后出租，期望权益投资收益率达到12%；出租10年（用经常性收益偿还贷款）；10年后转售；投资收回。

本题最终要求的是10年租期满时能够满足投资者权益投资收益率的最低转售

---

① 本案例取自2003年全国房地产估价师执业资格考试试题，时间上有改动。

单价。可设转售收入为 X，将其看成是终值，则最低转售单价为 X÷50（元/平方米）。但又要求以 2014 年 5 月 1 日为计算时点，则所有的数值都要折算到该点（包括 2013 年 5 月 1 日的付款）。因此，实际上本题是在计算该项目的净现值，通过求净现值达到求最低转售单价的目的。

解：

（一）计算所需的基础数据

1.店面总价：1.1×50=55（万元）

2.自有资金（权益投资、首付款）：5×（1+12%）+11.5=17.1（万元）

3.贷款额：55-（5+11.5）=38.5（万元）

4.年等额还本付息额：

$$A=P\times\frac{i(1+i)^n}{(1+i)^n-1}=38.5\times\frac{6.5\%\times(1+6.5\%)^{10}}{(1+6.5\%)^{10}-1}=5.3555（万元）$$

5.第 1 年租金收入：150×50×12=9（万元）

6.年经营费用：3 万元

7.转售时装修费用：6 万元

（二）计算 2014 年 5 月 1 日的净现值

本题可以有几种思路，下面的分析是从现金流入现值和现金流出现值的角度来进行的。

1.现金流入现值

（1）租金收入现值：

此处需利用资金时间价值公式中的等比序列现值公式：

$$P=\frac{A_1}{i-s}\left[1-\left(\frac{1+s}{1+i}\right)^n\right]（其中，i 为 12\%，s 为 2\%）$$

把上述有关数据代入公式，则租金收入现值为：

$$P=\frac{A_1}{i-s}\left[1-\left(\frac{1+s}{1+i}\right)^n\right]=\frac{9}{12\%-2\%}\times\left[1-\left(\frac{1+2\%}{1+12\%}\right)^{10}\right]=54.6765（万元）$$

（2）转售收入现值：

$x\div(1+12\%)^{10}$

2.现金流出现值

（1）定金现值：5×（1+12%）$^1$=5.6（万元）

（2）追加首付款的现值：11.5 万元

（3）每年贷款偿还额的现值（应以投资者要求的权益投资内部收益率作为折现率）：

$$P=A\times\frac{(1+i)^n-1}{i(1+i)^n}=5.3555\times\frac{(1+12\%)^{10}-1}{12\%\times(1+12\%)^{10}}=30.2598（万元）$$

（4）经营费用（出租成本）的现值：

$$P=A\times\frac{(1+i)^n-1}{i(1+i)^n}=3\times\frac{(1+12\%)^{10}-1}{12\%\times(1+12\%)^{10}}=16.9507（万元）$$

（5）装修费用的现值：

$6 \div (1+12\%)^{10} = 1.9318$（万元）

3.求最低转售单价

令净现值为0，即现金流入现值-现金流出现值=0，也即 $\sum_{t=0}^{n} (CI-CO)_t (1+FIRR)^{-t}=0$。

（其中，FIRR以投资者要求的内部收益率12%作为折现率，才能符合净现值的定义）。

则：$54.6765 + x \div (1+12\%)^{10} - 5.6 - 11.5 - 30.2598 - 16.9507 - 1.9318 = 0$

解得：转售总收入 x = 35.9216(万元)

转售单价为：$35.9216 \div 50 = 0.7184$（万元/平方米）

即转售单价为7 184元/平方米。

[例10-8][1]某公司购买了一栋写字楼用于出租经营，该项目所需的投资和经营期间的年净收入情况见表10-12。如果当前房地产市场上写字楼物业的投资收益率为18%，试计算该投资项目的财务净现值和财务内部收益率，并判断该投资项目的可行性。如果在10年经营期内平均通货膨胀率为5%，问公司投入该项目资本的实际收益率是多少？

表10-12　　　　　　　　　　　　**写字楼投资与收入表**　　　　　　　　单位：万元

| 年份 | 0 | 1 | 2 | 3 | 4 | 5 | 6 | 7 | 8 | 9 | 10 |
|---|---|---|---|---|---|---|---|---|---|---|---|
| 购楼投资 | 24 450 | | | | | | | | | | |
| 净租金收入 | | 4 500 | 4 700 | 5 000 | 5 100 | 4 900 | 5 100 | 5 300 | 4 900 | 4 800 | 4 300 |
| 净转售收入 | | | | | | | | | | | 16 000 |

分析：

以前的案例，一直没有考虑通货膨胀的存在。本书在第一章第三节"关于通货膨胀"中，谈到通货膨胀对于房地产投资的影响，我们由此知道，通货膨胀总是不同程度地存在着，它的存在会使一项投资的实际收益率有所降低（此前求出的财务内部收益率FIRR我们可以把它叫作名义收益率）[2]，那么这种情况下，还是否投资，投资者就要重新考虑了。

一般来说，实际收益率（Rr）、名义收益率（Ra）和通货膨胀率（Rd）之间的关系式为：

$(1+Ra) = (1+Rr)(1+Rd)$

① 中国房地产估价师与房地产经纪人学会. 房地产开发经营与管理 [M]. 北京：中国建筑工业出版社，2009：178-180.

② 假如在投资期内发生了通货膨胀，即使基准收益率不发生变化，投资人按基准收益率计算获得的货币收入也会发生贬值，包含通货膨胀因素在内的收益率称为名义收益率，剔除通货膨胀因素的收益率称为实际收益率。随着通货膨胀率的变化，投资人会不断调整其所要求的名义收益率，以便得到预期的实际收益率。当然，如果通货膨胀对市场来说是必然的，那么名义收益率中一般就会包含投资人对通货膨胀的预期，名义收益率便不用再作变动。

解：（1）在不考虑通货膨胀的情况下，计算项目实际现金流量的财务净现值（计算过程见表10-13）和财务内部收益率（此时也叫名义收益率）。

表10-13                   该项目财务净现值计算表                   单位：万元

| 项目 年份 | 净现金流量 | $i_c=18\%$ | | $i_c=19\%$ | |
|---|---|---|---|---|---|
| | | 净现值 | 累计净现值 | 净现值 | 累计净现值 |
| 0 | -24 550.00 | -24 550.00 | -24 550.00 | -24 550.00 | -24 550.00 |
| 1 | 4 500.00 | 3 813.56 | -20 736.44 | 3 781.51 | -20 768.49 |
| 2 | 4 700.00 | 3 375.47 | -17 360.97 | 3 318.97 | -17 449.51 |
| 3 | 5 000.00 | 3 043.15 | -14 317.82 | 2 967.08 | -14 482.43 |
| 4 | 5 100.00 | 2 630.52 | 11 687.30 | 2 543.21 | 11 939.22 |
| 5 | 4 900.00 | 2 141.84 | -9 545.46 | 2 053.34 | -9 885.88 |
| 6 | 5 100.00 | 1 889.20 | -7 656.26 | 1 795.93 | -8 089.96 |
| 7 | 5 300.00 | 1 663.80 | -5 992.46 | 1 568.36 | -6 521.59 |
| 8 | 4 900.00 | 1 303.59 | -4 688.87 | 1 218.49 | -5 303.10 |
| 9 | 4 800.00 | 1 082.19 | -3 606.68 | 1 003.04 | -4 300.06 |
| 10 | 20 300.00 | 3 878.61 | 271.93 | 3 564.73 | -735.34 |

注：净现值由净现金流量乘以现值系数公式1/（1+i）$^n$得来，其中，i为折现率，n为年数，18%为第一次试算折现率，其所对应的累计净现值即为所求的财务净现值，由于累计净现值为正，故选用折现率19%作第二次试算。

从表10-13的计算可以得出，该投资项目的财务净现值为271.93万元，项目的财务内部收益率或名义收益率可以通过插入法计算得到。

$$FIRR=i_1+\frac{|FNPV_1|}{|FNPV_1|+|FNPV_2|}(i_2-i_1)=18\%+\frac{271.93}{271.93+735.34}\times(19\%-18\%)=18.27\%$$

由于该项目财务净现值271.93万元>0，财务内部收益率18.27%>写字楼平均投资收益率水平18%，因此，该项目可行。

（2）计算项目实际收益率。

通过计算已得到Ra=18.27%，又知Rd=5%，所以Rr可以通过下式计算得：

（1+18.27%）=（1+ Rr）（1+ 5%）

解得：Rr=12.64%

因此，该项目投资的实际收益率为12.64%。

（3）结论说明。

我们发现，通货膨胀的存在，的确影响着房地产投资的收益率。它使本项目投资的实际收益率降低为12.64%。之前的财务内部收益率18.27%完全就是一个名义收益率了，投资者从本项目中获得的收益实际没那么多，那么，这种情况下，到底是否投资，投资者就需要慎重考虑了。

［例10-9］以下是一份早期来自某开发商的投资分析报告。与前述案例不同，它从另一个角度告诉投资分析人，完善的投资分析是不能违背政策或法律规定的，同时，应为投资者充分考虑各种税费因素，为投资者负责。

大连某商城位于该城市繁华地段，开发建设尚未竣工时即在商城内分割出众多10～20平方米的商铺，以"回租+回购+固定回报"方式进行产权式预售。某投资人购买了其中一间15平方米的商铺，单价为2万元/平方米。开发商承诺投资者购买该物业后再委托给开发商出租，开发商选定的商业经营管理公司负责每年按投资额的10%返还现金，在5年后开发商原价回购，且保证6～10年内不但回购物业，回购价格每年上涨5%。该模式比较适合大型商场，开发商名义上把大空间分割成小空间出售，回租后有可能整体经营。以下是开发商为投资客户测算的投资收益（见表10-14）。

表10-14　　　　**大连某商城商铺销售回购利益计算表**

| 您能获得的旺铺的建筑面积 | | 15平方米 |
|---|---|---|
| 总房款 | | 30万元 |
| 出租时，每年获得现金收益 | | 30×10%=3（万元） |
| 回购 | 若5年后回购，可获得： | 3×5+30＝45（万元） |
| | 若6～9年间回购（n为持有年限），可获得： | 3n+30×［1+5%×（n-5）］ |
| | 若10后回购，可获得： | 3×10+30×125%=67.5（万元） |

从表10-14中可以看出，这个商铺投资的预期收益非常诱人，如果首付款比例为30%，余下从银行按揭贷款，则只需9万元就可以买下商铺，年收益率很可观。

本案例的问题是：作为投资分析人，你认为开发商的这个测算真实吗？为什么？

解：1.不真实

这个案例所表现的投资价值分析模式，是早些年一些开发商或某些投资分析人员常用的一种手段或方法。目前仍有人使用这种方式在项目开盘前的投资分析说明会上进行项目的投资价值宣传。一般来说，理性的投资分析人并不认可这种测算结果，因为很显然，这种结论是不真实的。

2.分析

（1）测算结果中忽略了很多因素，避重就轻，含糊其辞。

比如，报告忽略了房产税、所得税、增值税和税金及附加。投资商铺物业，依赖于用租金偿还银行贷款，那么按照国家税收政策，要缴纳租金12%的房产税和5.55%的增值税和税金及附加，合计高达17.55%。这样，开发商计算的投资收益率和投资回收期严重失真，投资者永远也不会在开发商承诺的时间内收回全部投资。另外，开发商提供的分析报告中忽略了买房时的契税4%、房屋公共维修基金（各地规定不同，一般在每平方米40～100元之间，虽然这笔款项用于帮助业主维护公共设备或设施，但仍是一笔不能收回的支出）和抵押贷款的相关费用，总计占房价的7%左右。同时也没有说明出租期间的暖气费、运营费用、物业服务费用以及大修费用由谁承担的问题，将来再来解决这些问题，会有数不清的纠纷。

（2）只宣传收益，却不指出风险。

一般来说，物业价值是物业未来收益的净现值。如果该开发商故意夸大未来的收益，投资者不明真相进行了购买，则可能会面临如下风险：财务风险（如果有贷款，收益不足以偿还贷款的可能性）、资本价值风险（凭借夸大的未来收益计算出的物业价值当然会高出市场的实际价值，则面临贬值损失即资本价值风险，并在很大程度上影响着置业投资的绩效）、收益现金流风险（实际收益现金流远未达到预期目标要求的风险）、市场风险（市场状况变化带来的不确定性给投资者带来的风险）、通货膨胀风险（通货膨胀时期，出售或出租房地产获得的现金不能买到原来能买到的那么多东西，造成的购买力风险）等。投资分析应该不但为投资人预测收益，同时也必须提醒其面临的风险，因此，该分析在这方面严重欠缺，不过，因为分析的主角是开发商，开发商含糊其辞、不指出风险是出于既得利益的考虑；而如果是投资分析人员，就不应有如此错误，因为其立场应该是客观公正的。

（3）该种销售模式并不可行。

首先，建设部在2001年发文明确禁止回购和返租销售方法[①]；其次，在存在前一种问题的情况下所签订的合同不利于投资者。建设部明确禁止回购和返租销售方法，目的就是保护广大投资者的利益。因为开发商采取回购和返租方式来销售物业往往是一种变相融资，通常会有许多埋伏。例如，返租时，开发商让投资客户与商业经营管理公司签订合同，自己则溜之大吉。当商铺出租率低、没有租金收入时也与开发商无关。另外，一般来说，商业经营管理公司是有限公司，注册资金一般不超过100万元，即使倒闭，也赔不了多少。但此时，开发商往往没有责任。如果根本就无法回购或回租的话，那投资者的损失就会更大。所以，在缺乏保证的情况下，这类销售模式对开发商有利，对投资者较为不利。置业投资者在进行投资之前，可以查找、熟悉相关规定，在法规允许的前提下进行投资，否则风险较大。

综上所述，理性的投资者和投资分析人员不会认可开发商的这种测算结果。有社会良知、责任感和道德感的开发商和投资分析人员，应摒弃这种虚构投资价值的分析模式。

---

① 见2001年建设部令第88号《商品房销售管理办法》第42条规定。

# 第六节　小结

　　本章用了9个案例，把置业投资中所能涉及的类型作了一个总结。这些置业投资的种类主要有：以盈利为目的的房地产买卖投资、用于自己消费的置业投资、房地产租赁经营投资、用于出租经营的置业投资等。

　　案例中既有住宅项目，也有写字楼项目；既有用于买卖房产的投资分析，也有用于消费的置业投资分析，还有用于出租经营的置业投资分析和租赁经营的置业投资分析，且分析的侧重点有所不同。

　　在分析过程中，由于房地产置业投资比房地产开发投资简单些，所以采用的分析指标也不那么复杂，主要有投资成本、静态投资回收期、投资利润率、资本金净利润率、财务净现值和内部收益率等。

　　这些类型的投资在实际生活中随处可见，学过本书的读者应该至少能够运用书中所述的知识，为个人投资者作置业投资咨询。当然，前提是少不了对房地产市场的了解和其他基础知识的储备。

## ☐ 复习思考题

　　1.什么是房地产置业投资？它包括哪些类型？

　　2.房地产置业投资的主要投资方向有哪些？

　　3.包租投资与置业投资的区别有哪些？

　　4.在当地的报纸上经常会有开发商或中介公司进行的某项目招租宣传。现有一个大型商业项目中的商铺进行招租，你打算从哪几个方面进行投资回报分析？或者说，在进行投资分析时，你认为应该考虑哪些因素？

拓展阅读

旧楼购置—装修改造—持有出租
—转售项目案例分析

# 第十一章

# 房地产开发项目可行性分析报告的撰写

☐ **学习目标**

通过本章学习，学生应掌握房地产投资可行性分析报告的写作要点，熟悉房地产投资可行性分析报告的基本构成；了解房地产投资可行性分析报告编写的注意事项以及报告如何审读。

## 第一节　房地产开发项目可行性分析报告的基本构成

通过前 8 章的学习，我们已经知道房地产投资分析的目的、任务、内容，并具体描述了如何进行市场分析、区位分析、投资基础数据的估算分析、财务分析、不确定性分析、风险分析以及决策分析。接下来的第九章和第十章，分别从开发投资和置业投资的角度举例说明了分析的过程，但这个过程还是以计算为主。现在，我们需要一份文件，能对一个项目上述所有的分析过程进行总结，其内容要与上述研究内容吻合且全面翔实，并告诉开发商该项目是否可行，这份文件就是可行性分析①报告。可行性分析报告是开发商进行最终决策的参考依据，是开发商筹集建设资金的参考依据，是开发商与有关各方签订协议或合同的参考依据。

一个房地产投资项目可能有三份可行性报告：第一份是侧重市场调查分析和财务分析的内部报告；第二份是侧重社会效益、环境分析的呈递给政府相关部门审批的报告；第三份则是侧重盈利能力分析和偿债能力分析的提交给银行等金融机构进

---

① 见第一章定义，可行性分析也叫可行性研究。

行融资的报告。

由于房地产项目可行性分析涉及规划设计、工程估价、市场营销、建筑施工、投资估算、财务评价等多学科知识的交叉运用，因此一个出色的房地产项目可行性分析一般都由多专业领域的人士共同完成，而很难由一个人单独完成。由于编写房地产项目可行性分析报告的目的不同，阅读对象不同，使得目前房地产项目可行性分析报告的内容、深度和水平参差不齐。

可行性分析报告通常由房地产投资人委托投资分析机构，如房地产咨询或评估机构撰写。

进行项目可行性分析咨询基本应经过接受委托并制订计划、现场踏勘与市场调查、方案选择和优化、财务评价和综合评价、编制可行性分析报告等5个步骤。

最后编制的可行性分析报告一般由封面、摘要、目录、正文、附表和附图等6个部分构成。

## 一、封面

封面的设计应具有吸引力，应注明项目名称、投资者单位名称或姓名（说明报告是为谁撰写的）、可行性分析报告的撰写单位和撰写时间等内容。

## 二、摘要

摘要要用简洁、明了的语言，把关键信息告诉读者，比如项目所在地的市场情况、项目本身的情况和特点、咨询分析师的发现和结论，要摒弃所有解释性的细节。一般来说，摘要的读者是没有时间看详细报告但又对项目的决策起决定性作用的人，所以，摘要的文字要字斟句酌，言必达意，绝对不能有废词冗句，字数以800~1 000字为宜。想要详细的内容，读者可以通过目录在报告中查找。

## 三、目录

目录的设计旨在帮助读者找到报告中的内容。一份非常短的报告也许根本就没有目录，但较长的报告则必须有一份目录，该报告至少应该表明每个主要部分的页码，方便读者了解可行性分析报告包括的具体内容以及前后关系，使其能根据自己的兴趣快速找到需要阅读的部分。

## 四、正文

正文是可行性分析报告的主体，一般要按照逻辑顺序，从总体到细节循序进行。对于投资决策使用的可行性分析报告，通常包括的具体内容有：项目总说明、项目概况（含区位描述或分析）、投资环境分析、市场分析、项目开发内容分析与基础参数选择、项目投资基础数据的估算、财务分析、不确定性分析、结论与建议等内容。如果是立项审批使用的可行性分析报告，还应包括项目开发组织机构和组织方式、环境影响评价、社会效益分析等方面的内容。因此，可行性分析报告正文中应包括什么内容，要视可行性分析的目的和读者所关心的问题来确定，没有固定不变的格式。

## 五、附表

对于正文中不便插入的较大表格，为了便于读者阅读，通常将其按顺序编号后附于正文之后。

对于房地产开发投资者使用的可行性分析报告，一般包括下列各表：市场调查分析表、规划设计方案主要数据列表、项目总投资估算表、租售收入与增值税和税金及附加估算表、借款还本付息估算表、土地增值税估算表、投资计划与资金筹措表、利润表、资金来源与运用表、现金流量表、敏感性分析表等。

## 六、附图

为了辅助文字说明，使读者很快建立空间的概念，通常要有一些附图。这些附图一般包括：项目位置示意图、项目规划用地红线图、规划设计方案平面图、项目用地附近的土地利用现状图、项目用地附近竞争性项目分布示意图等。

如果有一些帮助理解正文的附件，如常说的"五证"等，也可附后。

# 第二节　房地产开发项目可行性分析报告正文的写作要点

下面是房地产开发项目在进行初步可行性分析时报告正文的写作要点，可以作为大纲写作的参考。如果项目进入详细可行性分析阶段，内容应在此基础上更加详细。

## 一、项目总说明

项目总说明的内容包括项目背景、开发商的目前状况与过去的主要业绩、可行性分析的目的、可行性分析的时点、可行性分析报告编制的依据、分析的假设与限制条件及有关说明等。

由于技术上的限制、所掌握资料的限制、调查条件的限制、成本或时间的限制等，分析过程中所依赖的某些前提可能是假设，本人未作核实的部分，报告中均应明确指出，如土地的物理性质、产权的法律归属，或任何其他本人没有亲自证实、看到的相关内容。同时，报告的结论在什么情况下可用，什么情况下不可用，有哪些限制条件，也应清楚说明。

## 二、项目概况

项目概况应该包括项目基本状况描述、区位状况描述。

**（一）项目基本状况描述**

对房地产开发项目基本状况的描述，应简要说明以下方面：

（1）名称：说明咨询对象的名字。

（2）坐落：说明咨询对象的具体地点。

（3）四至：说明咨询对象的四邻。

（4）规划条件：说明咨询对象的规划用地面积、容积率或总建筑面积、建筑物高度、绿化率、建筑密度（覆盖率）、规划用途、停车场的车位数等。

（5）权属。对于土地，主要说明是国有土地还是集体土地；对于建设用地使用权，主要说明是出让的建设用地使用权还是划拨的建设用地使用权或者其他建设用地使用权。弄清权利性质、使用期限、是否不可续期，以及对房地产开发经营及建成后的房地产转让、抵押、出租甚至价格等的有关规定等。不同的权属，估算的价格也不一样。

**（二）区位状况描述与分析**

区位状况描述与分析主要包括：位置描述、交通描述、周围环境和景观描述、外部配套设施描述。这部分内容属于第一手资料，需要现场踏勘才能得到。

（1）位置描述。

（2）交通描述。

（3）周围环境和景观描述。

（4）外部配套设施描述。

如何描述与分析，详见第三章第二节房地产开发项目的区位分析中关于区位分析的具体内容。

## 三、投资环境分析

投资环境分析主要包括：

（1）政治环境分析。

（2）法律政策环境分析。

（3）经济环境分析。

（4）自然环境分析。

（5）规划环境分析。

（6）基础设施环境分析。

（7）生活设施环境分析。

如何分析见第二章第二节房地产市场分析中关于投资环境的调查与预测的相关内容。

如果在上一部分的"外部配套设施描述"中，已经详细分析了第6项和第7项，则此处简略分析即可。

## 四、市 场 分 析

这部分内容需要进行市场调查，再进行分析。

### （一）该项目在某城市中的地理位置

例如，位于大连星海湾的一块房地产开发用地需要投资咨询，要弄清这块土地的位置就需要弄清大连城市的性质、地位，弄清大连星海湾的性质、地位，包括它与大连市区的关系以及政府对该区的政策和规划建设设想等。

### （二）供求状况分析

根据项目用途，就当地市场中的类似项目进行调查研究，掌握第一手资料，对供求状况、市场价格、未来走势等进行客观合理的判断、分析，根据这些分析，我们应该能够得出一个关于本项目未来租金或售价的预测。

### （三）竞争分析

竞争分析的主要内容包括：

（1）竞争性项目介绍。列出竞争性项目的功能和特点，描述已建成或正在建设中的竞争性项目（开发商、项目状态、用途、地点、开竣工时间、开盘时间、设计形式、建筑总面积、空置情况、土地面积、容积率、覆盖率等）。

（2）竞争产品供应特点分析。针对户型、价格、风格、面积、装修特点、物业服务、供应的客户群等进行详细分析。

（3）竞争对手分析。这是在项目所在的同类市场上，选择竞争项目，并指出其中销售最好的竞争项目，集中研究某一项目和单一户型，对其位置、销售率、市场接受程度及原因、卖点等进行详细分析，认识其竞争特点，判断其优势和劣势，为本项目制订具有针对性的竞争计划做准备。

### （四）项目的SWOT分析

（1）优势分析。

（2）劣势分析。

（3）机会分析。

（4）威胁分析。

如何分析见第二章第五节关于房地产市场分析中的SWOT分析的有关内容。

### （五）目标市场与项目定位分析

（1）目标市场分析。目标市场分析包括目标客户分析（打算购买该房子的人是哪一类人）；目标客户群的状态（年龄、职业、收入）、行为（生活方式、消费模式）、地理分布；目标客户购房动机分析（为什么买这个房子）；目标客户群的需求特点、需求的区位分布；目标市场对价格的承受能力分析（能否接受本项目的预推价位）等。

本部分分析完毕，应指出拟建项目的特色。

（2）项目定位分析。通过上述分析，确定本项目的风格、市场地位、销售对象，以便与目标群体需求相呼应。

# 五、项目开发内容分析及基础参数选择

## （一）开发内容与规模的分析与选择

房地产项目开发内容与规模的分析与选择，应在符合城市规划的前提下按照最高最佳使用原则，选择最佳的用途和最合适的开发规模，包括总建筑面积、建设和装修档次、平面布置等。选取最佳的用途要考虑该地块位置的可接受性及这种用途的现实社会需要程度和未来发展趋势，或者说，要分析当地市场的接受能力。

## （二）融资方式与资金结构的分析与选择

主要是结合项目实际情况，分析项目可能的资金来源和经营方式，确定资本金和银行贷款以及预租售资金的各自比例，对项目所需的短期或长期资金筹措作出合理的安排。

## （三）产品经营方式的分析与选择

主要是考虑项目的利益、资金压力、自身的经营能力以及市场的接受程度等，对项目是出售（包括预售）、出租（包括预租、短租或长租）还是自营等经营方式进行选择。

## （四）财务评价基础参数的选择

财务评价中的基础参数，通常包括以下指标：

（1）时间类参数：计算期（开发经营期）、开发期、准备期、建设期、出售期、出租及经营期的起始时间点以及持续时间长度，经济评价工作的计算期（年、半年、季度或月，视项目开发经营期的长短和研究精度的要求，灵活选择）。

（2）融资相关参数：包括房地产开发贷款的贷款利率、贷款期、贷款额；资本金投入比例（一般为总投资的20%~35%）；预售收入用于后续开发建设投资的比例等。

（3）评价标准类参数：基准收益率、目标投资利润率、目标投资回报率等。

房地产项目基础参数选择的合理性和下一步基础数据估算的准确性，对房地产项目经济评价结论的正确性有着重要的影响，因此，要求投资分析人员具有较高的素质和能力，才能作出正确的分析和判断。

# 六、项目投资基础数据的估算

这里的项目投资基础数据包括：总投资或总成本费用、租售收入与增值税和税金及附加、土地增值税等。

## （一）总投资或总成本费用的估算

本部分主要包括土地成本、前期工程费、建安工程费、基础设施建设费、公共配套设施建设费、开发期税费、其他工程费、不可预见费、管理费用、销售费用、财务费用等。一般应根据有关取费标准、类似项目经验数据和本项目的实际情况，估算各方案不包括财务费用的项目总投资。然后根据资金使用计划及资金筹措计划，确定债务资金数额，计算财务费用，再加回到总投资中，估算出含财务费用的项目总投资。

估算完毕，形成"项目总投资或总成本费用估算表"。

如何估算见第四章相关内容。

**（二）租售收入与增值税和税金及附加的估算**

本部分主要包括：租售收入（租售分析—租售单价—可租售面积—租售收入）与增值税和税金及附加的估算。

房地产开发项目有出售、出租和自营3种方式，有时也有混合方式。常见的测算指标是租售收入。

租售收入的估算，第一步是根据项目设计情况确定按功能分类的可销售或出租面积的数量；第二步是依据市场研究结果确定项目各部分功能面积的租金或售价水平；第三步是根据工程建设进度安排和开发商的市场销售策略，确定项目分期或分年度的销售或出租面积及收款计划；第四步是汇总分年度的租售收入。测算完毕，形成各方案的"销售收入与增值税和税金及附加估算表"或"出租收入与增值税和税金及附加估算表"。

如何估算见第四章相关内容。

**（三）土地增值税的估算**

本部分主要估算土地增值税，形成"土地增值税估算表"。如何估算见第四章相关内容。

本部分测算完毕，除了上述3个表格，还应形成：借款还本付息估算表、投资计划与资金筹措表两个重要的辅助报表。该部分提供的数据将为后续基本报表的填列服务。

## 七、财务分析

这是可行性分析报告中最关键的部分。房地产开发项目的财务分析，应在上述各辅助报表的基础上，编制利润表、资金来源与运用表、现金流量表（项目投资现金流量表、资本金现金流量表及投资各方现金流量表）等基本财务报表，通过各表数据计算各项经济指标，进而分析项目的盈利能力、资金平衡能力和偿债能力，三方面能力均应满足，项目才是可行的。我们据此才能判断各单方案的可行性。

如何分析，详见第五章相关内容。

## 八、不确定性分析

不确定性分析包括盈亏平衡分析、敏感性分析。分析的目的是就项目面临的不确定性因素的变化对项目财务评价指标的影响程度进行定量研究；对当地政治、经济、社会条件可能变化的影响进行定性分析。其中，盈亏平衡分析主要是求取项目的盈亏平衡点，以说明项目的安全程度；敏感性分析则要说明影响项目经济效益的主要不确定性因素在一定幅度内变化时，对项目投资和资本金的财务评价指标的影响情况，从而找出最敏感的因素，以便在项目实施过程中采取对策进行有效的控制。

对于一般的房地产开发项目，只需进行到不确定性分析即可；对于重大的、对区域社会经济发展有较大影响的房地产项目，如经济开发区项目、成片开发项目等，应进行综合评价（包括社会评价、环境评价）。

根据委托人的要求，有时还要做概率分析，但目前概率分析在我国还不十分普遍，因为其所依据的大量市场基础数据目前还很难搜集。

上述过程我们就叫可行性分析。

如何分析，详见第六章相关内容。

### 九、结论与建议

结论与建议主要包括可行性分析的结果、优选的开发经营方案简介和一系列建议等。

本节的写作要点虽然省略了封面、摘要、目录、参考文献、附图、附表或附件等内容，但这不代表没有展示的部分不重要，也不代表房地产投资可行性分析报告就是这个格式或模式。

需要说明的是，虽然这个初步可行性分析报告为开发商或投资人进行投资决策提供了重要的参考依据，但是，项目在初步可行性分析之后到正式开工前，还有许多工作要做，还要等待一些重要的规划数据、设计数据、施工技术数据和不断上报、反复修改的方案资料等，这可能导致前期可行性分析结果的重要改变，此时，应再做一次财务评价，或者，做一个详细可行性分析报告。开发商一般在正式进入建设阶段前，需要再次评价开发项目的风险和盈利特性，以作为是否进入下阶段工作的决策依据。

此时，不可否认的一种可能是，如果项目的计算条件、决定开发项目成败的经济特性或房地产市场发生重大变化时，详细可行性分析的结果有可能否定之前的结论，从而导致开发商或投资人不得不考虑是否放弃投资。为了避免投资失误，在某些情况下，不管是被迫放弃还是主动放弃该开发投资计划，都可能是最明智、最好的决策。

总之一句话：可行性分析的结论不必须是"可行的"。

# 第三节　房地产开发项目可行性分析报告的审读

房地产开发项目可行性分析报告撰写完毕，应反复进行审视与阅读。审读主要应关注以下几个方面：

### 一、报告的内容是否完整或者多余

可行性分析报告虽然没有绝对固定的格式和内容，但有些内容是应该具备的。

比如，针对本项目的开发建设，是否已经分析了应该分析的内容，或者说回答了所有问题，回答得是否充分。如果报告没有对应该说明的问题进行分析，则报告就存在漏洞，就不是一个合格的报告。比如，你所做的可行性分析在什么时点上是可行的（不可能在所有时间上都可行），因此报告就应该确定一个时点，在这个时点上估算销售价格和开发成本，测算净现值和财务内部收益率。

有的分析人员或者是受水平限制，或者是为了加厚报告，写了很多多余的内容。比如，有些分析人员经常倾向于在报告中罗列他们所掌握的或能够找到的所有信息，无论它们和项目的可行性有无直接关系。起草报告时应该抵制这种诱惑，强迫自己遵守一个原则，即所有的信息都应该与可行性分析有直接关系，并在报告中表现出其相关性。在报告初稿完成后，重新阅读这一部分，找出那些可以删除且不会影响报告效果的内容。

## 二、报告撰写的角度是否客观、公正

报告编写过程中，分析人员可能会出现两种情况：一是受到委托方的干扰，比如故意夸大经济效益指标或者为了取得开发机会而要求故意压低投资成本等；二是受个人偏好或情绪的影响，对市场的判断和对项目的分析带有浓厚的个人色彩。这两种情况都应该避免。为了对委托人负责，就不能站在个人立场上进行分析；但也不能因为要对委托人负责，而无原则地迁就委托人的要求。有的人盲目使用他人报告中的观点，语言极端，或在为项目做广告，这些做法都不够客观和公正。假如报告中存在你已认识到的不足，应该向读者指出来。

## 三、报告所用的材料是否真实、准确

在审读分析报告时，可以结合自己的知识和可能性两个方面来核实选用数据的真实性、准确性、可靠性。条件允许的话，可以查清来源，多方考证，不轻易判断其真假，也不随意使用来源不明的材料，或轻率引用他国或其他地区的经验。尤其是偏重二手资料而忽视了实地调查，结果使一些数据失真，从而导致投资的盲目性。

## 四、报告的顺序与结构是否有逻辑性

投资分析报告涉及面广、内容多，这给整篇报告的结构安排带来了一定的困难，顾此失彼、前后矛盾的现象经常会发生，在审读分析报告时，一定要注意报告的逻辑性，不能让读者或使用人看到依据不足、假设不成立、不能自圆其说的分析，特别要注意报告的前后是否能衔接与呼应，前后观点是否有冲突、各财务报表之间的数据是否对应吻合等。

## 五、报告的结论是否鲜明

分析报告要有鲜明的结论，这是报告写作的基本要求。鲜明是指结论要明确集中，是就是，非就非，不能吞吞吐吐，然否各半。否则报告便不可能也没有办法作为决策的依据。对一份投资分析报告来说，没有结论是不应该的，结论不鲜明是有失水准的。

## 六、报告的表达是否清晰

可行性分析报告不仅内容多，涉及面广，而且专业性也很强，这就给具体表达带来了困难。分析报告在语言表达上，除了要做到准确、鲜明、生动，还要特别注意清晰和通俗易懂。在审读时，要体会报告的用词是否太晦涩，语义是否明确等，力争投资报告清晰、明了。报告要消除无意义、不必要的词，难懂的短语或技术术语是否能令读者理解，并确认是否已经按醒目的要求划分好段落，还要检查句子长度和并列结构的使用是否正确。如果所有的句子都比较长，就需找出单调、冗长的复合句并将其分成两个或更多的句子，使文字错落有致。题目之间、段落之间的过渡也要自然。

## 七、报告的格式是否规范

房地产投资项目情况各异，可行性分析的阶段也有区别，委托方要求也各有不同，所以，可行性分析报告的编写提纲和内容也会有差异。但报告的编写格式应该统一规范。例如排版、字体、页面设置、结构层次的安排等，应该是规范的；表号表名在表上，图号图名在图下等，应该符合常识要求；报告内容的前后顺序应按逻辑关系排列恰当等。

我们知道，从自己所写的文字中找出问题并不是一件很容易的事。人们在与别人的对话中通常能确信自己已经正确地表达了自己的观点，但因文字表达给读者留有推敲的时间，也就容易发现问题。因此，撰写者有必要先一字一句地读咨询报告的草稿，若有疑问，就要考虑读者看后会怎么想，仔细校读以后，还可以自问：报告是否表达了自己想要表达的全部内容？最后还要提出一些问题，例如，报告是否说得太多？提出的问题都回答了吗？回答得是否充分？是否始终观点明确？是否希望业内人士阅读报告？

解决完上述问题，开发项目的初步可行性分析报告就基本完成了。

## 思政课堂

### 投资分析报告——合法、专业、职业道德

房地产投资分析报告通常体现了咨询分析人员所具有的法律意识、专业水准和职业道德。

（1）合法是指咨询不仅要依据国家及有关部门的法律、行政法规，还要依据咨询对象所在地的有关地方性法规和政策。咨询分析往往是投资前期的工作，项目还未开始进行，咨询时应考虑到项目每一个环节在未来的合法性，比如土地的取得途径应合法、项目的开发程序应合法、未来的经营方式应合法（如预售符合国家和地

方预售制度的规定），甚至停车场与户数比的安排都要符合当地政府的规定等。只有在这个前提下作出的咨询结论才有效，才能成为投资决策的参考依据。社会主义核心价值观倡导的法治，是社会保障之盾，也是现代政治文明的核心。只有当法治成为治国理政的基本方式，自由、平等、公正才会有安全的避风港，同学们应深知在职业生涯中明晰并坚守法律法规底线的重要性。

（2）专业。房地产投资分析是一项专业性很强的工作。其目的是为委托方（房地产开发商或投资人）提供房地产项目投资决策的参考依据。投资决策是指决定项目做与不做；而做与不做的依据是咨询报告中"项目是否可行""项目值不值得投资"的结论。虽然咨询分析人员是接受了委托方的委托对项目进行分析的，但这并不意味着咨询方必须附和委托方一些不合理的想法或判断，也不会因为某投资者特别想投资该项目就把研究结论做成"可行"的。一份专业的分析报告可为投资者节省资金和谋取利益；而一份不专业的分析报告可能会使投资者误入歧途。所以，分析人员要对分析的技术数据、技术手段和分析结果负责，这充分体现了分析人员的专业素养、实际经验和技能水平。社会主义核心价值观倡导的敬业，就是要增强事业心和责任感，追求崇高的职业理想，激发积极进取的奋斗热情，秉持认真负责的职业态度，锻造严谨细致的工作作风。

（3）职业道德。房地产投资分析报告中也能反映投资分析人员的职业道德。如投资分析人员懒于分析风险或报喜不报忧；委托方为了获得融资要求分析人员故意夸大经济效益指标，或者为了取得开发机会而要求故意压低投资成本，分析人员为了获得咨询业务而承诺这么做；有的分析人员盲目使用他人报告中的观点，语言极端或为项目做广告……都是有悖职业道德或失职的行为。坚持报告写作中的客观、公正，这是一个咨询人员的行为准则。社会主义核心价值观倡导的诚信，就是要以诚待人、以信取人，说老实话、办老实事、做老实人。激发真诚的人格力量，以个人的遵信守诺，构建言行一致、诚信有序的社会；激活宝贵的无形资产，以良好的信用关系，营造"守信光荣、失信可耻"的风尚，增强社会的凝聚力和向心力。同学们在走上工作岗位后，只有具备了良好的行为准则才能有自我约束的能力。今后的路很长，只有在合法原则下，提高专业水平，严格遵守职业操守，专业理论与道德实践有效结合，建立正确的价值观和世界观，才能把漫漫长路走好、走稳、走远。

## 复习思考题

1.房地产开发项目可行性分析报告的基本构成有哪些？

2.可行性分析报告的正文一般包括哪些内容？

3.房地产开发项目可行性分析报告在校读时重点应关注哪些问题？

4.在你所在的城市选择一宗土地待摘牌或已进行土地摘牌的房地产项目，根据具体情况完成前述各项分析，编写该项目的初步投资可行性分析报告，并从开发商或投资人的角度去审阅并修改其存在的问题。

# 主要参考文献

[1] 中国房地产估价师与房地产经纪人学会. 房地产基本制度与政策 [M]. 北京：中国建筑工业出版社，2017.

[2] 中国房地产估价师与房地产经纪人学会. 房地产开发经营与管理 [M]. 北京：中国建筑工业出版社，2017.

[3] 中国房地产估价师与房地产经纪人学会. 房地产经纪业务操作实务 [M]. 北京：中国建筑工业出版社，2020.

[4] 中华人民共和国住房和城乡建设部，中华人民共和国国家质量监督检验检疫总局. 房地产估价规范 [M]. 北京：中国建筑工业出版社，2015.

[5] 俞明轩. 房地产投资分析 [M]. 北京：首都经济贸易大学出版社，2011.

[6] 余源鹏. 房地产项目精确定位与前期策划实务 [M]. 北京：机械工业出版社，2011.

[7] 刘秋雁. 房地产投资分析 [M]. 3版. 大连：东北财经大学出版社，2011.

[8] 谭善勇. 房地产投资分析 [M]. 北京：机械工业出版社，2008.

[9] 董金社. 商业地产策划与投资运营 [M]. 北京：商务印书馆，2007.

[10] 刘洪玉. 房地产开发 [M]. 北京：首都经济贸易大学出版社，2006.

[11] 瞿富强. 房地产开发与经营 [M]. 北京：化学工业出版社，2006.

[12] 国家发展改革委，建设部. 建设项目经济评价方法与参数 [M]. 3版. 北京：中国计划出版社，2006

[13] 格里尔 G，法雷尔 M.房地产投资决策分析 [M]. 龙胜平，等译. 4版. 上海：上海人民出版社，2005.

[14] 刘秋雁，陈虹霖. 房地产开发与经营 [M]. 上海：上海财经大学出版社，2004.

[15] 施米茨 A，布雷特 D.房地产市场分析 [M]. 张红，译. 北京：中信出版社，2003.

[16] 麦肯齐 D，贝兹 L.房地产经济学 [M]. 张友仁，译. 北京：经济科学出版社，2003.

[17] 王全民，王来福，刘秋雁. 房地产经济学 [M]. 大连：东北财经大学出版社，2002.

[18] 谢经荣，殷红，王玉玫. 房地产金融 [M]. 北京：中国人民大学出版

社，2002.

　　［19］迪帕斯奎尔 D，惠顿 W.城市房地产经济学与房地产市场［M］. 龙奋杰，等译. 北京：经济科学出版社，2002.

　　［20］建设部标准定额研究所. 房地产开发项目经济评价案例［M］. 北京：中国计划出版社，2002.

　　［21］桑荣林，梁桂. 房地产经营管理［M］. 北京：高等教育出版社，2001.

　　［22］中华人民共和国建设部. 房地产开发项目经济评价方法［M］. 北京：中国计划出版社，2000.

　　［23］宋国防，贾湖. 工程经济学［M］. 天津：天津大学出版社，2000.

　　［24］布鲁格曼 W，费雪 J.房地产金融与投资［M］. 李秉祥，孙鸿飞，钱勇，译. 大连：东北财经大学出版社，2000.

　　［25］潘蜀健. 房地产项目投资［M］. 北京：中国建筑工业出版社，1999.

　　［26］杜海鹏. 房地产投资风险与防范［M］. 北京：经济科学出版社，1998.

　　［27］许乐群. 房地产投资项目分析［M］. 北京：中国建筑工业出版社，1997.

　　［28］潘蜀健，彭雅雅. 房地产投资分析［M］. 北京：高等教育出版社，1994.

　　［29］钦洛伊 P.房地产投资盈利技巧［M］. 葛孚光，译. 北京：中国经济出版社，1992.

　　［30］邦尔尼 P，卡德曼 D.房地产开发中的风险、不确定性和决策［M］. 深圳大学土木工程系，译. 北京：科学出版社，1991.

# 复利系数标准表示法及复利计算公式汇总表

| 序号 | 系数名称 | 标准表示法 | 所求 | 已知 | 公 式 | 标准公式 |
|---|---|---|---|---|---|---|
| 1 | 一次支付现值系数 | $(P/F,\ i,\ n)$ | $P$ | $F$ | $P=F\ (P/F,\ i,\ n)$ | $P=F\dfrac{1}{(1+i)^n}$ |
| 2 | 一次支付终值系数 | $(F/P,\ i,\ n)$ | $F$ | $P$ | $F=P\ (F/P,\ i,\ n)$ | $F=P(1+i)^n$ |
| 3 | 等额序列支付现值系数 | $(P/A,\ i,\ n)$ | $P$ | $A$ | $P=A\ (P/A,\ i,\ n)$ | $P=A\dfrac{(1+i)^n-1}{i(1+i)^n}$ |
| 4 | 等额序列支付资金回收系数 | $(A/P,\ i,\ n)$ | $A$ | $P$ | $A=P\ (A/P,\ i,\ n)$ | $A=P\dfrac{i(1+i)^n}{(1+i)^n-1}$ |
| 5 | 等额序列支付终值系数 | $(F/A,\ i,\ n)$ | $F$ | $A$ | $F=A\ (F/A,\ i,\ n)$ | $F=A\dfrac{(1+i)^n-1}{i}$ |
| 6 | 等额序列支付储存基金系数 | $(A/F,\ i,\ n)$ | $A$ | $F$ | $A=F\ (A/F,\ i,\ n)$ | $A=F\dfrac{i}{(1+i)^n-1}$ |
| 7 | 等差序列现值系数 | $(P/G,\ i,\ n)$ | $P$ | $G$ | $P=G\ (P/G,\ i,\ n)$ | $P=A_1\left[\dfrac{(1+i)^n-1}{i(1+i)^n}\right]+$ $\dfrac{G}{i}\left[\dfrac{(1+i)^n-1}{i(1+i)^n}-\dfrac{n}{(1+i)^n}\right]$ |
| 8 | 等差序列年费用系数 | $(A/G,\ i,\ n)$ | $A$ | $G$ | $A=G\ (A/G,\ i,\ n)$ | $A=A_1+G\left[\dfrac{1}{i}-\dfrac{n}{(1+i)^n-1}\right]$ |
| 9 | 等比序列现值系数 | $(P/s,\ i,\ n)$ | $P$ | $s,\ A_1$ | $P=A_1\ (P/s,\ i,\ n)$ | $P=\begin{cases}\dfrac{A_1}{i-s}\left[1-\left(\dfrac{1+s}{1+i}\right)^n\right] & (i\neq s\text{时})\\[2mm]\dfrac{nA_1}{1+i} & (i=s\text{时})\end{cases}$ |
| 10 | 等比序列年费用系数 | $(A/s,\ i,\ n)$ | $A$ | $s,\ A_1$ | $A=A_1\ (A/s,\ i,\ n)$ | $A=A_1\dfrac{u}{i-s}\left[1-\dfrac{(1+s)^n-1}{(1+i)^n-1}\right]$ $A_n=A_1\ (1+s)^{n-1}$ |

# 附录 2

# 正态分布曲线的面积

| Z | 0.00 | 0.01 | 0.02 | 0.03 | 0.04 | 0.05 | 0.06 | 0.07 | 0.08 | 0.09 |
|------|--------|--------|--------|--------|--------|--------|--------|--------|--------|--------|
| 0.00 | 0.0 | 0.0040 | 0.0080 | 0.0120 | 0.0160 | 0.0199 | 0.0239 | 0.0279 | 0.0319 | 0.0359 |
| 0.10 | 0.0398 | 0.0438 | 0.0478 | 0.0517 | 0.0557 | 0.0596 | 0.0636 | 0.0675 | 0.0714 | 0.0753 |
| 0.20 | 0.0793 | 0.0832 | 0.0871 | 0.0910 | 0.0948 | 0.0987 | 0.1026 | 0.1064 | 0.1103 | 0.1141 |
| 0.30 | 0.1179 | 0.1217 | 0.1255 | 0.1293 | 0.1331 | 0.1368 | 0.1406 | 0.1443 | 0.1480 | 0.1517 |
| 0.40 | 0.1554 | 0.1594 | 0.1628 | 0.1661 | 0.1700 | 0.1736 | 0.1772 | 0.1808 | 0.1844 | 0.1879 |
| 0.50 | 0.1915 | 0.1950 | 0.1985 | 0.2010 | 0.2054 | 0.2088 | 0.2123 | 0.2157 | 0.2190 | 0.2224 |
| 0.60 | 0.2257 | 0.2291 | 0.2324 | 0.2357 | 0.2389 | 0.2422 | 0.2454 | 0.2486 | 0.2517 | 0.2549 |
| 0.70 | 0.2580 | 0.2611 | 0.2642 | 0.2673 | 0.2703 | 0.2734 | 0.2764 | 0.2793 | 0.2823 | 0.2852 |
| 0.80 | 0.2881 | 0.2910 | 0.2939 | 0.2967 | 0.2995 | 0.3023 | 0.3051 | 0.3078 | 0.3106 | 0.3133 |
| 0.90 | 0.3159 | 0.3186 | 0.3212 | 0.3238 | 0.3264 | 0.3289 | 0.3315 | 0.3340 | 0.3365 | 0.3389 |
| 1.00 | 0.3413 | 0.3438 | 0.3461 | 0.3485 | 0.3508 | 0.3531 | 0.3554 | 0.3577 | 0.3599 | 0.3621 |
| 1.10 | 0.3643 | 0.3665 | 0.3686 | 0.3703 | 0.3729 | 0.3749 | 0.3770 | 0.3790 | 0.3810 | 0.3830 |
| 1.20 | 0.3849 | 0.3869 | 0.3888 | 0.3907 | 0.3925 | 0.3943 | 0.3962 | 0.3980 | 0.3997 | 0.4015 |
| 1.30 | 0.4032 | 0.4049 | 0.4066 | 0.4082 | 0.4099 | 0.4115 | 0.4131 | 0.4147 | 0.4162 | 0.4177 |
| 1.40 | 0.4192 | 0.4207 | 0.4222 | 0.4236 | 0.4251 | 0.4265 | 0.4279 | 0.4292 | 0.4306 | 0.4319 |
| 1.50 | 0.4332 | 0.4345 | 0.4357 | 0.4370 | 0.4382 | 0.4394 | 0.4406 | 0.4418 | 0.4429 | 0.4441 |
| 1.60 | 0.4452 | 0.4463 | 0.4474 | 0.4484 | 0.4495 | 0.4550 | 0.4515 | 0.4525 | 0.4535 | 0.4545 |
| 1.70 | 0.4554 | 0.4564 | 0.4573 | 0.4582 | 0.4591 | 0.4599 | 0.4608 | 0.4616 | 0.4625 | 0.4630 |
| 1.80 | 0.4641 | 0.4649 | 0.4656 | 0.4664 | 0.4671 | 0.4678 | 0.4686 | 0.4693 | 0.4699 | 0.4706 |

续表

| Z | 0.00 | 0.01 | 0.02 | 0.03 | 0.04 | 0.05 | 0.06 | 0.07 | 0.08 | 0.09 |
|------|--------|--------|--------|--------|--------|--------|--------|--------|--------|--------|
| 1.90 | 0.4713 | 0.4719 | 0.4726 | 0.4732 | 0.4738 | 0.4744 | 0.4750 | 0.4756 | 0.4761 | 0.4767 |
| 2.00 | 0.4772 | 0.4778 | 0.4783 | 0.4788 | 0.4793 | 0.4798 | 0.4803 | 0.4808 | 0.4812 | 0.4816 |
| 2.10 | 0.4821 | 0.4826 | 0.4830 | 0.4834 | 0.4838 | 0.4842 | 0.4846 | 0.4850 | 0.4854 | 0.4857 |
| 2.20 | 0.4861 | 0.4864 | 0.4868 | 0.4871 | 0.4875 | 0.4878 | 0.4881 | 0.4884 | 0.4887 | 0.4890 |
| 2.30 | 0.4893 | 0.4896 | 0.4898 | 0.4901 | 0.4904 | 0.4906 | 0.4909 | 0.4911 | 0.4913 | 0.4916 |
| 2.40 | 0.4918 | 0.4920 | 0.4922 | 0.4925 | 0.4927 | 0.4929 | 0.4931 | 0.4932 | 0.4934 | 0.4936 |
| 2.50 | 0.4938 | 0.4940 | 0.4941 | 0.4943 | 0.4945 | 0.4946 | 0.4948 | 0.4949 | 0.4951 | 0.4952 |
| 2.60 | 0.4953 | 0.4955 | 0.4956 | 0.4957 | 0.4959 | 0.4960 | 0.4961 | 0.4962 | 0.4963 | 0.4964 |
| 2.70 | 0.4965 | 0.4966 | 0.4967 | 0.4968 | 0.4969 | 0.4970 | 0.4971 | 0.4972 | 0.4973 | 0.4974 |
| 2.80 | 0.4974 | 0.4975 | 0.4976 | 0.4977 | 0.4977 | 0.4978 | 0.4979 | 0.4979 | 0.4980 | 0.4981 |
| 2.90 | 0.4981 | 0.4982 | 0.4982 | 0.4983 | 0.4984 | 0.4984 | 0.4985 | 0.4985 | 0.4986 | 0.4986 |
| 3.00 | 0.4986 | 0.4987 | 0.4987 | 0.4988 | 0.4988 | 0.4989 | 0.4989 | 0.4989 | 0.4990 | 0.4990 |
| 3.10 | 0.4990 | 0.4991 | 0.4991 | 0.4991 | 0.4992 | 0.4992 | 0.4992 | 0.4992 | 0.4993 | 0.4993 |
| 3.20 | 0.4993 | 0.4993 | 0.4994 | 0.4994 | 0.4994 | 0.4994 | 0.4994 | 0.4995 | 0.4995 | 0.4995 |
| 3.30 | 0.4995 | 0.4995 | 0.4995 | 0.4996 | 0.4996 | 0.4996 | 0.4996 | 0.4996 | 0.4996 | 0.4997 |
| 3.40 | 0.4997 | 0.4997 | 0.4997 | 0.4997 | 0.4997 | 0.4997 | 0.4997 | 0.4997 | 0.4997 | 0.4998 |
| 3.50 | 0.4998 | 0.4998 | 0.4998 | 0.4998 | 0.4998 | 0.4998 | 0.4998 | 0.4998 | 0.4998 | 0.4998 |
| 3.60 | 0.4998 | 0.4998 | 0.4999 | 0.4999 | 0.4999 | 0.4999 | 0.4999 | 0.4999 | 0.4999 | 0.4999 |
| 3.70 | 0.4999 | 0.4999 | 0.4999 | 0.4999 | 0.4999 | 0.4999 | 0.4999 | 0.4999 | 0.4999 | 0.4999 |
| 3.80 | 0.4999 | 0.4999 | 0.4999 | 0.4999 | 0.4999 | 0.4999 | 0.4999 | 0.4999 | 0.4999 | 0.4999 |
| 3.90 | 0.5000 | 0.5000 | 0.5000 | 0.5000 | 0.5000 | 0.5000 | 0.5000 | 0.5000 | 0.5000 | 0.5000 |

注：Z为标准差的个数，表中数据是平均数和Z个标准差之间的那部分正态曲线下的总面积。

# 后记

《房地产投资分析》一书自2003年6月出版以来，目前已是第七版第21次印刷，且在2014年9月入选第二批"十二五"普通高等教育本科国家级规划教材、在2021年9月入选住房和城乡建设部"十四五"规划教材。教材版次不断更新，说明其拥有持续前行的生命力，市场对其有大量需求。这种结果是每位作者都愿意看到的。坐拥成果，作者不敢忘记以下人员：

（1）将本书作为教材的各高校房地产专业或相关专业的老师们。

（2）使用本书的各届学生们。

（3）阅读和使用本书并不断来信切磋的在房地产领域工作的全国读者们。

20多年来，选择本书作为授课教材的同行老师们，就该教材在自己教学过程中的使用情况给作者提出了非常宝贵的意见，给予作者莫大的鼓励，增加了作者的信心。

在本书的修订过程中，最早读到本书初版到第五版的我的学生们也为此作出了巨大努力。很庆幸我有这样一批好学而聪明的房地产专业的学生，他们对本教材认真研读、热烈讨论，从概念的表达、各章的逻辑关系、公式的运用乃至标点符号都提出了许多中肯的修改建议，他们的探索精神让作者不敢怠慢。

此外，在房地产领域工作的一些专业人员或读者，在将本书作为其为房地产项目进行投资分析的工具书的同时，也提出了很多真知灼见，给作者提供了重要的专业帮助。本人受聘于中国房地产估价师与房地产经纪人学会，工作过程中，经常获得来自知名学者、专家的重要见解，参与的讨论使本人深受启发，他们的经验和建议让我对本书内容的增删或调整进行了重新考虑。行业内还有一些热心的朋友，常常致电或写邮件给出版社，认可本书在同类书籍中的地位。上海读者陈德明，在从事房地产开发工作的过程中读到本书，阅读了几个版本，并就书中问题与我认真切磋，提出过很多有价值的意见；咨询行业人员王洪明，从更严谨的角度对本教材提出了专业修改建议。本书在当当网2010年最畅销的各部门经济类图书中排名第55位，居当年最畅销房地产书籍中的第19位。所有这些都使作者深受感动，从而激励作者更加致力于本书的完善和提高。

特别说明，本人在20世纪90年代读到柴强博士主编的《房地产估价理论与方法》、刘洪玉教授主编的《房地产开发经营与管理》，他们在房地产估价、开发等领域研究上的突出成果，对本教材起到了关键的启蒙作用并引导我进行了系统的学习。感谢他们曾给予我工作上的重要帮助。

值得一提的是，研究生杨琴、邢学良、李丽娟同学，本科生王春梅、孙鹏、董建玉同学，分别在前四个版次的修订过程中做了很多校对工作或计算工作；各版次编辑李彬、王莹、李丽娟、龚小晖、王芃南等非常细心、认真和负责，她们的配合令我感动。

另外，前人在房地产投资分析领域取得的成果，使作者在编写过程中得以参阅大量的专业教材、专著和论文；本人近20余年来在房地产投资分析和评估领域拥有的实践经历、家人的支持也帮助我完成了这次探索和修正。在此，一并致谢。

感谢上述所有人员对本书作出的贡献，使得本书每版都与前一版有不同的生命，成为作者所希望的更好、更有价值的一本书。

刘秋雁

2024年5月于东北财经大学